EDEL
BOOKS

Christian Klepp

Wunderwerk
ERDE
Wie unser Planet funktioniert

COVERFOTO

DIE INNERE SCHÖNHEIT.

Der Antelope-Canyon in Arizona ist mit seinen extrem glatt polierten Sandsteinwänden ein landschaftliches Juwel auf dem Coloradoplateau im Südwesten der USA. Er erstrahlt in seinem vollen Farbreichtum, wenn das indirekt von den Wänden reflektierte Sonnenlicht den Canyon flutet. Von der schürfenden Kraft des Wassers sommerlicher Gewitter geschaffen, werden die Canyonwände während der Trockenzeiten von windverwehtem Sand geschliffen und poliert. Seine sinnlichen Farben und Formen vollenden sich in einer geradezu intimen Atmosphäre, wenn vereinzelt Büsche des Steppenrollers in seinen Windungen stecken bleiben.

ABBILDUNG IN DER INNENSEITE DES BUCHES

Unter der aufsteigenden Milchstraße spiegelt sich das Mont-Blanc-Massiv im Lac de Chéserys. Nach 5 Jahren vergeblicher Versuche waren nun endlich die notwendigen Bedingungen für dieses Bild vereint: die Milchstraße bei Neumond mit den schnell ziehenden Wolken, der frisch gefallene Schnee, der die Berge leuchten lässt, und die perfekte Spiegelung der Gebirgskulisse im See. Zahlreiche Steinböcke standen während der Aufnahme um mich herum und sahen meinem nächtlichen Treiben neugierig zu.

Der Himmel sagt, alles ist zugegen.
Der Berg sagt, sei einfach da.
Die Sonne sagt, fürchte nichts.
Die Sandkörner sagen, sei aufmerksam.
Die Blumen sagen, erinnere dich.
Die Sterne flüstern, du wirst niemals sterben.

John de Kadt

Jede Minute, die wir in der Natur verbringen,
ist kostbar gelebte Zeit.

Tala Mohajeri

Begegnung mit der irdischen Seele. Ein Monsungewitter bei Sonnenuntergang über dem Grand Canyon in Arizona zu erleben, bedeutet für mich, bei einem Wunder der Natur anwesend sein zu dürfen. Ich war umringt von viel zu nahen Blitzeinschlägen, die zusammen mit dem rollenden Donner und dem Starkregen in dieser atemberaubenden Landschaft von großartiger Erhabenheit waren. Solche Momente erwecken tief verwurzelte Verbindungen zu unserem Heimatplaneten und schärfen die Erkenntnis, wie einzigartig unsere Erde ist und wie eng wir mit ihr verbunden sind.

WIDMUNG

*Geliebte Erde, ich danke dir für mein Dasein
und verbeuge mich voller Demut
vor deiner Schönheit und Vollkommenheit.*

INHALTSVERZEICHNIS

VORWORT
15 von Prof. Dr. Hartmut Graßl

AUFTAKT
21 Wie ich die Erde lieben lernte

KAPITEL 1
29 Sternenstaub
31 Willkommen an Bord des Raumschiffs Erde
33 Die skurrile Welt der Atome
39 Das Wesen des Lichts
42 Die kosmische Verbindung
45 Der Lebenszyklus der Sterne
49 Ein kosmischer Hexenkessel
53 Wie Phönix aus der Asche

KAPITEL 2
59 Die Geburt der Erde
61 Die Zeugung der Erde
65 Aus Molekülen wird Gestein
71 Der Planet wächst heran
77 Die einzigartige Erde

KAPITEL 3
89 Ein junger, wilder Planet
91 Eine Zeitreise zum Anbeginn der Erde
92 Der erste feste Boden
95 Und dann kam Theia
98 Ein Ozean aus Magma
100 Alles Gute kommt von oben
107 Basalt erobert die Welt
109 Die Ära der Plattentektonik
111 Winzige Zirkone mit mächtiger Botschaft
117 Tonalit-Trondhjemit-Granodiorit
119 Die vergessenen Winkel der Erde

KAPITEL 4
123 **Zerbrechende Kontinente**
125 Wie sich Nordamerika von der Antarktis trennte
134 Wenn der Ozeanbodenmotor stottert

KAPITEL 5
141 **Weltumspannende Ozeane**
143 Die Geburt der Ozeane
146 Das Rückgrat der Erde
149 Eine Reise zum Grund der Weltmeere
156 Die Hotspots der Tiefsee

KAPITEL 6
163 **Das Schicksal der Ozeane**
164 Der Mahlstrom der Erde
167 Die Eigenheiten der ozeanischen Abgründe
177 Wie zwei Ozeane den Grand Canyon erschufen

KAPITEL 7
189 **Crash! Wenn Kontinente kollidieren**
190 Der Tethysozean in den Alpen
199 Vom Aufstieg und Fall der Hochgebirge
203 Drei Gebirge in den Neuseeländischen Alpen
210 Die alten und die jungen Rocky Mountains

KAPITEL 8
217 **Der Zyklus der Superkontinente**
219 Das Puzzle der Landmassen
220 Superkontinente im Miniaturformat
229 Nuna, Rodinia, Laurentia und Gondwana
230 Pangäa, die All-Erde
235 Amasia, der Superkontinent von morgen
237 Die vereinigten Platten von Deutschland

KAPITEL 9
247 **Der Herzschlag der Erde**
249 Wahre Schönheit kommt von innen
252 Versteinertes Wasser im Ozeanboden
255 Der Aufstieg des Wassers und der Abstieg der Platten
259 Von Plattenfriedhöfen und Antikruste
263 Gestein und Wasser im ewigen Kreislauf
266 Die Klimakapriolen des Kohlenstoffkreislaufs

KAPITEL 10
277 **Das Klimasystem**
280 Wetter, Witterung und Klima
287 Der Treibhauseffekt der Erde
296 Die Zirkulation der Atmosphäre

KAPITEL 11
309 **Ozean, Atmosphäre und Klimawandel**
310 Wie Hochs und Tiefs unser Wetter machen
318 Die Zirkulation der Ozeane
321 Wandelbare Atmosphäre
329 Ice Age
335 Und dann kam der Mensch

EPILOG
343 **Weshalb wir die Erde lieben sollten**

346 **Literaturverzeichnis**

Vorwort

Wir leben im Anthropozän, dem Zeitalter, das wesentlich vom Einfluss des Menschen bestimmt ist. Unser Planet ist voll, 8 Milliarden Menschen leben auf ihm, in absehbarer Zeit werden es über 9 Milliarden sein, und er wird von uns zurzeit so übernutzt, dass wir dabei sind, uns selbst als Spezies zu gefährden. Wie kommen wir aus diesem Dilemma heraus? Wie können wir die übliche Existenzdauer einer Säugetierart von einigen Millionen Jahren voll ausschöpfen? Dazu ist eine Grundvoraussetzung die Verhinderung der Übernutzung unseres kleinen Planeten. Eine verbreitete Meinung ist, dass dazu schon der Übergang von fossilen zu erneuerbaren Energien ausreicht. Das stimmt jedoch nur, wenn wir die prinzipiell nicht erneuerbaren Metalle, die wir für diesen Wechsel und viele andere Aktivitäten fast alle brauchen, in einer echten Kreislaufwirtschaft wiederverwenden. Wie gelingt uns das? Die kürzeste Antwort, die mir hier einfällt: Wir müssen unsere Heimat nicht nur verstehen, sondern sie auch lieben.

Beim Lesen von *Wunderwerk Erde* habe ich – teilweise aufgewachsen in der Kernzone eines Naturschutzgebietes, des jetzigen Nationalparks Berchtesgaden – gemerkt, dass mir als Geowissenschaftler für die tiefe Hochachtung, ja geradezu Liebe zum Planeten Erde, wie sie Christian Klepp empfindet, immer noch einiges fehlt. Nämlich die Erde eindeutig als ein folgerichtiges Ergebnis der astrophysikalischen Entwicklung seit dem Urknall vor über 13 Milliarden Jahren hinweg zu sehen. Dass dazu Explosionen von sehr großen und alten Sternen, Supernovae, notwendig sind, um Elemente schwerer als Eisen zu bekommen, und dass in meinem eigenen Körper noch viele »ewig« lebende Atome aus solchen Sternexplosionen in unserer Galaxie stecken.

Viele von Ihnen werden sich jetzt vielleicht fragen, ob man für die Liebe zur Erde diese oder andere naturwissenschaftliche Details wissen muss, wo doch manche frühen und jetzt an den Rand gedrängten oder erloschenen Kulturen des Homo sapiens allein aus der Ahnung heraus, dass wir Sternenstaub sind, schon ihre die Ökosysteme unseres Planeten achtende Grundhaltung abgeleitet haben. Auf einer vollen Erde mit überwiegend in Städten lebender Bevölkerung und der weltweiten Betonung des Konsums ist das Bewusstsein für die wirklich lebensnotwendigen Dinge – wie saubere Luft und Wasser sowie biologische Vielfalt – bei vielen jedoch nur schwach ausgeprägt, oft fehlt es daran völlig. Außerdem ist zu bedenken, dass auf einer früher zum Teil noch relativ menschenleeren Erde ein sich in die globalen Stoffkreisläufe einfügendes Verhalten viel einfacher gewesen ist. Heute, bei stetig wachsender Weltbevölkerungszahl, ist dieses schonende Verhalten nur noch durch weltweite Zusammenarbeit in völkerrechtlich verbindlichen Verträgen zu erreichen. Eine Grundvoraussetzung für ein solches Handeln ist, die Verletzlichkeit unserer Erde immer besser zu verstehen, was nur mittels interdisziplinärer Forschung gelingt. Ein exzellentes und ermutigendes Beispiel dafür ist der erfolgreiche, inzwischen völkerrechtlich verbindliche Schutz der stratosphärischen Ozonschicht, nachdem in den 1970er- und 1980er-Jahren Geowissenschaftler die Chemie dieser winzigen Beimengung der Luft mit weit unter einem Millionstel Anteil grundsätzlich verstanden hatten. Denn hätten wir die Ozonmenge in der oberen Atmosphäre noch weiter durch Abfälle der Produkte eines nur kleinen Teils der chemischen Industrie verdünnt, wäre das für alle Lebewesen auf dem Land bedrohlich geworden. Eine noch größere Herausforderung, durch fast alle Menschen verursacht, ist es, die Anhäufung des Kohlendioxids in der Atmosphäre als Folge der Verbrennung von Kohle, Erdöl und Erdgas sowie der Entwaldung zu stoppen. Dieses zweitwichtigste Treibhausgas unserer Atmosphäre ist der zentrale Temperaturregulator, es hat nachweislich seit Jahrmillionen über die Eismenge auf den Kontinenten und damit über die Meeresspiegelhöhe bestimmt.

Warum nehmen wir die Bedrohung erst so spät wahr? Die hohe Innovationskraft der meist disziplinär orientierten Wissenschaften und ihr zunehmendes Verständnis in ihrem jeweiligen kleinen Wissensbereich haben seit Beginn der Aufklärung immer stärker Wert auf das neu Machbare gelegt. Erst nach der

VORWORT | VON PROF. DR. HARTMUT GRASSL

unbekümmerten Anwendung der neuen Techniken und ersten Schäden an unserer Gesundheit durch Luftverschmutzung wurde etwas stärker interdisziplinär geforscht und unsere Verletzlichkeit sowie – meist etwas später – die der Ökosysteme erkannt. Im günstigsten Falle wurde versucht, mit der Anwendung des Völkerrechts gegenzusteuern. Also haben auch wir Wissenschaftler mit unserer oft stark auf die eigene Disziplin hin orientierten Forschung zur heutigen Übernutzung mit beigetragen. Was Christian Klepp in seinem Buch schildert, sind fast ausschließlich wissenschaftliche Erkenntnisse der vergangenen hundert Jahre, in denen wir so viel Neues gelernt haben, aber auch – für die meisten unbewusst – in das Dilemma des zunehmend übernutzten Planeten gerutscht sind.

Die Lektüre dieses Plädoyers für die Zuneigung zu unserer Erde oder wenigstens für die Achtung vor dem Wunderwerk Erde und damit vor dem Wunder unserer Existenz auf ihr hat mir persönlich so viel neue Einsichten gebracht, dass ich nur eines empfehlen kann: Bitte lesen und staunen – und bitte auch das eigene Verhalten zum Wohle von uns allen ändern. Denn erst durch den Druck der Informierten und zu verändertem Verhalten Bereiten werden die notwendigen Beschlüsse unserer Repräsentanten wahrscheinlich.

Prof. Dr. Hartmut Graßl
Max-Planck-Institut für Meteorologie, Hamburg

AUFTAKT
WIE ICH DIE ERDE LIEBEN LERNTE

*Überall geht ein frühes Ahnen dem späteren Wissen voraus.
Die Natur muss gefühlt werden.*

Alexander von Humboldt

Die wilde, allumfassende Stille. Der nächtliche Emerald Lake in den Rocky Mountains mit der emporsteigenden Milchstraße erstrahlt im goldenen Licht der Mondsichel. Eine Nacht so fernab unserer Alltagswelt ist eine unglaublich tief bewegende Erfahrung. Unser Planet ist ein einmaliger und bezaubernder Ort in den Tiefen des Alls und unser aller Zuhause. Solche Nächte in der Wildnis, bei denen ich wiederholt Pumas und Bären begegnete, lehren mich tiefen Respekt und Ehrfurcht und lassen mich nachhaltig umdenken.

Die Natur ist mir Heimat, sie ist mein Zuhause. Je wilder und ursprünglicher sie ist, desto wohler fühle ich mich in ihr. Solange ich denken kann, wohnt eine unbändige Neugier für die Erde in mir. Sie entwickelte sich während meiner Wanderungen als Kind mit den Eltern in den österreichischen Alpen. Dort entdeckte ich die zauberhafte Schönheit vergletscherter Berge, die sich in klaren Bergseen spiegeln, umgeben von üppig grünen Wäldern. Später begann ich dann, mich mit der komplexen Geologie der Alpen zu beschäftigen und deren verblüffend vielfältige Gesteine und Mineralien zu sammeln. Bei meinen Streifzügen wurde ich wiederholt mit Gewittern, Starkregen, Lawinen aus Schlamm und Geröll und Steinschlag konfrontiert. Das war gleichermaßen beängstigend wie faszinierend, und ich wollte die Prozesse verstehen, die diese Naturphänomene verursachen. Mein Wissensdurst gepaart mit meiner tiefen Liebe zur Natur führten mich dazu, die Erde zu studieren. Ich wollte lernen, wie unser Planet funktioniert.

So entschloss ich mich für das Studium der Meteorologie, weil die Physik der Atmosphäre mir die mathematisch-physikalische Beschreibung der Welt eröffnete. Parallel dazu begann ich Geologie und Paläontologie zu studieren, um die erdgeschichtlichen Zusammenhänge zu verstehen. Ich erweiterte meine Studien um die Astronomie, zum Verständnis des Universums, und die Quantenphysik, um in die submikroskopische Welt der Atome vorzudringen. Bei so vielen Fächern dauert ein Studium natürlich länger als üblich, und dafür habe ich beizeiten nicht wenig Kritik einstecken müssen – schließlich bewegte ich mich auf diesem interdisziplinären Weg entgegen der Vorstellung, die darauf gepolt ist, ein fachspezifisches Wissen zu erwerben. Für mich stand stattdessen immer die Erde als Ganzes im Fokus. Ich promovierte im Fachbereich Naturwissenschaften und arbeitete 25 Jahre in der internationalen Klimaforschung.

Während zahlreicher Forschungsreisen, die mich bis in die abgelegensten Winkel des Planeten führten, konnte ich einen tiefen Einblick in die Landschaften und ihre Entstehung gewinnen und sie im großen Zusammenhang der Erde betrachten. Der Klimawandel wurde mir an Bord des Forschungseisbrechers Polarstern bereits 1993 deutlich vor Augen geführt. Ich arbeitete dort zwei Wintermonate auf dem zugefrorenen arktischen Ozean unweit des Nordpols bei Temperaturen von −42 °C. Die Stille und Erhabenheit dieser majestätischen Landschaft aus Eis und Schnee sowie die tägliche Nähe zu den Eisbären waren atemberaubend. Dort wurde mir klar, dass ich auch noch lernen musste, »mit Licht zu schreiben«, also zu fotografieren. Ich erkannte, dass mir die Verbindung aus Geowissenschaft und Fotografie den Schlüssel zum Teilen dieser majestätischen Geschichten in die Hand legte.

Seitdem fotografiere ich unberührte Naturlandschaften und nächtliche Sternenwelten. Im Jahr 2019 verschmolzen endgültig mein Beruf als Geowissenschaftler und meine andere Leidenschaft, die Landschaftsfotografie. So kann ich die erlebten intimen Momente in der Wildnis einfangen, ich kann deren Schönheit und meine dabei empfundenen tiefen Emotionen mit den majestätischen Geschichten verbinden, die die Gesteine uns mitteilen. Damit möchte ich zur Besinnung beitragen, wie kostbar, einzigartig und schützenswert unser Heimatplanet ist. Die Fotografien und geowissenschaftlichen Geschichten, die Sie durch das Buch begleiten, sind meine Liebeserklärung an unseren Planeten.

Beim Schreiben dieses Buches habe ich versucht, die Sicht der Erde einzunehmen. Um unseren Planeten und seine bewegte Geschichte angemessen zu schildern und lebendig werden zu lassen, habe ich das Erdsystem eingehend studiert und mich ihm buchstäblich mit Leib und Seele ausgesetzt. Ich bin durch eiskalte ebenso wie durch kochend heiße Landschaften gestreift, bin mehrmals fast vom Blitz getroffen worden, durfte einer Sonnenfinsternis beiwohnen und den Knall einer explodierenden Sternschnuppe hören. Ich bin auf meinen Wanderungen Eisbären, Pumas und Grizzlybären begegnet, stand ihnen Auge in Auge gegenüber und habe den gegenseitigen Respekt bis ins Mark hinein gespürt. Ich bin mit der Natur eins geworden und habe den Geschichten der Gesteine gelauscht.

Dieses Buch widme ich allen, die neugierig sind, mehr über ihren Planeten zu erfahren, und dies ganz ohne geowissenschaftliche Vorbildung. Ich lade Sie ein auf eine abenteuerliche Reise an Orte, die die Spuren des faszinierenden Werdegangs der Erde in sich tragen.

Wollte ich das gesamte Erdsystem in allem Detail schildern, würde dieses Buch Tausende Seiten umfassen und immer noch nicht vollständig sein. Daher musste ich eine Auswahl treffen, die ganz subjektiv dem entspricht, was ich für besonders relevant und erzählenswert halte. Die Essenz für das Verständnis der Erde lässt sich in drei Worten zusammenfassen: Zeit, Gleichgewichte und Kreisläufe. Sie ziehen sich wie ein roter Faden durch dieses Buch. Wir haben schlichtweg keine Vorstellung davon, wie unglaublich viel Zeit die Erde zur Verfügung hat. Deswegen erscheint uns alles unveränderlich, und wir klammern uns an die Vorstellung, wonach alles so bleibt, wie es ist. Dagegen ist der Normalzustand der Erde tiefgreifender Wandel. Das Gedächtnis der Erde und Bewahrer der Erinnerungen an all diese Veränderungen sind die Gesteine. Die in sie eingeschriebenen Geschichten zu entschlüsseln, gehört für mich zu den spannendsten Abenteuern unserer Zeit.

Die abenteuerliche Geschichte unseres Planeten, seiner Entstehung und Entwicklung sowie seiner fein abgestimmten Verzahnung der beteiligten Bestandteile endet für uns in der Momentaufnahme der Erde, wie wir sie heute kennen. Doch der Weg der Erde zählt nach Jahrmillionen, zeugt von permanentem Wandel und der Erfolgsgeschichte des Lebens – unsere Momentaufnahme ist für sie bestenfalls ein Wimpernschlag. Wie sehr wir von unserer Erde und deren intakten Ökosystemen abhängig sind, in denen wir verwurzelt leben, wird uns von Tag zu Tag deutlicher vor Augen geführt. Es sind unser unstillbarer Konsum von Energie und Ressourcen sowie die Erlangung von Wohlstand, die im Expresstempo das fein balancierte Gleichgewicht der Erde und seiner Ökosysteme bedenklich ins Wanken bringen.

Das Hauptproblem beim menschgemachten Klimawandel liegt in seinem Tempo. Wir müssen die Erde gar nicht retten, denn die Erde braucht uns nicht. Der Planet hat bereits größere Katastrophen als uns erfolgreich überstanden. Der Umkehrschluss gilt nicht, denn wir sind hochgradig von einer intakten Erde abhängig. Was wir daher retten und schützen müssen, sind die Ökosysteme mit ihren Lebewesen, denn sie stabilisieren unsere fragile Lebensgrundlage.

Als Geowissenschaftler sehe ich einen Planeten, dessen einzige Grenzen die der tektonischen Platten sind. Mein Blick aus dem Flugzeugfenster oder von der Reling eines Forschungsschiffes unterstreicht diesen Blick, denn auch dort kann ich keine Grenzen erkennen. Wir leben auf einer Oase im Weltall, weswegen uns das Wohlergehen unserer Erde höchstes Gut sein sollte. Etwas im Sinne des Planeten zu tun, sollte uns mit Glück und Stolz erfüllen. Dieses Buch soll Mut machen, Tatkraft säen und ein neues Werteverständnis für unseren Planeten schaffen.

Erst wenn wir verstehen, wie unser Planet funktioniert, wie fein orchestriert seine Bestandteile ineinandergreifen und voneinander abhängen, werden wir Empathie für unsere Erde empfinden. Dies ist für mich der Schlüssel zum Erfolg für einen nachhaltigen Umgang mit der Erde. Bekommen Sie Lust auf unsere Erde – und im besten Fall verlieben Sie sich genauso wie ich in ihre Flora, Fauna und ihre Landschaften.

Lernen Sie Ihren Planeten ganz neu kennen!

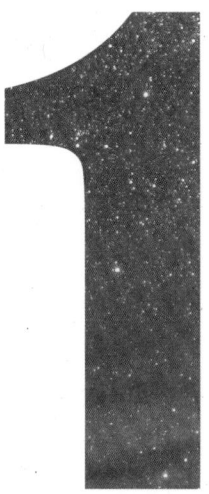

KAPITEL 1
STERNENSTAUB

*Wir sind Atome mit Bewusstsein,
Materie voll Neugier.*

Richard Feynman

KAPITEL 1 | STERNENSTAUB

Solange man Träume noch leben kann. Das ätherische Leuchten grüner Polarlichter hüllt den Bogen der Milchstraße über den Neuseeländischen Alpen in ein bezauberndes Licht. Dunkel zeichnen sich dünne Schleierwolken gegen den Nachthimmel ab, während die tief verschneiten Gipfel mit Mount Cook und Mount Tasman im Licht des aufgehenden Mondes leuchten. Im Zenit erstrahlt das berühmte Kreuz des Südens und bildet einen starken Kontrast zur benachbarten Dunkelwolke des Kohlensacks.

Während einer Nacht in der Wildnis habe ich viel Zeit, mich ganz dem Eindruck der Tiefen des Alls und meiner Gegenwart in der Natur hinzugeben. Bei Neumond leuchten die Sterne fernab jeder Stadt- und Straßenbeleuchtung so hell, dass man die feinen Details der Milchstraße klar und deutlich mit dem bloßen Auge erkennen kann. Ich atme die kalte Luft und lausche den Geräuschen der Tierwelt um mich herum. Manchmal begegnet man ihr dabei auch. Plötzlich in der nächtlichen Wildnis vor einem Puma oder Grizzly zu stehen, lehrt mich tiefen Respekt und Demut. Ich bin zu Gast in ihrem Zuhause, und jedes Mal ist da diese stille Kommunikation, wie eine unausgesprochene Frage, ob ich willkommen oder zumindest geduldet bin. Solch bewegende Erfahrungen vertiefen den überwältigenden Eindruck, den die Schönheit der Erde und die Pracht des Sternhimmels auf mich ausüben. In diesen Momenten wird mir bewusst, wie klein ich bin, nicht größer oder bedeutender als jedes Sandkorn, und ebenso, dass ich ein Teil des Ganzen bin. Der Aufenthalt in der Natur erdet mich und rückt meine Perspektive auf das Wesentliche mit aller Macht gerade. Der Alltag, in dem wir abgeschnitten von der Natur mit all seiner Hektik leben, rückt dann in weite Ferne, wirkt unbedeutend und manchmal sogar falsch.

Der Anblick des Sternhimmels weckte in mir schon immer Fragen, und vielleicht geht es Ihnen ganz ähnlich. Was macht uns zu dem, was wir sind? Woher stammen all die Bausteine, die uns zu neugieriger Materie mit Bewusstsein formen? Was ist das Wesen dieser Bausteine? Und woraus wiederum bestehen diese Bausteine, aus denen sich das Universum, unser Planet und wir uns zusammensetzen? Antworten auf diese und viele weitere Fragen bekommen wir, wenn wir uns das ganz Kleine und das ganz Große anschauen, uns einerseits die Lupenbrille eines Rastertunnelmikroskops aufsetzen und andererseits unseren Blick mit einem Teleskop in die unendlichen Tiefen des Alls richten.

WILLKOMMEN AN BORD DES RAUMSCHIFFS ERDE

Ich lade Sie ein auf eine kosmische Reise der Superlative, bei der sich Ihr Weltbild schnell auf den Kopf stellt. Dafür müssen Sie nicht einmal vom Sofa aufstehen, denn während Sie diese Zeilen lesen, rast der Planet mit Ihnen durchs All. Allein aufgrund der Erdrotation bewegt sich Ihr Sofa, auf dem Sie jetzt vielleicht gerade ruhig und gemütlich sitzen, mit mehr als 1000 km/h auf seiner täglichen Kreisbahn. Das ist schneller, als ein Jumbojet fliegen kann. Wer schon einmal auf der Autobahn die Hand aus dem Fenster gehalten hat, kann sich ungefähr vorstellen, welchen Luftwiderstand das erzeugen muss. Doch weshalb bemerken wir davon nichts? Der Grund liegt darin, dass sich die Erde mitsamt der Atmosphäre dreht. Dennoch können wir diese rasante Bewegung sehen, nämlich in der Drehung des nächtlichen Sternhimmels, der Wanderung des Mondes und dem Auf- und Untergang der Sonne. Zusätzlich zu dieser Rotation rasen wir, auf unserem jährlichen Weg um die Sonne, mit etwa 108 000 km/h durchs All. Der schnellste bemannte Raumflug brachte es gerade einmal auf 40 000 km/h.

Aber noch weiteren Rotationen sind wir unaufhaltsam und von uns unbemerkt ausgesetzt. Wir umrunden als Teil des gesamten Sonnensystems das galaktische Zentrum der Milchstraße und dies dauert beeindruckende 240 Millionen Jahre. Die Erde hat dieses Zentrum seit ihrer Entstehung erst knapp neunzehnmal umrundet und beim letzten Galaxiesilvester waren die allerersten Dinosaurier die Partygäste. Diese Rotation katapultiert uns auf schwindelerregende 800 000 km/h. Und die Fahrt wird noch wilder, denn unsere Milchstraßengalaxie umrundet wiederum einen tief im All gelegenen

Galaxiesuperhaufen mit über 2 Millionen Kilometern pro Stunde. Zudem expandiert der gesamte Kosmos, wodurch sich alles, was sich im Universum befindet, pausenlos voneinander entfernt. All diese Bewegungen überlagern sich, was dazu führt, dass Sie sich niemals wieder an dem Ort aufhalten werden, an dem Sie waren, als Sie dieses Kapitel zu lesen begonnen haben. Aus diesem Blickwinkel betrachtet sind wir alle Astronauten auf unserem Raumschiff Erde. Angesichts solcher Zahlen verlieren wir aber schnell jede Vorstellung davon, was da eigentlich passiert. Deswegen fühlen wir uns meist viel behaglicher mit der Annahme, dass unser Sofa unbeweglich an Ort und Stelle verharrt.

Zudem ist der Blick hinauf in den nächtlichen Sternenhimmel die ultimative Form der Zeitreise. Die Entfernung der Sterne von uns ist so enorm, dass die Astrophysiker das Lichtjahr erfanden, um diese überwältigende Größe auszudrücken. Das Lichtjahr bezeichnet die Entfernung, die Licht in einem Jahr zurücklegen kann, und entspricht 10 Billionen Kilometern, das ist eine Zahl mit dreizehn Nullen! Die hellsten Sterne am Himmel sind zwischen 4 und 2600 solcher Lichtjahre entfernt; das galaktische Zentrum unserer Milchstraße im Sternbild Schütze liegt etwa 26 000 Lichtjahre weit weg. Folglich sind alle Sterne und Sternbilder, die wir am Nachthimmel sehen, eine Momentaufnahme der Zeit, als das Licht diese Sterne verließ. Seitdem war es auf seiner einsamen Reise durch die Tiefen des Alls, bis zu dem Augenblick, in dem es in unsere Augen fiel. Wir können sogar Objekte jenseits unserer eigenen Galaxie mit dem bloßen Auge sehen, beispielsweise die 2,5 Millionen Lichtjahre entfernte Andromedagalaxie. Was wir am Nachthimmel erblicken, ist fossiles Licht. Niemand weiß, wie viele dieser Sterne, die uns so vertraut am Himmel stehen, in der Zwischenzeit erloschen oder explodiert, wie viele seitdem neu entstanden sind und wie der Sternhimmel aktuell tatsächlich aussieht. Unternehmen wir ein kurzes, spannendes Gedankenexperiment und drehen den Blickwinkel einmal um. Erst dann wird uns so richtig bewusst, weshalb der Blick in den Sternhimmel eine Zeitreise ist. Nehmen wir an, eine sehr fortschrittliche Zivilisation betrachtet heute Nacht mit unvorstellbar hochauflösenden Teleskopen unsere Erde. Sagen wir ferner, ihr Heimatplanet befindet sich zufällig im Abstand von

65 Millionen Lichtjahren von der Erde. Was würden diese Außerirdischen heute Nacht zu sehen bekommen? Sie sähen, wie die Dinosaurier in den Himmel starren und wie ein riesiger Asteroid in die Erdatmosphäre eintaucht. Sie wären live dabei, wie die Dinosaurier untergehen. Und sie hätten keinerlei Ahnung von unserer Existenz, denn das Licht, das die Informationen von der Erde trägt – in dem einen Fall von den Dinosauriern, in dem anderen von uns –, benötigt bis zu ihrem Planeten 65 Millionen Jahre.

Was ist eigentlich das Licht, das unsere Welt erhellt, und woraus besteht es? Woraus besteht unsere Erde und woraus wir selbst? Unter dem Bogen der Milchstraße stehend wurde mir klar, dass wir etwas so Großes und Komplexes wie unseren Planeten nur verstehen können, wenn wir den Blick auch auf etwas unvorstellbar Kleines richten. Etwas, das sich vollständig unserer Alltagswelt und Logik entzieht. Etwas, das uns in die Welt der Quantenphysik entführt, in der so ziemlich alles seltsam, fremd, unlogisch und sogar widersprüchlich erscheint. Tatsächlich gäbe es ohne diese skurrile Quantenwelt weder Sterne noch Planeten, und damit natürlich auch uns nicht. Willkommen in der faszinierenden Welt der Atome!

DIE SKURRILE WELT DER ATOME

Atome besitzen Eigenschaften, die Generationen von Wissenschaftlern an ihrem eigenen Verstand haben zweifeln lassen. Atome sind sogar fantastischer, als es sich Science-Fiction-Autoren je hätten ausdenken können. Doch keine Angst, es ist nicht meine Absicht, Sie auf den nächsten Seiten in die Tiefen der Quanten- und Atomphysik zu entführen. Stattdessen möchte ich die wesentlichen Zusammenhänge darstellen, die für unseren Planeten und unsere eigene Existenz von immenser Bedeutung sind. Sie gewähren einen tiefen Einblick darin, wie unsere Welt wirklich aufgebaut ist und wie sie funktioniert.

Wir sind im wahrsten Sinne des Wortes Sternenstaub, und die Schönheit der Erde besteht zu 100 Prozent aus Atomen. Sie weben unsere kosmische

Verbindung zurück bis zum Urknall und bis in die Sterne. Sie verknüpfen die unendlichen Tiefen des Alls mit ihrer submikroskopischen Welt und unserem Alltag. Kurz, sie stellen das fundamentale Wesen der Natur dar. Deswegen beginnt die Biografie der Erde bei den Atomen und den Sternen, also schon bei ihrer Zeugung und nicht erst bei ihrer Geburt.

Viele von uns beschleicht unwillkürlich ein Unbehagen, wenn von Atomen die Rede ist. Unangenehme Erinnerungen an den Chemie- und Physikunterricht stellen sich dann ein oder wir denken an Atomkraftwerke, Atomraketen und radioaktive Strahlung. Bitte einmal tief ein- und ausatmen und entspannen! Dass dem Wort »Atom« in unserer Alltagswelt oft etwas Negatives anhaftet, sollte uns nicht irritieren. Atome sind die Grundbausteine der Materie. Alle Galaxien mit ihren ungezählten Sternen bestehen aus Atomen und aus ihnen wurde unser Planet – und wir selbst, denn wir alle, Sie und ich, sind neugierig gewordene Ansammlungen von Atomen, die Bewusstsein erlangt haben.

Atome sind extrem stabil und so unglaublich langlebig, dass sie, einmal entstanden, quasi ewig existieren. Sie sind sozusagen die Legosteine der Natur. Denn wie diese werden sie im Kreislauf der Materie pausenlos recycelt und ständig zu neuen Dingen rekombiniert. Jeder Atemzug, den wir nehmen, enthält ein paar Sauerstoffatome, die bereits ein Dinosaurier eingeatmet hat. Jeder Schluck Wasser, den wir trinken, enthält Atome, die vor Milliarden von Jahren tief im Erdinneren verweilten und irgendwann von einem Vulkan in die Atmosphäre geschleudert wurden. Unzählige Male waren die Atome in unserem Kaffee bereits Wolken und Regen und füllten Flüsse und Ozeane. Die Kohlenstoffatome, die unseren Körper aufbauen, das Eisen in unserem Blut und das Kalzium in unseren Knochen waren vormals nicht nur Bestandteil urzeitlicher Reptilien und Gestein in Hochgebirgen; vielmehr stammt jedes Atom in Ihnen aus den Tiefen des Alls. Zudem besitzen wir alle, Sie und ich, unsere Atome nicht, sie sind lediglich Gäste auf Zeit in uns, Wanderer, die sich nicht aufhalten lassen.

Als ruhelose Geister nehmen sie es mit ihrem angewiesenen Platz auch nicht so genau. Je höher die Temperatur ist, desto schneller schwirren die Atome in ihrem Verbund hin und her. In jeder Sekunde wechseln Milliarden von Atomen ständig ihren Platz. Dies tun sie beispielsweise nicht nur in einem Stein, sondern auch in Ihrer Hand, in der Sie den Stein halten. Im Laufe der Zeit verursachen sie dadurch das Altern aller Materialien und auch unser eigenes Altern. Man kann den Atomen ihren Bewegungsdrang nicht verbieten: Sobald die Temperatur über dem absoluten Nullpunkt liegt, bewegen sie sich. Da dieser $-273\,°C$ beträgt, lässt sich das Altern niemals aufhalten. Während unseres Lebens wuseln sie nicht nur in uns herum, sie verlassen uns ständig und werden, ohne dass wir dies bemerken, von anderen Atomen ersetzt. Dabei sind sie nicht nur austauschbar, sondern sogar ununterscheidbar. Wenn wir sterben, werden sie wie Bauklötze oder die erwähnten Legosteine allesamt für etwas anderes wiederverwendet – eine Art kosmisches Recycling. Oder weniger nüchtern: Atome realisieren buchstäblich die Reinkarnation. Während nur wenigen von uns das Glück beschert ist, gesund und munter einhundert Jahre alt zu werden, ist das Mindesthaltbarkeitsdatum der Atome erst mit dem Ende des Universums erreicht. So ruhelos und austauschbar Atome auch sind, sie selbst bleiben stabil und ewig jung.

Uns so vertraute Messgrößen wie die Temperatur und der Druck, ganz gleich ob als Lufttemperatur, Körpertemperatur, Luftdruck oder Reifendruck, beweisen die Existenz der Atome. Je mehr Atome sich auf engem Raum drängeln, desto häufiger stoßen sie aneinander und trommeln wie Billardkugeln an unsere Messgeräte. Das statistische Verhalten dieses unauflösbaren Gewimmels von Atomen der Luft oder des Wassers ergibt ein mittleres Maß, das wir als kalt oder warm, viel oder wenig Druck wahrnehmen. Dies erklärt sogar, weshalb wir uns durch die Luft und das Wasser hindurchbewegen können: Die Atome der Luft und des Wassers gleiten wie kleine Kügelchen frei um uns herum. Deshalb weht uns der Wind um das Gesicht herum und deshalb können wir im Wasser schwimmen. Wenn die Temperatur eines Gesteins $1300\,°C$ erreicht, hält es die umherschwirrenden Atome, die das Gestein bilden, gar nicht mehr auf ihren Plätzen. Aus festem Gestein wird dann flüssiges Magma. Nichts anderes passiert beim Wasser. Zwischen 0 und $100\,°C$ ist es flüssig, darüber gasförmiger Wasserdampf und darunter festes Eis. Bei welchen Temperaturen Materie ihren Aggregatzustand von gasförmig über flüssig zu fest wechselt, bestimmen die

die Materie aufbauenden Atome sowie die Geschwindigkeit, mit der sie sich bewegen. In diesem Buch wird sehr oft die Rede von Temperatur und Druck sein. Denken Sie immer daran, dass es das Gewimmel der Atome ist, das beides hervorruft.

Aber was sind Atome eigentlich? Die Idee, dass Materie nicht unendlich teilbar ist, sondern aus kleinsten Grundbausteinen besteht, verfolgten schon die griechischen Philosophen der Antike, unter ihnen Demokrit, gut 450 Jahre vor unserer Zeitrechnung. Das Atom war zu dieser Zeit natürlich nur ein Gedankenkonstrukt, beweist aber die Genialität dieser Denker, denn sie hatten mit ihrer Vermutung im Prinzip recht. Von ihnen stammt auch das Wort »atomos«, was »das Unteilbare« bedeutet. In der Tat gelangt man zu den Atomen, indem man ein beliebiges Stück Materie, einen Stein oder einen Grashalm, halbiert und die Hälften dann immer wieder halbiert. Allerdings sind Atome so unvorstellbar winzig, dass 10 Millionen von ihnen aneinandergereiht so breit sind wie der Punkt am Ende dieses Satzes. Ihr Aussehen ähnelt dem Inneren eines Eierkartons. Allerdings sind sie tatsächlich keineswegs unteilbar und daher im eigentlichen Sinne auch nicht die Grundbausteine der Natur. Dennoch bilden sie das Alphabet der Natur aus 92 Buchstaben. Das liegt schlichtweg daran, dass sie sich nicht freiwillig zerkleinern lassen und stattdessen innig zusammenhalten. Diese 92 verschiedenen Atomsorten sind die Elemente, vom leichtesten Wasserstoff bis zum extrem schweren Uran. Jedes Atom hat einen Kern und eine ihn umgebende Hülle. Beim Wasserstoff besteht der Kern aus einem einzigen Proton und die Hülle aus einem einzigen Elektron. Die Atomkerne aller anderen, schwereren Elemente weisen dagegen zusätzlich zu den positiv geladenen Protonen auch elektrisch neutrale Neutronen im Kern auf. Die Elektronen in der Hülle sind dagegen immer negativ geladen, weswegen das Atom insgesamt elektrisch neutral ist. Die Anzahl der Protonen muss immer identisch mit der der Elektronen sein, damit sich positiv und negativ ausgleichen. Die Anzahl der neutralen Neutronen darf variieren und von der Anzahl der Protonen abweichen. Auf diese Weise entstehen zu den Mutterelementen verschieden schwere Tochterelemente, die Isotope des jeweiligen

Elements genannt werden. Wie wir noch sehen werden, ist dies ein Geschenk der Natur, das uns hilft, die Erde besser zu verstehen: Denn weil die Isotope eines Elements verschieden schwer sind, verhalten sie sich auch verschieden, zum Beispiel bei der Verdunstung von Wasser.

Die Anzahl der Protonen im Atomkern bestimmt, um welches Element es sich handelt: 1 macht Wasserstoff, 8 ergibt Sauerstoff, 79 stecken im Gold und 92 im Uran. Das schwere Uranatom ist ein wahres Elementmonster, bestehend aus 92 Protonen und 146 Neutronen, also 238 Kernbausteinen, und nochmals 92 Elektronen in seiner Hülle. Dies ist auch der Grund, dass es radioaktiv ist. Vorausgeschickt sei, dass radioaktive Elemente über eine Kette jeweils leichterer Elemente in ein stabiles, nicht radioaktives Endprodukt zerfallen. Der Grund dafür ist die schiere Größe dieser Elemente. Eine der grundlegenden Kräfte der Natur, die starke Wechselwirkung, sorgt für den innigen Zusammenhalt eines Elements. Sie schweißt die Kernbausteine so unzertrennlich zusammen, dass sie quasi bis in alle Ewigkeit existieren. Diese immense Kraft hat aber eine extrem kurze Reichweite und verliert bereits in einer Entfernung von einem Hunderttausendstel des Atomdurchmessers ihren Einfluss. Nehmen wir nun wieder das Uran in den Blick, so stellen wir fest, dass sie deshalb auch nicht auf die Elektronen in der Atomhülle wirkt – der Atomkern des Urans ist schlichtweg zu groß, als dass die starke Wechselwirkung ihn stabil zusammenhalten könnte. Deshalb zerfällt das Uranatom unter Abgabe hochenergetischer und für das Leben tödlicher Strahlung stufenweise zu kleineren Atomverbänden. Dieser Prozess hört genau dann auf, wenn der Atomkern eine Größe erreicht hat, die von der starken Wechselwirkung dauerhaft zusammengehalten werden kann. Im Falle des Urans führt dieser Weg über achtzehn radioaktive Zwischenstufen zum stabilen Atomverband des Bleis. Blei ist zwar giftig, aber nicht mehr radioaktiv. Die beim Zerfall freigesetzte Energie durchströmt den Planeten und heizt ihn enorm auf. Mit diesem Wissen lässt sich auch das Alter der Gesteine präzise ermitteln, denn der Zerfall folgt, zumindest im Mittel, nach streng von der Natur festgelegten Regeln. Dennoch ist er im Einzelfall zufällig. Atome verhalten sich eben nicht alltagstauglich.

KAPITEL 1 | STERNENSTAUB

Ein genauerer Blick in die Struktur der Atome offenbart eine verblüffende Welt. Die Elektronen in der Atomhülle tragen so gut wie nichts zur Masse des Atoms bei, bestimmen jedoch vollkommen seine Größe. Umgekehrt ist der Atomkern hunderttausendmal kleiner als das Atom selbst, enthält aber mehr als 99,99 Prozent seiner Masse. Um uns diesen absurden Sachverhalt zu verdeutlichen, stellen wir uns ein Atom als ein etwas wunderliches Fußballstadion vor. Auf dem Anstoßpunkt in der Stadionmitte befindet sich der Atomkern mit seinen dicht gedrängten Protonen und Neutronen. Er hat die Größe einer Fliege, wiegt aber so viel wie das gesamte Stadion. Irgendwo auf den äußeren Rängen umschwirren die Elektronen das Stadion wie in einer La-Ola-Welle. Diese Elektronen wiegen quasi nichts und sind viel kleiner als Stecknadelköpfe. Der gesamte Raum zwischen dem Anstoßpunkt und den oberen Rängen besteht aus nichts! Mit anderen Worten bestehen Atome im Wesentlichen aus leerem Raum. Könnte man all diesen leeren Raum aus ihnen verbannen, hätte die gesamte Menschheit Platz auf einem Teelöffel. Es ist bizarr und auch erschreckend, aber Materie besteht zu mehr als 99,99 Prozent aus nichts!

Zudem können Atome mühelos an zwei Orten gleichzeitig sein. Doch in unserer Erfahrungswelt bemerken wir davon nichts. Ein Stein ist solide und nie an zwei Orten gleichzeitig, der Boden unter unseren Füßen ist fest. Wir können uns anfassen und feststellen, dass wir materiell sind und offensichtlich nicht aus leerem Raum bestehen. Der Grund, weshalb Atome sich so anders verhalten, obwohl sich alles aus ihnen zusammensetzt, ist, dass unsere Erfahrungswelt aus einer gigantisch großen Ansammlung von Atomen besteht. Ihr Zusammenwirken – ein Phänomen, das Superposition genannt wird – lässt die seltsamen Quanteneffekte einzelner Atome zusammenbrechen. Als Resultat bemerken wir, wie bei der Temperatur und dem Druck, auch bei der Festigkeit von Materialien nur deren mittlere, statistische Eigenschaften. Deswegen erscheint uns die Quantenwelt, in der wir leben, so fremd und unlogisch: Wir können niemals einzelne Atome betrachten. Wir sind gigantische Ansammlungen von Atomen, und deren mittleres Verhalten erschafft die uns so vertraute Welt.

Seit Albert Einstein wissen wir, dass Masse und Energie äquivalent zueinander sind. Das bedeutet, Masse kann in Energie umgewandelt werden und umgekehrt kann Energie zu Masse werden. In unserer Alltagswelt ist das undenkbar, denn weder verschwindet ein Kugelschreiber in einer Wolke aus Energie noch materialisiert sich ein Jumbojet aus dem Nichts. Weshalb funktioniert dieser seltsame Trick auf atomarer Ebene in der Quantenwelt? Die geradezu magische Antwort liegt darin, dass die Wandlung von Energie in Masse mit dem Quadrat der Lichtgeschwindigkeit verknüpft ist. Die Lichtgeschwindigkeit ist das kosmische Tempolimit und beträgt unvorstellbare 300 000 Kilometer pro Sekunde. Mit dieser Geschwindigkeit benötigt das Licht von der Sonne zur Erde gerade einmal 8,5 Minuten. Mit einem Raumschiff, das mit Lichtgeschwindigkeit fliegt, würden wir innerhalb von 3 Minuten zum Mars reisen. Jetzt stellen Sie sich einmal das Quadrat der Lichtgeschwindigkeit vor. Diese unvorstellbar gigantische Zahl steht den unfassbar winzigen Massen einzelner Atome gegenüber. Alles, was quasi unendlich schnell ist und nichts wiegt, verhält sich als Resultat daher absurd und unlogisch. Genauso verhalten sich Atome. Unsere Alltagswelt besteht aber aus einer Kombination unendlich vieler Atome. Aus Sicht eines einzelnen Atoms ist unsere Alltagswelt daher unendlich langsam und extrem schwer. Unsere gewohnte Welt stellt die Bedingungen der Quantenwelt quasi auf den Kopf. Schnell und leicht wird zu langsam und schwer. Deswegen haben wir den Eindruck, dass in der Welt der Atome alles seltsam ist. In Wirklichkeit liegt es nur am Blickwinkel des jeweiligen Betrachters.

DAS WESEN DES LICHTS

Als wäre all dies nicht schon schwer genug zu verstehen, verhalten sich die Atome und ihre Elektronen gleichzeitig wie winzige, punktuelle Teilchen und wie riesige, ausgedehnte Wellen. Die Physik spricht hier vom Welle-Teilchen-Dualismus. Zudem gibt es in der Welt der Atome sogar Teilchen, die erst eine Masse bekommen, sobald sie sich bewegen. In Ruhe wiegen sie gar nichts. Sie sind geisterhafte Quantenobjekte, die von Atomen ausgespuckt und wieder verschluckt werden. Atome, genauer gesagt ihre Elektronen in der Hülle, sind in der Lage, spontan Wellen auszuspucken, die fünftausendmal so groß sind wie sie selbst. Ein anderes winziges Atom verschluckt diese gigantische Welle wieder. Es ist ungefähr so, als ob Sie Ihre Haustür öffnen und spontan der Chiemsee wie ein gigantischer Tsunami aus Ihrer Wohnung herausbricht. Als dann Ihr Nachbar seine Haustür öffnet, verschwindet der Chiemsee spontan in seiner Wohnung. Falls Sie sich gerade fragen, was derart magische Quanteneffekte mit unserer Welt, in der wir leben, zu tun haben, so ist die Antwort: nichts weniger als alles. Diese geisterhaften Quantentsunamis heißen Photonen und sie erhellen unsere Welt; es handelt sich dabei um das Licht. Wenn Sie einen Lichtschalter betätigen und sich der dunkle Raum erhellt, brechen Photonen in einer Sturzwelle über den Raum herein. Die Atome der Sehzellen in Ihrem Auge verschlucken dieses Licht und aus dieser Information setzt Ihr Gehirn ein Bild Ihrer Umwelt zusammen. Wenn Sie das Licht wieder ausschalten, wird es schlagartig dunkel. Die Sintflut der von der Glühbirne ausgesendeten Photonen wird mit Lichtgeschwindigkeit von den Atomen des Raumes, der Wände und der Einrichtung verschluckt. In der Abwesenheit von Photonen stehen wir im Dunkeln. Wie kann es sein, dass etwas so Winziges wie ein Elektron etwas so Riesiges wie eine Lichtwelle ausspuckt? Die Antwort ist, dass Licht ebenfalls dem Welle-Teilchen-Dualismus gehorcht. Wir können das nicht begreifen, weil es in unserer Erfahrungswelt der großen Dinge kein Pendant dazu gibt. In Wahrheit ist Licht vermutlich weder ein Teilchen noch eine Welle, sondern irgendwie beides gleichzeitig.

Präziser gesagt handelt es sich bei dem, was die Elektronen der Atome ausspucken und verschlucken, um elektromagnetische Strahlung. Das sichtbare Licht unseres Beispiels ist nur ein kleiner Teil dieses breiten Spektrums. Es reicht von der tödlich harten Gamma- und Röntgenstrahlung über die Sonnenbrand erzeugende UV-Strahlung, das sichtbare Licht, die wärmende Infrarotstrahlung eines Lagerfeuers bis zu den langen Radiowellen und Mikrowellen. Das ferne Ende dieses Spektrums bildet die kosmische Hintergrundstrahlung, die die Hinterlassenschaft des Urknalls ist. Tatsächlich besitzt Strahlung, und damit auch das

Licht, keine Ruhemasse. Masse erhält es erst durch die Lichtgeschwindigkeit, mit der es unterwegs ist. Wenn Atome sichtbares Licht ausspucken, passiert das dadurch, dass die Elektronen in der Atomhülle ihren Abstand vom Atomkern verändern. Bei einem solchen Quantensprung vom höheren Energiezustand zum niedrigeren geraten sie dichter an den Kern und geben die Differenzenergie als Photon an ihre Umgebung ab. Dieser Prozess ist die Emission, die Aussendung von Licht. Wenn Atome Licht verschlucken, verläuft der Prozess umgekehrt: Bei der Absorption erhält ein Elektron Energie von seiner Umwelt und springt in den nächsthöheren und damit weiter vom Atomkern entfernten Orbit. Man kann sich das wie einen Fahrstuhl vorstellen, allerdings ist es ein sehr merkwürdiger Fahrstuhl in einem noch viel seltsameren, dreidimensionalen Gebilde. Im Zentrum, quasi im Keller, befinden sich die Kernbausteine der Protonen und Neutronen. Den Elektronen ist der Aufenthalt dort strengstens verboten. Der Quantenfahrstuhl transportiert die Elektronen daher nur zwischen dem Erdgeschoss und den oberen Stockwerken und er setzt sich nur dann ein Stockwerk nach oben in Bewegung, wenn er die richtige Energiemenge bekommt. Gibt er genau diese Energiemenge wieder ab, fährt er das Stockwerk wieder nach unten. Allerdings fährt der Elektronenfahrstuhl nicht im eigentlichen Sinn, denn er kann sich niemals zwischen den Stockwerken aufhalten, beziehungsweise er fährt gequantelt und ist entweder im ersten Stock oder im zweiten. Es ist so, als ob Sie entweder in Hamburg oder in München sein könnten, aber niemals dazwischen. Viel eher beamt der Fahrstuhl die Elektronen rauf und runter. Das Beamen kostet ein Photon der richtigen Energiemenge mit der korrekten Wellenlänge.

Einmal ausgesendet, reisen die Photonen im leeren Raum des Universums ganz unabhängig von ihrer Wellenlänge mit Lichtgeschwindigkeit, und zwar so lange, bis sie auf ein Hindernis stoßen, das sie verschluckt. Das ist möglich, weil Photonen im Gegensatz zu Schallwellen kein Medium wie die Luft oder das Wasser benötigen, um sich auszubreiten. Da jedes erdenkbare Hindernis, auf das Photonen stoßen können, aus Atomen besteht, sind diese in der Lage, die Photonen zu verschlucken. Dadurch erhält die Materie Energie und erwärmt sich. Es ist dieser Transport von Energie, mit dem die Photonen der Sonne die Erde mit Licht und Wärme versorgen. Die Photonen transportieren aber auch Informationen und ermöglichen es uns, durch unsere lichtempfindlichen Augen die Welt zu erleben. Auf diese Weise können wir auch all die fernen Sterne sehen, deren Photonen sich vor so unglaublich langer Zeit zu uns auf die Reise gemacht haben. Wenn wir einen Stern am Nachthimmel sehen, berühren seine Photonen unsere Augen. Der Umwandlung des sichtbaren Lichts in infrarote Wärme werden wir in Kapitel 10 noch nachspüren, in dem es um das Klimasystem geht.

Warum existieren Atome überhaupt und können sogar einen Planeten aufbauen? Das liegt, kurz gesagt, an der Quantenwellennatur der Elektronen. Würden Atome wie ein winziges Sonnensystem funktionieren, bei dem die Elektronen den Atomkern umkreisen, wie es die Planeten um die Sonne tun, so wäre ihr Spiralsturz in den Kern, und damit ihr Tod, vorprogrammiert. Was die Elektronen auf ihrem gigantischen Abstand vom Kern hält, ist gerade ihre wellenhafte Quantennatur, die überproportional viel Platz beansprucht. Etwas derart Ausgedehntes kann nicht in den Kern stürzen. Je kleiner und leichter die Teilchen sind, desto größer sind ihre Wellenlängen. Folglich haben Elektronen als die kleinsten und leichtesten isolierbaren Teilchen im Universum die größten Wellenlängen. Umgekehrt besitzen große und schwere Objekte, wie Steine und Menschen, ultrawinzige Wellenlängen und zeigen deshalb kein skurriles Quantenverhalten. Genau dieses Verhalten erklärt, weshalb Atome, wie schon erwähnt, zu 99,99 Prozent aus leerem Raum bestehen. Die gigantische Quantenwelle des Elektrons erzwingt sich diesen leeren Raum. Paradoxerweise ist diese irrwitzige Platzverschwendung der Natur die Grundvoraussetzung und eine Notwendigkeit zur Erschaffung unserer Welt.

DIE KOSMISCHE VERBINDUNG

Die Atome, die unseren Planeten und uns Lebewesen aufbauen, stammen aus den Tiefen der Raumzeit des Universums. Die schweren Elemente werden in den Sternen geboren, was uns zu Sternenstaub macht. Das leichteste aller

Elemente, der Wasserstoff, ist zugleich das älteste und stammt dagegen aus der Zeit des Urknalls.

Wasserstoff ist das ultimative Atom und sozusagen die Ursubstanz des Universums. Er durchwebt den gesamten Kosmos, doch wie entstand er? Zusammen mit dem zweitleichtesten Element Helium bildete er sich in Hülle und Fülle in den ersten 10 Minuten nach dem Urknall, jenem lautlosen Knall am Anbeginn von Raum und Zeit. Im ultraheißen Inferno des Urknalls gab es zunächst gar keine Atome, sondern nur unvorstellbar viel Energie. Die rasche Expansion ließ die Temperatur schnell unter die Marke von 10 Milliarden °C absinken. Damit wir solche Zahlen überhaupt einordnen können, hilft es zu wissen, dass die Oberfläche der Sonne gerade einmal 6000 °C heiß ist. Aus dem anfänglichen Plasmabrei aus Energie bildete sich rasch ein ganzer Teilchenzoo, aus dem auch die für uns so wichtigen Protonen, Neutronen und Elektronen hervorgingen. Aus Energie wurde Materie, genau so, wie Einstein es beschrieben hat. In dieser Höllenglut entstanden etwas mehr Protonen als Neutronen, was in einer komplexen Kette von Kernfusionsprozessen dazu führte, dass sich aus den vorhandenen Grundbausteinen ein Massenanteil von 75 Prozent Wasserstoff und 25 Prozent Helium im jungen Universum einstellte. Bezogen auf die Elementhäufigkeit, also die Anzahl der Elemente, besteht die Grundmaterie im Universum zu etwa 90 Prozent aus Wasserstoff und zu 10 Prozent aus Helium. Der prozentuale Unterschied zwischen der Anzahl und der Masse hat seinen Grund darin, dass Helium aus vier Wasserstoffatomen besteht und damit schwerer als Wasserstoff ist. Im weiteren Verlauf fielen die Temperaturen rasch unter einen kritischen Temperaturwert, der eine weitere Kernfusion verhinderte. Damit war die ursprüngliche Elemententstehung abgeschlossen. Sämtlicher Wasserstoff und Helium bildeten das Ausgangsmaterial für die Entstehung der Sterne. Es dauerte viele Hundert Millionen Jahre, bis sich die ersten Sterne durch die Wirkung der Schwerkraft formierten, aber seitdem sind sie zum echten Erfolgsmodell geworden und aus dem Universum nicht mehr wegzudenken.

Wie sich Atome zu Molekülen verbinden, werden wir uns noch ansehen. Im Moment genügt es zu wissen, dass zwei Wasserstoffatome (H) und ein

Sauerstoffatom (O) in jedem Wassermolekül stecken. Wasser (H + H + O = H_2O) füllt nicht nur die Ozeanbecken und fällt als Regen vom Himmel – unser Körper besteht zu mehr als 70 Prozent aus Wasser. Zwei Drittel der Atome im Wasser stammen also vom Anbeginn der Zeit, aus dem Urknall, und sind somit 13 800 Millionen Jahre alt. Mit jedem Schluck Wasser trinken wir von der Ewigkeit! Wie viel näher kann man dem Unsterblichsein noch kommen?

Falls es Ihnen Sorge bereitet, dass Sie eventuell nicht 100 Jahre alt werden, ist es vielleicht ein Trost zu wissen, dass wir alle ein lebendiger Teil der Ewigkeit sind. Unsere Bestandteile sind kosmische Wanderer und sie werden es ewig bleiben. Dies ist der erste Teil unserer kosmischen Verbindung.

Aus dem am Anfang von Raum und Zeit gebildeten Wasserstoff und Helium, und damit aus den Sternen, sind alle weiteren 91 Elemente hervorgegangen, vom zusätzlichen Helium über den Sauerstoff, das Eisen und Gold bis hin zum Uran. Was die Alchemisten vergeblich versuchten, gelingt den Sternen spielend leicht: Sie machen aus Wasserstoff Gold. Es dauert lediglich ein paar Milliarden Jahre. Wie die magischen Gluten der Sterne diesen Aufbau der Elementfülle bewerkstelligen, werden wir uns gleich ansehen.

Spannend ist, dass alle in den Sternen gebrannten 91 Elemente jenseits des Wasserstoffs zusammen nur etwa 0,1 Prozent der Materie im Universum ausmachen. Sauerstoff, Eisen und Gold sind damit überaus seltene Spurenelemente. Ihre Verteilung ist im Universum, im Gegensatz zum gleichmäßig verteilten Wasserstoff und Helium, sehr ungleichmäßig. Dies bedeutet im Umkehrschluss, dass die Erde zu fast 100 Prozent aus den seltenen Elementen besteht, die in den Sternen geboren wurden, denn Wasserstoff und Helium sind im Erdsystem überaus rar.

Alle Sterne beginnen ihren Lebenszyklus auf ähnliche Art und Weise. In ihrem Leben gibt es Phasen des ruhigen Brennens, so wie wir es von unserer Sonne gewohnt sind, und Phasen rascher und tiefgreifender Veränderungen. Das finale Schicksal der Sterne verläuft, im Gegensatz zu ihrer Geburt, sehr unterschiedlich und ist geprägt von ihrer Größe und ihrer Masse. Manche von ihnen brennen lange Zeit gemächlich vor sich hin und verabschieden sich in aller Stille. Andere sterben jung und wild. Je größer und schwerer die Sterne sind, desto spektakulärer ist das Feuerwerk ihres Abgangs von der kosmischen Bühne. Der faszinierendste Aspekt des endzeitlich anmutenden Todeskampfes explodierender Sterne ist, dass genau diese apokalyptischen Detonationen unsere Existenz überhaupt erst ermöglichen. Der Blick in den von Sternen übersäten Nachthimmel ist nicht nur ein Blick in die Tiefen des Weltalls, sondern auch ein Blick in die Vergangenheit sowie ein Blick in uns selbst. Dies ist die zweite kosmische Verbindung zwischen uns und den Sternen. Sie webt den Zusammenhang zwischen den unendlichen Tiefen des Alls und der submikroskopischen Welt der Atome. Sie verbindet die unendlich großen und mikroskopisch kleinen Raum- und Zeitdimensionen mit unserer Erfahrungswelt. Jedes einzelne Atom trägt die Informationen dieser unfassbaren Geschichten in sich. Wenn wir uns diese Geschichten ausmalen, wird sich unsere Weltsicht vollkommen verändern. Es ist unvermeidlich, dass uns bei dieser Vorstellung eine tiefe Ehrfurcht ergreift. Sie schließt jedes Lebewesen ein, von der Bakterie bis zum Menschen. Aber sie gilt genauso für jedes Sandkorn, jeden Stein und den gesamten Planeten. Da unser Schicksal so untrennbar mit dem der Sterne verbunden ist, wollen wir uns anschauen, wie die schweren Elemente in den Sternen entstanden.

DER LEBENSZYKLUS DER STERNE

Unsere Sonne bildete sich zusammen mit den Planeten unseres Sonnensystems vor etwa 4600 Millionen Jahren. Damit weist sie auch im kosmischen Maßstab ein erhebliches Alter auf, das ein Drittel der Zeit umspannt, die seit dem Urknall vergangen ist. Der Sternentyp, zu dem unsere Sonne gehört, ist überaus häufig im Universum. Es gibt Sterne, die sehr viel kleiner als unsere Sonne sind, aber auch erheblich größere. Einige von ihnen sind wahre Giganten mit der mehrhundertfachen Sonnenmasse. Doch wie bilden sich eigentlich Sterne und wann fangen sie an zu leuchten?

KAPITEL 1 | STERNENSTAUB

Der leere Raum, sowohl zwischen den Galaxien als auch zwischen den Sternen innerhalb der Galaxien, besteht aus stark verdünnten Wolken aus Wasserstoff. Sterne entstehen aus diesen Gaswolken, wenn sie sich langsam unter dem Einfluss der Schwerkraft zusammenballen. Die Schwerkraft oder Gravitation ist die schwächste der elementaren Naturkräfte, aber zugleich ist sie auch die weitreichendste Kraft. Sie wirkt zwischen allen Massen und hält nicht nur die Planeten im Umlauf um ihre Sonnen, sondern auch die Sonnen im Umlauf um das Zentrum der Galaxien. Je mehr Gas sich gravitativ verdichtet, desto höher steigt der Druck und folglich die Temperatur im Inneren der Gaswolke. Das sich intensivierende Schwerefeld zieht dadurch immer mehr Gas und Staub aus der Umgebung an, bis schließlich ein junger Stern heranwächst. Im Orionnebel des gleichnamigen Sternbilds kann man dies sogar mit bloßem Auge am Nachthimmel beobachten.

Wenn die Temperatur im Inneren des jungen Sterns auf 10 Millionen °C angestiegen ist, zündet die Kernfusion. Unter diesen Bedingungen liegen alle Atome im ionisierten Zustand vor, was bedeutet, dass sie ihrer Elektronen beraubt wurden und nur aus ihren Kernen bestehen. Die jetzt einsetzende nukleare Reaktionskette verschmilzt jeweils vier Wasserstoffatome zu einem Heliumatom. Dies ist, ganz entgegen der Natur der Atome, möglich, weil bei derart hohen Temperaturen die Kollisionen zwischen ihnen so heftig werden, dass sich die Protonen ungewöhnlich nahe kommen. Dabei überwinden sie die abstoßende Wirkung ihrer positiven Ladungen, die nun der extrem anziehenden Wirkung der Kernkraft Platz macht. Die einzelgängerischen Protonen gehen also nur dann stabile Partnerschaften in einer Kernfusion ein, wenn man sie dazu zwingt, sich zu nahe zu kommen. Absurderweise ist das resultierende Heliumatom leichter als die Summe der vier Wasserstoffatome, die nötig waren, um es zu bilden. Wie ist das möglich? Dieses geradezu magische Verschwinden von Masse ist der sogenannte Massendefekt. Er ist äquivalent zur Kernbindungsenergie. Es handelt sich um die Energiemenge, die benötigt wird, um einen Atomkern in seine Bestandteile zu zerlegen. Bei diesem Phänomen ist es, als steckte die Natur vier Kaninchen in einen Hut und heraus spränge ein Feldhase. Der Trick verblüfft nicht nur, er kommt auch mit einem ungeheuren Haken daher: Der Feldhase wiegt nämlich weniger als die vier Kaninchen, aus denen er besteht, weshalb aus dem Hut nicht nur der Hase, sondern auch eine wahre Sturzflut an Strahlung, Licht und Hitze hervorbricht. Was ist passiert? Die Natur wandelt bei der Fusion von Wasserstoff zu Helium Masse in Energie um, genau so, wie es Einstein erkannt hat. Diese freigesetzte Energie ist das Sonnenlicht. Durch sie werden Sterne zu wahren Leuchttürmen im All, die der Materie in ihrer Umgebung, in unserem Fall der Erde, beständig Licht und Wärme spenden. Der Beitrag des Fusionsprozesses eines einzelnen Heliumatoms zum gesamten Sonnenschein ist verschwindend gering, aber der Effekt summiert sich beträchtlich. Pro Sekunde wandelt unsere Sonne gigantische 4,2 Millionen Tonnen an Masse in Energie um. Dennoch wird sie dadurch nicht merklich kleiner oder leichter, denn seit ihrer Geburt hat sie durch den Massendefekt erst 0,3 Prozent ihrer Masse eingebüßt.

Da die Kernfusion von Wasserstoff zu Helium die meiste Bindungsenergie in den Sternen freisetzt und Wasserstoff im Überfluss vorhanden ist, bestimmt sie das Verhalten der Sterne für 95 Prozent ihrer Lebenszeit. Das Sterninnere heizt sich dabei langsam auf 15 Millionen °C auf. Dieser Prozess läuft so kontinuierlich ab, dass unsere Sonne schon seit 4600 Millionen Jahren leuchtet und inzwischen etwa die Hälfte ihres Wasserstoffvorrats in Helium umgewandelt hat.

Dabei entsteht ein dynamisches Gleichgewicht, das die Größe und das Verhalten des Sterns permanent den Gegebenheiten anpasst. Wir werden dem dynamischen Gleichgewicht durch das Buch hindurch immer wieder begegnen, denn es stellt eine der grundlegenden Funktionsweisen dar. Einfach ausgedrückt: Wenn das Gleichgewicht aus dem Gleichgewicht gerät, stellt sich ein neues Gleichgewicht ein. In einem Stern balanciert das dynamische Gleichgewicht zwischen der zum Zentrum gerichteten Schwerkraft, bedingt durch die Masse des Sterns, und dem nach außen gerichteten Strahlungsdruck, der durch die ablaufende Kernreaktion Licht und Strahlung ins Weltall abgibt. Eine stärkere Fusion bläht den Stern auf, weil dann der Strahlungsdruck größer als die Gravitation wird. Umgekehrt bewirkt eine schwächere Fusion, dass die Gravitation überwiegt und der Stern schrumpft.

Für weitere 5 bis 6 Milliarden Jahre wird unsere Sonne ruhig vor sich hin brennen. Sobald aber der Wasserstoffvorrat im Zentrum aufgebraucht ist und sich in einen Kern aus Helium umgewandelt hat, ändern sich die Verhältnisse grundlegend. In diesem Stadium passt sich das dynamische Gleichgewicht der Sterne an die neuen Verhältnisse an und die ablaufenden Prozesse beschleunigen sich erheblich. Zunächst nimmt der nach außen gerichtete Strahlungsdruck durch die nachlassende Wasserstofffusion stark ab. In der Folge lässt die Gravitation den Stern mit seinem Heliumkern enorm schrumpfen, wodurch der Druck und die Temperatur im Inneren des Sterns nochmals stark ansteigen. Sobald die Kerntemperatur 50 bis 100 Millionen °C übersteigt, zündet eine neue Kernreaktion, die jeweils drei Heliumatome im Zentrum des Sterns zu Kohlenstoff verschmilzt. Bei diesem Heliumbrennen entsteht im Zentrum der Sterne nicht nur das erste schwere Element, sondern auch der Stoff, der die Grundvoraussetzung für die Entwicklung des Lebens auf der Erde ist. Kohlenstoff macht 28 Prozent unseres Gewichts aus und stellt 9,5 Prozent der Atome, aus denen wir bestehen. Zu diesem Zeitpunkt der Sternentwicklung ist der Kohlenstoff noch im inneren Kern des Sterns eingeschlossen und von einer zwiebelartigen Schale aus Helium und Wasserstoff umgeben. Das dynamische Gleichgewicht des Sterns verändert sich durch das Kohlenstoffbrennen erheblich. Die durch die Kernfusion entstehende harte Gammastrahlung erzeugt einen gewaltigen Strahlungsdruck, der den Stern massiv aufbläht und zum Roten Riesen werden lässt. Unsere Sonne wird in diesem Stadium so wachsen, dass sie sich die Planeten Merkur und Venus einverleiben wird. Dann wird es auf der Erde so heiß werden, dass die Ozeane verdampfen und Leben unmöglich wird. Das passiert aber erst in etwa 5000 Millionen Jahren, weswegen wir uns darüber keinerlei Sorgen machen müssen. Danach stößt unsere Sonne ihre äußeren Hüllen als planetaren Nebel ab und endet recht unspektakulär als Weißer Zwerg. Dieses erloschene und extrem dichte Objekt wird nicht größer als die Erde sein, aber so viel wie die gesamte heutige Sonne wiegen.

Sehr massereiche Sterne werden in diesem Stadium sogar zu Roten Überriesen. Der rötlich leuchtende Beteigeuze, der Schulterstern im Sternbild Orion, ist ein Beispiel dafür. Er besitzt den achthundertfachen Durchmesser und die zehntausendfache Leuchtkraft der Sonne. Beteigeuze sorgte im Jahr 2020 für Schlagzeilen, weil seine enormen Helligkeitsschwankungen, die sogar mit dem bloßen Auge am Nachthimmel sichtbar waren, befürchten ließen, dass sein Ende bereits gekommen sei. Tatsächlich ist Beteigeuze nämlich nur 530 Lichtjahre von uns entfernt – ein Sternnachbar sozusagen –, unser nächtliches Bild von Beteigeuze stammt also aus dem späten 15. Jahrhundert. Am Ende der Lebenszeit eines derart massereichen Sterns ist das ein Zeitraum, in dem viel passieren kann. Daher ist die Aufmerksamkeit um Beteigeuze berechtigt. Augenzeuge seines gewaltsamen Sternentodes zu werden, wäre für uns eine derart tiefgreifende Erfahrung, dass ich behaupte, es würde die Art und Weise, wie wir unseren Planeten behandeln, von jetzt auf gleich zum Guten wenden. Was Beteigeuze verdunkeln ließ, war das Abstoßen einer Gashülle, wobei sich Unmengen an Sternenstaub bildeten. Doch was macht das Lebensende solch massereicher Sterne so spektakulär und bedeutsam?

EIN KOSMISCHER HEXENKESSEL

An diesem Punkt im Leben der Sterne mit mehr als acht Sonnenmassen gehören Ruhe und Beständigkeit der Vergangenheit an. Ihr restliches, kurzes Leben führen sie auf der Überholspur und enden unweigerlich in einer kosmischen Katastrophe. Doch ihr apokalyptisches Ende ist der Anfang von etwas noch viel Großartigerem. Etwas, was am Ende einer langen Entwicklung zu unserer Erde führte und uns die Existenz ermöglichte.

In den Außenregionen solch gigantisch aufgeblähter Sterne hat die Gravitation nur noch einen schwachen Einfluss. Durch den immens überwiegenden Strahlungsdruck verliert der Stern bis zu einem Viertel seiner Masse in den Weltraum. In diesem Prozess impft der Stern den leeren Raum mit seinen Elementen Wasserstoff, Helium und Kohlenstoff. Genau das tat Beteigeuze im Jahr 2020.

Ohne die äußeren Zonen und durch den zusätzlich abfallenden Strahlungsdruck beim nachlassenden Kohlenstoffbrennen überwiegt nun erneut die Schwerkraft. Sie bewirkt eine Kontraktion des Sterns, wodurch die Temperatur und der Druck in seinem Inneren wieder ansteigen. Das Ergebnis ist ein Blauer Überriese. Die Bezeichnungen rot und blau beziehen sich auf die Temperaturen der Sterne. Deren Farben, die am Nachthimmel sogar mit dem bloßen Auge erkennbar sind, erklären sich ganz ähnlich wie bei einem Lagerfeuer. Das blaue Flammeninnere ist am heißesten, gefolgt von den etwas kühleren gelben Flammen, während die rot leuchtende Glut am kühlsten ist. Am Nachthimmel rötlich erscheinende Sterne sind ebenfalls relativ kühl und senden entsprechend langwelliges rotes Licht aus. Heiße Sterne erkennt man dagegen an ihrer kurzwelligen, blauen Farbe. Unsere Sonne ist ein gelber Stern mittlerer Verhältnisse.

Im Zentrum der Überriesen wandeln sich die Kohlenstoffatome in immer schneller ablaufenden Kernfusionsprozessen über Stickstoff in Sauerstoff und weiter in Neon um. Schließlich wandelt sich auch das Neon in Silizium um. Die Erde besteht zu 15 Prozent ihres Gewichts aus diesem Silizium und in der festen Erdkruste ist dieser Anteil mit fast 26 Prozent noch höher. Gestein, das aus reinem Silizium besteht, wird Quarz genannt. Mit jedem Element, das der Stern von außen nach innen brennt, nimmt das Gewicht der entstehenden Elemente zu und die frei werdende Kernbindungsenergie ab. Dieser Zusammenhang ist essenziell, denn die Kerntemperatur beträgt nun 400 Millionen °C. In diesem Stadium wird der Siliziumkern in rasendem Tempo in Eisen gewandelt. Dieser Prozess benötigt in den Überriesen gerade einmal 2 Tage. Dieses Eisen, das unserem Blut seinen charakteristischen Geschmack und seine Farbe verleiht, bildet den stabilsten und am festesten gebundenen Atomkern von allen Elementen. Das bedeutet, dass eine weitere Fusion von Eisen mit anderen Atomen keine Kernbindungsenergie mehr freisetzt, sondern dem Stern Energie in Form von Wärme entzogen wird. Der Stern ist damit seiner Energiequelle beraubt, wodurch der Strahlungsdruck wegfällt. Das hat dramatische Konsequenzen, denn ab diesem Punkt übernimmt die Gravitation die Kontrolle über den Stern. Die Fülle seiner schweren Elemente im Zentrum besteht von außen nach innen aus allen Elementen des Periodensystems bis hin zum Eisen. Dazu gehören auch bekanntere Elemente wie Natrium, Magnesium, Aluminium, Schwefel, Kalzium und Titan. An der Oberfläche des Sterns befinden sich weiterhin Unmengen unverbrauchten Wasserstoffs, der seit seiner Geburt dort übrig geblieben ist, weil die Temperaturen dort nie hoch genug waren, um ihn zu fusionieren. Schockartig stellt sich ein neues dynamisches Gleichgewicht ein, das die inneren Schalen des Sterns komprimiert und schrumpft. Der Stern stürzt unter seinem eigenen Gewicht in sich zusammen. Dieser Kollaps im Inneren des Sterns führt zu einer Explosion seiner äußeren Hülle, ein Prozess, der als Supernova bezeichnet wird. Diese apokalyptischen Sternexplosionen sind die größten im Universum bekannten Katastrophen. Ganz gleich wie heftig und dramatisch Sie sich diesen Hexenkessel vorstellen, in Wirklichkeit geht es in ihm noch viel dramatischer zu.

Weshalb die Implosion im Zentrum des Sterns zur Explosion seiner Hülle führt, ist ein rätselhaftes Phänomen. Um den Prozess einer Supernova zu verstehen, müssen wir uns einen weiteren Baustein im Teilchenzoo des Universums ansehen, die Neutrinos. Sie sind die aussichtsreichsten Kandidaten, um die Sterndetonationen auszulösen. Neutrinos sind von allen Teilchen, die wir bislang kennengelernt haben, die mit Abstand geisterhaftesten. Als kontinuierlicher Teilchenstrom von der Sonne kommend, durchqueren sie die Erde, als wäre sie gar nicht vorhanden. Sie scheinen sich für den Kontakt mit Materie nicht zu interessieren und ignorieren sie einfach. Neutrinos entstehen in Unmengen, sobald sich positiv geladene Protonen mit freien, negativ geladenen Elektronen verbinden und zu elektrisch neutralen Neutronen werden. Das ist möglich, weil die Atome im Sterninneren ionisiert sind, also ihrer Elektronen beraubt frei umherschwirren. Die freien Protonen stammen wiederum aus atomkernzerstörenden Kollisionen von Atomen untereinander. Tatsächlich entstehen im Inneren der Sterne nicht nur Elemente, sondern sie werden dort durch Kollisionen auch wieder zerstört. Lediglich im Mittel überwiegt der Elementaufbau den Elementzerstörungsprozess. Im innersten Zentrum des Sterns formiert sich bei der Supernova ein überschwerer und überdichter Neutronenkern von nur wenigen Kilometern Durchmesser. Dieser im Vergleich zum gesamten Stern winzige Neutronenkern ist extrem dicht und schwer. Dort überwiegt der Atomzerstörungsprozess den Atomaufbau durch die Fusion. In diesem Inferno gelingt der Gravitation das Unvorstellbare: Sie quetscht den leeren Raum buchstäblich aus den Atomen heraus. In diesem Zustand würde unsere Sonne auf die Größe eines Berges zusammenschrumpfen. Das Resultat dieses kosmischen Dramas ist eine wahre Sintflut an Neutrinos. Unter normalen Bedingungen durchdringen sie, wie gesagt, Materie wie Geister, ohne eine Wechselwirkung hervorzurufen. Im Inneren der Sterne herrschen aber keine normalen Bedingungen. Der überdichte Zustand im kollabierenden Stern erlaubt es den Neutrinos nicht mehr, die umliegende Materie zu durchdringen. Auf ihrer massenhaften Flucht zur Sternoberfläche treiben sie daher alle Materie, die sich ihnen in den Weg stellt, wie in einer Schockwelle vor sich her. Da die Flucht der Neutrinos im winzigen Neutronenkern im Zentrum des Sterns beginnt, trifft diese Schockwelle auf sämtliche Elementschalen des Sterns vom inneren Eisen bis zum äußeren Wasserstoff.

Mit der Helligkeit von 250 Millionen Sonnen leuchtet eine Supernova auf, die den Stern in einer gewaltigen Detonation zerreißt. Die dabei tief in den Weltraum hinausgeschleuderten Elemente impfen den Raum zwischen den Sternen mit Sternenstaub. In den Sekunden des größten Infernos passiert aber noch viel mehr. Innerhalb weniger Augenblicke entstehen durch Neutronen- und Protoneneinfangprozesse bei mehreren Hundert Milliarden Grad Celsius die extrem seltenen und sehr schweren Elemente jenseits des Eisens. Zu ihnen gehören Kupfer, Silber, Platin, Gold, Quecksilber und Blei sowie das radioaktive Uran. Falls Sie Gold und Silber besonders wertschätzen, haben Sie jetzt einen weiteren Grund dazu – es entstand innerhalb von Sekundenbruchteilen im Inferno einer Supernova.

Eine Supernova expandiert mit Geschwindigkeiten von 10 000 Kilometern pro Sekunde und sie kommt erst nach einigen Jahrtausenden allmählich zum Stillstand. Die anfänglich kugelsymmetrische Explosion gerät mit der Zeit zu einer asymmetrischen, dreidimensionalen Wolke aus Gas und Staub mit regional leicht unterschiedlichen Dichten. Es ist die Struktur der Materieverteilung im Umfeld des explodierten Sterns, die die Form dieser Wolke bestimmt. Jede im Weg der Explosion befindliche Materie bremst die Druckwelle etwas schneller ab, als dies im leeren Raum der Fall ist.

Nur etwa einer von einer Million Sternen ist massereich genug, um in einer Supernova zu enden. Unsere Sonne gehört nicht dazu. Dies erklärt nicht nur, weshalb die schweren Elemente so extrem selten sind, sondern auch, weshalb die Menge dieser schweren Elemente im Universum mit der Zeit zunimmt. Je mehr Zeit verstreicht, desto mehr Supernovae ereignen sich. Abhängig von der Größe, der Masse und der detaillierten Zusammensetzung durchläuft jeder Stern eine etwas andere Historie und impft den Raum zwischen den Sternen bei seinem Tod mit einer etwas anderen Zusammensetzung und Menge an Elementen. Es ist dieses resultierende, interstellare Gas, das wiederum den Ausgangspunkt für neue Sternensysteme bildet, in denen Planeten und Monde entstehen können. Dies geschieht durch eine erneute Supernova, die in die kalten Überreste solcher Gasnebel eindringt, sie komprimiert, erhitzt und dadurch reaktiviert. Die Gravitation erzeugt dann neue Strukturen, die sich wiederum zu Sternen formieren können. Ein ewiger Kreislauf schließt sich. Die gewaltsamen Sterntode sind mit ihrem Sternenstaub zugleich Geburtshelfer für neue Sterngenerationen. Durchschnittlich explodiert in jeder Galaxie des Universums, einschließlich unserer eigenen Milchstraße, etwa alle zwanzig Jahre ein sehr massereicher Stern am Ende seines Lebens. Sehen können wir diese Ereignisse jedoch nur sehr selten, weil der Sternenstaub vergangener Supernovae das sichtbare Licht solcher Sterntode meistens verdeckt. Für Ultraviolett-, Röntgen- und Gammastrahlung ist dieser Staub jedoch durchsichtig. Mithilfe entsprechender boden- und satellitengestützter Sensoren gelingt der tiefe Blick ins All zur Erkundung entfernter Galaxien und ihrer Supernovae.

WIE PHÖNIX AUS DER ASCHE

Aus einem solchen Gasnebel ging vor etwa 4600 Millionen Jahren ein Stern hervor, der mit seinen sich bildenden Planeten zu unserem Sonnensystem wurde.

Die Zusammensetzung der Sonne und der Planeten legt nahe, dass mindestens drei Sterngenerationen notwendig waren, um die Vielfalt und Menge der Elemente zu erklären. Zudem enthielt dieser solare Nebel alle nötigen Zutaten, um Leben auf der Erde entstehen zu lassen.

Dieses kosmische Recycling der Elemente ist der menschlichen Vorstellung von Schöpfung, Geburt, Tod und Reinkarnation gar nicht unähnlich, und wenn wir uns auf atomare Ebene schrumpfen, wird sie sogar zur Realität. Der Tod der Sterne wurde zu unserer Geburtsstunde, und unsere Erde und wir Lebewesen bestehen aus dem Material explodierter Sterne. Mindestens drei Generationen von Sternen vereinen sich in unserem Körper. Wo hätten wir sie zu welchem Zeitpunkt als leuchtende Sterne am Nachthimmel bewundern können? Die Atome in unserem Körper sind ruhelos. Sie gehören uns nicht und doch verdanken wir ihnen alles. Auf atomarer Ebene trägt jeder von uns den Urknall in sich, wurde in den Sternen erzeugt und lief bereits als Dinosaurier über unseren Planeten. Wo werden unsere Atome in ferner Zukunft sein?

Es fasziniert mich zutiefst, wie sehr diese uns so verborgene und skurril erscheinende Welt der Atome unser tägliches Leben bestimmt. Es ist eine Eigenschaft des Universums, aus den kleinsten Bausteinen schrittweise immer größere Dinge zu erzeugen. Das Universum besteht aus einer unendlichen Fülle von Energie und Elementarteilchen, die sich über Protonen, Neutronen und Elektronen zu Atomen vereinen. In den Sternen werden aus ihnen alle Elemente, die die Materie des Universums aufbauen. Die chemische Kombination dieser Elementfülle führt, wie wir im nächsten Kapitel sehen werden, zu Molekülen. Aus den Verbindungen der Moleküle untereinander entstehen nicht nur Gase, Flüssigkeiten und Gestein, sondern auch der genetische Bauplan des Lebens, die DNA. Aus diesen Bestandteilen ging unser Planet samt seiner Lebewesen hervor. Die Lebewesen wurden mit der Zeit und fortschreitender Evolution komplexer und vernetzten sich zu Ökosystemen. Das menschliche Gehirn ist der nächste Schritt auf dieser Leiter. Irgendwann begannen unsere Hirne zusammenzuarbeiten und brachten als Superorganismus unsere technische Zivilisation hervor. Dann begannen wir auch über das Wesen der Natur nachzudenken. Wir sind neugierig gewordene Atome.

Es ist das Prinzip der Emergenz, wonach das Ganze immer mehr als die Summe seiner Einzelteile ist. Die Gesetze, die bestimmen, wie die Bausteine auf einer Ebene interagieren, geben keinerlei Hinweis auf die Gesetze, die das Verhalten der Bausteine auf der nächsthöheren Ebene bestimmen. Die Antwort auf die nach wie vor ungelöste Frage, was unbelebte Materie lebendig macht, liegt vielleicht genau darin begründet: Das Leben entspringt aus der Organisation seiner Bestandteile und wird dadurch erheblich mehr als die Summe seiner Einzelteile. Jeder weiteren Komplexitätsstufe entspringen neue Phänomene, denen neue Regeln zugrunde liegen. Eigenschaften wie nass, süß, laut, hell, rot oder weich ergeben für einzelne Atome keinen Sinn. Wenn sich aber sehr viele von ihnen zu Molekülen zusammenschließen, beispielsweise zu H_2O-Molekülen, dann bilden sie einen kleinen Wassertropfen, und der ist zweifellos nass. Auf gleiche Art und Weise entsteht aus sehr vielen kleinen Farbpunkten, die für sich genommen nur rot, gelb, grün und blau sind, in unseren Augen ein Bild unseres Planeten. Schritt um Schritt entschlüsseln wir die Geheimnisse des Aufbaus und der Struktur des Universums und beginnen zu verstehen, woher unser wundervoller blauer Planet kommt und wie er funktioniert.

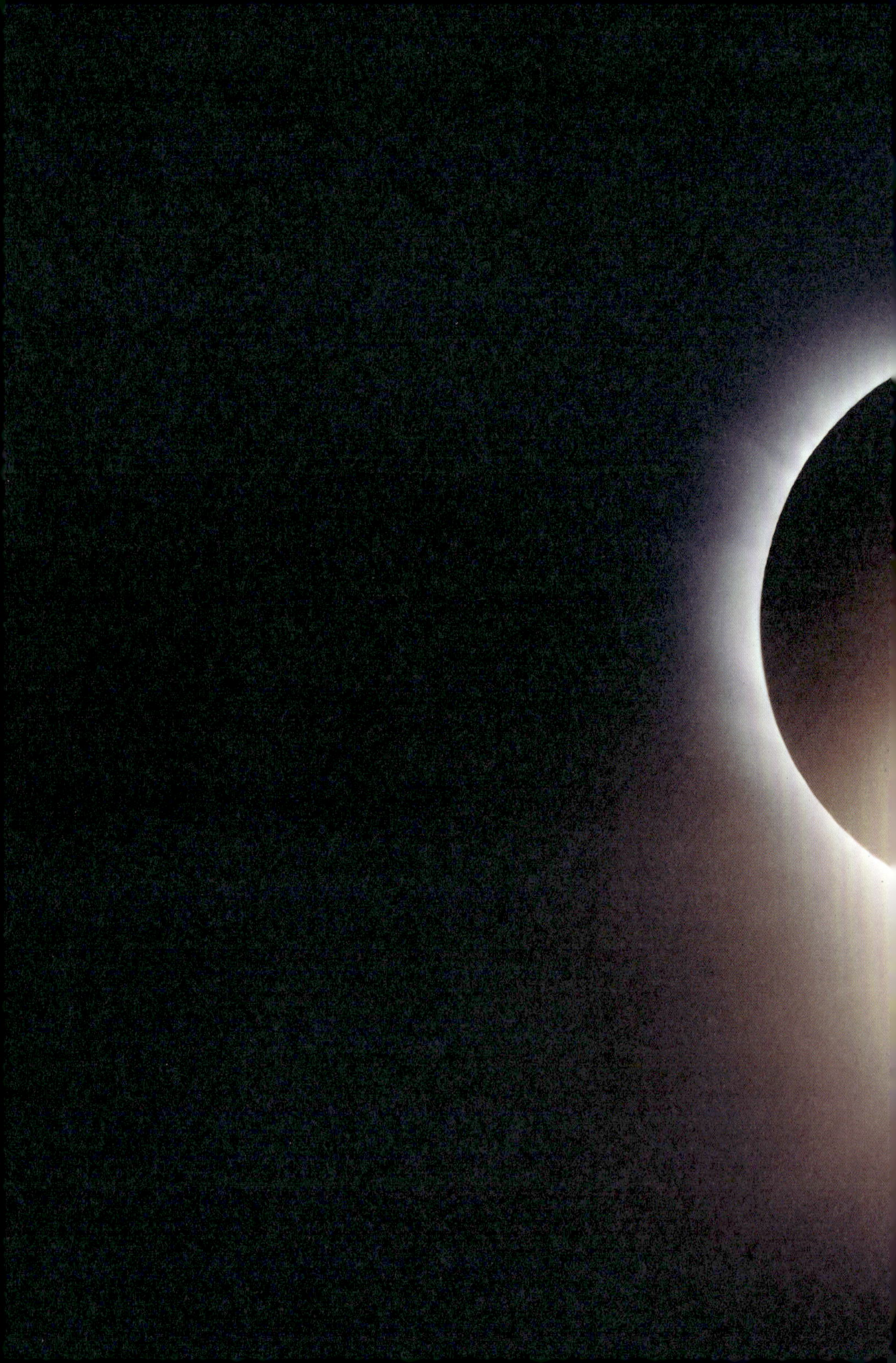

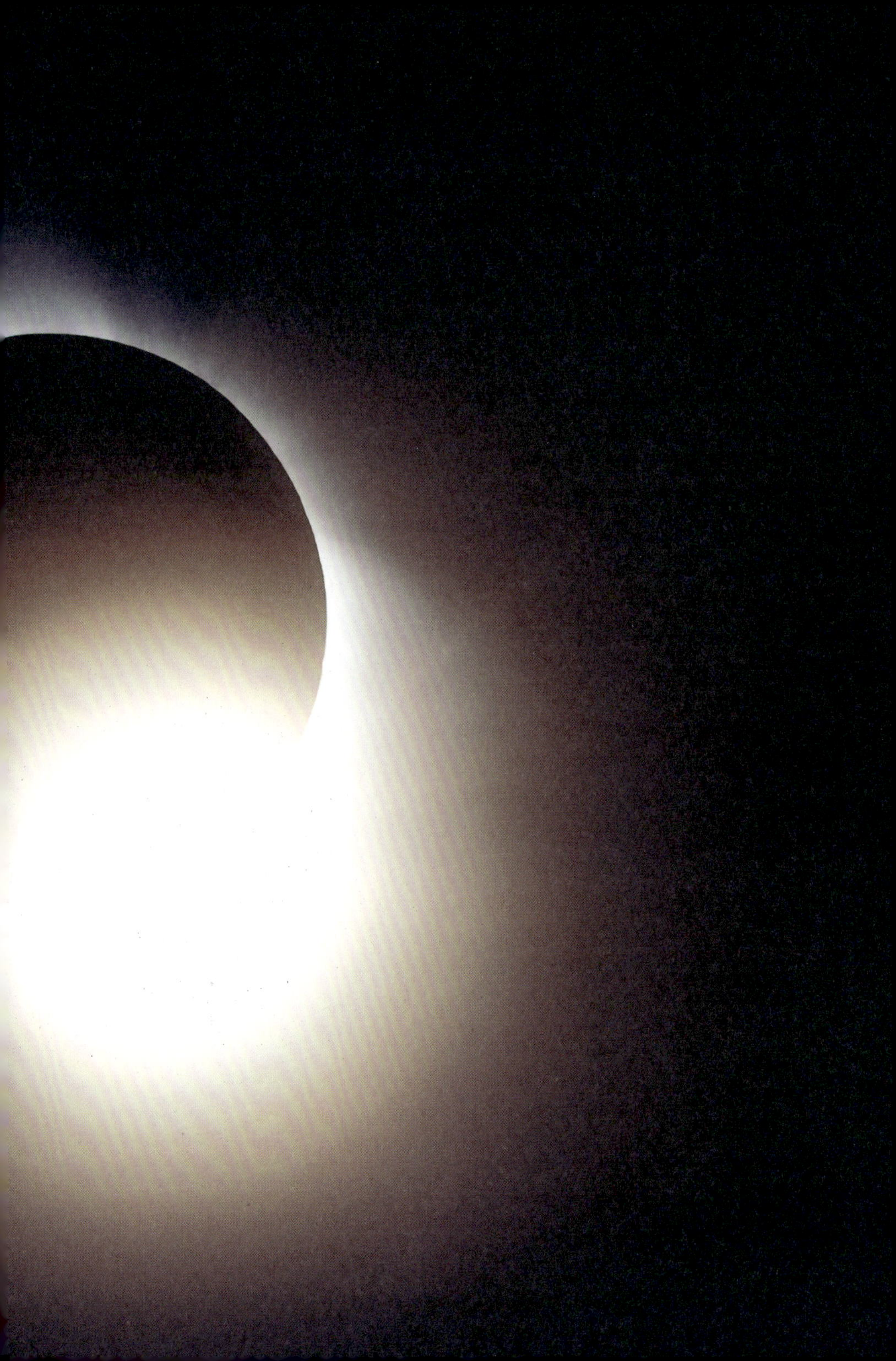

KAPITEL 2
DIE GEBURT DER ERDE

> *Die Schwerkraft ist eine bestimmte natürliche Neigung,*
> *mit der der Architekt aller Dinge die Teile dazu bringt,*
> *sich zu einer Einheit und einer Gesamtheit zusammenzusetzen,*
> *die sich in Form eines Globus treffen.*
>
> Nikolaus Kopernikus

Diamantring. Der nur Bruchteile von Sekunden sichtbare Diamantring der totalen Sonnenfinsternis vom März 2006 in Side bei Antalya in der Türkei gehörte zu den großartigsten Dingen, die ich je erblicken durfte. Am oberen linken Rand erstrahlt noch die Korona der Sonnenatmosphäre, während das erste Sonnenlicht durch ein Kratertal am Mondrand bricht. Dieser Moment brannte sich auf ewig in mein Herz und ich kann mich bis heute nicht der emotionalen Wucht dieses Ereignisses entziehen.

Die massereichen Sterne impfen am Ende ihres Lebenszyklus den leeren Raum mit den in ihnen gebildeten Elementen. Das ist der Ursprung des solaren Nebels, aus dem sich unser Sonnensystem bildete. Er enthielt alles, um daraus die Sonne, die sie umkreisenden Planeten und deren Monde hervorgehen zu lassen. Es war ein langer Weg, bis aus dieser unsortierten Fülle der verstreuten Elemente Gesteine entstanden, und ein noch längerer bis zu den Anfängen des Lebens. Eine Vielzahl solch interstellarer Nebel, Materieansammlungen zwischen den Sternen, sind sogar mit bloßem Auge zu erkennen. Als Dunkelwolken durchziehen sie als finstere Struktur das gesamte Band der Milchstraße und verbergen das dahinterliegende Sternenlicht. Wenn Sie in einer mondlosen Nacht fernab jeglicher Stadtbeleuchtung das Band der Milchstraße beobachten, werden Ihnen diese dunklen Flecken sofort auffallen. Ein berühmtes und sogar leuchtendes Beispiel dafür ist der ebenfalls mit dem bloßen Auge sichtbare Orionnebel. Er ist ein aktives Sternentstehungsgebiet und zeigt uns, was vor 4600 Millionen Jahren in unserem Sonnensystem geschah, als unsere Erde geboren wurde.

Wenn Sie demnächst einen Stein zu Ihren Füßen aufheben, malen Sie sich einmal seine nach Millionen oder gar Milliarden Jahren zählende, bewegte Geschichte aus, die er zu erzählen hat. Die faszinierenden Ereignisse, die die Gesteine seit ihrer Entstehung durchgemacht haben, können wir lesen wie in einem aufgeschlagenen Buch. Diese Geschichten beginnen mit dem, was wir im Chemieunterricht alles vergessen oder nie gelernt haben. Doch keine Angst, ich werde jetzt nicht wiederholen, was Ihnen schon damals entweder schlaflose Nächte bereitet hat oder im Gegenteil eine einschläfernde Wirkung auf Sie hatte. Stattdessen habe ich eine gute Nachricht für Sie: Chemie gibt es gar nicht, denn eigentlich ist sie die Atomphysik der Elektronenhülle. Vielleicht klingt das für Sie jetzt nicht viel besser, aber die Konsequenzen daraus bergen die echte Chance, endlich anschaulich zu verstehen, worum es in der Chemie wirklich geht. Was am Ende dabei herauskommt, ist nämlich nichts weniger als der ganze Planet, der Ihr Zuhause ist, und ja, auch Sie selbst.

DIE ZEUGUNG DER ERDE

Auf welche Verbindungen sich die Atome der verschiedenen Elemente untereinander einlassen und auf welche nicht, beschreiben die Gesetze der chemischen Bindungen. Sie legen fest, wie sich einzelne Atome zu Verbänden zusammenschließen und Moleküle bilden. Aus deren massenhafter Zusammenballung werden Minerale und daraus wiederum Gesteine. Der Vorgang ist im Grunde einfach und wird erst im Detail unüberschaubar. Die verwirrenden Details braucht es für das tiefe Verständnis aber gar nicht. Alles beginnt damit, dass es nur die Elektronen in der alleräußersten Atomhülle sind, die den Kontakt eines Atoms mit der Außenwelt herstellen. Wie das Atom unterhalb dieser Ebene aufgebaut ist, spielt erst einmal keine Rolle. Die Hüllen, in denen sich die Elektronen mit höchster Wahrscheinlichkeit aufhalten, sind die Orbitale. Ein innerhalb des äußeren Orbitals herumschwirrendes Elektron können wir uns noch recht leicht in unserer Fantasie ausmalen. Da die 92 natürlich vorkommenden Elemente aber, wie wir gesehen haben, zunehmend mehr Elektronen besitzen und deren äußere Hüllen zudem skurrile Formen annehmen, gelangt unsere Vorstellungskraft schnell an ihre Grenzen. Am ehesten ähnelt der Orbitalaufbau der elektronenreichen Elemente verknoteten Luftballontieren. Um grundsätzlich die chemischen Bindungen zu verstehen, die Moleküle, Minerale und Gesteine aufbauen, beschränken wir uns daher auf die Elektronen im äußeren Orbital. Diese Elektronen verhalten sich manchmal wie Anhängerkupplungen und manchmal eben auch nicht. Solche Vergleiche zwischen unserer Alltagswelt und der Atomphysik sind zwar immer falsch, weil sich die skurrile Welt des Winzigen unserer Vorstellungskraft vollständig entzieht, dafür aber oft sehr anschaulich.

Anhängerkupplungen interessieren sich in der Regel nur wenig dafür, an was für einem Auto sie hängen oder was man an sie anhängt. Die Elemente sind da wählerischer. Die Natur hat ganz verschiedene Anhängerkupplungen konstruiert, an die, im übertragenen Sinne, nur ganz bestimmte Autos passen, und wie im richtigen Leben gibt es auch Autos ohne Anhängerkupplungen. Diese Vielfalt erschafft die komplexe Welt der Chemie, aber die Grundgesetze, denen diese Vielfalt gehorcht, sind sehr überschaubar und sogar einfach zu verstehen.

Der Aufbau der Elektronen in der Atomhülle erlaubt nur bestimmte Anzahlen, Aufenthaltsregionen und Abstände vom Atomkern. Diese Eigenschaften vereinen sich in den Orbitalen. Man kann sich die Orbitale wie wolkige Gebilde um einen Kern herum vorstellen, wobei diese Wolken kugelrund, schlauchartig und hantel- beziehungsweise keulenförmig sind, aber auch wie ein Donut aussehen können. Für Elektronen ist der Zutritt zum Atomkern streng verboten, ebenso wie ihr Aufenthalt zwischen den wolkigen Strukturen. Jedes Element besitzt verschieden viele Elektronen und damit verschieden viele Orbitale, die wiederum verschiedene Formen und Abstände vom Kern aufweisen. Gemeinsam ist ihnen, dass die Anzahl der Elektronen pro Orbital per Naturgesetz vorgeschrieben ist. Das Orbital, das am dichtesten am Atomkern liegt, hat eine Kugelform und darf maximal zwei Elektronen beherbergen. Besitzt ein Element mehr als zwei Elektronen, zwingt die Natur die überschüssigen in das nächstentfernte Orbital. Hier dürfen sich maximal acht Elektronen herumtummeln; diese Orbitale haben die Form von Hanteln. So geht das Spiel weiter und die Quantensprünge ins nächste Orbital lassen acht im dritten und achtzehn im vierten Orbital zu. Nun ähnelt die Form der wolkigen Orbitale des Atoms immer mehr den erwähnten Luftballontieren. Monströs große Atome, wie das radioaktive Uran, besitzen noch viel mehr Orbitale, sodass dessen 92 Elektronen sich auf ein extrem komplexes Gebilde verteilen. Von Interesse sind an dieser Stelle für uns aber ausschließlich die Elektronen im äußersten Orbital eines Atoms.

Nur sie gehen Verbindungen mit anderen Atomen ein, wodurch zwei oder mehrere Atome zu einem Molekül werden. Die unglaubliche Eleganz dieses Orbitalspiels ist ein Ergebnis davon, dass die Natur voll besetzte Orbitale liebt. Sie beschränkt also nicht nur, wie wir gesehen haben, die Anzahl der Elektronen pro Orbital, sondern erlaubt den Elektronen erst dann, auf das jeweils nächsthöhere Orbital auszuweichen, wenn sie die inneren voll besetzt haben, wenn sie also überschüssig sind. Es ist genau diese Regel, die die Chemie zu einer berechenbaren Naturwissenschaft macht und die exakt bestimmt, aus welchen Gesteinen unser Planet besteht. Der Grund für die Berechenbarkeit liegt darin, dass wir von jedem Element genau wissen, wie viele Elektronen es besitzt, und diese Zahl ist ja auch identisch mit der Anzahl der Protonen in seinem Kern. So lässt sich auf unfassbar einfache Weise und sogar ohne Zuhilfenahme von Taschenrechner oder Supercomputer berechnen, wie viele Elektronen im alleräußersten Orbital eines Elements anzutreffen sind und ob dieses Orbital voll besetzt ist oder ob es leere Plätze aufweist. Da es bei der Liaison der Atome immer nur um die Elektronen im alleräußersten Orbital geht, geht es in der Chemie im Grunde immer nur darum, ob und wie viele leere Plätze dort vorhanden sind.

Sind dort keine leeren Plätze vorhanden, ist das äußere Orbital also vollständig mit schwirrenden Elektronen besetzt, so haben wir es, um bei dem obigen Beispiel zu bleiben, mit einem Auto ohne Anhängerkupplung zu tun, an das sich nichts anhängen lässt. Diese Elemente gehen mit anderen keine chemischen Bindungen ein und bevorzugen es stattdessen, für sich zu bleiben. Daher tragen sie auch nicht zur Gesteinsbildung bei. Zu ihnen gehören die Edelgase Helium, Neon und Argon. Der Begriff Edelgas soll auf ihre »nobel aristokratische« Eigenschaft hinweisen, sich nicht mit anderen Elementen einzulassen, weswegen sie im Englischen »noble gas« heißen.

Folglich entsprechen alle anderen Elemente, deren äußere Orbitale noch nicht komplett mit Elektronen aufgefüllt sind, Autos mit Anhängerkupplungen. Das, was die Natur dort anhängt, sind eben jene anderen Elemente mit freien Plätzen. Spätestens jetzt merken wir, dass das Bild bei aller Eingängigkeit nicht mehr so recht passt. Stellen wir uns stattdessen Kupplungen zwischen Eisenbahnwagen vor, wird es wieder etwas treffender. Aber auch dieses Bild ist, wie wir sofort sehen, falsch, denn in Wirklichkeit handelt es sich bei den chemischen Bindungen zwischen den Elementen um komplexe dreidimensionale Anordnungen und manchmal auch um lange Ketten mit Auswüchsen. Die verschiedenen Moleküle, die sich aus diesen chemischen Bindungen ergeben, hängen von der Form der Orbitale, der Anzahl der dort befindlichen Elektronen und der Größe der beteiligten Atome ab.

Die Natur liebt also voll besetzte Orbitale und macht genau das, was man mit freien Plätzen macht: Man besetzt sie. Das tut sie mit allem Nachdruck, und diese Elemente sind förmlich ganz wild darauf, sich mit anderen Elementen, denen es ähnlich geht, zu verbinden. Jedes Element, das sich zufällig in der Nähe befindet und sich als Kooperationspartner auf Zeit eignet, um das eigene Orbital zu füllen, muss dafür herhalten, seine Elektronen zu teilen. Genau hier ist der Haken. Das andere Element kann seine Elektronen nämlich gar nicht hergeben, um die Plätze des einen auszufüllen, denn sie werden von der elektrischen Anziehungskraft seines Kerns unbeirrbar festgehalten. Diese Streitigkeit um die freien Plätze lässt sich nur lösen, indem beide Elemente kräftig an den Elektronen des Gegenübers ziehen. Es ist ein wenig wie beim Tauziehen. Solange keiner loslässt, hängen beide am Seil und behaupten, den anderen fest an sich gebunden zu haben. Wer von den beiden recht hat, spielt dann keine Rolle mehr. So verbinden sich Elemente innig und ein Molekül ist entstanden. Das Wort Molekül bedeutet »kleine Masse«, und das ist sehr streng gemeint, denn ein Luftvolumen der Größe eines Zuckerwürfels enthält bereits 45 Milliarden solcher Moleküle, die wiederum aus mehr als doppelt so vielen Atomen bestehen.

Je mehr Plätze im äußeren Orbital frei sind, desto heftiger fällt die Reaktion beim Einfangen eines Partners aus. Dieses reaktionsfreudige Phänomen ist oft vielleicht das Einzige, was aus dem Chemieunterricht dauerhaft hängen geblieben ist: Chemie ist, wenns knallt und stinkt. Je mehr Plätze ein Element frei hat, desto mehr knallt und stinkt es, wenn es auf einen Partner trifft.

Aus dem Zoo der 92 Elemente benötigt die Natur nur wenige, aus denen sie außerordentlich bekannte Moleküle erschafft, die maßgeblich die Erde aufbauen. Sauerstoff – und zwar der atomare Sauerstoff O, das O steht für Oxygenium – hat zwei Elektronenplätze im äußersten Orbital frei. Er wird also alles dafür tun, sich ein Element zu suchen, das mit ihm zwei Elektronen teilt, um das Orbital zu füllen. Wer wäre da besser geeignet als ein weiteres Sauerstoffatom? So entsteht der molekulare Sauerstoff (O_2), den wir atmen. Er ist ein Molekül aus zwei Sauerstoffatomen, chemisch: $O + O = O_2$. Molekularer Sauerstoff, O_2, kann also in zwei Sauerstoffatome zerlegt werden. Dagegen können diese einzelnen Sauerstoffatome nicht weiter zerlegt werden. Sie sind daher Elemente. Wasser (H_2O) ist ein Molekül aus zwei Wasserstoffatomen, H für Hydrogenium, und einem Sauerstoffatom ($H + H + O = H_2O$). Spannend ist, dass die Eigenschaften von Wasser sich drastisch von denen seiner Bestandteile unterscheiden, denn weder Wasserstoff noch Sauerstoff besitzt die Eigenschaft, nass zu sein. Des Weiteren entsteht aus einem Kohlenstoffatom, C für Carbonium, und zwei Sauerstoffatomen das berühmt-berüchtigte Molekül Kohlendioxid (CO_2). Berühmt ist es, weil es uns in der irdischen Atmosphäre wie ein wärmender Mantel umgibt und uns das Leben auf der Erde überhaupt erst ermöglicht. Berüchtigt ist es, weil wir es in viel zu hoher Konzentration durch die Verbrennung von Erdöl, Erdgas und Kohle in die Atmosphäre entlassen und dadurch den Planeten mit unerwünschten Folgen zu schnell zu stark aufheizen.

AUS MOLEKÜLEN WIRD GESTEIN

Silizium, das uns schon im ersten Kapitel begegnet ist, ist ebenfalls ein perfekter Kandidat, um sich mit Sauerstoff zu verbinden, denn es hat vier Plätze frei. Es können daher sogar zwei Sauerstoffatome in diese Verbindung eintreten. Diese Dreierkombination erschafft ein Molekül mit geschlossenen Orbitalen, aus $Si + O + O$ wird SiO_2, das Siliziumdioxid. Es ist besser bekannt als Quarz und in seiner kristallinen Reinform bildet es den Bergkristall. Chemische Verbindungen, die hauptsächlich aus den Elementen Sauerstoff und Silizium bestehen, bilden die Silikatminerale. Sie sind deswegen von ungeheurer Wichtigkeit, weil Sauerstoff und Silizium zusammen bereits für 74 Prozent des Gewichts und sogar 91 Prozent des Volumens der Erde verantwortlich sind. Zu ihnen gesellen sich gerne die Elemente Eisen, Magnesium, Aluminium, Kalzium, Kalium und Natrium. Das sind in Summe zwar nicht mehr als 8 aus der Fülle der 92 natürlich vorkommenden Elemente, sie machen zusammengenommen aber mehr als 99 Prozent des Gewichts und des Volumens der Erde aus. Daher sind die Silikatminerale die gesteinsbildenden Minerale. Mit geringen Beimengungen der seltenen Elemente, wie etwa Gold und Silber, bilden sie die Fülle der irdischen Gesteine.

Wie sie sich aufbauen, ist einerseits von der Größe der beteiligten Elemente und andererseits von der Anzahl der freien Elektronenplätze im äußeren Orbital abhängig. Ihre Größe wird bestimmt durch die Anzahl der Protonen und Neutronen im Kern sowie die Anzahl der Elektronen in der Hülle. Die Natur bevorzugt neben den geschlossenen Orbitalen, also dem Vermeiden leerer Plätze, auch die Minimierung des Platzes zwischen den Atomen der verschiedenen Elemente. Die sich verbindenden Atome streben den größtmöglichen Kontakt an und arrangieren sich sozusagen in engster Packung. Für die Silikatminerale ist das die Form eines Silikat(SiO_4)-Tetraeders. Diese geometrische Form ist eine vierseitige Pyramide mit einem Sauerstoffatom in jeder Ecke und einem Siliziumatom in der Mitte. Es sind diese Tetraeder, die die Gesteine aufbauen. Doch wie ein genauer Blick in die elegante Struktur des Tetraeders zeigt, bleiben dort noch Plätze frei. Dass die Natur Leerstand nicht leiden kann, ist unser großes Glück, denn infolge des Defizitausgleichs entstanden sämtliche Gesteine zu unseren Füßen. Die vier Sauerstoffatome benötigen nämlich acht Elektronen, um die freien Plätze zu füllen, doch das Siliziumatom in der Mitte füllt nur vier davon. Die vier leeren Plätze besetzt die Natur mit wilden Kombinationsmöglichkeiten aus Eisen, Magnesium, Aluminium, Kalzium, Kalium und Natrium. Drei dieser Kooperationspartner sehen wir uns exemplarisch an, denn sie sind die Gesteinsbildner der Erde.

Zwei Eisenatome eignen sich ideal, um alle freien Plätze im SiO_4-Tetraeder aufzufüllen, und sie arrangieren zudem eine perfekte geometrische Form. Wahlweise passt auch Magnesium an die Stelle des Eisens. Kein Wunder also, dass dieses Konstrukt der Natur das häufigste Mineral der Erde bildet, den wunderschönen Olivin. Sein Eisen- und Magnesiumgehalt zusammen mit der kompakten Kristallstruktur machen ihn dicht und schwer. Die Eisen- und Magnesiumatome sind zudem der Leim, der die benachbarten Tetraeder untereinander zusammenhält. Sie ziehen nämlich mit ihrer Bindung auch am Tetraeder ihres Nachbarn. So kann aus einer gigantischen Anzahl solcher Tetraeder ein reines Olivingestein werden, das wir in die Hand nehmen können.

Olivin gehört zu meinen absoluten Lieblingsgesteinen. Seine meist nur etwa einen Millimeter kleinen, durchsichtig-flaschengrünen Kristalle bilden ein krümelig-massiges Gestein. Als Knolle eingebettet in pechschwarze Lava zog es mich bereits als Student während geologischer Exkursionen magisch an. Das erste Mal hielt ich einen Olivin in den Lavafeldern der Eifel und kurz darauf auf den Kanarischen Inseln in meiner Hand. Die Erkenntnis, dass dieses Gestein das Innere der Erde aufbaut und aufgrund seiner enormen Dichte nie freiwillig an die Erdoberfläche kommt, war betörend. Ich hielt ein Stück Erdinneres in meiner Hand, mitgerissen aus der Tiefe während eines gewaltigen Vulkanausbruchs. Sofort fiel mir auf, wie schwer es in der Hand wog. Kein Wunder, dass ein so dichtes Gestein sich lieber in den Tiefen des Erdmantels aufhält. Bei genauerem Hinsehen sieht man einzelne ebenso kleine schwarze Kristalle. Das sind die Pyroxene, und zusammen mit dem Olivin bilden sie den Peridotit, das mit Abstand häufigste Gestein der Erde mit einer Dichte von 3,3 Tonnen pro Kubikmeter. Es verbirgt sich im Erdmantel, der unter der starren und kalten Erdkruste als lithosphärischer Mantel beginnt und bis in 2900 Kilometer Tiefe an die Kern-Mantel-Grenze reicht. Während der Peridotit des lithosphärischen Mantels fest ist, verhält er sich in größerer Tiefe zumeist zähplastisch und verformt sich unter Druck wie Zahnpasta. Im Erdmantel ist es zwar heiß genug, um den Peridotit zu schmelzen, aber der immense Druck verhindert das. Je nach Tiefe, Temperatur und Druck verändert der Peridotit sich also, was je nach seiner Dichte und chemischen Zusammensetzung sowie seinem Aussehen in einem Füllhorn unterschiedlicher Namen für das Gestein resultiert. Besonders eindrucksvoll ist Peridotit aus Tiefen jenseits der obersten 50 Kilometer des Erdmantels. Dann gesellen sich zu den Olivinen und Pyroxenen auch noch

Kristalle aus blutrotem Granat. Es ist ein Gestein von bezaubernder Schönheit. Dass wir von diesen für uns eigentlich unerreichbaren Gesteinen überhaupt Kenntnis haben, liegt daran, dass es geologische Prozesse gibt, die sie ganz entgegen ihrer Natur an die Erdoberfläche befördern. Diese Vorgänge sind so spektakulär, dass wir uns noch eingehend mit ihnen beschäftigen werden.

Eine andere Möglichkeit, Silikattetraeder aneinanderzubinden, bilden die Sauerstoffatome selbst. Wenn alle vier Sauerstoffatome im SiO_4-Molekül Verbindungen zu jeweils anderen Silikattetraedern eingehen, entsteht das Mineral Quarz. Wegen der Abwesenheit von Eisen und Magnesium ist Quarz von erheblich geringerer Dichte und damit leichter als der Olivin. Sein struktureller Aufbau ist zudem weniger dicht gepackt. Diese besondere Leichtbauweise verleiht dem Quarz ganz besondere Eigenschaften, die essenziell für den Aufbau der Erde sind.

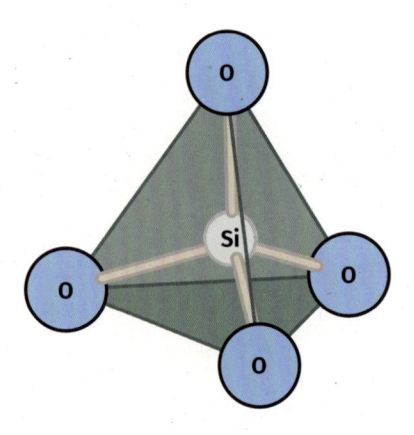

Abb. 1   Die geometrische Form eines Quarz-Silikattetraeders am Besipiel eines Siliziumatoms (Si) in der Mitte und vier Sauerstoffatomen (O) in den Ecken. Es sind solche Tetraeder, die dicht aneinandergepackt die Gesteine der Erde aufbauen.

Quarz vergesellschaftet sich nämlich überaus gerne mit einem weiteren Silikattetraeder: dem Feldspat, dem dritten Mineral, das grundlegend für den Aufbau der Erde verantwortlich ist. Es bildet sozusagen das Pendant zum schweren Olivin in der Tiefe und ist das häufigste Mineral der Erdkruste. Dieses Gestein baut vor allem Aluminium in seine Tetraeder ein. Der wesentliche Unterschied ist, dass das Silizium selbst ausgetauscht und durch Aluminium ersetzt wird. Da Aluminium wiederum leichter als Silizium ist, ist das resultierende Gestein von noch geringerer Dichte als der Quarz. Die Aluminiumtetraeder besitzen einen freien Platz weniger als ihre Pendants aus Silizium. Diesen freien Platz belegen bevorzugt die Elemente Kalium, Kalzium und Natrium. Das entstehende Mineral ist der Feldspat. Ist der freie Platz mit Kalium gefüllt, wird der Feldspat Orthoklas genannt, kommt Kalzium oder Natrium hinzu, lautet der Name Plagioklas. Diese Details und die unterschiedlichen Bezeichnungen mögen verwirrend klingen, von Bedeutung sind sie aber, weil aus genau diesen Puzzleteilen ein Gestein von immenser Bedeutung für unsere Existenz entsteht. Würde es fehlen, gäbe es kein Land, d. h. keinen Kontinent, auf dem wir trockenen Fußes leben könnten.

Quarz und Feldspat sind zusammen mit Glimmer, einem weiteren Silikat, die drei Hauptbestandteile dieses Gesteins, des Granits, der die Kontinente aufbaut. Granit ist sozusagen das Komplementärgestein zu den Ozeanböden, die aus einem Gestein namens Basalt bestehen. Basalt entsteht durch komplexe Vorgänge beim Aufschmelzen von Peridotit. Dieses Magma erzeugt an der Oberfläche Lava, die durch Vulkane ausbricht, und alle Ozeanböden sind vulkanisch gebildet. Die wichtige Erkenntnis daraus ist, dass Ozeanböden keine versunkenen Festländer sind. Kontinente und Ozeanböden weisen zwei vollkommen unterschiedliche Gesteinstypen auf. Diese Erkenntnis ist der Schlüssel zum Verständnis der Erde. Granit besteht aus leichten Bestandteilen, die in einer sehr komplexen Abfolge wiederum aus Basalt gebildet werden. Mit einer Dichte von 2,7 Tonnen pro Kubikmeter ist Granit ein Leichtgewicht im Vergleich zum Basalt, der es auf 3,0 Tonnen pro Kubikmeter bringt. Wir erinnern uns, dass der Peridotit eine Dichte von 3,3 Tonnen pro Kubikmeter hat. (Abb. 2)

Abb. 2 Es sind nur wenige grundlegende Gesteinsarten, die den Planeten aufbauen. Zu ihnen gehören der dunkle feinkörnige Basalt der Ozeanböden (oben links), der grobkörnige Granit der Kontinente (oben rechts), der krümelige Olivin des oberen Erdmantels (unten links) und der kompakte Peridotit des gesamten Erdmantels (unten rechts). Der Basalt ist ein blasenreiches Exemplar aus Island. Der Granit enthält ein weißes Quarzband sowie rote Feldspäte, schwarzen Biotitglimmer und durchsichtige Quarze. Er stammt aus dem Grundgebirge Skandinaviens und kam mit den Gletschern der letzten Eiszeit nach Norddeutschland. Der Olivin aus der Eifel zeigt kleine schwarze Pyroxene. Der Peridotit ist übersät mit großen blutroten Granatkristallen in einer grünen Grundmasse aus Olivin und Pyroxen. Er stammt aus Norwegen und vermittelt uns einen Eindruck davon, wie es im Inneren der Erde aussieht.

Was daraus folgt, ist ein Schalenbau der Erde, dessen Entstehung wir noch betrachten. Über dem 11 Tonnen pro Kubikmeter dichten Erdkern aus 80 Prozent Eisen und 20 Prozent Nickel liegt der Erdmantel aus Peridotit, darüber die Oberfläche der Erde aus dem Basalt der Ozeanböden und dem Granit der Kontinente. Deren Dichteunterschiede bewirken, dass die schweren Ozeanböden im Mittel 3000 Meter unter dem Meeresspiegel liegen, während sich die Kontinente, ebenfalls im Mittel, 700 Meter über den Meeresspiegel erheben. So paradox es klingen mag: Kontinente sind leicht und schwimmen daher auf der Erdkruste wie Eisberge im Wasser. Wie sich allerdings aus dem Peridotit zuerst Basalt und daraus Granit bildet, ist eine faszinierende Geschichte für sich, der wir uns im nächsten Kapitel zuwenden. Welche existenziellen Folgen diese beiden grundverschiedenen Gesteinstypen für das Leben auf unserer Erde haben, kann gar nicht oft genug betont werden und wird uns daher durch das Buch hindurch begleiten. Das Besondere am Granit ist, dass er im Sonnensystem ein ganz und gar exotisches Gestein darstellt, denn er konnte weder auf anderen Planeten noch deren Monden in nennenswerten Mengen nachgewiesen werden. Weshalb unsere Erde mit ihren granitischen Kontinenten ein solcher Sonderfall im Sonnensystem ist, werden wir noch eingehend betrachten.

Tatsächlich haben wir damit alle grundlegenden Zutaten, die es braucht, um die Erde entstehen zu lassen. Was jetzt noch fehlt, sind unbegreiflich viel Zeit, die stoische Wirkung der Gravitation und eine kosmische Katastrophe.

DER PLANET WÄCHST HERAN

Vor ungefähr 4600 Millionen Jahren detonierte in einem Seitenarm unserer Milchstraßengalaxie ein massereicher Stern. Die ultraheiße Schockwelle dieser Supernova raste durch den leeren Raum und durchdrang eine im Weg befindliche molekulare Wolke. Der sich in dieser Wolke befindende Staub aus leichten und schweren Elementen mitsamt den daraus gebildeten Molekülen war der kalte Überrest noch älterer Sterngenerationen. Die Schockwelle stauchte die molekulare Wolke zusammen und erhitzte sie dabei enorm, wodurch sie anfing zu leuchten. In den Momenten dieses kosmischen Dramas wurde unsere Erde gezeugt und mit ihr das gesamte Sonnensystem.

Die Richtung, aus der die Schockwelle der Supernova auf die molekulare Wolke traf, zwang ihr eine Bewegung auf, die sich mit ihrer Eigenbewegung überlagerte. Das Ergebnis war eine zunächst langsame Rotation um ein Zentrum im Inneren der Wolke. Durch die Stauchung kam sich die in ihr befindliche Materie näher, als es ohne Schockwelle der Fall gewesen wäre, und es bildeten sich Schmelzkügelchen, die sich unter dem Einfluss der Schwerkraft gegenseitig anzogen. Ab diesem Punkt war ihr weiteres Schicksal nicht mehr aufzuhalten. Je dichter die Materie sich kam, desto mehr Materiekügelchen, Chondren genannt, bildeten sich. Die Chondren bestehen vorwiegend aus Kalzium und Aluminium und sind eingebettet in eine Matrix aus Eisen und Silikatgestein. Gelegentlich fallen sie als Chondritmeteorite vom Himmel. Dieses Urmaterial des Sonnensystems befindet sich seit seiner Entstehung im Originalzustand und ist das älteste Gestein, das wir in die Hand nehmen können.

Neben den Chondritmeteoriten finden sich auf der Erde auch reine Gesteinsmeteorite, reine Eisenmeteorite und Mischungen aus beiden. Sie sind wahre Wanderer zwischen den Welten. Die Unterschiede zwischen ihnen entstanden sowohl durch Kollision und Aufschmelzung, mit anschließender schwerkraftbedingter Entmischung nach schweren und leichten Elementen, als auch durch Aufschmelzen bei der Freisetzung enormer Hitze durch kurzlebige radioaktive Elemente, die es in der Anfangszeit des Sonnensystems reichlich gegeben hat.

Die Gravitation verdichtete die dreidimensionale Wolke voller Urmaterie unaufhaltsam, wodurch sie sich immer schneller drehte. Im Grunde ist es das Prinzip einer Eisläuferin, die bei einer Pirouette die Arme langsam anlegt und sich dadurch immer schneller dreht. In der Folge wurde aus der diffusen kugelförmigen Wolke eine sich immer weiter abflachende Scheibe. Dieser solare Nebel dehnte sich weit in den Raum aus. In ihrem Zentrum begann sich die Masse unaufhaltsam zu konzentrieren und zu komprimieren. Wenn sich viel Materie auf engem Raum drängelt, steigen die Dichte und damit der Druck und die Temperatur deutlich an. Deshalb entstand genau dort innerhalb nur einer Million Jahre unsere Sonne in dem Prozess, den wir im ersten Kapitel kennengelernt haben. In Richtung der Außenregionen des entstehenden Sonnensystems dünnte sich die Materie aus, weswegen es dort immer kühler wurde. Aber selbst dort stand immer noch genug Masse zur Verfügung, um die inneren Gesteinsplaneten Merkur, Venus, Erde und Mars, die äußeren Gasriesen Jupiter und Saturn sowie die Gas- und Eisplaneten Uranus und Neptun mitsamt den insgesamt 166 Monden des Sonnensystems aus der anfänglichen Materieverteilung und Struktur der molekularen Wolke entstehen zu lassen. Die Ebene, in der alle Planeten die Sonne umkreisen, bildet die Ekliptik. Wenn am Nachthimmel gleichzeitig die Planeten Venus, Mars, Jupiter und Saturn im reflektierten Licht der Sonne leuchten, braucht man sie nur mit dem Finger zu einer Linie zu verbinden, die die Ekliptik nachzeichnet.

Im Gegensatz zu den terrestrischen Gesteinsplaneten aus fester Materie haben die Gasriesen Jupiter und Saturn keine feste Oberfläche und bestehen im Wesentlichen, genau wie die Sonne, aus Wasserstoff und Helium. Der Unterschied zur Sonne ist lediglich, dass sie nicht genug Masse einsammeln konnten, um in ihrem Inneren die kritische Temperatur zu erreichen, die nötig ist, um die Kernfusion zu zünden. Wäre Jupiter einhundertmal schwerer geworden, dann hätte er 10 Prozent der Sonnenmasse erreicht und wäre damit zu einer Minisonne geworden. Daher bestehen Jupiter und Saturn sozusagen nur aus gasförmiger Atmosphäre, obwohl ein kleiner, fester Kern nicht ausgeschlossen werden kann. Uranus und Neptun bestehen weitestgehend aus Gas und Eis. Bei diesem Eis handelt es sich um eine Mischung aus gefrorenem Wasser, Ammoniak und Methan. Weshalb aber bestehen die terrestrischen Planeten im inneren Sonnensystem aus Gestein mit fester Oberfläche, die äußeren jedoch aus Gas und Eis?

Die Antwort auf diese Frage liegt in der Zündung, die die junge Sonne zum Leuchten brachte. Mit dem ersten Licht brach auch ein Sturm von Partikeln aus ihr hervor, der Sonnenwind genannt wird. Er besteht zu 95 Prozent aus freien Protonen, die auch heute noch wie hochenergetische Geschosse die

Region um die Sonne herum durchdringen. In der Frühzeit war das Innere des Sonnsystems noch ein dichter Nebel aus den leichten Gasen Wasserstoff und Helium. Im direkten Einflussbereich der Sonne hielt die Schwerkraft diese Gase fest. Die weiter von der Sonne entfernten Gase konnten diesem Beschuss des Sonnenwindes aber nicht standhalten. Sie wurden in die Außenregionen des Sonnensystems geblasen, wo sie schließlich das Ausgangsmaterial für die großen Gasplaneten lieferten. Es kann aber auch nicht ausgeschlossen werden, dass sich die großen Gasplaneten weiter im Inneren des Sonnensystems bildeten und erst allmählich in die Außenregionen wanderten. Im Gegensatz dazu waren die kondensierten Materieklümpchen aus Eisen, Gestein und Eis im inneren Sonnensystem bereits zu schwer, um vom Sonnenwind verweht zu werden.

In der Übergangsregion zwischen dem äußeren Gesteinsplaneten Mars und dem ersten Gasriesen Jupiter befindet sich eine Region mit weit mehr als 100 000 kleinen Himmelskörpern, bestehend aus Metall und Fels. Dies ist der Asteroidengürtel mit seiner Vielfalt an Objekten bis zur Größe von Kleinstplaneten, den sogenannten Planetesimalen. Ceres ist der größte unter ihnen mit einem Durchmesser von 930 Kilometern. Damit erreicht Ceres ein Drittel der Größe des Mondes und zählt inzwischen, wie auch Pluto, zu den Kleinplaneten. Möglicherweise enthält er bedeutende Mengen an Wasser, die im Gestein gebunden sind. Die Asteroiden sind allesamt zu klein, um die Kugelgestalt der Planeten anzunehmen. Ihr Aussehen ähnelt eher der Schale von Erdnüssen. Aus genau solchen Objekten bildete sich die Erde vor ungefähr 4550 Millionen Jahren. Zu dieser Zeit sah das gesamte innere Sonnensystem aus wie der heutige Asteroidengürtel. Er ist ein Überbleibsel aus dieser Zeit und deswegen dort, weil entweder die Fragmente nicht zahlreich genug waren, um einen weiteren Planeten zu bilden, sich dort eine späte Kollision zweier Planeten ereignete, die diese zerriss, oder Jupiter die Bildung eines weiteren Planeten verhinderte. Diese kleinen, durch die Schwerkraft vereinten Fragmente aus Eisen und Silikaten sind das Urgestein, aus dem die Erde besteht. Kollision um Kollision entstanden aus ihnen immer größere Körper. Der gesamte Prozess von der

Kondensation fester Partikel aus der Gasphase bei der Abkühlung bis hin zur Akkretion, der Zusammenballung der Molekülwolke zum Planeten Erde, dauerte zwischen 50 und 150 Millionen Jahre. Zunächst waren die Objekte noch klein genug und ihre Begegnungen entsprechend konstruktiv. Die Schwerkraft ballte sie zusammen und vereinte sie friedlich, sodass sie bei ihren Kollisionen nicht aufschmolzen. Die größeren Asteroiden wuchsen zu unförmigen Planetesimalen heran. Mit zunehmendem Wachstum zogen sie immer schneller immer mehr Objekte aus ihrer Umgebung an, die mit immer größerer Geschwindigkeit in sie einschlugen. Zudem enthielten sie aufgrund ihrer Größe bereits genug Material radioaktiver Elemente, um in ihrem Inneren eine starke Hitze zu entwickeln. Mit zunehmender Energie der Einschläge begannen die Einschlagsregionen aufzuschmelzen und es bildete sich sowohl im Inneren als auch an der Oberfläche Magma aus flüssigem Gestein. Die großen Planetesimale wuchsen rapide auf Kosten der unzähligen noch kleineren Fragmente zu wenigen Planetenembryos heran.

Die Erde entstand vermutlich aus der Verschmelzung von 50 bis 150 solcher Planetesimale. In den Anfangstagen des Sonnensystems gab es deutlich mehr Planetenembryos, als heute Planeten existieren. Die unausweichliche Folge war, dass diese Himmelskörper, die bereits von beträchtlicher Größe waren, gelegentlich miteinander kollidierten. Die Auswirkungen solcher Kollisionen sind stark abhängig vom Einschlagswinkel und der Geschwindigkeit der Körper relativ zueinander. Wenn beide Himmelskörper in ähnlicher Richtung unterwegs sind, der eine nur wenig schneller ist als der andere und sie zudem in einem relativ flachen Winkel aufeinandertreffen, so wird das Ergebnis sein, dass sich die beiden Kleinplaneten in einem gewaltigen Crash miteinander vereinen. Die dabei freigesetzte Energie wird beide Himmelskörper aufschmelzen und sie verwandeln sich in einen gemeinsamen brodelnden Magmaozean. Genau dieser Zustand, bei dem sich der neu entstehende Planet verflüssigt, verleiht ihm sowohl seine uns so vertraute Kugelgestalt als auch seinen zwiebelartigen Schalenbau: Die Schwerkraft wirkt auf alle Bestandteile des glutflüssigen Planeten und zieht sie radialsymmetrisch in Richtung seines Mittelpunkts. Was im Detail komplex ist, folgt der einfachen Schwerkraftregel: Was schwer ist, sinkt ab, und was leicht ist, schwimmt auf. Deswegen wird der Erdkern aus Eisen und Nickel umlagert von den leichteren eisen- und magnesiumreichen Silikaten des Peridotits im Erdmantel. In der äußeren Hülle des Planeten schwimmen die relativ leichten aluminiumreichen Silikate auf und bilden eine starre Kruste. Dieses gravitative Entmischen der Bestandteile eines aufgeschmolzenen Himmelskörpers nennt man Differenziation und deren Endergebnis ist der Schalenbau der Erde.

Der Erdkern und seine Grenzfläche zum Silikatmantel sind uns natürlich nicht zugänglich. Dennoch haben wir ein detailliertes Wissen von dieser Grenzfläche und können sie sogar in die Hand nehmen. Dies verdanken wir den Pallasitmeteoriten. Ich hatte die seltene Gelegenheit, einen Pallasit in meinen Händen halten zu dürfen und ihn zu fotografieren. Meine Ehrfurcht vor diesem Gestein ist unbeschreiblich, denn es gehört zu den seltensten und kostbarsten Schätzen auf der Erde. Pallasite entstanden, als bereits differenzierte Planetesimale wie Geisterfahrer frontal miteinander kollidierten. Bei der Wucht des Zusammenpralls verstreuten sich ihre Trümmer im Sonnensystem. Dort lieferten sie weiteres Material für die Bildung der heutigen Planeten, aber einige Irrläufer fielen als gleißend helle Meteorite vom Himmel. Was Pallasite so bedeutend macht, ist, dass sie Teile der Kern-Mantel-Grenze ihrer ehemaligen Himmelskörper sind. Sie bestehen aus kosmischem Eisen des Kerns, das übersät ist mit Einsprenglingen großer flaschengrüner und braungelber Olivinkristalle des Peridotitmantels. Genau so muss es im Inneren unserer Erde in 2900 Kilometern Tiefe aussehen. Was ich an diesem unvergesslichen Tag in der Hand hielt, war das 4550 Millionen Jahre alte Pendant des tiefen Erdinneren, zu sehen auf den Seiten 78 bis 80.

Der Pallasit erinnert mich daran, wie ich 1993 auf einem Berggipfel in den Hohen Tauern der österreichischen Alpen bei Neumond die Sternschnuppen der Perseiden fotografierte. Zwischen den unzähligen Sternschnuppen dieser Nacht flammte gegen drei Uhr morgens urplötzlich ein gleißend heller

Meteorit auf und zog seine Bahn quer über den Himmel in Richtung des südlichen Horizonts. Er hatte einen orangefarbenen Kopf und zog eine lange Zeit nachleuchtende, neongrüne Spur hinter sich her. Dann explodierte er in einem grellen Lichtblitz und es wurde für den Bruchteil einer Sekunde so hell, dass man hätte Zeitung lesen können. Da meine Kamera eine Langzeitbelichtung gen Süden durchführte, wusste ich sofort, dass ich diesen spektakulären Meteoriten gerade fotografiert hatte. Überwältigt von diesem Ereignis sank ich unwillkürlich auf die Knie. Dann passierte es. Ich wurde Zeuge des großartigsten Geräuschs, das ich je vernommen habe. Der gewaltige Knall des in der Atmosphäre explodierten Meteoriten erreichte mich und hallte wie ein grollender Donner durch die Nacht. Wann bekommt man schon einmal etwas aus dem All zu hören? Es sind diese großen Geschenke der Natur, die mich immer wieder mit Demut und Dankbarkeit erfüllen. Tränen der Ergriffenheit rannen mir unkontrolliert über das Gesicht und ich musste an die Dinosaurier und ihr Schicksal denken: Vor 65 Millionen Jahren waren sie ebenfalls Zeugen eines solchen Ereignisses, nur dass der vom Himmel fallende Körper nicht wie heute faustgroß, sondern ein Asteroid von der Größe Berlins war.

Meteorite sind älter als alles irdische Gestein, das wir heute auf unserem Planeten vorfinden. Das liegt daran, dass wir auf einem tektonisch aktiven Planeten leben, der seine Oberfläche sowie sein Inneres pausenlos umgestaltet, tiefgreifend verändert und dabei teilweise sein Gedächtnis auslöscht. Doch bevor wir uns mit den aktiven Prozessen auf der jungen Erde beschäftigen, möchte ich Ihren Blick darauf lenken, an was für einem unglaublich einzigartigen Ort wir mit unserem blauen Planeten in den Tiefen des Alls leben.

DIE EINZIGARTIGE ERDE

Beim Blick in den Sternenhimmel fragen wir uns immer wieder, ob unsere Erde einmalig in den Tiefen des Alls ist. In unserem Sonnensystem ist sie es zweifellos. Die Frage nach der Einzigartigkeit unseres blauen Planeten ist eng verbunden mit

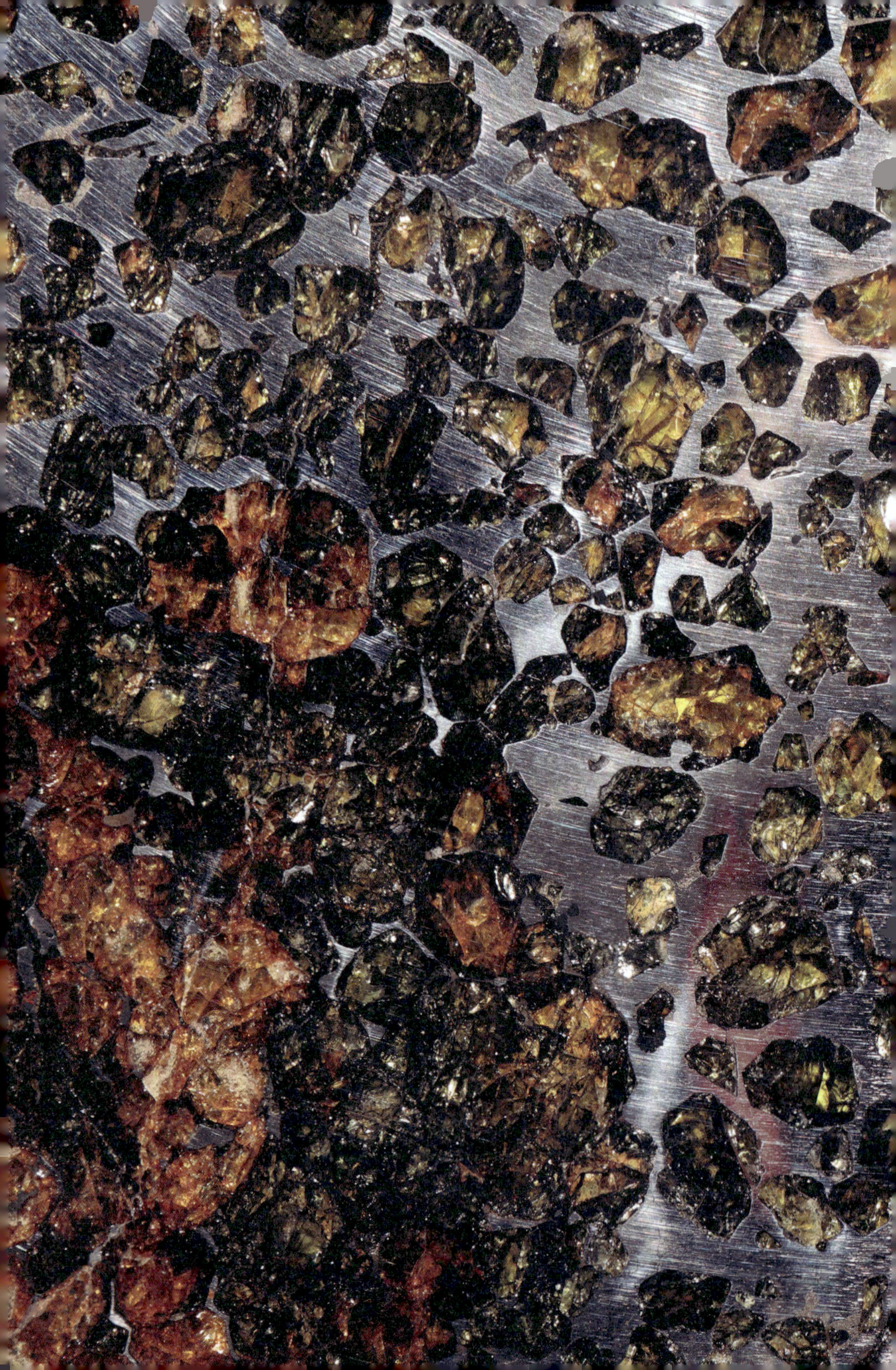

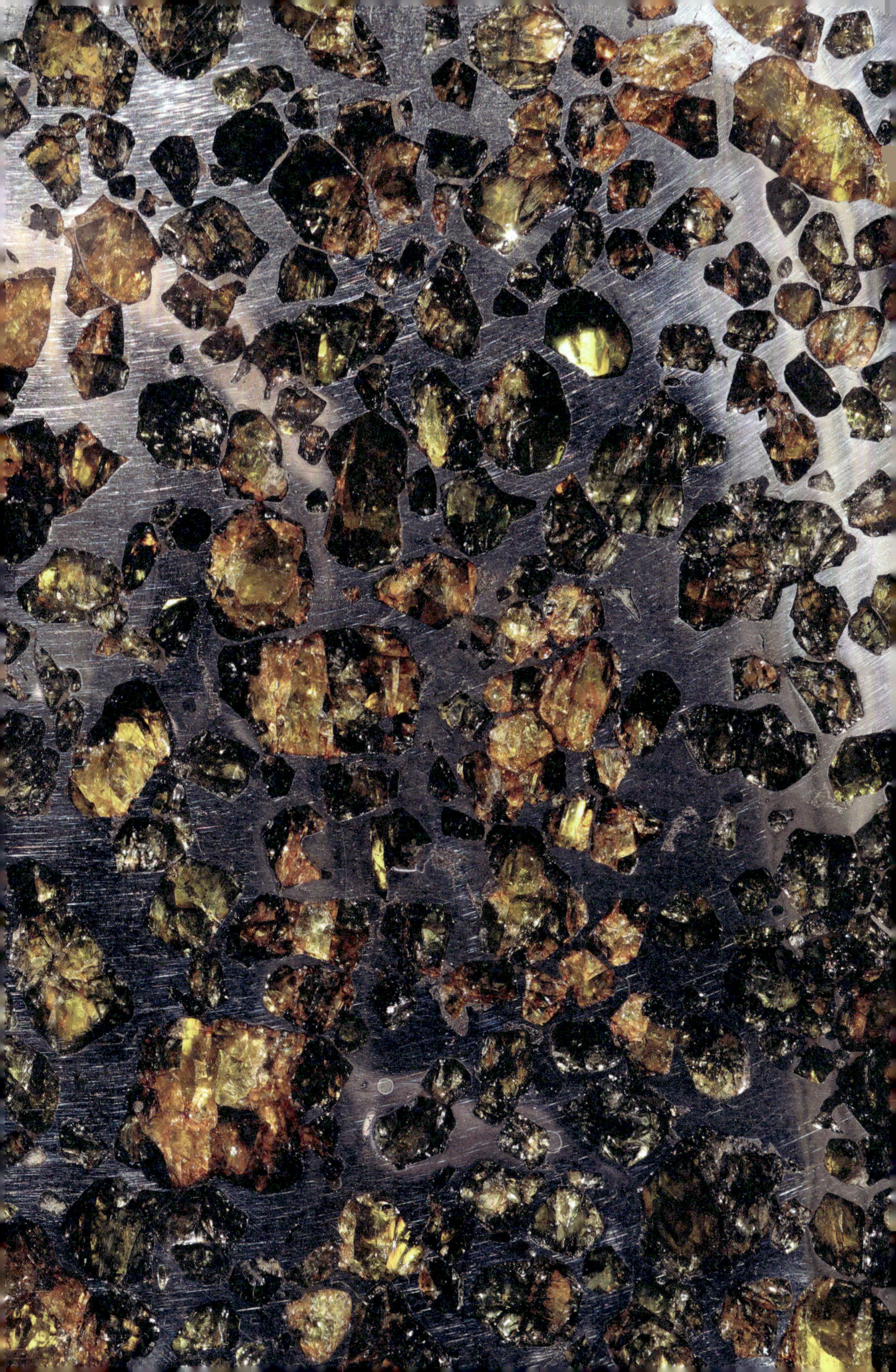

DAS NACHLEUCHTEN DER SCHÖPFUNG.
Dieser Stein-Eisen-Meteorit gehört zu den wenigen gefundenen Pallasiten, die die Kern-Mantel-Grenze des Asteroiden offenlegen. Das metallische, glänzende Nickel-Eisen seines Kerns ist durchsetzt mit mineralischen Körnern des Silikatgesteins aus Olivin, die je nach Verwitterungszustand grün bis goldbraun funkeln. So sieht es im Erdinneren in 2900 Kilometern Tiefe aus.

unserer Sehnsucht zu wissen, ob es weiteres Leben im Universum gibt. Bei dieser Frage ist es nicht einmal entscheidend, ob solches Leben auf anderen Planeten intelligent ist, in der Lage ist, Raumschiffe ins All zu schießen oder Kontakt mit uns aufzunehmen. Leben auf anderen Welten kann sich ganz unbemerkt und still in Form von Bakterien oder Ähnlichem abspielen. Deren Entdeckung wäre nicht weniger spektakulär als die einer fortschrittlichen Zivilisation friedlicher und empathischer Aliens, die nachhaltig in Symbiose mit ihrem Planeten leben.

Das Vorkommen der schweren Elemente im Erdsystem ist der Elementverteilung im Universum sehr ähnlich. Dies lässt nur einen Rückschluss zu. Nämlich dass unser Sonnensystem und seine Elementverteilung ganz und gar nichts Ungewöhnliches im All sind. Ebenso ist unsere Sonne ein ganz normaler Stern und damit einer unter Milliarden in den Tiefen des Alls. Was dies unweigerlich nahelegt, schmälert die Einzigartigkeit unserer Erde in keiner Weise. Es könnte aber bedeuten, dass es in den Tiefen des Universums ungezählte Milliarden erdähnlicher Planeten gibt, von denen wiederum ein großer Teil belebt ist. Um Leben auf einem Planeten entstehen zu lassen und es dort erfolgreich zu behaupten, ist aber zusätzlich eine enorme Anzahl sehr unwahrscheinlicher Koinzidenzen notwendig.

Die Vielzahl dieser Erstaunlichkeiten beginnt mit der Position der Erde in unserem Sonnensystem. Die Erde umrundet die Sonne jedes Jahr auf einer fast kreisförmigen Bahn. Die geringe Abweichung von der Kreisform bildet eine Ellipse. Man bekommt die Form der Ellipse, wenn man ein Gummiband kreisrund um zwei Finger legt und diese dann leicht auseinanderzieht. Die Ellipsenform der Erdbahn um die Sonne ist so gering, dass die Erde durch das Jahr eine mehr oder weniger gleichförmige Sonneneinstrahlung genießt. Tatsächlich befindet sich die Erde im Januar sogar dichter an der Sonne als im Juli. Das ist entgegen unserer Intuition, aber tatsächlich entstehen die Jahreszeiten durch ein ganz anderes Phänomen, nämlich die Neigung der Erdachse gegenüber der Erdbahn mit einem Winkel von 23,4 Grad. Wäre die Bahn der Erde um die Sonne nur geringfügig elliptischer, so als zögen wir stärker an dem Gummiband, würde die Erde im Winter zu einem Eisblock erstarren und im Sommer zum Glutofen werden. Die Erde würde sich dann im Halbjahreswechsel zu weit von der Sonne entfernen und sich ihr zu sehr nähern. Die extremen Schwankungen der irdischen Temperaturen würden kein höheres Leben erlauben. Der Abstand der Erde von der Sonne ist so perfekt, dass Wasser in seinen drei Aggregatzuständen gleichzeitig vorkommt: als flüssiges Wasser, als festes Eis und als das unsichtbare atmosphärische Gas Wasserdampf. Das ist eine der wichtigsten Grundvoraussetzungen für Leben. Befände sich die Erde nur 5 Prozent dichter an der Sonne, würden die Ozeane verdampfen und die Treibhausgase Wasserdampf und Kohlendioxid würden eine Gluthölle wie auf der Venus entstehen lassen, wo die Temperaturen bei 460 °C liegen. Wäre die Erde dagegen nur 5 Prozent weiter von der Sonne entfernt, lägen die Temperaturen auf der Erde dauerhaft unter dem Gefrierpunkt von Wasser. Die Ozeane würden zu einem 5 Kilometer dicken Eisblock erstarren. Höhere Lebensformen wären wiederum undenkbar.

Neben der perfekten Position der Erde im Sonnensystem spielt die Größe des Planeten eine entscheidende Rolle für die Entwicklung des Lebens. Wäre die Erde erheblich größer, so würde die Schwerkraft jede Bewegung zur Qual machen oder sogar ganz verhindern. Lebewesen bräuchten extreme Muskeln, um sich am Boden dahinkriechend zu bewegen. Laufen oder fliegen wäre unmöglich und selbst das Atmen würde schwerfallen. Wäre die Erde dagegen viel kleiner, würde die Gravitation große Sprünge zulassen. Dies gilt jedoch auch für die Gase der Atmosphäre. Das lebensnotwendige Wasser würde, sobald es aus den Ozeanen in die Atmosphäre verdunstet, nicht wieder zu Wolken und Regen werden, sondern in den Weltraum entweichen. Die geringe Schwerkraft einer kleineren Erde wäre nicht in der Lage, diese Gase dauerhaft an sich zu binden. In einer Welt ohne Wasser ist Leben, so wie wir es kennen, aber unmöglich.

Eine Grundvoraussetzung für das Leben auf der Erde ist der Treibhauseffekt der irdischen Atmosphäre. Die Gase Wasserdampf und Kohlendioxid bewirken einen natürlichen Treibhauseffekt, der wie ein Thermostat funktioniert. Die mittlere Bodentemperatur auf der Erde beträgt 15 °C. Ohne den natürlichen Treibhauseffekt läge sie 33 °C niedriger, also bei frostigen −18 °C. Die

Entwicklung von höherem Leben wäre bei diesen Temperaturen undenkbar. Unser Mond ist ein gutes Beispiel dafür. Er ist zu klein, um eine eigene Atmosphäre zu halten. Seine Oberflächentemperatur heizt sich während des zweiwöchigen Mondtags auf bis zu 130 °C auf, während die Temperaturen in der gleich langen Mondnacht auf −160 °C absinken. Im Vergleich zu den wohligen 15 °C auf der Erde ist es auf dem Mond im Mittel −55 °C kalt.

Eine weitere Bedingung für die dauerhafte Bewohnbarkeit eines Planeten ist offenbar die Anwesenheit eines Mondes, der das Klima stabilisiert. Denn die Neigung der Erdachse zur Umlaufbahn um die Sonne, die die Jahreszeiten verursacht, wäre ohne den Mond instabil. Das Ergebnis wäre ein fatales Taumeln des Planeten mit extremen Temperaturschwankungen, und die Jahreszeiten würden zur Herausforderung für das Leben. So aber sorgt die stabilisierende Wirkung des Mondes dafür, dass Sommer und Winter in verlässlichen Intervallen geschehen und die Temperaturen in einem Bereich verbleiben, die das Überleben ermöglichen.

Darüber hinaus hätte das frühe Leben auf der Erde ohne den Planeten Jupiter unmöglich eine Zukunft gehabt. Bedingt durch seine enorme Masse zieht die Schwerkraft des Gasriesen Kometen und Asteroiden wie ein Magnet an und beseitigte mit der Zeit unzählige dieser gefährlichen Irrläufer. Ich selber konnte mit einem Teleskop die spektakulären Einschläge der Bruchstücke des Kometen Shoemaker-Levy 9 beobachten, die im Juli 1994 wie an einer Perlenschnur aufgereiht in die südliche Hemisphäre von Jupiter einschlugen. Ohne Jupiter wäre die Erde weitaus häufiger solch katastrophalen Einschlägen ausgesetzt und das Leben hätte es schwer gehabt, sich von diesen Krisen der Evolution zu erholen. Das Ende des Dinosaurierzeitalters kam mit einem gewaltigen Knall daher, als vor der mexikanischen Halbinsel Yucatán ein Asteroid einschlug. Der Erde konnte er nicht gefährlich werden, ihren damaligen Bewohnern wurde er aber zum Verhängnis. Die Druckwelle, der folgende Tsunami und Weltenbrand sowie die anschließende Verdunklung der Atmosphäre durch Staub und Ruß setzten der Fauna und Flora an Land und im Ozean schwer zu. In der Folge sank die globale Mitteltemperatur unter den Gefrierpunkt und bis zu 60 Prozent aller Arten verschwanden. Die Profiteure waren die Säugetiere, die nun die Weltherrschaft übernahmen – bis heute. Es ist davon auszugehen, dass es uns Menschen ohne diesen Einschlag, der die Dinosaurier aussterben ließ, gar nicht gäbe.

Die Sonne sendet uns nicht nur sichtbares Licht und wohlige Wärme. Von ihr geht auch ein kontinuierlicher Strom hochenergetischer Teilchenstrahlung aus, der für die Zellen aller Lebewesen tödlich ist. Dass diese harte Strahlung des Sonnenwinds den Erdboden nicht erreicht, verdanken wir dem Magnetfeld der Erde. Angetrieben wird es durch die Rotation des flüssigen äußeren Erdkerns um den festen inneren. Das irdische Magnetfeld erzeugt Feldlinien, die gebündelt über die magnetischen Pole der Erde bis weit hinaus in den Weltraum reichen. Entlang dieser Magnetfeldlinien wird die tödliche Partikelstrahlung der Sonne um die Erde herum abgelenkt, sodass sie den Erdboden nicht erreicht. Nur im Bereich der magnetischen Pole kann die Strahlung in tiefere Regionen der Atmosphäre eindringen und zaubert dort die faszinierenden und geisterhaften Polarlichter in den Nachthimmel.

Dieser Schutzschild vor der kosmischen Partikelstrahlung allein genügte jedoch nicht, um höheres Leben auf der Erde dauerhaft zu ermöglichen. Am kurzwelligen blauen Ende des sichtbaren Lichts schließt sich die ultraviolette Strahlung an, besser bekannt als UV-Strahlung. Sie verursacht auch heute noch schwere Zellschäden und Hautkrebs, wenn wir uns ungeschützt zu lange der Sonne aussetzen. Die dünne und fragile Ozonschicht in der hohen Atmosphäre ist ein natürlicher UV-Sperrfilter, der das Leben vor dieser Strahlung weitgehend schützt. Diese lebensnotwendige atmosphärische Schutzschicht ist sozusagen eine Erfindung des Lebens selbst. Das frühe bakterielle Leben in den Ozeanen begann Sauerstoff zu produzieren, der später auch in die hohe Atmosphäre gelangte und sich dort zu Ozon umbildete. Diese Entwicklung ermöglichte es dem Leben überhaupt erst, das vor der UV-Strahlung schützende Wasser zu verlassen und das Festland zu erobern. Wir werden uns diesen Prozess in Kapitel 8 genauer ansehen.

Dies führt uns schließlich zu der Frage, weshalb es überhaupt Festland gibt, auf dem wir trockenen Fußes leben können. Ein Blick ins Sonnensystem zeigt nämlich, dass es sehr viel wahrscheinlicher gewesen wäre, wenn die Erde mit all ihrem flüssigen Wasser zu einem reinen Aquaplaneten geworden wäre. Unser Planet ist der einzige im ganzen Sonnensystem mit einer aktiven Plattentektonik, die von der Hitze im Inneren der Erde angetrieben wird. Das Zusammenspiel aus Plattentektonik und dem Wasser der Ozeane erschuf in einer komplexen chemischen Abfolge einen im Sonnensystem exotischen Gesteinstyp, den Granit, der uns oben bereits begegnet ist. Granit baut die Kontinente auf, auf denen wir leben. Ohne Plattentektonik und Wasser gäbe es keinen Granit und infolge keine Festländer. Und zwangsläufig uns ebenfalls nicht.

Das Zusammenspiel dieser ungeheuren Vielzahl an Notwendigkeiten, die unseren blauen Planeten samt uns neugierigen Bewohnern hervorgebracht haben, macht nachdenklich und führt zu der Frage, ob diese Entwicklung am Ende doch kein Zufall war. Die Beantwortung dieser Frage entzieht sich unserer heutigen wissenschaftlichen Erkenntnis und leitet in die Philosophie des anthropischen Prinzips (von »anthropos« = Mensch) über, wonach das Universum so aufgebaut ist, dass es zwangsläufig bewusstes und empathisches Leben hervorbringt. Unter der Annahme, dass dieses Prinzip gültig ist, ist es naheliegend, dass dies in den unendlichen Tiefen des Alls bereits beliebig oft passiert ist und wir daher keineswegs allein sind. Allerdings verbieten uns die unermesslichen Distanzen im Kosmos, diesen Nachweis zu erbringen. Leben als kosmische Zwangsläufigkeit bleibt aber eine faszinierende Vorstellung.

Seit seiner Entstehung hat sich das Leben auf der Erde bis zum heutigen Tage erfolgreich behauptet. Das ist keineswegs selbstverständlich, denn es musste sich pausenlos entwickeln und dem tiefgreifenden Wandel anpassen, den der Planet ständig vollzieht. Dabei hat es große Krisen der Evolution gegeben, die bis zu 90 Prozent aller zu einer bestimmten Zeit existierenden Arten dahinrafften – und das Leben war daran teilweise nicht ganz unbeteiligt. Dem Leben als solchem wurden diese Veränderungen der Erdgeschichte aber nie zum Verhängnis. Im Gegenteil ist das Leben selbst eine tiefe Symbiose mit dem Planeten eingegangen. Diese Wechselwirkung führt so weit, dass das Leben an sich in der Lage ist, den Planeten nach seinen Bedürfnissen so umzugestalten, dass lebenswerte Bedingungen im Ozean, an Land, in der Luft und sogar im Gestein selbsterhaltend bestehen bleiben. Dies drückt sich in der Gaia-Hypothese aus, der zufolge – je nach Auslegung dieser Theorie – das Leben sich die Voraussetzungen für seinen Erhalt und die Evolution immer komplexerer Organismen selbst erschafft und reguliert, über Rückkopplungsmechanismen im Erdsystem aufrechterhält oder die gesamte Erde wie eine Art Superorganismus agiert. Ich werde in diesem Buch anhand vieler Beispiele zeigen, auf welche Weise der Planet und das Leben sich gegenseitig stabilisieren und in einem sich ständig anpassenden dynamischen Gleichgewicht interagieren. Beizeiten lief dieses veränderliche Gleichgewicht aber auch aus dem Ruder. Derzeit erleben wir das wieder, denn die durch uns Menschen ausgelösten Veränderungen geschehen zu schnell und zu massiv. Sie bedeuten einen so abrupt einsetzenden und tiefgreifenden Wandel, dass die Ökosysteme keine Zeit finden, sich daran anzupassen.

    Hinweise auf fünf große Massenaussterbeereignisse finden wir in den Sedimenten der Erde, die jeweils verschiedenste Gründe hatten. Allen gemeinsam ist, dass sie die Ökosysteme und ihre Bewohner drastisch und nachhaltig verändert haben. Derzeit befinden wir uns inmitten des sechsten Ereignisses, das durch uns Menschen selbst verursacht wurde. Wir haben es buchstäblich in der Hand zu entscheiden, wie unser blauer Planet in der Zukunft aussehen wird und ob er weiterhin unsere Lebensgrundlage sein kann. Die Ereignisse der Erdgeschichte zeigen deutlich, dass wir den Planeten nicht retten müssen. Die Erde hat genug Zeit zur Verfügung, um alle Wunden, die wir ihr zufügen, zu heilen. Was wir dagegen retten und bewahren sollten, sind die Ökosysteme der Erde, denn ihre Unversehrtheit ist unsere eigene Lebensgrundlage. Das System Erde funktioniert nur als Ganzes – und wir sind ein Teil davon. Die Idee der Menschheit, wir könnten uns von der Natur entkoppeln und isoliert in unseren Städten ein Eigenleben führen, ist ein Weg in die Sackgasse. Unsere Erde ist ein einmaliger Ort in den Tiefen des Alls und seine Bestandteile sind allesamt fein orchestriert aufeinander abgestimmt. Wenn wir diese ganzheitliche Sicht auf unseren Planeten einnehmen, wird uns sofort klar, wie enorm wichtig es ist, empathisch mit unserer Erde umzugehen und ein Leben in Symbiose mit ihr zu führen.

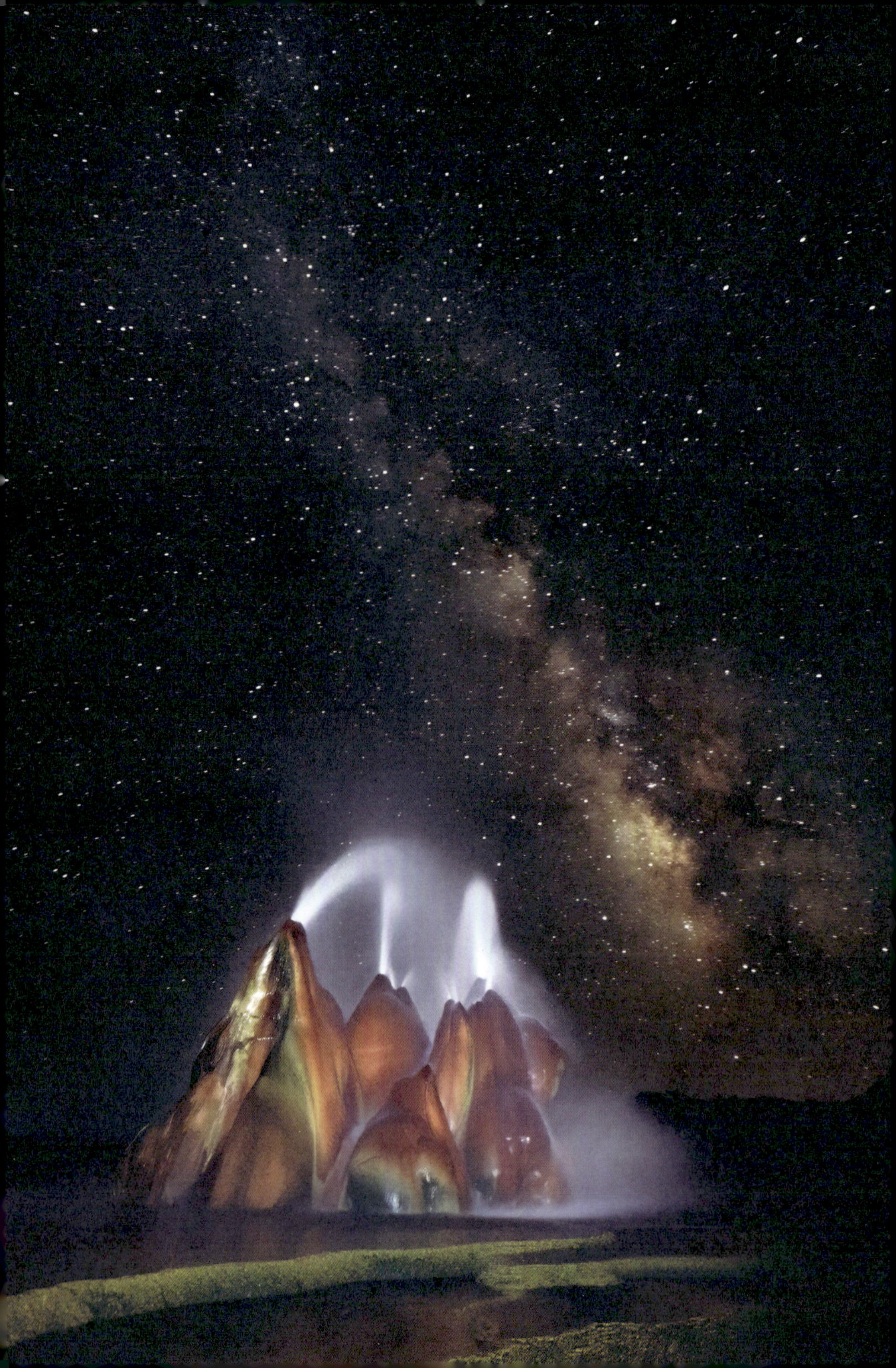

KAPITEL 3
EIN JUNGER, WILDER PLANET

»

*Ohne Wasser kein Granit –
ohne Ozeane keine Kontinente.*

I. H. Campbell und S. R. Taylor

KAPITEL 3 | EIN JUNGER, WILDER PLANET

Augenblicke der Ewigkeit. So wie am Fly-Geysir in der Black Rock Desert im Norden Nevadas könnte es am Anbeginn der Erde ausgesehen haben, als die ersten Bakterien die Hydrothermalgebiete der jungen Erde mit ihren Biofilmen überzogen. Dieser Geysir ist weltweit der einzige, der permanent kochendes Wasser fördert. Dadurch erlaubt er den Bakterien, im Gegensatz zu den bekannteren grauen Geysirkegeln von Yellowstone, eine dauerhafte Besiedlung. Die roten Bakterien gedeihen in 80 °C heißem Wasser, während die grünen 50 °C tolerieren. Für diese Aufnahme stand ich stundenlang im heißen Wasser, und hätten die Schakale in der Umgebung nicht die ganze Nacht über geheult, hätte ich daran gezweifelt, dass dieser Ort irdischen Ursprungs ist.

Als die Erde zum Planeten heranwuchs, begann das Zeitalter Hadaikum, und es dauerte bis zum Archaikum vor 3900 Millionen Jahren. Diese Namen beziehen sich auf den zuerst unterweltlichen und darauffolgend archaischen Zustand der Erde. Die Zeit der Unterwelt – denn genau dies bedeutet der Name Hadaikum in Anlehnung an den Hades der antiken Mythologie – umfasst die ersten 700 Millionen Jahre der Erdgeschichte. Dieser Zeitraum ist in einen dichten Nebel der Informationslosigkeit gehüllt. Die irdischen Gesteine aus dieser Zeit sind wie die Seiten eines Buches, aus denen die Buchstaben herausgefallen sind. Sie wurden durch die Verwitterung abgetragen, umgelagert und danach von den Kräften des Erdinneren chemisch verändert und bis zur Unkenntlichkeit umgeformt. Die meisten wurden sogar vollständig aufgeschmolzen. Die Ereignisse dieser frühen Tage der Erde waren einfach zu tiefgreifend, um intaktes Gestein übrig zu lassen. Dennoch haben es winzige Mineralkörnchen dieser Gesteine geschafft, all die Zeit bis heute in einer vergessenen Ecke des Planeten zu überdauern. Ihre Geschichte könnte faszinierender nicht sein.

Durch sie fügen sich die Bruchstücke des rätselhaften Puzzles dieser Zeit zu einem zusammenhängenden Bild. Es herrscht noch lange keine Einigkeit darüber, was genau in welcher Abfolge passierte, und so manche etablierte Theorie gerät ins Wanken, weil neue Erkenntnisse sie widerlegen. Die meisten

Informationen aus dieser Zeit stammten bislang tatsächlich gar nicht von der Erde, sondern von der Erkundung der Planeten Merkur, Venus und Mars sowie von den Apollo-Missionen zum Mond. Die spärlichen Informationen von der Erde trugen eher dazu bei, das gewonnene Bild wieder auf den Kopf zu stellen. Ich versuche mich in diesem Kapitel daher an der Entschlüsselung dieser ungestümen Zeit, indem ich die Vielfalt der aktuellen Forschungsergebnisse nicht bloß aneinandergereiht zusammenfasse, sondern sie miteinander vergleiche, kritisch hinterfrage und mich daranmache, ihre teilweisen Widersprüche aufzulösen. Was dabei herauskommt, ist ein hoffentlich möglichst realistisches Bild einer Zeit, in der die Erdgeschichte Achterbahn fuhr. Wie lückenhaft unser Wissen auch immer ist und vielleicht bleiben wird, eines wird überdeutlich: Es war gut, dass der Planet anfangs noch ohne Leben war, denn es hätte diese Zeit nicht überlebt. Das Hadaikum hält große Überraschungen bereit. So höllisch die Bedingungen auf der jungen Erde nach ihrer Bildung auch gewesen sein mögen, machten sie offenbar einer lebensbereitenden Umgebung erheblich schneller Platz, als bislang angenommen wurde. Tauchen wir ein in die faszinierende Welt am Anbeginn der Erde.

EINE ZEITREISE ZUM ANBEGINN DER ERDE

Wir schreiben das Jahr 4 568 000 000 vor unserer Zeitrechnung und unsere Zeitreisekapsel schwebt hoch über der Oberfläche der jungen Erde. Was wir beim Blick aus dem Fenster zu sehen bekommen, gleicht eher einem mattrot glühenden Stern als einem blauen Planeten. Es ist eine Erde ohne Wiedererkennungswert. Überall auf ihrer Oberfläche raucht es, schwelende Gasnebel verdecken immer wieder die Sicht. Kosmische Geschosse aller Größen fliegen an uns vorbei und schlagen mit Wucht in den glutflüssigen Brei der Oberfläche ein, woraufhin Fontänen aus Lava aus dem weltumspannenden Magmaozean aufsteigen und uns bedrohlich nahe kommen. Schnell wird klar, dass eine Landung auf der Oberfläche unmöglich ist, denn es gibt keine feste Kruste, die uns halten würde. Wir sehen weder Wasser noch Kontinente, geschweige denn Leben. Die Hitze, die der junge Planet abstrahlt, lässt sogar unsere Kapsel erglühen, und wir müssen abdrehen, bevor die Bordsysteme ausfallen. Zwischen den dichten Gasschwaden offenbart der Blick in den Himmel kein Blau, sondern den pechschwarzen Weltraum, und die Sterne am Himmel zeigen keine uns vertrauten Sternbilder.

Kaum vorstellbar, dass dies unser künftiger Heimatplanet werden wird, der vor Leben nur so wimmelt. Unwillkürlich drängt sich die Frage auf, wie aus dieser Gluthölle aus flüssigem Gestein der Blaue Planet wurde. Die ersten 700 Millionen Jahre – das ist für uns ein unüberschaubar langer Zeitraum, dessen Dimension erst klarer wird, wenn wir ihn in Relation setzen. Auf ein Menschenleben übersetzt, entspricht das den ersten 13 Lebensjahren. Die ersten Tiere in Form krabbelnder Meeresbewohner erblickten erst vor 500 Millionen Jahren das Licht der Welt – wiederum auf ein Menschenleben umgerechnet, erst im irdischen Rentenalter von 75 Jahren. Wir betrachten in diesem Kapitel also einen Zeitraum, der länger ist, als es Tiere und Pflanzen auf der Erde gibt. Das Hadaikum war prägend und weichenstellend für die Erde. Die Ereignisse dieser Zeit ebneten dem heutigen Erdball und nicht zuletzt dem Leben den Weg.

DER ERSTE FESTE BODEN

Die junge Erde war kleiner als heute. Die freigesetzten Energien durch die gravitative Entmischung in schwere und leichte Bestandteile, die Aufheizung durch radioaktive Elemente sowie das heftige Bombardement aus dem All versetzten sie anfangs in einen glühend flüssigen Zustand. Kurzlebige radioaktive Elemente, die rasch zu stabilen Elementen zerfielen, erzeugten in der Frühphase der Erde mehr als dreimal so viel Hitze wie heute. Die Oberfläche des weltumspannenden Magmaozeans stand aber auch in Kontakt mit einer frühen, ganz andersartigen Atmosphäre und dem kalten Weltraum. Diese Uratmosphäre bestand aus den solaren Gasen Wasserstoff und Helium, sie ging durch den Sonnenwind bei der Zündung der Sonne verloren. Wie sich die Atmosphäre weiterentwickelte, werden wir uns noch ansehen. Im Verlauf der Zeit gab es Phasen auf der jungen Erde, in der sich durch teilweise Auskühlung des Magmaozeans eine erste Erstarrungskruste ausbildete. Dieser primäre Krustentyp entstand überall dort, wo durch Abkühlung das Mineral Feldspat auskristallisieren konnte. Die Feldspäte sind die Minerale mit der geringsten Dichte. Dadurch sind sie leichter als der Rest des Magmaozeans und schwimmen zur Oberfläche auf, wo sie sich wie ein zufrierender See zu einer dünnen, starren Decke vereinen. Mit der Zeit gliedern sich von unten immer mehr Feldspäte an, wodurch die Kruste von unten anwächst und immer dicker wird, ganz ähnlich wie sich eine dicke Eisschicht auf einem See ausbildet.

Diese frühe Kruste bestand aus einem ungewöhnlich aussehenden, reinweißen Gestein namens Anorthosit. Es ist ein Plagioklasfeldspat – wir sind ihm schon begegnet und haben gesehen, dass die Bezeichnungen der Feldspäte mitunter verwirrend sein können – und konnte sich nur in der Frühzeit der Erde bilden. Von dieser ersten Kruste ist nichts mehr erhalten. Dennoch gelang es mir, einen allerdings später gebildeten, handtellergroßen Anorthosit in Kangerlussuaq, am Westrand des grönländischen Eisschildes, zu finden. Dass es sie dort noch gibt, liegt daran, dass Teile von Grönland zu den ältesten erhaltenen Gesteinen der Erde gehören. Sie stammen zwar nicht aus dem Hadaikum, sind aber mit einem Alter von 3800 Millionen Jahren nur unwesentlich jünger und gehören ins frühe Archaikum. Ein ehrfürchtiges Gefühl überkommt mich jedes Mal, wenn ich diesen Anorthosit in die Hand nehme, und das hat gleich drei Gründe. Einerseits wurde das Gedächtnis an die primäre Kruste der Erde vollkommen ausgelöscht. Andererseits hat dieser später gebildete Anorthosit in Grönland all die Zeit bis heute unbeschadet überstanden. Zum Dritten ist diese primäre Kruste paradoxerweise dennoch allgegenwärtig und wir bekommen sie zu sehen, sobald wir unseren Blick hinauf zum Mond richten. Es sind die hellweißen Areale des Mondes, die gänzlich aus Anorthosit bestehen. Sie bilden dort die bis zu 800 Kilometer dicke, primäre Erstarrungskruste, die bis zum heutigen Tag auf dem Mond erhalten blieb. Einst sah die Erde vielleicht ganz ähnlich wie sein Trabant aus und damit so wie der Stein in meiner Hand. Wie entstand und erhielt sich diese schneeweiße Kruste des Mondes und weshalb verschwand sie komplett vom Angesicht der Erde?

Diese primären Krusten bildeten sich auf den felsischen Planeten und Monden des inneren Sonnensystems. Durch sie entkoppelte sich die starre und unbewegliche Kruste vom brodelnden Magma im Inneren der Planeten und Monde. Ganz im Gegensatz zur heutigen Vielzahl der sich untereinander bewegenden, dynamischen Erdplatten, die die Plattentektonik beschreibt, handelt es sich bei den primären Krusten um eine einzige weltumspannende, statische Platte. Sie wirkt wie ein fest verschlossener Deckel auf einem Kochtopf, bei dem der erzeugte Druck irgendwann den Deckel anhebt und das kochende Wasser überschäumen lässt. Auf ganz ähnliche Weise sprengt das aufsteigende Magma diese starre Kruste auf. Das Magma hat eine gänzlich andere chemische Zusammensetzung als die monomineralische, anorthositische Kruste, denn sie geht aus der Mineralmixtur hervor, die den Peridotit bildet. Die an die Oberfläche gelangende Lava ist aus Basalt, stammt somit aus größerer Tiefe und ist damit dichter und schwerer als der Anorthosit. Sie fließt ruhig und beständig als Lavastrom aus und flutet die Oberfläche der primären Kruste. Solche Flutbasalte können sehr mächtig werden, und aufgrund ihrer hohen Dichte sind sie schwer und bürden der leichten Kruste eine große Last auf. Diese enorme Auflast der Lavaströme lässt die primäre Kruste noch tiefer in den Mantel absinken, wodurch sie sich zusammen mit ihrer basaltischen Auflast weiter verdickt. Diese Prozesse können wir auf dem Mond sehen, denn neben seinen weißen Hochländern primärer Kruste aus Anorthosit kennzeichnen ihn kreisrunde dunkle Areale, die Mare. Bei den Maren handelt es sich natürlich nicht, wie das Wort vermuten lässt, um Meere. Es sind Fluten aus vulkanischem Basalt gewesen, die dort die Kratertäler ehemaliger Einschlagsregionen nachträglich ausgefüllt haben. Vulkanische Krusten aus Basalt bilden den sekundären Krustentyp, der im Sonnensystem überaus häufig ist. Auf dem Mond bildeten sich diese Basalte vor 3900 bis 2500 Millionen Jahren, und vor 2000 Millionen Jahren erkaltete schließlich das Innere des Mondes, sodass ihm seine Dynamik abhandenkam und er geologisch gesehen tot ist. Daher verändert er sich nur noch durch sporadische Asteroideneinschläge, deren Krater seine Oberfläche wie Pockennarben überziehen. So blieb der Anorthosit erhalten.

Dass die Erde, im Gegensatz zum Mond, ein weiterhin dynamisch aktiver Planet ist, liegt daran, dass sie 3,7-mal so groß wie ihr Begleiter ist, was ihr das fünfzigfache Volumen verleiht. Dieses Verhältnis von Oberfläche zu Volumen hält die Hitze im Inneren der Erde effektiv und nachhaltig gefangen. Nach dem gleichen Prinzip friert eine Maus viel schneller als ein Elefant, denn sie besitzt im Verhältnis zu ihrem kleinen Körper eine große Oberfläche. Der Elefant ist dagegen mit seinem großen Volumen und seiner vergleichsweise kleinen Oberfläche gut isoliert. Tatsächlich hat sich das Innere der Erde seit ihrer Entstehung nur unwesentlich abgekühlt. Im Erdkern ist es mit etwa 6000 °C genauso heiß wie auf der Oberfläche der Sonne. Dass wir dennoch keine heißen Füße bekommen, liegt allein daran, dass Gesteine überaus schlechte Wärmeleiter sind. Die Geschichte, weshalb die primäre Kruste auf der Erde vollkommen verschwand, beginnt mit einer schicksalhaften Begegnung.

UND DANN KAM THEIA

Stellen Sie sich einmal vor, Sie schalten den Fernseher ein und der Nachrichtensprecher verkündet, Wissenschaftler der NASA hätten beobachtet, dass der Mars von einem großen und bislang nicht aufgespürten Asteroiden getroffen wurde. Fasziniert würden wir zuhören. Daraufhin, erfahren wir weiter, habe der Mars seine Umlaufbahn stark verändert. Langsam würde unsere Faszination zu einem mulmigen Gefühl in der Magengrube werden. Unaufhaltsam nähere sich der Mars nun der Erde und sei laut den Berechnungen seiner Bahn auf direktem Kollisionskurs mit der Erde. Das Entsetzen würde uns eiskalt erwischen, denn keine Abwehr der Welt könnte den Mars von seinem neuen Kurs abbringen. Was tatsächlich passieren würde, wenn dieses frei erfundene Szenario zur Realität würde, geht über unsere Einbildungskraft hinaus.

Genau das, was wie eine Steilvorlage für einen weiteren schlechten Hollywood-Katastrophenfilm klingt, geschah im Zeitraum vor 4530 bis 4470 Millionen Jahren, also ungefähr 30 Millionen Jahre nachdem die junge Erde zu einem Planeten mit einer primären Kruste herangewachsen war. Es war natürlich nicht der Mars, der das Desaster heraufbeschwor, sondern ein Protoplanet, aber ganz ähnlicher Größe. Wir haben ihn Theia genannt, und Theia befand sich tatsächlich auf katastrophalem Kollisionskurs mit der jungen Erde. Wir Wissenschaftler beschreiben das, was damals passierte, mit den sachlichen Worten einer konstruktiv-streifenden Kollision. Das wissen wir aus dem einfachen Grund, dass es die Erde noch gibt und wir das herausfinden durften. Jeder steilere Winkel des Einschlags hätte die junge Erde vermutlich für immer in Milliarden Trümmerstücke zerlegt und in die Tiefen des Sonnensystems verstreut. Die Narbe, die die Erde davontrug, hatte globales Ausmaß und der Einschlag erschuf sogar einen völlig neuen Himmelskörper. Theia ist für immer unter uns. Niemand kann mehr sagen, ob die Bestandteile eines beliebigen Steins, den wir in die Hand nehmen, ursprünglich zur Erde oder zu Theia gehörten. Wir sind untrennbar Erde und Theia. Am Tag der Kollision überschlugen sich die Ereignisse und dauerten zuerst 24 Stunden und danach 100 Millionen Jahre. Ironischerweise gäbe es alle höheren Lebewesen, seien es Pflanzen, Tiere oder uns Menschen, ohne diese apokalyptische Katastrophe gar nicht. Sie ebnete dem Leben auf der Erde den Weg. Jeder Katastrophe wohnt offenbar eine Chance inne, aus ihr heraus etwas vollkommen Neues zu kreieren, zumindest wenn man es langfristig betrachtet. Dieses Prinzip lehrt uns die Natur immer wieder. Das bedeutet aber natürlich nicht, dass die jeweils betroffenen Akteure damit glücklich werden.

Versuchen wir also, die Ereignisse so gut es geht zu rekonstruieren. Theia verdampfte innerhalb von Sekundenbruchteilen eine frühe vulkanische Atmosphäre und durchschlug beim Aufprall die primäre Kruste der Erde. Die Apokalypse nahm ihren Lauf, als Theia in den silikatischen Erdmantel und danach in den metallischen Erdkern eindrang. Die beim Aufprall freigesetzte Energie verdampfte Theia fast komplett und die Erde auf der Halbkugel des Einschlags zumindest teilweise. Wir können uns dieses Ereignis so vorstellen, dass ein Planet von der Größe des Mars innerhalb von Sekunden zu einem Gesteinsnebel verdampft. Genauso wie die junge Erde war Theia bereits in einen metallischen Kern, einen silikatischen Mantel und eine leichte Kruste differenziert. Aufgrund der ungeheuren Gravitationswirkung des Zusammenpralls drang Theias Kern unmittelbar in den Erdkern ein und verschmolz untrennbar mit ihm. Ein erheblicher Anteil des Mantels und der Krusten beider Planeten wurde bei der Gegenbewegung ins All geschleudert. Wie eine solche Gegenbewegung abläuft, sehen wir, wenn wir mit Wucht einen großen Stein in einen Teich schleudern. Dort, wo der Stein eintaucht, entsteht ein Loch im Wasser. Kaum ist der Stein unter Wasser, schießt eine zentrale Fontäne über dem Einschlagsort in die Höhe. Eine solche, allerdings glutflüssige Fontäne aus Gestein schoss in den Weltraum hinaus. Der Gravitation der Erde teilweise entkommen, bildete sich innerhalb von Stunden ein glühender Ring aus sich abkühlenden Trümmern, Staub und Gas, der die Erde unheilvoll umgab. Erkaltetes Gestein hagelte unablässig vom Himmel, und innerhalb von nur 24 Stunden ballte sich ein Großteil des feurig-himmlischen Rings zu einem neuen Himmelskörper zusammen, der fortan zum ständigen Begleiter der Erde wurde. Der uns so vertraute Mond war geboren. Seit ich als junger Student erstmals von dieser Entstehungsgeschichte erfuhr, sehe ich den Mond mit anderen Augen.

Als sich der junge Mond am Firmament zusammenballte, war er von der Erde nur halb so weit entfernt wie heute und ein Erdentag dauerte weniger als 14 Stunden. Seitdem entfernt sich der Mond mit 3,8 Zentimetern pro Jahr von der Erde. Durch die Verlangsamung der Rotation des Erde-Mond-Systems werden die Erdentage immer länger. Ein Dinosauriertag endete eine halbe Stunde früher als heute. Der Abstand ist inzwischen auf 384 400 Kilometer angewachsen, womit der Mond am Himmel zufällig die gleiche scheinbare Größe aufweist wie die Sonne. Dadurch ist es uns vergönnt, dass sich in seltenen Konstellationen der Mond so vor die Sonne schiebt, dass er sie optisch exakt verdeckt. Dadurch kommt es zu einer Sonnenfinsternis und wir sehen die ansonsten überstrahlte Korona der Sonne. Früher war der Mond zu groß, sodass er bei einer Finsternis auch die Korona der Sonne verdeckte. In ferner Zukunft wird der Mond zu klein sein, um die Scheibe der Sonne am Himmel zu verdecken. Dadurch wird es zuerst nur noch ringförmige Sonnenfinsternisse und in ferner Zukunft gar keine mehr geben. Wir leben in einem ganz besonderen Zeitfenster, das es uns erlaubt, Sonnenfinsternisse zu beobachten. Sie gehören zu dem Erhabensten, was wir zu Gesicht bekommen können.

Der Anblick der totalen Sonnenfinsternis im März 2006 in der Türkei veränderte binnen ihrer dreiminütigen Dauer mein Leben für immer. Worte können den Eindruck dessen, was ich sah und fühlte, nicht beschreiben. Die Jäger und Sammler sahen in jedem Tier, jeder Pflanze und jedem Stein und Stern eine individuelle Seele. Sie kommunizierten mit der Welt. Im Laufe der Zeit verlernten wir es, den Steinen, der Erde und den Sternen zuzuhören. Als Wissenschaftler hatte auch ich gelernt, die Erde mit dem reinen Sachverstand zu analysieren. Doch jeder Aufenthalt in der unberührten Natur, auch im Kontakt mit wilden Tieren, ließ mich ahnen, dass da noch etwas anderes jenseits der Verstandeswelt war, das ich weder greifen noch erklären konnte. Heute weiß ich, es ist jenes für uns kaum mehr wahrnehmbare Flüstern der Natur, denn während der Sonnenfinsternis schwoll dieses Flüstern zu einem brüllenden Orkan an. Es würde uns als Menschheit guttun, uns unserer Wurzeln zu besinnen und der Natur wieder mehr zuzuhören. Wir würden lernen, wie wir es schaffen, nachhaltig mit der Erde und ihren Bewohnern umzugehen.

EIN OZEAN AUS MAGMA

Auf die 24-stündige Phase der apokalyptischen Entstehung des Mondes in Form einer glühenden Kugel am Firmament folgte eine 50 bis 100 Millionen Jahre andauernde Phase weltenumspannender Magmaozeane auf beiden Himmelskörpern. Während dieser Zeit sorgte die Schwerkraft erneut dafür, dass sich die Erde differenzierte, indem die schweren Elemente Eisen und Nickel in den Kern absanken. Der Einschlag Theias fügte der Erde enorm viel Masse und Energie hinzu. Einerseits vergrößerte das die Erde deutlich und andererseits wurde sie dadurch heißer als je zuvor. Dies sind die Schlüssel zum Verständnis des sich entwickelnden Schalenbaus der Erde in Kern, Mantel und Kruste sowie der daraus resultierenden sekundären und tertiären Krustentypen aus Basalt und Granit.

Durch den enormen Druck ist der innere Erdkern seit etwa einer Milliarde Jahre trotz der in ihm herrschenden 6000 °C fest. Der äußere Erdkern beginnt in etwa 5100 Kilometern Tiefe und ist mit seinen ungefähr 4000 °C nach wie vor flüssig. Das liegt sowohl am etwas geringeren Druck als auch an den leichten Elementen, die beim Erstarren des inneren Kerns in den äußeren aufstiegen. Sie machen bis zu 12 Prozent aus und halten die Konvektion in ihm im Gange, also die vertikal und horizontal umlagernden Bewegungen. Die turbulente Rollenzirkulation des flüssigen Metalls erreicht Geschwindigkeiten von mehreren zehn Kilometern pro Jahr. Zudem rotiert der flüssige Kern vermutlich schneller als der Rest der Erde. Diese Dynamik erzeugt das Magnetfeld der Erde, das uns vor dem Sonnenwind schützt und es überhaupt erst ermöglicht, dass die Erde dauerhaft eine Atmosphäre ausbilden konnte, denn die harte Partikelstrahlung hätte genug Zeit gehabt, um unsere lebenswichtige Lufthülle zu erodieren. Seine Existenz ist also eine Grundvoraussetzung für höheres Leben auf der Erde – und zudem sorgt es auch für das bezaubernde Spiel der Polarlichter.

Über dem Erdkern aus Eisen und Nickel bildete sich in 2900 Kilometern Tiefe die Kern-Mantel-Grenze aus, über der der Erdmantel vorwiegend aus dem Silikatmineral Olivin besteht. Jedes Mineral verfestigt sich abhängig von seinen atomaren und chemischen Eigenschaften bei einer anderen, festgelegten Temperatur zu einem Kristall. Zuerst erstarren im heißen Magmaozean die Minerale mit dem höchsten Schmelzpunkt. Das sind diejenigen, die am dichtesten und schwersten sind und folglich gravitativ absinken. Die 3700 °C heiße Kern-Mantel-Grenze wurde zur wichtigsten internen Grenze des Planeten, denn sie steuert bis zum heutigen Tage maßgeblich, was an der Oberfläche der Erde passiert. Wie sie das tut, werden wir uns noch genau ansehen. Nach dem Olivin verfestigten sich im langsam auskühlenden Magmaozean die Pyroxenminerale, gefolgt vom leichten Quarz und Feldspat. Obwohl die Temperaturen im Erdmantel die

Gesteine problemlos in flüssigem Zustand hätten halten können, verhinderte dies der gigantische Druck. Wäre weiter nichts passiert, würde die Erde also ähnlich einer Zwiebel aus diesen Gesteinsschalen bestehen. Jedoch wirkte die unablässige Konvektion von auf- und absteigendem Mantelmaterial im Versuch, die Wärmeungleichgewichte zwischen dem heißen Kern und dem vergleichsweise kühlen Mantel auszugleichen, wie ein gigantischer Mixer. Bei diesem Prozess von vertikalen Gesteinsumlagerungen vermischten sich in einem fortwährenden kriechenden Gleiten die Minerale des Erdmantels zum Peridotit. Mit dem Erstarren des Magmaozeans behielt der Peridotit seine zähplastische Konsistenz. Diese Mineralmixtur besteht hauptsächlich aus schwerem Olivin und Pyroxen mit einem Silikatgehalt unter 45 Prozent. Ursprünglicher Peridotit aus den tiefsten Schichten des Erdmantels weist den geringsten Silikatgehalt auf. Dieser Befund bedeutet im Umkehrschluss, dass er Richtung Oberfläche zunimmt. Dieser Zusammenhang ist insofern wichtig, als er richtungsweisend für die Erdkruste und die Kontinente ist, auf denen wir leben.

ALLES GUTE KOMMT VON OBEN

Nach dem Einschlag von Theia war die Zeit des anhaltenden kosmischen Bombardements keineswegs vorbei. Durch die Einschläge unzähliger Asteroiden und Kometen aller Größen gelangten vor etwa 4450 Millionen Jahren, also mehr als 100 Millionen Jahre nach ihrer Bildung, große Mengen eisenhaltiger Gesteine auf die Erde. Dieser Beschuss brachte der Erde eine späte dünne Gesteinsdecke (engl. »late veneer«). Das Besondere an dieser Zeit ist, dass das Material, das aus dem All auf die Erde regnete, für die Gestaltung der Oberfläche des Planeten bis heute erhalten blieb. Es umfasst die sogenannten siderophilen (»Eisen liebenden«) Gesteine, die alle Elemente enthalten, die sich mit Eisen verbinden. Diese Metalle konnten im späten Stadium eines bereits zähplastischen Erdmantels nicht mehr in den Erdkern absinken. Sie verblieben im oberflächennahen Erdmantel und wurden später auch in die sich bildende Kruste mit eingebaut. Den Einschlägen ist es zu verdanken, dass die schweren und seltenen Elemente Eisen, Silber, Platin und Gold in unsere Reichweite gelangten. Dagegen waren bei der Differenziation der Erde Unmengen dieser begehrten Elemente, für uns auf ewig unzugänglich, in den Erdkern abgesunken. Ohne diese späten Einschläge hätten der Mantel und damit auch die Erdkruste eine gänzlich andere chemische Zusammensetzung. Die Erde wäre nicht zu dem geworden, was sie heute ist. Möglicherweise transportierten diese Asteroiden auch bedeutende Mengen an Wasser zur Erde, das in den Gesteinen chemisch gebunden war und erst später zu flüssigem Wasser rekombinierte. Die Hin- und Rückwandlung von chemisch gebundenem Wasser im Gestein und dem flüssigen Wasser der Ozeane ist bis zum heutigen Tag ein ganz entscheidender Motor für das Erdsystem, dem wir uns noch ausführlich zuwenden werden. Die Zeit des Asteroidenbeschusses fügte der Erde etwa ein Prozent ihrer Masse hinzu, und bereits fünf Objekte von der Größe des Asteroiden Ceres wären ausreichend gewesen, um alles Wasser der Ozeane zu erklären.

Die Energie dieser Einschläge ließ die Oberflächen um die Einschlagsstellen herum großflächig aufschmelzen. Bis zu 20 Kilometer tiefe Lavaseen fluteten weite Areale um die Einschlagsstellen. Möglicherweise hatten sie zeitweise sogar globale Ausmaße. 50 Prozent der Wärmequellen des Erdinneren stammen aus der Urhitze der summierten Energie aller Einschläge und der gravitativen Absinkbewegung bei der Differenziation. Die restlichen 50 Prozent haben ihre Ursache im Zerfall der kurz- und langlebigen radioaktiven Elemente, allen voran Kalium, Uran und Thorium. Bis zum heutigen Tag kühlt sich der Erdmantel schneller ab als der Erdkern, der seine Hitze wie in einer perfekten Thermoskanne bewahrt.

Im Gegensatz zu den felsigen Asteroiden aus dem Gürtel zwischen Mars und Jupiter ähneln Kometen eher schmutzigen Schneebällen. Sie stammen aus den gasreichen, kalten Außenregionen des Sonnensystems und mit ihnen kam eine extrem kostbare Fracht zur Erde: Wassereis und Kohlenstoff. Ihr »Schmutz« in Form von Gestein und Staub hatte es in sich und wird seinem abfälligen Namen keineswegs gerecht. Die Beimengungen im Eis enthielten nämlich so ziemlich alles, was notwendig war, um dem Leben auf der Erde einen Kickstart zu ermöglichen. In ihnen wie auch in Meteoriten und der Molekülwolke selbst, aus der sich das Sonnensystem bildete, finden sich die Grundbausteine des Lebens: die Nukleinbasen Adenin, Guanin, Cytosin und Uracil. Sie bauen die RNA-Welt auf, die auch die Grundlage der Viren bildet, und von da ist es nur noch ein Schritt bis zum Thymin, das in der doppelsträngigen DNA unseres Erbguts an der Stelle von Uracil steht. Diese Erkenntnis macht die Staub- und Molekülwolken der Supernovae zu wahren kosmischen Kreißsälen und erzwingt die Frage, ob Leben eine kosmische Zwangsläufigkeit ist, wenn die Bedingungen dafür auf einem Planeten allesamt gegeben sind. Allerdings ist es von der Existenz dieser Nukleinbasen bis zum lebenden Organismus ein sehr weiter Weg, weswegen hier nur von den Grundbausteinen des Lebens die Rede sein kann. Entstanden ist das Leben selbst wohl zweifelsohne auf der jungen Erde.

Kometen sind wunderschöne Erscheinungen (Abb. S. 103–106). In Sonnennähe erhitzen sie sich auf bis zu 2000 °C. Dadurch verdampft das von wertvollen Elementen durchsetzte staubige Eis und es bildet sich ein weithin sichtbarer, leuchtender Staubschweif aus. Er folgt der Bahn des Kometen um die Sonne und kann sich Millionen Kilometer in den Raum erstrecken, weswegen wir die Krümmung des Schweifes beim Flug um die Sonne sehen können. Die Farbe dieser von der Sonne beleuchteten Staubspur ist zumeist gelblich. Kometen bilden aber noch einen zweiten, meist blau leuchtenden Schweif aus, der entsteht, wenn der Sonnenwind in einem Vorgang namens Ionisierung die Atome und Moleküle des Kometen um ihre Elektronen beraubt. Der Ionenschweif ist immer von der Sonne weggerichtet und bildet somit einen zumeist, wenn auch nicht immer, deutlichen Winkel zum Staubschweif aus. Das blaue Leuchten des Ionenschweifs, der auch Plasmaschweif genannt wird, ergibt sich beim Wiedereinfangen der Elektronen. Es ist vor allem das Kohlenmonoxid, das dabei das blaue Licht aussendet. Der oft grüne Kopf eines Kometen entsteht auf ähnliche Weise durch zum Leuchten angeregte Kohlenstoffatome. Der ganze Prozess ist ähnlich dem der Polarlichter. Allerdings ist es in der Erdatmosphäre das Wiedereinfangen der Elektronen des Sauerstoffs und Stickstoffs, das die farbigen Lichter erzeugt.

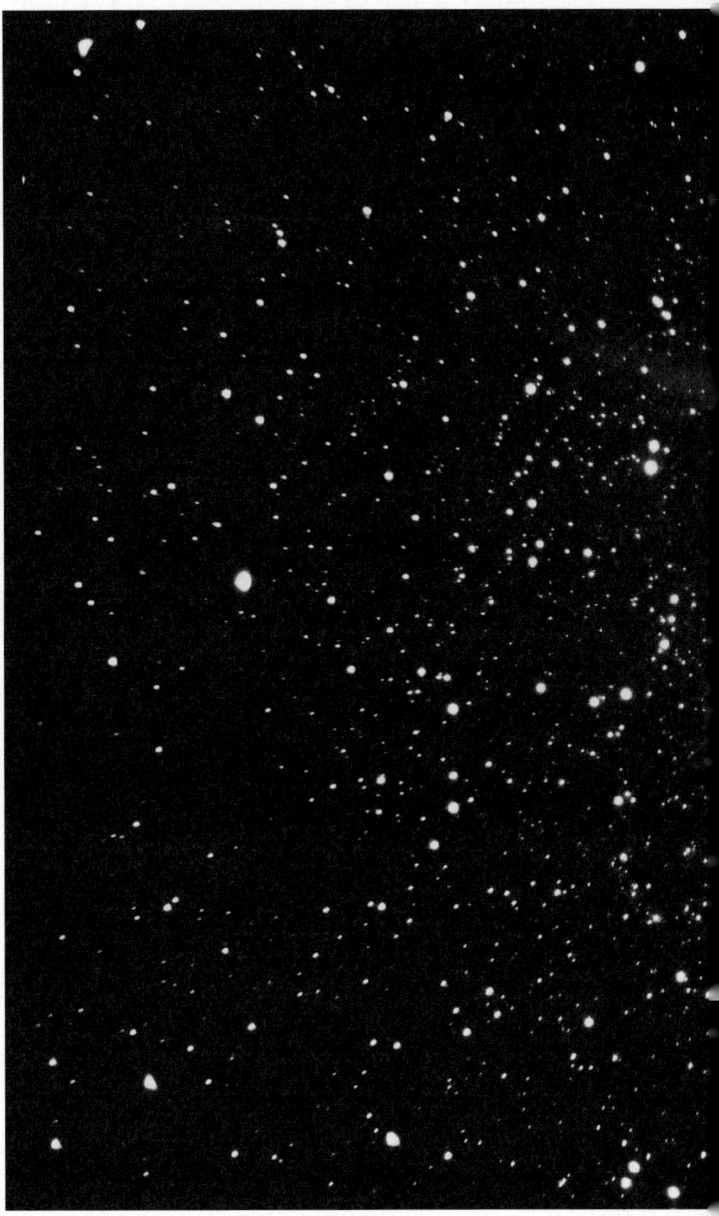

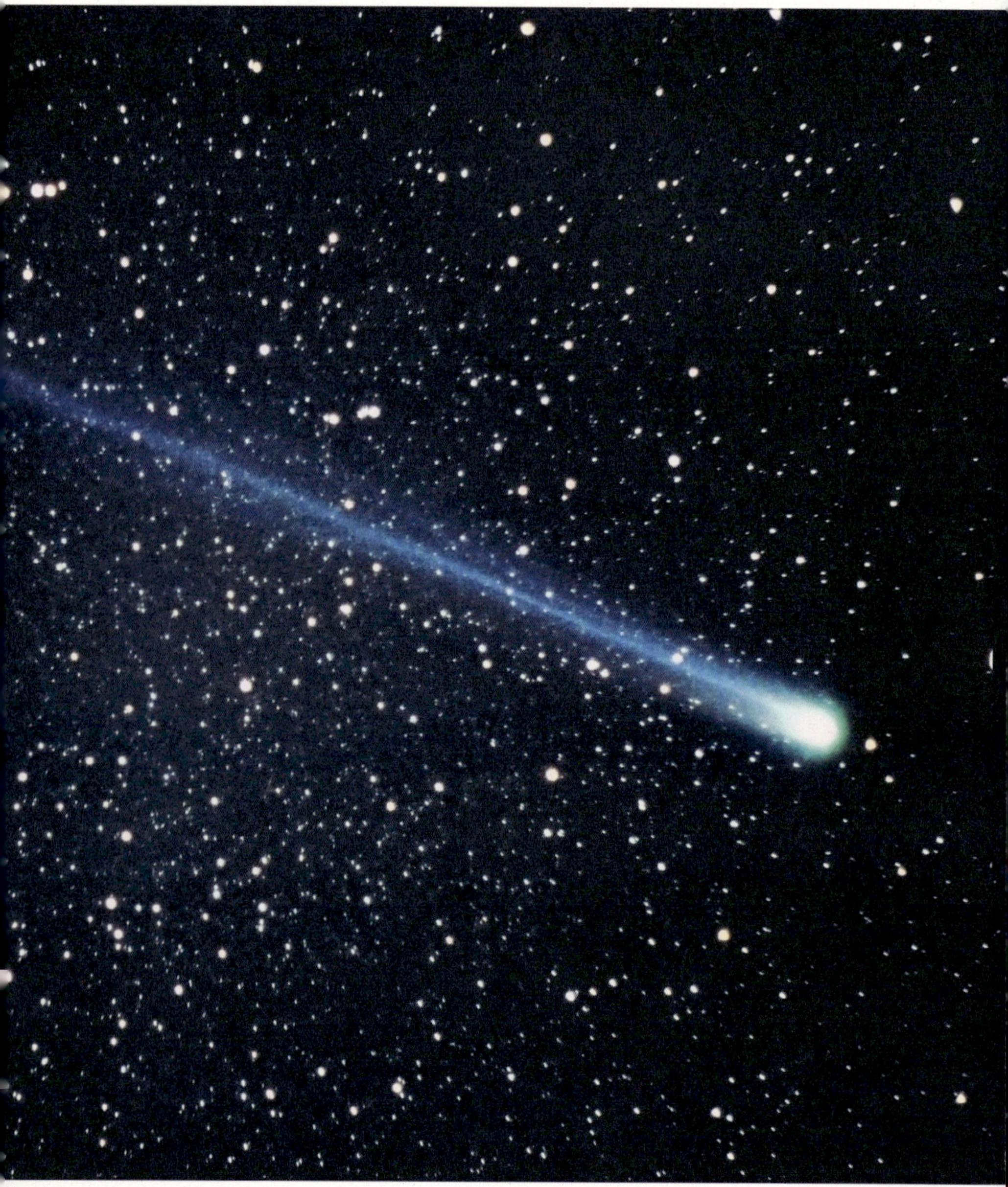

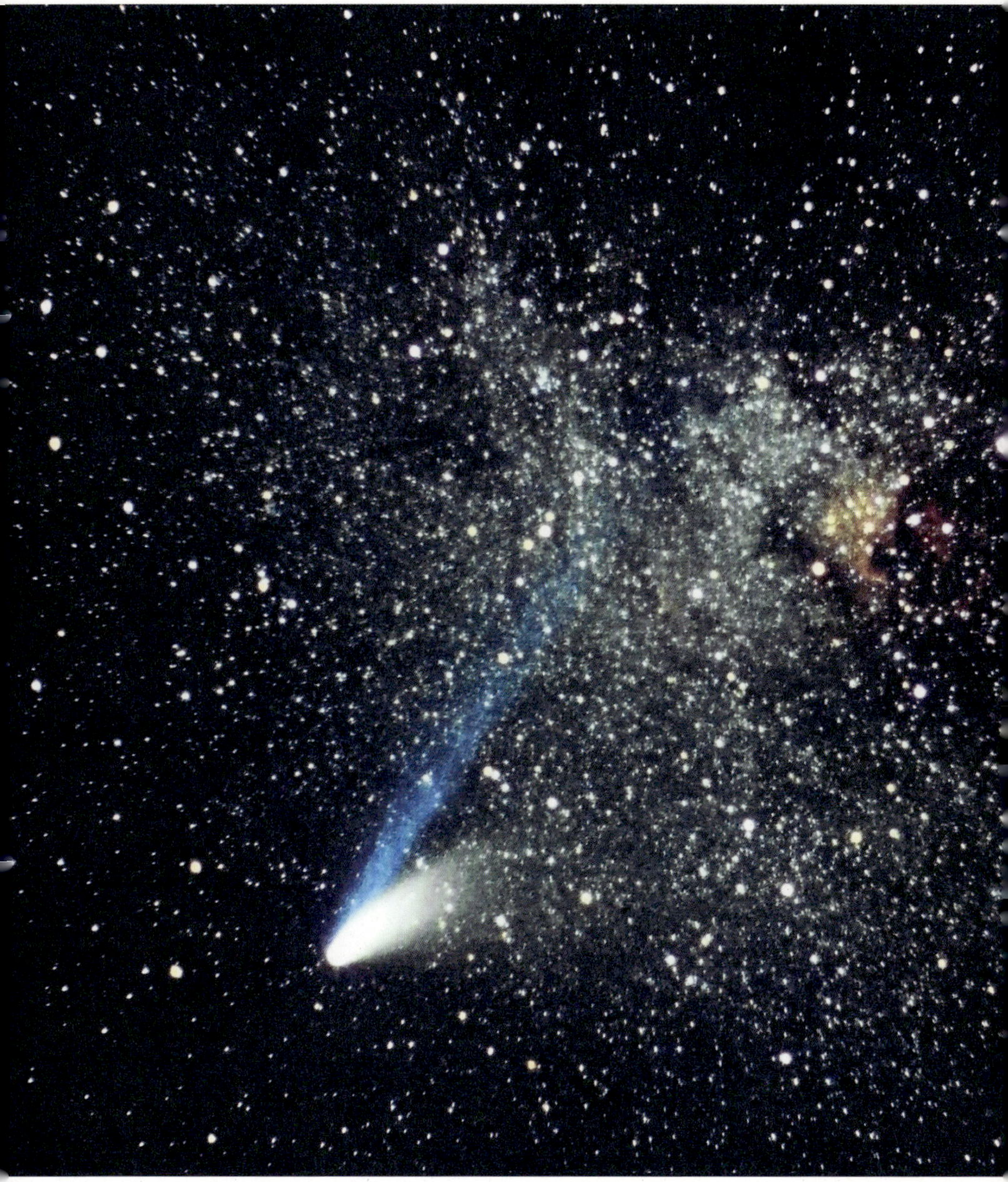

KOSMISCHE WANDERER ZWISCHEN DEN WELTEN.
Die beiden großen Kometen von 1996 und 1997 waren Hyakutake (links) und Hale-Bopp (rechts). Es waren solche Kometen, in denen Unmengen an Wassereis auf die Erde gelangten und mit ihnen auch die Grundbausteine des Lebens. Während Hyakutakes Staub- und Ionenschweif in die gleiche Richtung wiesen, hatten sie bei Hale-Bopp einen deutlichen Winkel zueinander.

BASALT EROBERT DIE WELT

In der Zeit zwischen der Mondbildung und dem langsam ausklingenden großen Bombardement konnte sich eine feste Kruste ausbilden. Auf dem Mond wurde sie zur primären, anorthositischen Kruste, die teilweise von den basaltischen Maren geflutet wurde. Auf der Erde überwogen dagegen diesmal andere Prozesse. Sie führten direkt zum sekundären Krustentyp, der vollständig aus Basalt beziehungsweise seinem heißeren Verwandten bestand, der Komatiitlava. Komati ist der Name eines Grenzflusses zwischen Südafrika und Swasiland und eben jene Region, in der man diese Lava heute noch bestaunen kann, denn sie blieb in den bis zu 3600 Millionen Jahre alten Gesteinen erhalten. Diese sekundäre Kruste war pechschwarz, dünn und brüchig. Auf der jungen, heißen Erde lag der Wärmefluss über dem Vier- bis Fünffachen des heutigen Werts und der Mantel war etwa 300 °C heißer. Bei Temperaturen von über 1600 °C in Oberflächennähe konnten keine Feldspäte auskristallisieren, um eine erneute weiße anorthositische Kruste auszubilden. Die Erde war nach der Vereinigung mit Theia schlicht zu groß und zu heiß dafür. Was stattdessen bei diesen Temperaturen im Kontakt mit der kalten Oberfläche des Planeten erstarrte, war das durch Konvektion aufsteigende, zähplastische Mantelmaterial aus Peridotit. Durch die Druckentlastung in Oberflächennähe schmolz es zu einem weitaus größeren Anteil zu Magma auf, als dies heute der Fall ist.

Wie aber wurde aus dem magmatischen Peridotit das vulkanische Krustengestein Basalt und Komatiit? Beim Aufsteigen und Aufschmelzen bildete der Peridotit riesige Magmakammern aus flüssigem Gestein. Sobald sich das Magma in Oberflächennähe befand, kühlte es langsam ab. Dabei setzte der gleiche Prozess der Differenziation ein, der zuvor das Innere des gesamten Planeten betroffen hatte, wirkte jedoch nur in der räumlich begrenzten Magmakammer. Sobald die Temperatur des Magmas unter 1850 °C sank, begann die Differenziation des Peridotits, an dessen Ende je nach Temperatur heißer Komatiit oder kühlerer Basalt entstand. Der Olivin im Peridotit, den wir schon aus Kapitel 2 kennen, hat zwei mineralische Komponenten, den Forsterit und den Fayalit.

Man muss sich diese Namen nicht unbedingt merken, aber der Prozess dahinter ist bedeutend für den festen Boden unter unseren Füßen. Bei 1850 °C kristallisiert der schwere Forsterit aus und sinkt sofort zum Boden der Magmakammer. Dadurch verarmt der flüssige Peridotit drastisch an schweren Bestandteilen. Bei 1370 °C beginnen auch die schweren Pyroxene zu kristallisieren und sinken zu Boden. Alle Bestandteile des Magmas mit geringerer Dichte verbleiben in der Schmelze. Erst bei 1200 °C erstarrt der Fayalit, der den Olivin im Basalt zur Verfügung stellt, und bei 1000 °C kristallisieren die Feldspäte. Je nach Temperatur der an der Oberfläche vulkanisch ausfließenden Lava bekommt diese also eine andere chemische Zusammensetzung. Bei 1600 °C wurde die Lava in der Frühzeit der Erde bevorzugt zu Komatiit, während sie heute bei 1300 °C den Basalt bildet.

Alle auf den Boden der Magmakammer abgesunkenen Minerale verbleiben dort und reichern den Peridotit des Erdmantels weiter mit schweren Bestandteilen an. Dort nimmt der Eisen- und Magnesiumgehalt zu, während er in der Lava abnimmt. Umgekehrt fällt der Siliziumdioxidgehalt des Peridotits auf die gleiche Art und Weise auf Werte unter 45 Prozent ab, während er in der Lava auf bis zu 52 Prozent wächst. Diese Unterschiede sind alles andere als gering und tatsächlich so bedeutend, dass sie das Aussehen der Erde maßgeblich prägen. Der Prozess der Differenziation in den Magmakammern bewirkt eine Sortierung des Gesteins nach schweren und leichten Bestandteilen. Das ist deshalb so überaus wichtig, weil eine Erdkruste nur stabil und langlebig ist, solange sie leichter ist als das Material, auf dem sie schwimmt. Wie wir noch sehen werden, gilt dies nur für die Kontinente aus Granit, die ebenfalls aus einer noch komplexeren Magmendifferenziation hervorgingen. Deswegen ist die Ozeankruste aus Basalt nur ein Gast auf Zeit an der Erdoberfläche.

Die unterschiedliche Zusammensetzung von Peridotit, Komatiit und Basalt ist bei Weitem nicht nur chemischer Natur. Man kann sie sehen, fühlen und sogar spüren. Es ist nämlich der Anteil an Siliziumdioxid, der maßgeblich darüber bestimmt, ob ein Vulkan seine Lava ruhig und fontänenartig fördert, im Fachjargon heißt das effusiv, oder ob er zu gewalttätigen Explosionen neigt.

Im Hadaikum gab es, ganz im Gegensatz zu heute, keine explodierenden Vulkane. Das liegt daran, dass der Anteil an Siliziumdioxid in der Lava damals grundsätzlich extrem niedrig war und unter 50 Prozent lag. Heute kann er mehr als 65 Prozent erreichen, was mächtige Strato- oder Schichtvulkane bei Ausbrüchen geradezu pulverisieren kann. Um das dafür benötigte Gestein zu bilden, war es noch ein weiter Weg.

Lava erkaltet im Kontakt mit der Luft sehr schnell, dann haben die Minerale in ihr keine Zeit heranzuwachsen. Daher ist frische Lava schwarz und massig, und nur selten gelingt es, winzige Kristalle in ihr zu entdecken. Lava aus Komatiit war flüssig wie Wasser. Schicht um Schicht ergoss sie sich über die ausgedehnten kargen Weiten und wuchs zu einer dunklen sekundären Kruste heran. Zum Komatiit gesellte sich in Regionen mit niedrigeren Temperaturen der Basalt. Basalte sind heute die häufigsten Gesteine der Erdoberfläche und bilden sämtliche Ozeanböden. Komatiite bilden sich heute dagegen nicht mehr, denn weder die Zusammensetzung des Peridotits, aus dem sie hervorgingen, noch die notwendigen hohen Temperaturen sind heute noch gegeben. Um Basalt zu sehen, müssen wir gar nicht zum Grund der Ozeane abtauchen. Falls Sie sich schon einmal auf dem im Sommer kochend heißen schwarzen Sandstrand auf den Kanarischen Inseln die Füße verbrannt haben, war das Ihre vielleicht erste Begegnung mit Basalt.

DIE ÄRA DER PLATTENTEKTONIK

Der ruhige effusive Vulkanismus des Hadaikums war sehr effektiv darin, Unmengen an Lava an die Oberfläche zu fördern. So wie Wasser immer seinen Weg findet und auch durch kleinste Ritzen dringt, war diese Eigenschaft ebenfalls dem Komatiit zu eigen. Durch die hohen Förderraten im heißen Mantel schmolz der unter die dünne Kruste aufsteigende, zähplastische Peridotit großflächig zu Magma auf und es entstand ein enormer Druck auf die junge, sekundäre Kruste der Erde. Weil sie dünn war, verblieb sie im Kontakt mit ihrer heißen Unterlage und konnte nie vollständig auskühlen. Dennoch war sie bereits kalt genug, um nicht mehr flexibel auf den Druck unter ihr reagieren zu können. Die Folge war, dass sich lange Risse in der jungen Kruste bildeten, aus denen sofort dünnflüssige Lava an die Oberfläche quoll und sich zu beiden Seiten der Ränder über die Bruchflächen ergoss. So geschah es überall auf dem Planeten. Das Bild, das sich ergab, war das einer heißen, pechschwarzen Gesteinsoberfläche, die in ein Mosaik aus unzähligen Schollen zerbrach. Diese Gesteinsschollen wurden, ganz ähnlich wie Eisschollen auf einem vom Wind bewegten Meer, pausenlos untereinander bewegt, sodass sie mal auseinandertrieben und mal zusammenstießen. Wenn sie sich voneinander wegbewegten, quoll Lava von unten nach. Wenn sie zusammenstießen, schoben sich ihre Ränder übereinander, was ihre Dicke verdoppelte. Es war der Beginn einer alles verändernden Ära, denn das, was hier entstand, angetrieben von der Hitze im Inneren der Erde, war nichts weniger als der Beginn der Plattentektonik. Wörtlich übersetzt bedeutet das aus dem Griechischen stammende Wort »tektoniké« Baukunst – und genau diese übten die sich bewegenden Platten aus: Sie bauten die Oberfläche der Erde um.

Die Lava füllte die Risse zwischen zwei Platten immer wieder aus und ließ sie dadurch beidseitig auseinanderdriften. Entlang der Bruchlinie entstand immer neue Kruste. Auf diese Weise wurden Platten immer größer und zwei beliebige Punkte auf ihnen entfernten sich immer weiter voneinander wie auf einem Förderband. Doch wohin führte diese Reise? Wenn sich alle Platten pausenlos voneinander entfernen, müsste sich zwangsweise die Oberfläche des Planeten ständig vergrößern. Das ist aber offenkundig nicht der Fall, die Größe des Planeten hat sich seit dieser Zeit nicht mehr verändert. Stattdessen muss aus Gründen der Kontinuität zum Ausgleich Kruste andernorts wieder vernichtet werden. Der ewige Kreislauf aus Entstehen und Vergehen der Kruste war angelaufen. Wann immer zwei Platten auseinanderdrifteten, stießen sie am entfernten Ende zwangsweise mit einer anderen Platte zusammen. Dort schoben sie sich zunächst übereinander. Welche von ihnen zur Oberplatte und welche zur Unterplatte wurde, entschieden ihre Dicke und ihr Alter. Dickere

Platten sind schwerer und ältere erst recht. Das hat wieder mit der Dichte zu tun, denn alt bedeutet ausgekühlt und das erhöht die Dichte. Sicherlich stapelten sich zuerst zahlreiche dünne Platten wie Eisschollen übereinander und verwuchsen miteinander. Irgendwann wurden diese Platten bei einer weiteren Kollision endgültig zu schwer und verloren ihren Auftrieb. Das passiert genau dann, wenn die Dichte der Platte ein wenig größer wird als das tragende Mantelgestein unter ihr. Das Abtauchen einer Erdplatte in die Tiefe wird in der Geologie Subduktion genannt, und bereits im Hadaikum entstand die erste Subduktionszone. Der Motor dieses Antriebs der Platten waren damals die Spreizungsachsen, an denen neue Kruste sechsmal schneller gebildet wurde als heute. Sie schoben die Platten unermüdlich auseinander, und auf der gegenüberliegenden Seite entstanden Subduktionszonen, in denen die Platten zurück in den Erdmantel sanken und aufschmolzen. Dabei zogen sie kräftig an ihrem noch an der Oberfläche befindlichen Teil und beschleunigten mit dieser Sogwirkung die Subduktion. Das ist vergleichbar einem Teppich, den man über eine Treppenstufe hinabzieht. Mit der Zeit nahm die Anzahl der tektonischen Platten von vermutlich mehr als hundert im Hadaikum auf heute zehn große Erdplatten ab. Zwangsläufig wurden sie immer größer, um die gleichbleibende Oberfläche des Planeten vollständig zu bedecken.

WINZIGE ZIRKONE MIT MÄCHTIGER BOTSCHAFT

Die Erde besitzt mindestens seit dem Archaikum eine Kruste aus zwei grundverschiedenen Gesteinen: die Ozeanböden aus Basalt und die granitische Kruste der Kontinente, auf der wir trockenen Fußes leben. Kontinente sind eine echte Rarität im Sonnensystem, denn sie existieren nur auf der Erde. Weshalb ist das so? Und wie und unter welchen Bedingungen haben sie sich erstmals gebildet? Die Antworten auf diese Fragen kamen unerwartet, verblüfften und stellten unser Weltbild auf den Kopf. Sie kamen aus Australien. Denn dieses Wissen verdanken wir winzigen Mineralkörnchen, den Zirkonkristallen, die am

Mount Narryer in den Jack Hills entdeckt wurden, etwa 800 Kilometer nördlich von Perth in Westaustralien. Noch zu meiner Studienzeit lernte ich, dass das gesamte Hadaikum bis vor 3900 Millionen Jahren eine Gluthölle war, woraus sich ja auch der Name dieses frühesten Zeitalters der Erde (»Unterwelt«) ableitet. Die Entdeckung und immer detailliertere Untersuchungen der australischen Zirkone brachten eine ganze Lawine neuen Wissens ins Rollen, die diese Vorstellung in ihr Gegenteil verkehrte.

Die Zirkone sind nicht größer als der Punkt am Ende dieses Satzes. Die Geschichte, die sie erzählen, ist aber wahrhaftig gigantisch. Sie enthalten unmissverständliche Hinweise darauf, dass die Erde bereits vor 4400 Millionen Jahren kühl genug war, um eine feste Kruste mit aktiver Plattentektonik auszubilden, in der es zwischen all dem Basalt erste kleine Kontinente gab. Schon 160 Millionen Jahre nach der Entstehung der Erde hatte sich die anfängliche Gluthölle des Hadaikums im Expresstempo in eine Sauna verwandelt. Das sind nur 130 Millionen Jahre nach der Kollision mit Theia sowie lediglich 50 Millionen Jahre nach dem Bombardement durch die Asteroiden und Kometen.

Diese Erkenntnis ist deswegen so wesentlich, weil sich die granitischen Gesteine dieser Urkontinente nur in Anwesenheit von großen Mengen an flüssigem Wasser bilden konnten. Dies kann nur bedeuten, dass es vor 4400 Millionen Jahren bereits Ozeane gab. Daraus wiederum ergibt sich die Schlussfolgerung, dass dem entstehenden Leben bereits damals wegbereitende Bedingungen geboten wurden, zumindest in weiten Teilen der Welt. Die Zirkone erzählen von einer Welt, die entgegen früheren Annahmen keineswegs wüst und leer war, wie es in der Bibel heißt. Stattdessen war die Erde ein schwül-heißer Wasserplanet mit Oberflächentemperaturen unterhalb von 100 °C, auf dem frühe Kontinente von Meeren umspült wurden. Eine Welt, die im Begriff stand, zum Leben zu erwachen. Rekonstruieren wir diese Welt, in der die einzigartigen Zirkone entstanden.

Zunächst muss das große Bombardement der Erde deutlich schneller als bislang angenommen abgeflaut sein, sodass sich die Oberflächentemperatur langsam auf unter 100 °C abkühlen konnte. Das hauptsächlich aus dem

Erdinneren vulkanisch ausgegaste und zum kleineren Anteil von den Kometen eingetragene Wasser befand sich zunächst als das unsichtbare Gas namens Wasserdampf in dicken Schwaden in der Atmosphäre. Das verursachte einen enormen Treibhauseffekt, der die Erde aufheizte, zugleich war die junge Sonne noch nicht so leuchtstark wie heute und wärmte daher weniger effektiv. Als die Temperaturen fielen, konnte der Wasserdampf erstmals zu Wolken kondensieren. Ab diesem Zeitpunkt dauerte es nicht lange, bis es anfing zu regnen. Es war die wahrhaftige Sintflut, die auf die Erde herabfiel. Zunächst erreichte aber nichts von diesen atmosphärischen Sturzbächen je den Erdboden, denn mit Annäherung an den heißen Boden verdampfte all der Regen wieder in der Atmosphäre. Dieses Bild muss gespenstisch angemutet haben. Wir kennen solchen Regen, der den Boden nicht erreicht, auch heute noch und sehen solche »Virga« genannten Fallstreifen gelegentlich am Himmel. Häufiger kennen wir sie jedoch aus Afrika, wenn starke Monsungewitter die Regenzeit ankündigen. Die ersten dieser heftigen Regengüsse im Jahr, die von den Menschen und Tieren gleichermaßen sehnsüchtig erwartet werden, verdunsten auf dem Weg zum Boden. Erst als die Erdoberfläche im Hadaikum genügend abkühlte, konnte der endlose Regen sie erreichen. Wie lange es so sintflutartig geregnet hat, wissen wir nicht. Man kann sich aber ausmalen, wie lange es gedauert haben muss, bis sich aus diesem Regen Ozeane bildeten, zumal die Verdunstungsrate aufgrund der hohen Temperaturen ungemein hoch war.

Es war der Beginn des Wasserkreislaufs der Erde. Mit ihm gelangte auch das Salz in die Ozeane. Es besteht aus Natriumchlorid (NaCl), dessen Bestandteile Natrium und Chlor sind. Das Natrium entstammt dem vulkanischen Basaltgestein und das Chlor entgaste zusammen mit dem Wasserdampf als Salzsäure (HCl) aus dem Erdmantel. Erstaunlicherweise bestanden die ersten Ozeane daher nicht, wie man meinen möchte, aus Süßwasser, das mit der Zeit durch Auswaschung von Mineralien aus dem Gestein salzig wurde. Stattdessen waren sie von Anbeginn salzig, denn das bereits vorhandene Salz löste sich sofort im Wasser der sich füllenden Ozeanbecken. Tatsächlich war der anfängliche Salzgehalt der frühen Ozeane sogar doppelt so hoch wie heute. Das ist deswegen so bemerkenswert, weil das entstehende Leben aus Mikroben bestand, die diesen Salzgehalt bei Wassertemperaturen von 55 bis 85 °C optimal für sich nutzen konnten. Wir werden diesen speziellen Cyanobakterien wiederbegegnen, denn es gibt sie auch heute noch quicklebendig in der Shark Bay im Nordwesten Australiens. In dieser Lagune ist das Wasser bis zu 30 °C warm und der Salzgehalt beträgt das Anderthalbfache der Ozeane. Damit kommt die Shark Bay den Bedingungen der frühen Erde recht nahe – kein Wunder, dass sich die Cyanobakterien dort so wohlfühlen.

Was aber hat den anfänglich doppelt so hohen Salzgehalt der Ozeane auf den heutigen Wert absinken lassen? Solange die Erde ein reiner Wasserplanet war, konnten sich keine Salzablagerungen durch Verdunstung bilden. Erst als die ersten Kontinente dauerhaft aus dem Wasser ragten, kam es zu mächtigen Salzablagerungen, die dem Ozean beträchtliche Mengen an Salz entzogen. Heute nutzen wir diese Salzsedimente, um unser Essen zu würzen, denn beispielsweise das beliebte Himalajasalz entstand durch Verdunstung im tropischen Flachwasser des Tethysozeans und wurde bei der Kontinentkollision zwischen Indien und Asien in die Gebirgsbildung eingefaltet. Wie das geschieht, werde ich noch eingehend beleuchten. Es sind diese mächtigen Salzlagerstätten der Erde, die den Salzgehalt der Ozeane mit der Zeit auf den heutigen Wert von 35 Promille oder 3,5 Prozent absenkten. Dieser Wert wurde offenbar in einem Zeitraum vor 540 Millionen Jahren vor heute erreicht und ermöglicht seitdem auch höherem Leben den ungefährdeten Aufenthalt in den Ozeanen, denn Salz in zu hoher Konzentration ist ein Gift für hochentwickeltes Leben. 96 Prozent des flüssigen Wassers der Erde sind salzig, und die restlichen 4 Prozent Süßwasser stammen ausschließlich aus gespeichertem Regenwasser. Damit ist die Verdunstung von Ozeanwasser die effektivste Meerwasserentsalzungsanlage der Welt.

Seit der Bildung der Ozeane steht der Gesteinskreislauf der Plattentektonik in inniger Wechselwirkung mit dem Wasserkreislauf, dem ewigen Austausch von Wasser zwischen der Atmosphäre und den Ozeanen, sowie dem Kohlenstoffkreislauf. Wie, wann und wo das Leben auf der jungen Erde entstand, sich diese Kreisläufe des Planeten zunutze machte und sich mit ihnen in innige Wechselwirkung begab, ist genauso Gegenstand aktueller Forschung wie die nach wie vor ungeklärte Frage, wie aus einer Ansammlung unbelebter Atome Leben entsteht. Unter welchen Bedingungen die ersten Bakterien das Licht der Welt erblickten, ist nicht unumstritten. Galt zunächst der tiefe Ozean an den vulkanischen Hydrothermalquellen der Schwarzen und Weißen Raucher, denen wir uns noch zuwenden werden, als Quell des Lebens, so geraten immer mehr die ersten Krustenteile der Erde, die aus den Ozeanen herausschauten, in den Fokus der Wissenschaft. Bislang betrachtete man die zu hohe UV-Belastung an Land als Ausschlusskriterium für einen dortigen Start des Lebens. Offenbar ist die richtige Menge an UV-Strahlung in verschieden tiefem Wasser aber förderlich für eine hohe Mutationsrate und damit für eine hohe Experimentierfreudigkeit der Evolution. Die Zuordnung des entstehenden Lebens bleibt damit bei den vulkanischen hydrothermalen Quellen, allerdings in Form von Pools und Geysiren an Land, so wie wir sie auch heute noch auf der Erde finden. In Yellowstone, Kamtschatka, Island und Neuseeland finden sich die bekanntesten unter ihnen. Allerdings vermittelt kaum ein Geysir den Anblick der Entstehung des Lebens so gut wie der weitgehend unbekannte Fly-Geysir im Norden Nevadas (Abb. S. 88/89). Der Grund dafür ist, dass dieser Geysir der einzige auf unserer Erde ist, der permanent kochendes Wasser aus seinem Hydrothermalsystem fördert, das von einer flach unter ihm gelegenen Magmakammer geheizt wird. Dadurch kann er die auf ihm lebenden thermophilen, also hitzeresistenten Bakterien dauerhaft ernähren. Der Grund für die Abkehr von der Sicht, wonach sich das Leben in der Tiefsee entwickelt habe, ist, dass sich die Bestandteile des Lebens im Ozean zu schnell zu stark verdünnt und nie in der richtigen Konsistenz zueinandergefunden hätten. Bei Hydrothermalquellen und Geysiren an Land liegen die Verhältnisse ganz anders. Sie fallen quasiperiodisch trocken und sind räumlich stark begrenzt. Dies fördert die Anreicherung der Bausteine des Lebens, sodass sie miteinander wechselwirken können. Zudem bieten die voneinander getrennten Becken ideale Nischen für eine voneinander unabhängige Entwicklung.

Die ältesten Lebensspuren auf der Erde befinden sich in 3950 Millionen Jahre altem Sedimentgestein im Norden Labradors in Form grafithaltiger Globulen, von denen man annimmt, dass sie biogenen Ursprungs sind. Auch die 3500 Millionen Jahre alten Lebensspuren im Nordwesten Australiens, zu denen wir noch kommen, zeigen alle Anzeichen von Geysiren und heißen Quellen. Das Leben hat allerdings ganz sicher viel Zeit benötigt, um diese ersten Strukturen hervorzubringen. Derzeit spricht viel dafür, dass der Beginn des Lebens auf eine Zeit vor etwa 4100 Millionen Jahren datiert werden könnte. Damit hätte das Leben die Erde erobert, sobald eine feste, vulkanische Kruste aus dem Wasser der Ozeane herausschaute.

Die australischen Zirkone liefern ein konsistentes Bild für einen solch frühen Kickstart des Lebens auf der Erde, weil sie die richtigen Umweltbedingungen dafür anzeigen. Sie befinden sich in einem archaischen Gneis, einem Sedimentgestein aus gerundetem Sand mit einem Alter von 3000 Millionen Jahren. Bei Sedimenten ist sofort klar, dass ihr Inhalt älter ist als das abgelagerte Gestein, denn Sedimente sind die Verwitterungsprodukte vormaliger Gesteine. Die im Originalzustand ihrer Bildung perfekt ausgebildeten Kristallflächen der extrem widerstandsfähigen Zirkonkristalle sind in diesem Sediment stark abgerundet. Das lässt darauf schließen, dass sie von Wind und Wetter über weite Strecken und lange Zeiträume hinweg transportiert wurden, bevor sie wieder abgelagert und erneut zu kompaktem Gestein wurden. Die Datierung ergab, dass die Zirkone vor 4400 bis 4300 Millionen Jahren entstanden; der älteste bislang gefundene bringt es auf 4404 Millionen Jahre. Dieser winzige Zirkon ist das älteste Mineral, das je auf der Erde gefunden wurde.

Die Analyse von mikroskopisch kleinen Einschlüssen und Gasblasen in ihnen zeigt, dass das Magma, in dem diese Zirkone zu Kristallen heranwuchsen, mit 800 bis 650 °C erstaunlich kühl war. Es bildete sich durch Aufschmelzung in einer Subduktionszone unter Mitwirkung von Ozeanwasser, was belegt, dass die Oberflächentemperaturen deutlich unter 100 °C lagen. Das Gestein, das sich aus diesem Magma bildete, weist alle Merkmale von Granit auf; das zeigt die Existenz eines frühen Kontinents an und beweist, dass zu dieser Zeit die

Plattentektonik bereits angelaufen war. Schlussendlich ist allein schon die Tatsache, dass es diese verwitterten Zirkone überhaupt noch gibt, Beweis genug für die Existenz von Kontinenten zu dieser Zeit. Ohne eine sie dauerhaft tragende Landmasse hätten sie nämlich die Zeit zwischen ihrer Bildung als Granit und der erneuten Ablagerung als Gneis nicht überdauert und wären in einer Subduktionszone wieder aufgeschmolzen worden. Zudem enthalten etliche 4100 Millionen Jahre alte Zirkone sehr spezielle Grafitkristalle. Dieser Kohlenstoff birgt Hinweise darauf, dass er sich biogen gebildet haben könnte, was nahelegen würde, dass die Erde seit dieser Zeit ein Quell des Lebens ist. Wie aber haben sich diese ersten kontinentalen Granite gebildet?

TONALIT-TRONDHJEMIT-GRANODIORIT

Versuchen Sie bitte gar nicht erst, diesen Namen richtig auszusprechen. Auch für Geologen ist er ein Zungenbrecher und sie nennen dieses ganz besondere Gestein einfach liebevoll TTG. TTGs sind die Vorläufergesteine der Granite, aus denen unsere Kontinente bestehen. Sie bilden die embryonalen Kerne aller heutigen Kontinente, die sogenannten Kratone. Die Zirkone vom Mount Narryer erzählen die Geschichte der Bildung dieser TTGs, des tertiären und damit dritten Krustentyps der Erde, der die ersten Kontinentfragmente ausbildete.

Drei Voraussetzungen mussten für die Entstehung der TTGs erfüllt sein. Erstens die Bildung der sekundären Kruste aus Komatiit und Basalt. Zweitens das Einsetzen der Plattentektonik mit Spreizungs- und Subduktionszonen. Drittens ein Absenken der Oberflächentemperatur unter 100 °C, wodurch der Wasserkreislauf anlief und mit der Zeit die ersten Ozeane vom Himmel regneten. Seitdem überfluteten die Ozeane die sekundäre Kruste aus Basalt und machten sie zu Ozeanböden. Vor etwa 4400 Millionen Jahren begann die lange Entwicklungsgeschichte der Kontinente, die noch immer anhält und die es den Wirbeltieren und Pflanzen sagenhafte 4000 Millionen Jahre später erlauben würde, das Wasser zu verlassen, um das Festland zu erobern.

Die Bildung von TTG-Gesteinen erfordert das teilweise Aufschmelzen der noch jungen und heißen Komatiit- und Basaltkruste in den Subduktionszonen in einem ozeanischen Milieu. Wasser ist in diesem Prozess die wichtigste Zutat. Zum einen reagiert das vulkanische Gestein der ozeanischen Kruste bereits bei seiner Bildung in den hydrothermalen Gängen der Spreizungszonen mit dem Meerwasser. Zum anderen geraten bei der Subduktion der ozeanischen Kruste in den Erdmantel Unmengen an Wasser mit in die Tiefe. Dieses chemisch im Gestein gebundene Wasser wird in der Subduktionszone wieder frei und setzt den Schmelzpunkt des Gesteins herab, wodurch die Entstehung von kühlem Magma initiiert wird. Wie das geschieht, sehen wir uns noch an. Das Magma bahnte sich seinen Weg durch die dünne ozeanische Basaltkruste Richtung Oberfläche. Erneut setzte dabei eine Differenziation des Magmas ein, das die leichtesten Elemente flüssig hielt, während die schweren Bestandteile des Basalts, allen voran der Olivin, auskristallisierten und absanken. Bei diesem chemisch sortierenden Recycling des Basalts reicherten sich vor allem die leichten Bestandteile Silizium, Kalzium und Natrium an. Was nicht vulkanisch ausbrach, blieb in der umgebenden ozeanischen Kruste stecken und erkaltete langsam. Die Magmabestandteile hatten genug Zeit, um zu großen Kristallen heranzuwachsen, und dadurch bildeten sich große Quarz- und Feldspatkristalle. Die Zusammensetzung dieses stark differenzierten und grobkörnigen Gesteins wich damit stark von der des Komatiits und Basalts ab. Der wichtigste Unterschied war aber der, dass dieses Gestein noch leichter war und sich deshalb beim nächsten Zyklus der Subduktion dem Abtauchen in den Erdmantel widersetzte. Es hatte etwas mehr Auftrieb als das umliegende Basaltgestein. Wir erinnern uns, dass der kalzium- und natriumreiche Feldspat Plagioklas genannt wird und Gesteine, die hauptsächlich aus Quarz und Feldspat bestehen, Granite genannt werden. Damit waren die TTGs die Vorläufer der echten Granite, besaßen aber noch eine ganze Reihe schwerer Bestandteile, die abhängig von ihrer detaillierten Zusammensetzung in die Gesteine Tonalit, Trondhjemit und Granodiorit unterschieden werden. Winzige Beimengungen dieser Gesteine waren die Zirkonkristalle. Während die allerersten TTGs die Zeit bis heute nicht überdauert haben, blieben die extrem widerstandsfähigen winzigen Zirkone erhalten.

Die ersten TTG-Kontinentkerne lagen mit Sicherheit zunächst noch unterhalb des Meeresspiegels, da sie weder groß genug waren noch genug Auftrieb hatten, um als Kruste über den Meeresspiegel aufzuschwimmen. Durch den damals viel schnelleren Transport der Erdplatten wurden sie nach vergleichsweise kurzer Zeit noch warm wieder in den Mantel subduziert. Zudem war, wie wir gesehen haben, die Anzahl der Erdplatten größer und ihre Ausdehnung kleiner als heute. Die Wege zur nächstgelegenen Subduktionszone waren also kürzer. Daher konnten sich in der Vielzahl der Subduktionszonen mit der Zeit erhebliche Mengen des dritten Krustentyps aus TTGs herausbilden. Ohne diese Granite gäbe es keine Kontinente und damit kein höheres Leben an Land. Die Erde wäre ein Wasserplanet geblieben. Zudem liefert das notwendige flüssige Wasser zur Bildung von Granit die Antwort darauf, weshalb es Granit und Kontinente nur auf der Erde gibt.

DIE VERGESSENEN WINKEL DER ERDE

Haben Sie schon einmal von Acasta, Isua, Pilbara und Barberton gehört? Hinter diesen exotisch klingenden Namen verbergen sich Landschaften, die die Zeit seit ihrer Bildung im Archaikum unbeschadet überstanden haben. Sie beherbergen die ältesten erhaltenen Gesteine der Erde und sind kreuz und quer über den Planeten verstreut. Wir finden sie in Kanada, Grönland, Australien, Südafrika, Russland und der Antarktis. Die einzigen Gesteine, deren Alter noch ins Hadaikum fällt, sind die Acasta-Gneise in der Slave Province der Northwest Territories von Kanada. Durch Hitze und Druck umgeformt, kristallisierten sie vor mehr als 4031 Millionen Jahren zu TTG-Graniten.

Ich hatte die Gelegenheit, zwei dieser vergessenen Welten zu bereisen. Zum einen die Region von Isua im Südwesten Grönlands, wo ich den oben erwähnten Anorthosit fand, und zum anderen Pilbara im Nordwesten Australiens. Während

Isua am Rand des grönländischen Inlandeises liegt, schmoren die Gesteine von Pilbara in tropischer Hitze. Beide Landschaften könnten nicht verschiedener aussehen, und dennoch verbindet sie ihr ungeheures Alter von 3800 bis 3500 Millionen Jahren. Ich kann es nicht anders ausdrücken, aber an beiden Orten begleitete mich ein archaischer Hauch der Ewigkeit. Ihr Aussehen, verbunden mit dem Wissen um ihren Ursprung, und das unfassbare Alter dieser Gesteine erzeugen eine tiefe Ehrfurcht in mir. Der Aufenthalt dort fühlt sich für mich an wie die am Anfang dieses Kapitels geschilderte Zeitreise.

All diese archaischen Gesteine haben eine Milliarden Jahre lange Reise kreuz und quer über die Oberfläche des Planeten hinter sich. Sie liegen lediglich in der Momentaufnahme, mit der wir Menschen die Erde sehen, an den heutigen Positionen. In ferner Zukunft werden sie infolge der Plattentektonik weitergewandert sein. Als sie entstanden, gehörten sie zu den ersten kleinen Mikrokontinenten der Erde. Die in sie eingeschriebene Geschichte zeugt von der frühen Plattentektonik und der Subduktion ozeanischen Basalts, der beim Aufschmelzen in geringer Tiefe zu TTGs umgewandelt wurde. Einerseits waren diese TTGs bereits leichter als die rein ozeanische Kruste und widersetzten sich der Subduktion. Andererseits waren sie noch nicht leicht genug, um nicht mit in die Subduktionszonen zu geraten. Schrittweise entstanden immer höher differenzierte Magmen, die stufenweise immer leichtere Gesteine mit geringerer Dichte hervorbrachten. Als diese Magmen in die überliegende TTG-Kruste eindrangen, bildeten sich erstmals echte Granite, die der Erdoberfläche fortan erhalten blieben.

Es ist das Prinzip der unterschiedlichen Dichten der Gesteine, das dem Granit einen solchen Auftrieb verleiht. Im Gegensatz zum Peridotit und zum Basalt ist der Granit mit seinen 2,7 Tonnen pro Kubikmeter geradezu ein Leichtgewicht. Daher schwimmt er auf wie ein Eisberg. Dieser Auftrieb lässt die Kontinente im Mittel 700 Meter und in Gebirgen sogar weit über 8000 Meter über den Meeresspiegel herausragen, während die Ozeanböden im Mittel in 3000 Meter Tiefe liegen und stellenweise bis zu 11 000 Meter Wassertiefe erreichen. Es ist ganz ähnlich, als versuchte man, einen großen luftgefüllten Ball unter Wasser zu drücken. Wenn man genug Kraft aufwendet, gelingt es, aber sobald man ihn loslässt, schwimmt er sofort wieder nach oben.

Auf ein Menschenleben bezogen war sogar das Hadaikum eine vergleichsweise ruhige Zeit, denn die Abfolge der katastrophalen und umwälzenden Ereignisse dauerte insgesamt unfassbare 700 Millionen Jahre. Erst wenn wir diese für uns kaum erfassbare Zahl ausschreiben, können wir ungefähr erahnen, warum es eine ruhige Zeit war. Wie hoch wäre die Wahrscheinlichkeit gewesen, innerhalb einer Zeitspanne von 700 000 000 Jahren eines dieser dramatischen Ereignisse dieser Epoche zu erleben? Wir müssen uns immer wieder vergegenwärtigen, dass wir bei unserer Reise durch das Erdsystem im Zeitraffer durch die Erdgeschichte rasen. Es ist ganz so, als würden wir einen spannenden zweistündigen Film mit verstrickter Handlung im Bildschnelldurchlauf zu sehen bekommen. Alle Dialoge und Details gehen dabei verloren. Am Ende hätten wir eine Menge Action aufblitzen sehen und würden uns fragen, wie das wohl alles zustande kam. Genau aus diesem Grund entdecken wir meist nur die wenigen dramatischen Ereignisse der Erdgeschichte. Es liegt daran, dass sie die Entwicklung des Planeten maßgeblich beeinflusst und deshalb Spuren im System hinterlassen haben. Diese Spuren finden wir entweder auf direktem Wege in den Gesteinen oder wir erschließen sie uns indirekt durch ihre Auswirkungen. Zweifellos war das Hadaikum eine Zeit tiefgreifender Ereignisse und ganz bestimmt sehr viel unruhiger als heute. Dennoch hätten wir, abgesehen von zu heißen Füßen und dem Fehlen von Nahrung und Luftsauerstoff, die meiste Zeit darin in Ruhe verbringen können.

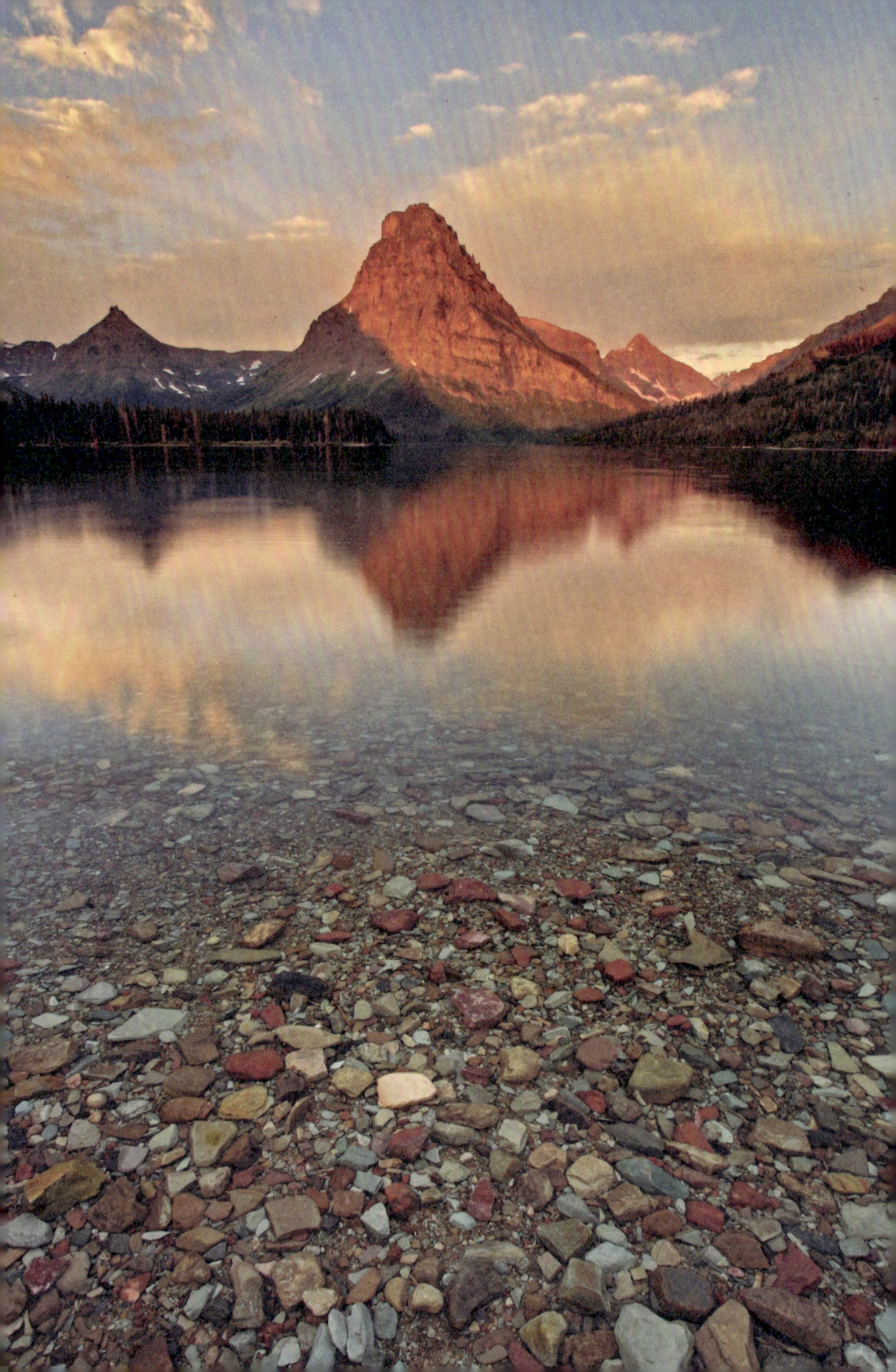

KAPITEL 4
ZERBRECHENDE KONTINENTE

>>

*Ein Kontinent ist leichter als das, worauf er schwimmt.
Er kann also nicht untergehen.*

Alfred Wegener

KAPITEL 4 | ZERBRECHENDE KONTINENTE

Urzeitliche Küstenlinien. Ein malerischer Sonnenaufgang am Two Medicine Lake mit dem Sinopah Mountain im Waterton-Glacier-Nationalpark in Montana. Der See der zwei Medizinen erhielt seinen Namen von den Blackfeet Native Americans. Die bunten Gesteinstrümmer im See erzählen von der Geschichte, als hier vor 750 Millionen Jahren der Kontinent zerbrach.

Seit dem ausgehenden Hadaikum gestaltet die Plattentektonik das Angesicht der Erde. Sie ist gleichermaßen Schöpferin wie Zerstörerin der Landschaften, und dieser pausenlose, tiefgreifende Wandel geschieht aus Sicht eines Menschenlebens in einer solchen Langsamkeit, dass wir den Eindruck haben, in einer unveränderlichen Welt zu leben. Mit der Geschwindigkeit, in der unsere Fingernägel wachsen, verschieben sich die tektonischen Platten samt ihren Kontinenten und Ozeanen kreuz und quer über die Oberfläche des Planeten. Auch die Immobilien, in denen wir leben, driften jedes Jahr um etwa 3 Zentimeter mit dieser Bewegung mit und sind damit, geologisch gesehen, gar nicht mehr so immobil. Hätten wir vor 650 Millionen Jahren auf dem Grund und Boden Deutschlands ein Haus gebaut, hätte es inmitten von Vulkanen unweit des Südpols gestanden. Lediglich Vulkanausbrüche und Erdbeben erinnern uns gelegentlich daran, dass wir auf einem dynamischen Planeten leben. Die meisten Erdplatten dieses sich ständig verändernden Mosaiks besitzen sowohl kontinentale als auch ozeanische Anteile. Auf ihrem Weg über die Oberfläche der Erde treffen und trennen sie sich in einem pulsierenden Rhythmus, wobei ganze Ozeane entstehen und vergehen. Den Atlantischen Ozean gab es vor 185 Millionen Jahren nicht, und wir hätten nicht nur trockenen Fußes von Europa nach Amerika gehen können, sondern dieser Weg hätte uns nur einen einzigen Schritt gekostet. Die Plattentektonik erlaubt es den schweren Ozeanböden nicht, alt zu werden. Die Kontinente dagegen sind uralt und quasi unvergänglich. Ihre Landschaften verändern sich allerdings ebenfalls ruhelos. Es ist eine seit ewigen Zeiten andauernde, vierteilige geologische Geschichte eines gleichzeitig konstruktiven und destruktiven Kreislaufs. Dieser sogenannte

Wilson-Zyklus führt uns vor Augen, wie aktiv unser Planet in Wirklichkeit ist, und er beginnt damit, dass ganze Kontinente zerbrechen.

WIE SICH NORDAMERIKA VON DER ANTARKTIS TRENNTE

Bei Neumond erreiche ich das Ufer des Two Medicine Lake. Es ist stockfinster, windstill und empfindlich kalt. Über mir funkelt die Milchstraße in all ihrer Pracht. Pechschwarz erhebt sich die majestätische Silhouette des über 2500 Meter hohen Sinopah Mountain in den Nachthimmel. Nach sternklaren Stunden der Arbeit an der Sternnachführung ist ein neues Foto entstanden und die Dämmerung setzt ein. Ich beobachte, wie sich die Landschaft langsam aus dem Dunkel der Nacht befreit und langsam Farbe annimmt. Andächtig stehe ich am Seeufer, zusammen mit einer Gruppe grasender Wapitihirsche, und kann meine Augen nicht von der bunten Vielfalt der Gesteinstrümmer wenden. Der Sonnenaufgang gestaltet sich farblos, weil eine Wolkenbank am Nordosthorizont die Sonne verdeckt. Doch in dem Moment, als die Sonne über dem Horizont erscheint, bricht sich ein einzelner roter Lichtstrahl seinen Weg durch die Atmosphäre und breitet sich über den Himmel aus. Am anderen Ende des Horizonts angekommen übergießt er den bereits von Natur aus roten Sinopah Mountain mit glühendem Licht. Wenige Sekunden währt dieses Lichtspektakel, dann schieben sich erneut Wolken vor die Sonne. Oft schaffen die flüchtigsten Lichtmomente die bezauberndsten Stimmungen.

    Wie viele Jahre hatte ich darauf hingefiebert, einmal an diesem Ort stehen zu können. Ich habe ein Kribbeln im Bauch, denn genau hier im Waterton-Glacier-Nationalpark im nördlichen Montana, direkt an der Grenze zwischen Kanada und den USA und inmitten der Rocky Mountains gelegen, öffnet sich ein Fenster in die tiefe Vergangenheit der Erde und lässt mich Zeuge einer wahrhaft urgewaltigen Geschichte werden. Es ist 750 Millionen Jahre her, als hier der Urkontinent Rodinia zerbrach, dabei komplett auseinanderriss und sich inmitten des immer größer werdenden Spalts ein neuer Ozean bildete. Der Riss ging von Norden nach Süden durch den riesigen Kontinent. Nach der Spaltung wurde aus dem Fragment, auf dem ich stehe, der nordamerikanische Kontinent namens Laurentia. Doch was geschah mit dem anderen Fragment? Wohin ist es gedriftet und weshalb stehe ich nicht am Strand des Ozeans, der sich hier auftat?

Die Landmasse, die auf der anderen Seite dieses Bruchsystems davondriftete, ist wie alle Kontinente auch heute noch vorhanden, denn sie existieren ewig. Es ist die Antarktis mit Australien. Diese beiden Kontinente teilen von jeher eine enge Beziehung miteinander. Es ist die große Ausnahme in der Erdgeschichte, dass sie heute voneinander getrennt sind. Vor 750 Millionen Jahren hätte ich hier also mit einem Fuß in Amerika und mit dem anderen in der Antarktis und Australien stehen können. Heute müsste ich, um diese Distanz zu überbrücken, entweder 14 000 Kilometer quer durch den gesamten Pazifischen Ozean schwimmen oder eine Flugreise von mehr als 17 Stunden auf mich nehmen.

Paradoxerweise liegt der Two Medicine Lake heute inmitten des nordamerikanischen Kontinents und dazu noch im Hochgebirge der Rocky Mountains. Den Rocky Mountains nach Westen vorgelagert liegt die kontinentale Kruste von Alaska, British Columbia, Washington, Oregon und Kalifornien. Erst dort liegt die Küste des Pazifischen Ozeans. Es war aber gar nicht der Pazifik, der sich hier vor 750 Millionen Jahren auftat, sondern ein Ozean mit dem klingenden Namen Panthalassa, der bereits vor über 550 Millionen Jahren wieder im Inneren der Erde verschwand. Erst danach kam es zur Bildung des heutigen Pazifiks, und alle westlichen Staaten Nordamerikas gehören dem Ursprung nach gar nicht zu Amerika, sondern wurden aus dem Pazifikraum Stück für Stück an den Kontinent angelagert. Um all das zu verstehen, gehen wir Schritt für Schritt durch den Wilson-Zyklus.

Damit der Superkontinent Rodinia überhaupt zerbrechen konnte, mussten entsprechend ältere Gesteine vorhanden sein. Tatsächlich reicht die geologische Geschichte der bunten Sedimente am Two Medicine Lake 1500 Millionen Jahre zurück. Unter ihnen liegen sogar noch ältere Granite, die den

Kontinent aufbauen und über 2500 Millionen Jahre alt sind. Zur Zeit der Bildung der Sedimente hätte ich an diesem Ort im archaischen Rodinia in einer flachen, kargen und vegetationslosen Landschaft gestanden, in der sich Richtung Norden ein ausgedehntes Flachmeer ausbreitete, das große Teile des Kontinents bedeckte. Diese Landschaft war höchstens von seichten Erhebungen geprägt. Ich hätte hier zudem am Ufer eines großen Flusses gestanden, der seine schlammig-braunroten Wasser in das angrenzende Flachmeer ergoss. Die Wellen dieses Meeres formten den Schlamm zu rippelförmigen Strukturen, wie wir es von heutigen Sandstränden kennen. Der Schlamm trocknete bei Ebbe periodisch aus, in den höheren Arealen dieser Landschaft auch für längere Zeit, und es entstanden dann die typischen Trocknungsrisse. Nach Leben Ausschau haltend hätte ich seltsam aussehende, knubbelige Gesteinshöcker im flachen Wasser des Meeresarmes entdeckt. Von einem wolkenverhangenen Himmel begann es zu regnen und große Regentropfen fielen bei Ebbe auf den nassen Schlamm und hinterließen dort ihre kleinen Einschlagsdellen. Als der Regen immer stärker wurde und der Fluss deutlich anschwoll, begrub seine braunrote Sedimentlast die kleinen Krater der Regentropfen und die Rippelmarken der Wellen im Schlamm unter sich. Am nächsten Tag schien die Sonne von einem wolkenlosen Himmel herab, und die nächste Flut formte den frisch eingetragenen Schlamm wieder zu Wellenrippeln.

Aus dem Schlamm und feinen Sand wurde, unter dem enormen Auflastdruck der Vielzahl dieser abgelagerten Schichten und der bei deren Versenkung ansteigenden Temperatur, ein Sedimentgestein namens Argillit. Die verschiedenfarbigen Argillite sind unreife Schiefer und weisen nicht die typischen tafelförmigen Bruchflächen des klassischen Schiefers auf. Vielmehr bilden sie ein blockig massives Gestein, das nur an den einzelnen Lagen des ehemaligen Schlamms bricht. Ihre bunten Farben gehen zurück auf unterschiedliche Eisengehalte und deren unterschiedlichen Kontakt mit Sauerstoff. Argillite, die unter Abschluss von Sauerstoff nicht verrosteten, wurden zu grünen Gesteinen. Sobald das Eisen mit Sauerstoff in Kontakt kam, verrostete es in die verschiedenen Ausprägungen der Eisenoxide; roter Argillit enthält das Eisenoxid Hämatit und gelber Argillit weist das Eisenoxid Goethit auf.

Diese urzeitliche Momentaufnahme liegt in Waterton-Glacier zu meinen Füßen. Nachdem ich etliche Steine aufgehoben habe, entdecke ich auf einem von ihnen kleine Dellen. Sie sind die Einschlagskrater des Regens im damaligen Schlamm. Ich halte den fossilen Abdruck von Regentropfen in der Hand, die hier vor 1500 Millionen Jahren vom Himmel fielen. Dass es hier geschah, ist richtig und falsch zugleich, denn der Kontinent lag an einer ganz anderen geografischen Position als heute. Andere Steine sind auffällig wellenförmig verbogen. Sie sind die fossilen Überbleibsel der Rippelmarken des ehemaligen Flachmeeres. Zudem finde ich Steine, die rissartige Strukturen zeigen, die von leicht andersfarbigem Gestein gefüllt sind. Das sind die erhaltenen Risse im ausgetrockneten Schlamm. Zuletzt finde ich nach einigem Suchen auch einen dieser auffällig knubbeligen, laminierten Steine aus der Zeit, als Mikroben die einzigen Bewohner des Planeten waren.

Diese auffälligen Steine sind Stromatolithe und sie waren ehemals lebendig. Ein solcher geschichteter Stein, denn nichts anderes bedeutet ihr Name, besteht aus dünnen Wechsellagen von Cyanobakterien und Sediment, das die Bakterien mit einer schleimigen Substanz einfingen. Sie bildeten die ersten Riffe auf der jungen Erde und damit die ersten sichtbaren Fossilien. Das Besondere an Stromatolithen ist, dass sie nicht nur die ältesten koloniebildenden Organismen der Erde und damit unsere Urahnen sind, sondern dass es sie sogar heute noch quicklebendig gibt. Damit sind sie die erfolgreichste Lebensform des Planeten. Wir werden sowohl den fossilen als auch den heute noch lebendigen Stromatolithen wiederbegegnen.

Dass die grünen, gelben und roten Gesteinsschichten zu diesem wirren Trümmerfeld wurden, hat zwei Gründe, einen recht jungen und einen uralten. Der jüngere Grund hängt zusammen mit den heute sich von Kanada bis tief in die USA erstreckenden Rocky Mountains. Erst vor 80 Millionen Jahren, zur Blütezeit der Dinosaurier, wurde die Gebirgskette, bestehend aus uralten Sedimentpaketen, herausgehoben. Es waren die Eiszeiten, die durch die schürfende und hobelnde Wirkung der Gletscher die beeindruckenden Berggipfel wie den Sinopah Mountain aus dem Gesteinspaket herausmodellierten. Ebenfalls die Gletscher kehlten die Gesteinsvertiefungen aus, in denen heute die zahlreichen Seen dieser Landschaft liegen, und sie transportierten auch dieses Trümmerfeld der bunten Gesteine in ihre heutige Position.

Der ältere Grund ist das Zerbrechen des Kontinents. Die tektonischen Spannungen, die dazu geführt hatten, begannen schon sehr viel früher und sind auch der Grund, weshalb der mehr als 9 Kilometer dicke Sedimentstapel von Waterton-Glacier einer der mächtigsten der Welt ist. Dieser Stapel aus Schlamm und Sand entstand, als sich vor etwa 1500 Millionen Jahren der erste Bruch in der Tiefe der Erdkruste ausbildete und in einem mehrmals unterbrochenen Prozess damit endete, dass vor 750 Millionen Jahren ein neues Ozeanbecken in diesem sich weitenden Riss entstand.

Am Anfang dieser Entwicklung stand ein pilzförmiges Gebilde aus heißem zähplastischem Gestein mit der Konsistenz von Zahnpasta, das mit wenigen Zentimetern pro Jahr aus der Tiefe des Planeten aufstieg. Es erzeugte einen enormen Druck auf die überliegende kontinentale Platte. Der dadurch verursachte anhaltende Wärmestau am Unterrand des Kontinents konnte nicht entweichen und hob daher den Kontinent in der Region des größten Drucks domartig an. Diese Gebilde, deren Ursprung wir uns noch anschauen, heißen Manteldiapir oder Mantelplume.

Lassen Sie uns an dieser Stelle für einen Moment von Rodinia und den Rocky Mountains weggehen und im nächsten Unterkapitel wieder dorthin zurückkehren. Es wird also Druck auf die darüberliegende kontinentale Platte ausgeübt. Das kalte und starre Gestein der Kontinente ist aber alles andere als flexibel, deshalb reagiert es bis in etwa 15 Kilometer Tiefe auf diesen Druck mit Brüchen. Die angestaute Spannung, die sich in diesen Brüchen schlagartig abbaut, erzeugt Erdbeben. Je größer der ruckhafte Versatz des Gesteins ausfällt, desto heftiger ist das Erdbeben. Das in Tiefen unterhalb von 15 Kilometern kaum noch kontinentale Erdbeben auftreten, liegt daran, dass sich das Gestein in dieser Tiefe bereits auf mehr als 500 °C erwärmt hat und der Granit auf den Druck nicht mehr mit Brüchen reagiert, sondern mit zähplastischem, sogenanntem duktilem, das heißt sich verformendem Fließen. In jedem dieser Brüche kann der Manteldiapir etwas weiter Richtung Erdoberfläche vordringen. Gleichzeitig gerät der mehr als 1300 °C heiße Diapir, je näher er der Erdoberfläche kommt, in eine Region mit immer geringerem Auflastdruck, wodurch sich das zuvor unter Druck stehende Gestein zu Magma verflüssigen kann. Das Magma kann nun noch effektiver in die sich ausweitenden Risse des Kontinents vordringen. Allerdings hat dies erhebliche Auswirkungen auf seine chemische Zusammensetzung. In der sich bildenden Magmakammer kommt es zu der uns bereits bekannten Differenziation des Magmas, wodurch sich im Dach der Magmakammer aus dem Peridotit der Basalt bildet. Dieser Basalt steigt nun in die Risse des starren Kontinents aus Granit auf. Folglich schmilzt das Basaltmagma die Kontaktflächen zum umgebenden Granit auf und kühlt sich dadurch ab. Dabei gelangen erhebliche Mengen an Quarz und Feldspat aus dem Granit in die Schmelze, wodurch der Siliziumgehalt deutlich zunimmt. Aus dem etwa 1300 °C heißen Basalt mit Quarzgehalten unterhalb von 52 Prozent entsteht stufenweise ein kühleres Magma von zunächst etwa 800 °C, das die Zusammensetzung von Diorit und Granodiorit hat. Bei weiterem Aufstieg wird daraus schließlich eine 650 °C kühle Schmelze mit Quarzgehalten von mehr als 65 Prozent. Dieses Granitmagma ist jetzt bereits in oberflächennahe Gesteinsschichten vorgedrungen. Durch seine niedrige Temperatur und seinen hohen Quarzgehalt ist es zähflüssig geworden und neigt dazu, die Risse nahe der Oberfläche effektiv zu verstopfen. Ab diesem Moment ist es nur noch eine Frage der Zeit, bis sich an der Oberfläche gewalttätige Ereignisse anbahnen. Mit dem Verstopfen der Förderkanäle entsteht nämlich unter der Oberfläche ein enormer Druck auf das Gestein, der durch das nachströmende Magma verursacht wird. Zudem entgast das Magma Nahe der Oberfläche stark und dieser zusätzliche Druck kann ebenfalls nicht entweichen. Ganz ähnlich einer ausgiebig geschüttelten Sektflasche lockert der steigende Druck den Korken immer weiter. Unweigerlich kommt es zur Explosion, bei der der Gasdruck schlagartig in die Atmosphäre entweicht und das Magma in einer hohen Eruptionssäule mitreißt. Hochexplosiver Vulkanismus steht daher immer mit magmatischen Prozessen in Verbindung, die auf ihrem Weg an die Oberfläche eine mächtige kontinentale Kruste durchdringen müssen. Gesteigert wird das nur noch durch den schlagartigen Kontakt des Magmas mit Wasser.

Wie die entstehenden Gesteine aussehen und welche Namen wir ihnen gegeben haben, darüber entscheidet nicht nur die chemische Zusammensetzung des Magmas. Mindestens genauso wichtig ist, ob das Gestein als Magma im Erdinneren über sehr lange Zeiträume hinweg erkaltete oder ob es als Lava an der Oberfläche ausbrach und dadurch schnell abkühlte. Im ersten Fall entstehen magmatische Tiefengesteine und im letzteren vulkanische Oberflächengesteine. Wenn eine Magmakammer im Erdinneren zu Gestein erstarrt, haben die Kristalle sehr viel Zeit zu wachsen, das Ergebnis sind grobkörnige Gesteine. Mit zunehmendem Quarzgehalt des Magmas entstehen Gabbros, Diorite, Granodiorite und schließlich Granit. Bricht sich das Magma in der Magmakammer allerdings den Weg zur Oberfläche frei, so hat die Lava im Kontakt mit der kalten Umgebung nur wenig und teilweise gar keine Zeit, um ein erkennbares Mineralwachstum auszubilden, und erstarrt daher in ein sehr feinkörniges Gefüge. Daraus folgt, dass jedes grobkörnige, magmatische Tiefengestein ein feinkörniges, vulkanisches Oberflächenpendant hat. Diese Gesteinspärchen sind Gabbro und Basalt, Diorit und Andesit, Granodiorit und Dazit sowie Granit und Rhyolith. Alle diese Gesteine haben ihren Ursprung im Peridotit des Erdmantels.

Bei explosiven Vulkanausbrüchen werden das umliegende Gestein sowie die Lava selbst buchstäblich pulverisiert und es regnen Tuffe, Bimsstein und Aschen zur Erde nieder. Erkaltet Rhyolithlava dagegen schlagartig durch den Kontakt mit Wasser oder Eis, so entsteht ein vulkanisches Glas, das Obsidian genannt wird. Es bricht in extrem scharfkantige Scherben, was sich die urzeitlichen Jäger zunutze machten, um Speerspitzen und Messer herzustellen. Wie richtiges Glas ist es durchsichtig, wenn es sehr dünn ist, als massiges Gestein erscheint es dagegen schwarz. Quellen Rhyolith und Andesit als zähe Lavamasse aus, bilden sie sehr farbenfrohe Gesteine, die groß gewachsene, bereits in der Magmakammer entstandene Kristalle enthalten können. Vulkanite mit solch klar abgesetzten Kristallen in einer strukturlosen Grundmasse nennt man Porphyre. Sie gehören zu den schönsten Gesteinen, die recht häufig an den Ostseestränden zu finden sind. Sie stammen aus dem skandinavischen Grundgebirge und erzählen die Geschichte ihres Aufstiegs durch die kontinentale Kruste. Größere Lavafladen, die in die Luft geschleudert werden, erkalten im Flug und nehmen dabei kugelige Rotationsformen an. Beim Aufschlag auf die Erde platzt die erkaltete Kruste dieser Lavabomben gelegentlich auf, wodurch sich ihr noch glutflüssiges Innere ausdehnt und markante Rissstrukturen entstehen lässt, die wie aufgebrochene Brotkrusten aussehen. Diese eher basaltisch zusammengesetzten Laven können auch als Lavastrom austreten. Beim Erkalten entsteht ebenfalls strukturloser Basalt, der aber durch Schrumpfung in sechseckige Basaltsäulen zerbricht. Besonders schöne Exemplare davon gibt es am Giants Causeway in Irland, aber auch in der Vulkaneifel.

Mit dem Beginn des explosiven Vulkanismus wird der Kontinent entlang der domartigen Aufwölbung zerlöchert wie ein Schweizer Käse. Die Verbindungslinie dieser Vulkane wird mit der Zeit zu einem sich öffnenden Riss in der Erdkruste. In der Topografie der Landschaft entsteht ein Grabenbruch, der auch als Rift bezeichnet wird. Dass die Aufwölbung zum Graben einbricht, ist kein Widerspruch, da der Diapir die Landschaft nach oben drückt und dabei in ungewöhnlich hohe Lagen der kontinentalen Kruste vordringt. An der Basis des Kontinents beginnt das zähplastisch erhitzte Gestein seitlich in kühlere, abwärtsgeneigte Regionen abzufließen. Das kann man sich mit Vorgängen in einem Gletscher verbildlichen, in dem das an sich unbewegliche Eis aufgrund der Wirkung von Druck und Schwerkraft talwärts zu fließen beginnt. Das starre Gestein der Oberfläche bricht als Reaktion auf diesen Massenverlust in der Tiefe ein und die explosiven Vulkane nutzen diese offen stehenden Risse. Diese Dehnung der Erdkruste unter der großflächigen Aufwölbung verursacht eine starke Ausdünnung der Kruste. Auf engem Raum kommt es zu erheblichen Höhendifferenzen im Gelände, die mehr als 2000 Meter betragen können. Im Zentrum der Dehnungszone bildet sich der Grabenbruch. Auch diese Struktur ist einer aufgeplatzten Brotkruste nicht unähnlich, die ebenfalls zu einer Graben-Berg-Struktur aufbricht. Da der sich vertiefende Graben aber fortlaufend mit Sedimenten von den Seiten aufgefüllt wird, ist der beobachtete vertikale Versatz zum Berg, in der Geologie Horst genannt, meist deutlich schwächer ausgeprägt.

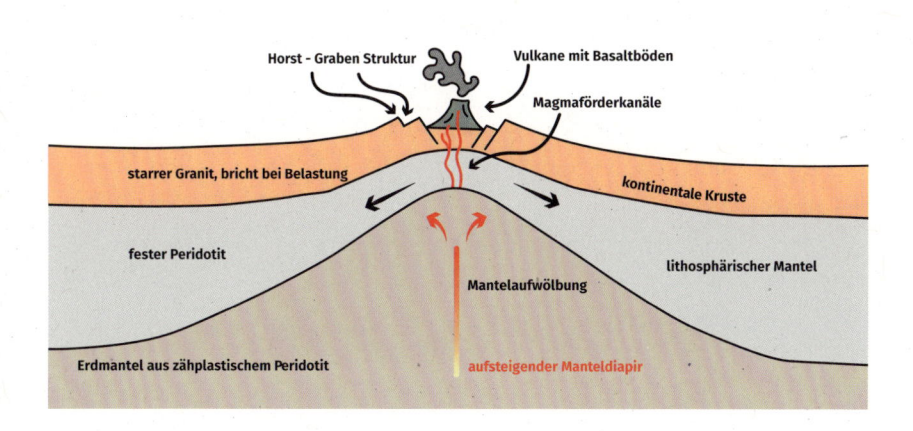

Abb. 3 Ein aufsteigender Manteldiapir zerbricht einen Kontinent (orange) in ein Grabenbruchsystem. Seitliches Abfließen des Peridotits durch das Erhitzen der Mantelaufwölbung dünnt die kontinentale Kruste zunehmend aus. Sie bricht so lange in eine Horst-Graben-Struktur ein, bis der Basalt (grün) die Oberfläche erreicht und den Granit flutet. Der seitliche Transport lässt den Kontinent schließlich zerreißen, wodurch ein neues Ozeanbecken entsteht, in das schließlich ein angrenzender Ozean eindringen kann.

Je weniger Widerstand das nachströmende Magma beim Entweichen an die Oberfläche erfährt, desto weniger gewalttätig werden die Eruptionen, da in den etablierten Fördergängen immer weniger wegversperrender kontinentaler Granit mit aufgeschmolzen wird. Mit sinkendem Quarzgehalt des Magmas wird der Vulkanismus immer ruhiger und effusiver. Sobald die kontinentale Kruste im Grabenbruch komplett durchreißt, gelangen die Basalte als Lavaströme an die Oberfläche und fluten den Grabenbruch.

WENN DER OZEANBODENMOTOR STOTTERT

Wenn der Superkontinent Rodinia vor 1500 Millionen Jahren auf diese Weise zerbrochen wäre und die beiden Kontinenthälften davongedriftet wären, sähen die heutigen Rocky Mountains gänzlich anders aus und es gäbe keine bunten Gesteinstrümmer am Two Medicine Lake. Stattdessen geschah damals das, was Geologen als »failed rift« bezeichnen. Das bedeutet, dass die Riftbewegung des Grabenbruchs mehrmals anlief und wieder zum Stillstand kam. Dadurch kam es zu einem immer tieferen Grabenbruch, ohne dass sich die zerrissenen Kontinente bedeutend voneinander entfernten. Was aber passiert, wenn in einem flachen Land ein immer tieferer Graben entsteht? Die vorhandenen Flüsse laden pausenlos ihre Sedimentfracht in ihm ab, und das so lange, bis der Graben verfüllt ist. Da nun diese Riftbewegung immer wieder anlief, vertiefte sich der Grabenbruch immer wieder, wodurch die Flüsse immer mehr Material in ihm ablagerten. Auf diese Weise entstanden in der Region von Waterton-Glacier mehr als 9 Kilometer mächtige Sedimentschichten. Am Ende dieser ganze Ewigkeiten dauernden Entwicklung sank der Grabenbruch allein durch sein Eigengewicht noch tiefer ab. Vor 750 Millionen Jahren reaktivierte sich das Failed Rift endgültig und gab den Weg frei für eine Kruste aus reiner Basaltlava. Mit der Zeit senkte sich der Boden so weit ab, dass der angrenzende Ozean von Norden her in das Becken eindringen konnte.

Nicht jeder kontinentale Grabenbruch bildet zwangsläufig einen neuen Ozean aus. Ob das passiert, hängt von der Verteilung und Andauer der Manteldiapire, aber auch von der Konstellation und Kräfteverteilung der tektonischen Platten untereinander ab. Vor etwa 1100 Millionen Jahren gab es ein weiteres Riftsystem im heutigen nordamerikanischen Kontinent, das sich im Bereich der Großen Seen vom Lake Superior bis nach Kansas hinein erstreckte. Dieses Failed Rift kam nach etwa 40 Millionen Jahren endgültig zum Erliegen, aber die Narbe im Untergrund des Kontinents blieb bis zum heutigen Tag erhalten. Sie ist eine Schwächezone, die jederzeit reaktiviert werden könnte, sobald die Bedingungen dafür gegeben sind.

KAPITEL 4 | ZERBRECHENDE KONTINENTE

Ein weiterer Failed-Rift-Grabenbruch liegt direkt vor unserer Haustür und ist erheblich jünger. Vor nur 45 Millionen Jahren, als die Urpferdchen Deutschland bewohnten, zerbrach Mitteleuropa und hinterließ den bis heute aktiven Rheingraben. Dieser Grabenbruch erstreckt sich sogar weit darüber hinaus, denn er beginnt bei Marseille – dort, wo die Rhône ins Mittelmeer fließt –, durchquert die Schweiz entlang der Rhône und geht bei Basel in den Rheingraben über, der bis Frankfurt reicht. Dort knickt er nach Nordwesten um, verläuft an der Vulkaneifel vorbei und mündet in den Niederlanden in die Nordsee. Er findet sogar eine Fortsetzung im Oslograben in Norwegen. Da der Rheingraben 3 Kilometer tief mit Sedimenten verfüllt ist, erscheint er uns als nicht sonderlich eindrucksvoll. Stellen Sie sich aber einmal vor, welch ein beeindruckender Canyon sich auftäte, wenn diese Sedimentfüllung nicht vorhanden wäre. In seiner aktiven Riftphase drangen sogar das Mittelmeer von Süden und die Nordsee von Norden her in den Graben ein und beide hinterließen dort mächtige Salzablagerungen. Die Spuren der vulkanischen Aktivität sind allgegenwärtig, denn sowohl der Kaiserstuhl bei Freiburg im Breisgau als auch der Vogelsberg bei Fulda sind erloschene Vulkane, die noch vor 15 Millionen Jahren infolge des Grabenbruchs aktiv waren. Auch die vielen Thermalquellen entlang des Rheingrabens sowie gelegentliche Erdbeben gehen auf den weiterhin hohen Wärmefluss und die tektonische Aktivität dieser Region zurück. Sogar eine Reaktivierung dieses Failed Rifts kann nicht ausgeschlossen werden.

Wir können sogar heute dem Zerreißen eines Kontinents zusehen. Im Ostafrikanischen Grabenbruch, einem Teil des Großen Afrikanischen Grabenbruchsystems, zersplittert nämlich Afrika auf einer Länge von 6000 Kilometern. Begonnen hat diese Riftbewegung erst vor etwa 20 Millionen Jahren. Die domartigen Aufwölbungen der Manteldiapire, die unter Afrika und der bereits abgetrennten Arabischen Platte liegen, erzeugen Hochländer, deren Höhenunterschiede zum Grabenbruch bedeutend sind. Der 5895 Meter hohe Kilimandscharo in Tansania und der 5199 Meter hohe Mount Kenya sind Vulkane auf der Ostseite des Grabenbruchs und bilden die höchsten Erhebungen Afrikas. Dagegen finden sich im südwestlich gelegenen Zentralafrikanischen

Grabenbruch die tiefsten Regionen des Kontinents. In diesem Graben liegt auch der Tanganjikasee, der mit 650 Kilometer Länge und 1500 Meter Tiefe alle Rekorde bricht. Der See befindet sich eingeschnürt zwischen Bergketten, die bis zu 2000 Meter Höhe erreichen, und ist exemplarisch für die komplexe Struktur zerbrechender Kontinente. Der Boden des Tanganjikasees liegt 700 Meter unter dem Meeresspiegel. Da allerdings die Spreizungsraten im Afrikanischen Grabensystem weniger als einen Millimeter pro Jahr betragen, wird es noch sehr lange dauern, bis der Indische Ozean auch hier Zugang findet.

Im wahrsten Sinne des Wortes dreifach bedeutend beim Afrikanischen Grabenbruch ist der sogenannte Tripelpunkt des vulkanisch aktiven Afardreiecks. Diese Tiefebene im Gebiet von Dschibuti, Äthiopien, Eritrea und Somalia grenzt an das Rote Meer und den Golf von Aden an. Unter dieser Region liegt ein aktiver Manteldiapir, der die kontinentale Kruste extrem ausgedünnt hat. Von diesem Tripelpunkt aus zerteilt sich der Kontinent in drei Richtungen. Der Ostafrikanische Grabenbruch zerbricht den afrikanischen Kontinent, wie eben gesehen, in Richtung Süden. Das aktive Rift des Roten Meeres teilt nach Norden verlaufend Afrika von der Arabischen Platte ab, und die Spreizungsachse des Indischen Ozeans tut dies aus Südost kommend im Golf von Aden. Im Afardreieck treffen sich diese Spreizungsbewegungen. Dort befindet sich ozeanische Basaltkruste auf dem Festland, eingeschaltet zwischen die zerbrechende, kontinentale Kruste. Damit repräsentiert die Region von Afar das letzte Stadium des kontinentalen Zerbrechens, kurz bevor das sich immer weiter absenkende Gelände vom angrenzenden Ozean geflutet wird. Dies zeigt sich auch in der kontinentalen Krustendicke, die im Hochland Afrikas zwischen 30 und 40 Kilometer beträgt und in der Afarsenke auf weniger als 16 Kilometer ausdünnt.

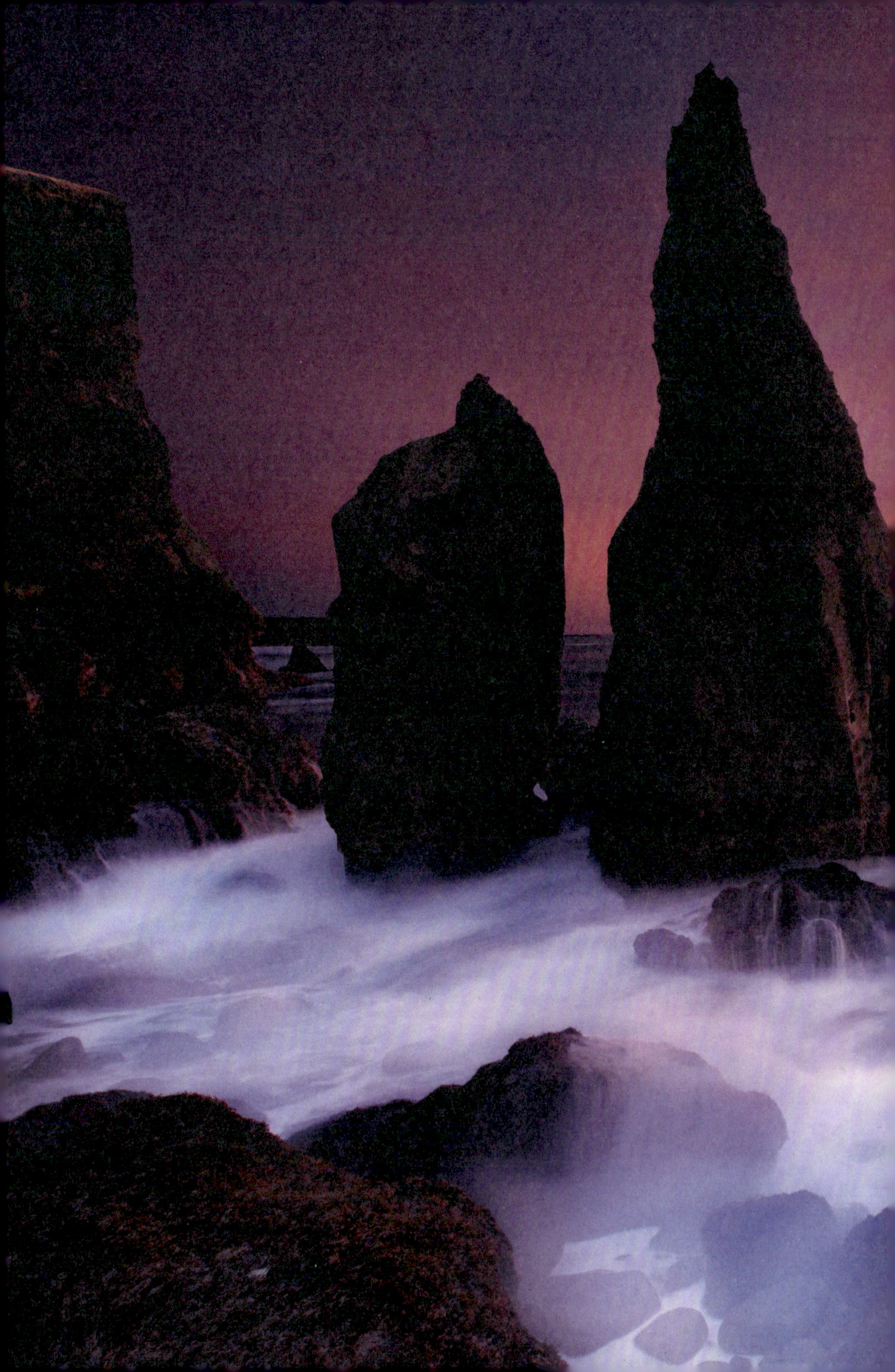

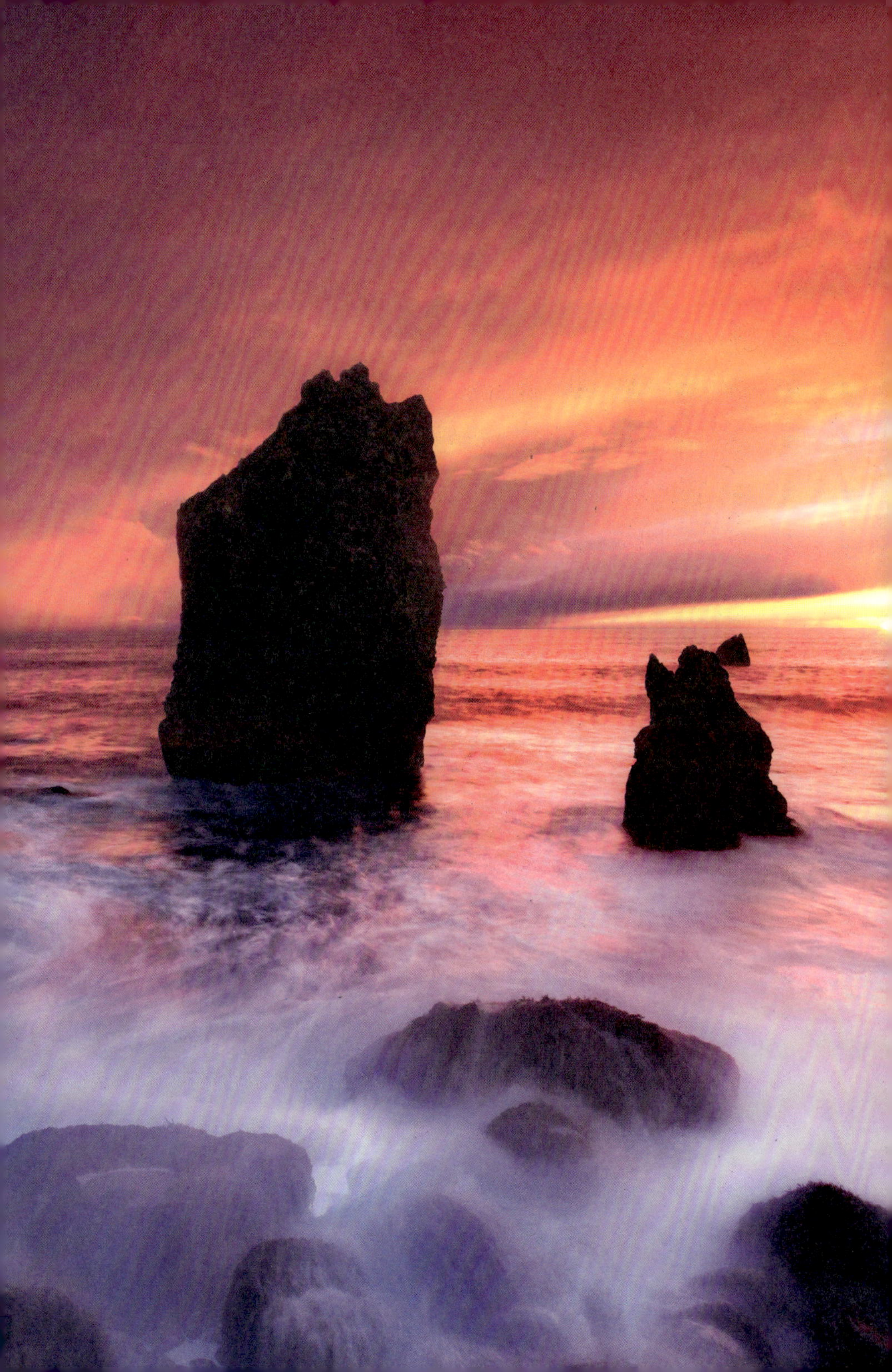

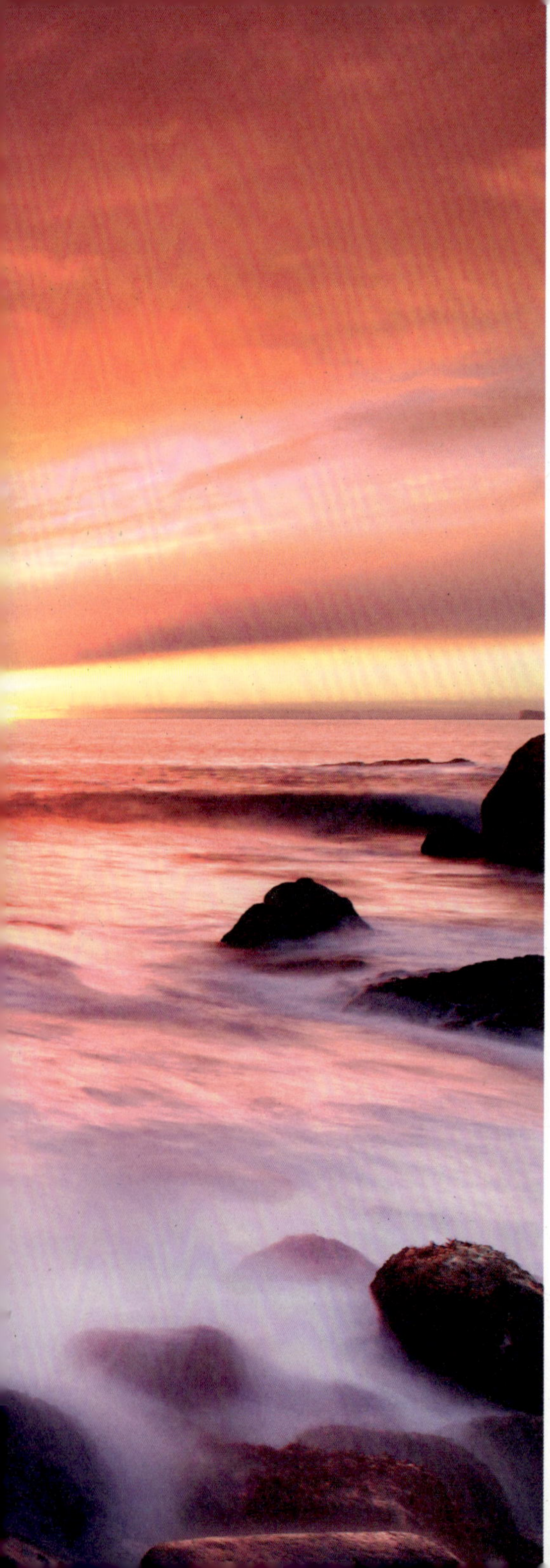

KAPITEL 5
WELTUMSPANNENDE OZEANE

>>

*Man entdeckt keine neuen Erdteile, ohne den Mut zu haben,
alte Küsten aus den Augen zu verlieren.*

André Gide

Feurige Genese. Auf der Reykjaneshalbinsel Islands kommt der Mittelatlantische Rücken an Land und offenbart seine feurige Entstehung im Licht des Sonnenuntergangs. Die linke Hälfte des Bildes gehört zur Europäischen Erdplatte und die rechte zur Amerikanischen. Diese vulkanische Naht zieht sich auf 60 000 Kilometer Länge durch alle Ozeanbecken.

Wir sind jetzt im zweiten Stadium des vierteiligen Wilson-Zyklus angekommen. Es ist die Zeit, in der sich neue Ozeanbecken öffnen und zu weltumspannenden Ozeanen ausweiten, die die Kontinente weit voneinander trennen. Wie diese Ozeanbecken entstehen und wie die bewegte Geschichte ihrer Bildung abläuft, beleuchten wir in diesem Kapitel.

Betrachtet man die Ozeanbecken, etwa das relativ junge Rote Meer, aber auch den älteren Atlantischen Ozean, fällt sofort auf, dass sie lang gestreckte, linienhafte Gebilde sind. Wie ist es möglich, dass die regional begrenzten, pilzförmigen Aufwölbungen der Manteldiapire beim Zerbrechen eines Kontinents Ozeanbecken mit mehreren Tausend Kilometer Länge erzeugen? Diese Frage ist eng verknüpft mit der, weshalb manche kontinentalen Brüche zu Failed Rifts werden, in denen die anfängliche Auseinanderbewegung zum Erliegen kam, und sich dort kein neues Ozeanbecken öffnete. Die Antwort auf beide Fragen lautet, dass jeder einzelne Manteldiapir unter einem Kontinent dazu neigt, ein dreiseitiges Bruchsystem auszubilden. Diese Struktur baut die tektonische Spannung der Kruste am effektivsten ab. Mehrere solcher aufsteigender Manteldiapire unter einem Kontinent erzeugen ein dreiarmiges Netz aus Grabenbrüchen, und manchen dieser Strukturen gelingt es, sich untereinander zu verbinden, während andere Arme keinen Anschluss an einen benachbarten Diapir finden. Erstere verbinden sich zu linienhaften Brüchen in der Erdkruste, Letztere werden zu Failed Rifts, in denen die Bewegung zum Erliegen kommt. Große linienhaft orientierte Ozeanbecken wie der Atlantische Ozean entstanden also nicht durch linienhaft aufsteigendes Gestein aus der Tiefe, sondern durch zahlreiche punktförmige Manteldiapirquellen, deren dreiarmige Bruchstrukturen sich untereinander linienhaft verbanden.

DIE GEBURT DER OZEANE

Vor 5 Millionen Jahren gingen das Rote Meer und der Golf von Aden auf diese Weise erfolgreich vom Riftstadium des zerbrechenden Kontinents in das Driftstadium eines sich neu öffnenden Ozeans über. Zuerst flutete der Indische Ozean den Grabenbruch des Golfs von Aden und anschließend den Grabenbruch des Roten Meeres. Der Afarsenke steht dies unmittelbar bevor. Seitdem füllt die Basaltlava am Meeresgrund entlang einer zentralen Naht den sich immer wieder neu öffnenden Riss aus. Die Erdkruste ist dort nicht dicker als 6 Kilometer und der Meeresboden liegt bereits in 2000 Meter Wassertiefe.

Beim endgültigen Zerbrechen eines Kontinents verzahnt sich der ausgedünnte kontinentale Granit horizontal und vertikal intensiv mit dem eindringenden Basalt. Mit der einsetzenden Ozeanbodenspreizung an dem Grabenbruch driftet diese Verzahnungszone beidseitig der Bruchzone davon und geht mit der ozeanischen Kruste eine starre Verbindung auf Zeit ein. Nach der urgewaltigen Phase des zerbrechenden Kontinents stellt sich dort eine Phase tektonischer Ruhe ein. Deswegen werden die Ränder der Kontinente entlang wachsender Ozeanbecken passive Kontinentalränder genannt. Vollkommen inaktiv sind sie jedoch nicht, denn mit wachsendem Ozeanvolumen sinken ausgedehnte Areale der Kontinentränder unter den Meeresspiegel ab und bilden die überfluteten Schelfe, die bis zu 500 Kilometer weit in den Ozean hineinreichen. Erst dort, wo die Flachwasserschelfe steil in die Tiefsee abfallen, befinden sich die Übergänge von der kontinentalen Granitkruste zur ozeanischen Basaltkruste. Diese Abbruchkante markiert den ehemaligen Grabenbruch. Allein daran lässt sich leicht erkennen, dass die Ozeanbecken keinesfalls tief liegende und vom Ozean geflutete Festländer sind, sondern eigenständige geologische Entitäten. Durch die starre Verbindung der passiven Ränder liegen diese ozeanischen und kontinentalen Krusten auf ein und derselben tektonischen Platte. Wir haben oft das Bild vor Augen, dass Kontinente und Ozeanböden immer voneinander getrennte Platten wären, doch die meisten tektonischen Platten besitzen sowohl kontinentale als auch ozeanische Anteile.

Die kontinuierliche Absenkung des Kontinentalrands und der ozeanischen Kruste im Laufe der Zeit hat gleich mehrere Gründe. Durch das sich verformende Abfließen der kontinentalen Kruste unter dem Grabenbruch dünnte sich der Kontinent aus. Als Ausgleichsbewegung strömte aus dem Erdmantel schweres peridotitisches Material nach, sodass die gesamte Gesteinssäule nun trotz ihrer geringeren Mächtigkeit schwerer ist, was die Oberfläche absinken lässt. Obendrein ist der ozeanische Basalt, wie wir schon gesehen haben, dicht und schwer und liegt dadurch tiefer als der auftriebsstarke kontinentale Granit. Darüber hinaus lässt bei der Öffnung eines neuen Ozeans der hohe Wärmefluss aus der Tiefe der Erde das gesamte kontinentale und ozeanische Gestein in der Region des Grabenbruchs anomal warm sein. Junges und warmes Gestein nimmt ein größeres Volumen ein als altes und kaltes. Mit der beidseitigen Drift, weg von der zentralozeanischen Naht, entfernen sich sowohl der Basalt als auch der passive Kontinentalrand von der Wärmequelle. In der Folge erkaltet das Gestein, nimmt dadurch weniger Volumen ein und sinkt ab. Das betrifft auch die Ränder der Kontinente, die sich daraufhin zu Schelfen absenken. Die auf dem Festland übrig gebliebene halbseitige Graben-Horst-Struktur wird mit der Zeit von der Verwitterung eingeebnet und vom Erosionsschutt zugedeckt. Durch die lange tektonische Ruhe des passiven Kontinentalrands wird das Festland in Ozeannähe mit der Zeit zum Flachland.

Ein weiterer, im wahrsten Sinne des Wortes gewichtiger Grund für die Absenkung der Schelfe ist der enorme Eintrag von Sedimenten des Festlands, der über Flüsse ins Meer gelangt. Ihr Gewicht senkt den Rand des Kontinents noch weiter ab, denn diese Sedimentauflage kann viele Kilometer mächtig werden. Allerdings kann der Schelf niemals das Tiefseeniveau des schweren basaltischen Ozeanbodens erreichen, da sowohl der kontinentale Granit als auch die daher stammenden Sedimente eine geringere Dichte und damit mehr Auftrieb als jener besitzen. Die Sedimente der Flüsse begraben mit der Zeit das gesamte Relief des Grabenbruchsystems unter sich und ebnen die Unterwassertopografie vollkommen ein. Könnten wir global den Meeresspiegel um etwa 100 Meter absenken, würden die meisten kontinentalen Schelfe frei liegen und sich ein endlos ausgedehntes Flachland vor unseren Augen ausbreiten. Tatsächlich ist das mehrmals in der Erdgeschichte passiert, denn sowohl während der Eiszeiten als auch während Phasen der tektonischen Ruhe lag der Meeresspiegel wiederholt um etwa 100 Meter niedriger. Auch während dieser Zeiten flossen die Flüsse weiterhin ins Meer, jedoch nun über den frei liegenden Schelf. Die Folge war, dass an der Abbruchkante des Schelfs in die Tiefsee mächtige Canyons an den weit vorgelagerten Flussmündungen entstanden, die beim nächsten Hochstand des Meeresspiegels wieder geflutet und von weiteren Sedimenten begraben wurden. Mit der Zeit verlagerten sich die Sedimente immer weiter Richtung Schelfkante, wo sie schließlich in gigantischen Unterwasserlawinen den steilen Kontinentalhang herunterrutschten. Solche Trübeströme werden Turbidite genannt und sie sorgen, in der Tiefsee angelangt, für eine perfekte Sortierung der Sedimente nach Korngröße. Geröll und Steine kommen während einer solchen Lawine zuerst in der Tiefsee an, gefolgt von groben und feinkörnigen Sanden. Die feine Suspension aus Tonen und Schlämmen setzt sich erst nach langer Zeit und teilweise weiter Verfrachtung auf dem tiefen Meeresboden ab.

Entlang der passiven Kontinentalränder prägen meist lange, flache Sandstrände das Bild der Landschaft. Die meisten Küsten beidseitig des Atlantiks gehen ohne große Reliefunterschiede vom Land ins Meer über. Im subtropisch bis tropischen Bereich gedeihen in den flachen Schelfmeeren Korallenriffe, wofür die Bahamasbank vor der Küste Floridas und das Great Barrier Reef im Nordosten Australiens eindrucksvolle Beispiele sind.

Gerade im jungen Stadium sich öffnender Ozeanbecken ist deren Wasserzirkulation noch nicht effektiv genug mit den großen Ozeanen verbunden, sodass die Sedimente der passiven Kontinentalränder häufig an Sauerstoff verarmen. Bei hoher biologischer Aktivität in warmen Klimaten kann das zum Meeresboden sinkende organische Material daher nicht vollständig zersetzt werden und es bilden sich Faulschlämme. Aus diesen Schlämmen entstehen mit der Zeit bituminöse Schwarzschiefer, die Speichergesteine für erhebliche Mengen an Erdöl und Erdgas sind. Deswegen sind in besonderem Maße die tropisch-subtropischen Gebiete im Golf von Mexiko und der Arabischen Halbinsel so reich an Erdöl.

DAS RÜCKGRAT DER ERDE

Wissen Sie, wo sich das längste Gebirge der Welt befindet? Üblicherweise und vollkommen nachvollziehbar lauten die Antworten darauf zumeist, dass es sich um die Anden Südamerikas mit einer Länge von 9600 Kilometern handelt oder um die ebenfalls in Nord-Süd-Richtung verlaufenden Rocky Mountains mit einer Länge von 5100 Kilometern. Manchmal wird auch der sich von Westen nach Osten erstreckende Himalaja genannt, der allerdings nur 2500 Kilometer lang ist. Es ist jedoch keines dieser Gebirge, und ebenso ist der Mount Everest im Himalaja mit seinen 8848 Metern zwar der höchste Berg der Erde, aber nicht der Berg mit der größten vertikalen Erstreckung. Das wir uns so sehr irren, ist sehr menschlich, denn wir sind Landlebewesen der Kontinente und als solche nicht daran gewöhnt, uns zu fragen, wie es wohl am Boden der Ozeane aussieht. Die Welt unterhalb des Meeresspiegels hat jedoch Superlative zu bieten, die uns staunen machen; das längste Gebirge der Welt befindet sich am Boden der Ozeane und es ist weltumspannend. Mit einer Länge von mehr als 60 000 Kilometern ist dieses Gebirge mehr als sechsmal so lang wie die Anden. Dieses Unterwassergebirge beginnt bei Vancouver und Seattle an der Nordwestküste Nordamerikas, zieht sich gen Süden durch den gesamten Pazifischen Ozean, verläuft zwischen der Antarktis und Australien hindurch in den Indischen Ozean und bis in das Rote Meer. Vor Madagaskar knickt ein Gebirgsarm in den Südatlantik ab, läuft zentral durch den gesamten Atlantischen Ozean bis zum Nordpol und endet im Nordosten Sibiriens. Diese kolossale Bergkette ist rein vulkanischer Natur und besteht ausschließlich aus Basalt. Es sind die mittelozeanischen Rücken, an denen die Ozeanbodenspreizung die tektonischen Platten beidseitig auseinanderdrückt. Könnten wir den Stöpsel ziehen und das Wasser der Ozeane ablassen, so würden wir das mittelozeanische Gebirge als das Rückgrat der Erde um den Planeten laufen sehen. Per Echolotkartierung vom Schiff aus können wir ein solches bathymetrisches Bild der Topografie der Ozeanböden erzeugen. Eine bequemere und einzigartige Möglichkeit, einen mittelozeanischen Rücken trockenen Fußes zu erkunden, bietet sich auf Island.

Das ist einer der Gründe, weshalb Island auf Geowissenschaftler wie ein Magnet wirkt.

Island ist der einzige Ort der Erde, wo ein mittelozeanischer Rücken an Land kommt. Das macht Reykjanes für mich zu einer der großartigsten Landschaften auf diesem Planeten. Die Reykjaneshalbinsel ist eine wild zerklüftete Landschaft, in der man sich in die Anfangstage der Erde zurückversetzt fühlt. Ähnlich wie hier kann es tatsächlich ausgesehen haben, als sich vor ungefähr 4400 Millionen Jahren die ersten vulkanischen Basalte über die Wasseroberfläche erhoben. Die Küste von Reykjanes hat etwas Einschüchterndes an sich. Mit brachialer Gewalt donnern die Wellen des Atlantiks gegen die Felsen und lassen den Boden spürbar vibrieren. Die großen, vom Wellenschlag gerundeten Basalte rollen unter beeindruckendem Grollen im Rhythmus der Brandung hin und her. Ich hocke mit meiner Kamera bei Sonnenuntergang auf einem steilen, vorgelagerten Felsen und die salzige Gischt durchnässt mich und meine Kamera. Mit meinem Stativ gut am Fels verankert, finde ich kaum Platz dahinter, und bei jedem Wellenschlag zittert der Boden. Als die tief hängenden Wolken über dem Atlantik für einen Moment den Weg für einen Sonnenstrahl freigeben, scheint die ganze Landschaft zu brennen, ganz so wie bei ihrer Entstehung, als die Vulkane das Gestein rauchend und fauchend ausspien. Es ist einer dieser Momente, der sich für immer in mein Herz eingebrannt hat. Wieder einmal ist es das Zusammenwirken der Schönheit der Erde mit den majestätischen Geschichten, die die Gesteine erzählen, die das Erlebte so tief wirken lassen.

Um das Gebirge der mittelozeanischen Rücken andernorts zu sehen und anzufassen, müsste man mehr als 2500 Meter tief tauchen. So sitze ich hier, lediglich von der Gischt durchnässt, auf einer tektonischen Plattengrenze und buchstäblich mit dem linken Fuß in Europa und dem rechten in Amerika. Unter meinen Füßen erstreckt sich eine Magmakammer in geringer Tiefe, und Vulkanausbrüche sind hier, zumindest geologisch gesehen, an der Tagesordnung. Die letzten Ausbrüche ereigneten sich während der Reykjanesfeuer in den Jahren 1210 bis 1240. Ganze 781 Jahre danach, für das Zeitverständnis der Erde ist das bloß ein Wimpernschlag, brach vom 19. März bis zum 18. September 2021 der ganz in der Nähe gelegene Vulkan Fagradalsfjall aus. Die für basaltische Vulkane so typische, ruhig ausfließende Lava sorgte für spektakuläre Szenerien während des Ausbruchs.

Der Grabenbruch des Mittelatlantischen Rückens verläuft Richtung Norden durch die Reykjaneshalbinsel, wo sich der Thingvellirgrabenbruch anschließt. Der teilweise wassergefüllte Graben trennt Island auf eindrucksvolle Weise in einen West- und einen Ostteil und offenbart, dass sich genau entlang dieser Naht ständig neue Erdkruste bildet und dabei die Erdplatten auseinanderdrückt. Wie durch ein Förderband entfernen sich die beiden Teile immer weiter voneinander, was Island in West-Ost-Richtung breiter werden lässt. Seit der letzten Eiszeit vor 10 000 Jahren ist Island an diesem Graben um 70 Meter auseinandergedriftet. Im Norden Islands versinkt der Mittelatlantische Rücken wieder im Ozean und zieht sich an Grönland vorbei bis zum Nordpol.

Dass Island sich über den Meeresspiegel erhebt und aufregende Geologie zum Anfassen bietet, liegt daran, dass sich der Mittelatlantische Rücken hier mit einem heißen Fleck in der Erdkruste vereint. Der isländische Hotspot ist ein Manteldiapir unter ozeanischer Kruste. Durch diese Kombination gelangt überproportional viel basaltischer Vulkanismus an die Oberfläche, sodass sich eine Insel ausbilden konnte. Der Begriff einer Insel ist geologisch gesehen immer an vulkanische Erdkruste gebunden, weswegen beispielweise Großbritannien für Geologen keine Insel ist. Was Großbritannien von Europa trennt, ist lediglich ein Schelfmeer, das gerade einmal 235 Meter tief ist. Madagaskar und die Seychellen sind ebenfalls keine Inseln, sondern eigenständige Kontinentsplitter aus Granit. Dagegen sind Hawaii, die Kanarischen Inseln und eben Island allesamt vulkanische Inseln und verdanken ihre Existenz den Hotspots.

Der Vulkanismus auf Island ist sehr vielfältiger Natur und bietet auf engstem Raum alle Stadien von ruhig bis hochexplosiv, ganz so wie in einem zerbrechenden Kontinent. Entlang des zentralen Grabenbruchs kommt es wie beim Fagradalsfjall zu den geschilderten ruhigen, basaltischen Lavaeruptionen, denen man recht unbedenklich nahekommen darf. In die Schlagzeilen geriet Island aber vor allem im Jahr 2010 wegen des Vulkanausbruchs unter der 1650

Meter hohen Eiskappe des Eyjafjallajökull. Diese Eruption verlief alles andere als ruhig und die Asche der Eruptionssäule legte sogar den Flugverkehr in Europa für mehrere Tage lahm. Die beiden Gründe dafür sind, dass der Eyjafjallajökull mehr als 100 Kilometer vom zentralen Grabenbruch Islands entfernt liegt und sich das Magma unter diesem Vulkan daher einen Weg durch die bereits stark verdickte Kruste Islands bahnen muss. Auf diesem Weg schmolz das Magma Teile des umgebenden Gesteins mit auf. Dadurch förderten diese Ausbrüche zunehmend quarzreiche, andesitische Lava zutage. Hinzu kam, dass der Vulkan unter dem Eis ausbrach und die Lava dadurch in schlagartigen Kontakt mit dem Schmelzwasser kam, was immer in einer Explosion endet. Noch weiter vom Riftsystem Islands entfernt liegt Landmannalaugar. Dieses Thermalgebiet ist bekannt für seine außerordentlich bunten Andesite und Rhyolithe und die bizarre Landschaft, die sie erschaffen. Sie ist das Ergebnis hochexplosiver Vulkanausbrüche, bei der die quarzreiche und zähe Lava die Fördergänge verstopfte. Dort ist die Kruste Islands so mächtig und so weit modifiziert, dass sie kontinentaler Kruste bereits recht ähnlich ist. Sogar das schwarze Vulkanglas Obsidian kommt dort vor und zeigt, dass der Ausbruch unter dem Eis stattgefunden hat. Innerhalb von nur 200 Kilometer Distanz wechselt auf Island der Charakter der Vulkane und ihrer Ausbrüche von ruhig und effusiv zu gewalttätig und explosiv.

EINE REISE ZUM GRUND DER WELTMEERE

Wie wird ein junger und schmaler Ozean, wie etwa das heutige Rote Meer, zu einem Weltozean von der Größe des Pazifiks, Atlantiks oder Indiks und wie lange dauert das? Die Antworten liefern die mittelozeanischen Rücken, denn sie sind das Zentrum der Ozeanbodenspreizung und generieren ein beständiges Wachstum des Ozeanbodens beidseitig des Rückens. Die mittelozeanischen Rücken sind das ozeanische Pendant zum kontinentalen Grabenbruch, mit dem Unterschied, dass sie echte tektonische Plattengrenzen sind. Dies ist beim kontinentalen Grabenbruch nicht der Fall, denn dort resultiert das Anschweißen der sich bildenden ozeanischen Platte in einem passiven Kontinentalrand. An den mittelozeanischen Rücken wird somit pausenlos neue Erdkruste produziert. Dieser Basalt füllt den entstandenen Riss in der Erdkruste immer wieder aus, weshalb sich der Ozeanboden auseinanderspreizt, an Fläche zunimmt und die getrennten Kontinente sich voneinander entfernen. Mit der typischen Spreizungsrate von 3 Zentimetern pro Jahr – das ist in etwa die Geschwindigkeit, mit der unsere Fingernägel wachsen – dauert es mehr als eine halbe Million Jahre, bis sich trennende Kontinente am Horizont verschwinden und den Blick auf einen offenen Ozean freigeben. Nach weiteren 180 Millionen Jahren ist ein Ozean von der Größe des Atlantiks entstanden. Sehr viel Zeit und kontinuierliches Nachströmen von Magma aus der Tiefe erzeugt die Weltozeane.

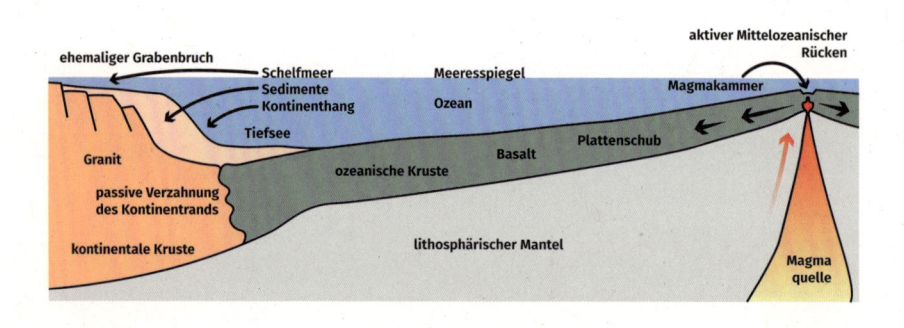

Abb. 4 Die mittelozeanischen Rücken werden von einer aktiven Magmakammer gespeist, die den Ozeanboden (grün) beidseitig spreizt und den Plattenschub auslöst. Mit zunehmendem Abstand vom Rücken wird der Basaltboden älter, kälter und dichter, wodurch sich der Boden in die Tiefsee absenkt. Der angrenzende Kontinent (orange) ist starr mit dem Ozeanboden verbunden. Sein ehemaliger Grabenbruch ist mit mächtigen Sedimentlagen verfüllt und bildet ein flaches Schelfmeer, dass am Kontinentalhang steil in die Tiefsee abfällt.

Die an die Oberfläche aufsteigenden Magmaströme wandeln den vertikalen Schub in den Magmakammern in einen horizontalen Schub der Erdplatten. Dies bewirkt einen Plattenschub beidseitig des Rückens und dieser Schub erklärt die Ozeanbodenspreizung und ist der Motor der Plattentektonik (Abb. 4). Dabei geht es einem kleinen Lavatropfen wie einem Regentropfen, der auf den Gipfel eines Berges fällt: So wie ein Gebirge eine Wasserscheide für den Regen bildet und der Tropfen diesseits oder jenseits des Berges in verschiedene Flüsse gelangt, so sind die mittelozeanischen Rücken eine Gesteinsscheide für zwei benachbarte Lavatröpfchen.

Die Ozeanböden der Weltmeere haben einen deutlich strukturierten, vertikalen Aufbau, der nur oberflächennah aus Basalt besteht. Wenn die 1300 °C heiße Basaltlava am Meeresgrund in etwa 2500 Meter Tiefe schlagartig in Kontakt mit dem etwa 2 °C kalten Ozeanwasser kommt, bildet sich eine schockgekühlte Glaskruste aus Obsidian um die Lava herum, die zu einer kissenartigen, schlauchförmigen Struktur erstarrt. Die Kissenlava reißt durch die innere Hitze immer wieder auf, fließt ein Stück weiter und erstarrt wieder. An vielen Stellen der Erde sind solche Kissenlaven durch großräumige tektonische Bewegungen auch an Land zu sehen (Abb. 5). Auf Island kann man sie auf der Reykjaneshalbinsel bewundern, wo sie durch Hebung des Landes freigelegt wurden. Alle Ozeanböden bestehen aus Kissenlaven, allerdings werden sie mit zunehmendem Alter und Drift von den mittelozeanischen Rücken immer mehr von Sedimenten bedeckt. Die Kissenlaven erreichen eine Mächtigkeit von einem Kilometer, denn darunter kommt der Basalt nur noch selten mit dem kalten Wasser in direkten Kontakt, weshalb das Gestein dort mehr Zeit hat, um abzukühlen. Es nimmt eine magmatische Kristallstruktur aus hellen Feldspäten in einer dunklen Grundmasse an. Diesen dekorativ fleckigen Diabas findet man recht häufig an der deutschen Ostseeküste. Er kam mit den eiszeitlichen Geschieben aus Skandinavien zu uns. Unter den Ozeanböden bildet er massige Gänge, die wie die Säulen einer Kathedrale dicht an dicht stehen und bis zu 2 Kilometer mächtig sind. Diese Gangsäulen entstehen, weil die Erdkruste an den mittelozeanischen Rücken immer wieder aufreißt, wodurch der nächste Diabasgang diesen Spalt verschließt. Unter den Gängen befindet sich das Tiefengestein Gabbro, das kristalline, magmatische Äquivalent zur Basaltlava. Gabbro erkaltet in der nur 6 Kilometer dünnen Kruste am langsamsten und bildet dadurch große und helle Feldspäte in einem ansonsten körnig dunklen Gestein aus. Es handelt sich um das auskristallisierte Dach der Magmakammer selbst, wobei nie die gesamte Magmakammer erstarrt, sondern immer nur ihre davondriftenden Ränder. Im Zentrum bleibt die Ozeanbodenspreizung erhalten und der Ozeanboden wächst weiter. Die Magmakammer unter den mittelozeanischen Rücken misst an ihrer Basis etwa 20 Kilometer Durchmesser und läuft zur Oberfläche hin spitz zu, wodurch die Injektion der Lava entlang der schmalen Naht des Rückens erfolgt.

Entlang dieser Naht ist das vulkanische Gebirge der mittelozeanischen Rücken mit kilometertiefen Rissen und Spalten durchsetzt, in die das Ozeanwasser eindringt und sich dabei stark erhitzt. In den engen Kanalsystemen des Grabens gerät das zirkulierende Wasser unter extremen Druck, wodurch es sich stark beschleunigt. Das bis zu 400 °C heiße Wasser löst eine reiche Mineral- und Metallfracht aus dem basaltischen Gestein. Bei diesen Bedingungen gerät das Wasser in einen superkritischen Zustand, in dem es zugleich flüssig und gasförmig ist. Die Gasblasen hämmern regelrecht die Minerale aus dem Gestein und transportieren sie in gelöstem Zustand an die Oberfläche. Mit Geschwindigkeiten von bis zu 5 Metern pro Sekunde schießt dieses hydrothermale System seine Fracht in das 2 °C kalte Wasser der Ozeane. Bei diesem Kontakt werden die Minerale und Metalle ausgefällt und sinken zu Boden. Innerhalb von Monaten wachsen haushohe Schlote um die Austrittslöcher, aus denen das heiße Wasser wie aus einem Schornstein »herausraucht«. Aufgrund dieses vermeintlichen Rauchens werden sie Schwarze Raucher genannt. Erhebliche Mengen an Eisen, Kupfer, Zink, Pyrit, Gold, Silber, Quarz, Mangan und Blei sammeln sich mit der Zeit in den Rissen und Spalten der vulkanisch aktiven Zone an. Solche Hydrothermalgebiete existieren entlang des gesamten weltumspannenden Rückensystems. Dabei wird so viel Wasser durch die Erdkruste transportiert, dass der gesamte Wasserinhalt der Ozeane innerhalb nur einer Million Jahre einmal durch dieses Hydrothermalsystem gepumpt wird. Jedes Glas Wasser, das Sie trinken, jeder Regentropfen und alles Wasser in Ihnen schoss bereits unzählige Male durch diese Schwarzen Raucher am Meeresboden. Auf diese Weise wird auch ein erheblicher Anteil der Erdwärme an die Ozeane abgegeben. Damit kommt den Schwarzen Rauchern eine wichtige Rolle im Klimasystem zu, denn sie haben nicht nur Einfluss auf die Bodentemperatur der Ozeane, sondern sie steuern auch die chemische Zusammensetzung des Wassers mit und haben Einfluss auf die Strömungen im tiefen Ozean.

Es ist eine Besonderheit der Schwarzen Raucher, dass sie zudem eine Oase des Lebens im Dunkel der Tiefsee sind. In mehr als 2500 Meter Wassertiefe ernähren sie über den Ausstoß von Methan, Wasserstoff und Schwefelwasserstoff eine skurrile Lebenswelt, die von Organismen besiedelt ist, die an die extremen Bedingungen angepasst sind. Zu diesen Extremophilen gehören Schwefelbakterien, die in 110 °C heißem Wasser gedeihen, sowie Röhrenwürmer, Garnelen und Muscheln. Diese endemischen Biotope können nur in der unmittelbaren Umgebung der heißen Schlote existieren und gedeihen vollkommen unabhängig vom Sonnenlicht.

Neben den Schwarzen gibt es auch noch Weiße Raucher. Sie funktionieren nach dem gleichen Prinzip, jedoch ist ihr austretendes Wasser deutlich kühler und erreicht oftmals nur 100 °C. Dadurch steht es weniger stark unter Druck und strömt langsamer aus. Kochen kann es bei dem enormen Druck und diesen Temperaturen nicht, weshalb es keine Gasblasen enthält. Der helle Rauch im Kontakt mit dem kalten Meerwasser entsteht hier im Wesentlichen durch das Ausfällen von Baryt und Anhydrit, Zinkblende und Quarz.

Neu gebildete Ozeanböden sind heiß und voluminös, weswegen sich die mittelozeanischen Rücken zu der beschriebenen weltumspannenden Gebirgskette entlang der ozeanischen Plattengrenzen auftürmen. Am Unterrand der ozeanischen Platten schließt sich der Erdmantel aus Peridotit an. Dieser schmilzt nur im Bereich der 6 Kilometer dünnen Kruste entlang der mittelozeanischen Rücken und im Bereich der Hotspots zum Basalt auf. An der restlichen Basis der ozeanischen Unterkruste liegt er als festes Gestein vor und wird lithosphärischer Mantel genannt. Mit der Ozeanbodendrift kühlt sich das Gesteinspaket zuerst schnell und mit wachsendem Abstand vom heißen Rücken immer langsamer ab. Durch das Auskühlen wird das Gestein immer dichter und damit schwerer. Die Absenkungsraten des Ozeanbodens durch das Erkalten erreichen an den mittelozeanischen Rücken 100 Meter in einer Million Jahren. Dieser Wert verringert sich auf etwa 100 Meter pro 26 Millionen Jahre, sobald das Gestein aus der Wärmequelle der Rücken heraustransportiert ist. Dadurch verdickt sich der feste lithosphärische Mantel unter ihnen und kann auf 60 bis 80 Kilometer Dicke anwachsen. Das erklärt, weshalb kalte und alte Ozeankruste so immens schwer ist, was weitreichende Folgen für das weitere Schicksal der Ozeanbecken hat. Die ozeanischen Platten sinken immer weiter in die Tiefsee ab. Die Tiefsee stellt dadurch in 4000 bis 6500 Meter Wassertiefe mit einem Flächenanteil von 40 bis 60 Prozent den häufigsten Oberflächentyp der Erde. Ihre ehemals raue vulkanische Topografie ist unter einer relativ dünnen Sedimentauflage von nur wenigen Hundert Metern Mächtigkeit begraben. Dort, wo die ozeanische Kruste mit etwa 190 Millionen Jahren am ältesten ist, ist auch ihr Abstand zu den mittelozeanischen Rücken am größten, folglich befinden sich dort die mächtigsten Sedimentauflagen. Fern der Kontinente bestehen diese Sedimente vor allem aus den kalkigen und kieseligen Überresten des Zoo- und Phytoplanktons sowie Ton und Vulkanasche. Allerdings kann sich der Kalk in den tiefsten Regionen der Ozeanböden nicht als Sediment absetzen, da das enorm unter Druck stehende kalte Tiefenwasser einen hohen Kohlesäureanteil aufweist, der den herabrieselnden Kalk auflöst.

Wir werden all diesen vulkanischen und sedimentären Gesteinen im weiteren Verlauf unserer Erdgeschichte wiederbegegnen, und das an Orten, wo wir sie am allerwenigsten erwarten würden.

Abb. 5 An der Basaltküste im Südosten der Südinsel Neuseelands sind die untermeerisch gebildeteten Kissenlaven besonders schön ausgeprägt. Dort kann man ihre schlauchartigen Gebilde während der Ebbe für kurze Zeit bewundern (oben). Einzelne Kissen (unten) sind bis zu einem Meter groß und zeigen die kugelige Aufplatzstruktur, die von einer glänzenden Glasrinde aus Obsidian umgeben ist. Das gelbe, die Kissen umgebende Gestein ist ein Meeressediment, dass mit Obsidiansplittern durchsetzt ist. Solch beeindruckend schöne Gesteine werden Hyaloklastite genannt.

DIE HOTSPOTS DER TIEFSEE

Mit dem großen Abstand von den mittelozeanischen Rücken sind die Tiefseeebenen an sich beschauliche Orte der Ruhe. Aber diese Ruhe ist trügerisch, denn mancherorts schmelzen sich Hotspots wie Schneidbrenner durch die ozeanische Kruste und erzeugen Vulkane. Dieser Intraplattenvulkanismus ist ortsfest, was seine Erscheinung an der Oberfläche zu einem faszinierenden Schauspiel werden lässt, denn die ozeanischen Platten bewegen sich über die Hotspots hinweg. So entsteht eine geradlinige Kette aus Vulkanen, von denen immer nur derjenige aktiv ist, der sich gerade über dem Hotspot befindet. Die anderen, älteren, die durch die Drift der Ozeanplatte aus dem Bereich des Hotspots geschoben werden, erlöschen. Wie hoch sich diese Vulkane über den Tiefseeboden erheben, hängt von der Aktivität und dem Fördervolumen des Hotspots ab. Die meisten dieser Tiefseevulkane bleiben unter der Wasseroberfläche verborgen und von ihren Ausbrüchen bekommen wir genauso wenig mit wie von denen der mittelozeanischen Rücken. Einigen gelingt es aber, so viel basaltische Lava anzuhäufen, dass sie die Ozeanoberfläche durchstoßen und sich zu einer Insel im Ozean erheben. Das geht in der Nähe der Wasseroberfläche mit heftigen Explosionen einher, sobald jedoch der Vulkan über Wasser ausbricht, nimmt er den ruhigen, effusiven Stil aller Basaltvulkane an; dann entstehen Schildvulkane wie die über 4000 Meter über den Meeresspiegel aufragenden Mauna Loa und Mauna Kea auf Hawaii, die vom 6000 Meter tiefen Ozeanboden aus gerechnet höher als der Mount Everest sind. Derzeit wandert Hawaii bereits aus dem Fokus des Hotspots heraus, und es entsteht bereits der nächste Vulkan namens Loihi, der noch 1000 Meter unter dem Meeresspiegel liegt. Die hawaiianische Kette der Inseln Maui, Lanai, Molokai, Oahu und Kauai hat ihre aktive Phase bereits hinter sich. Der intensive Wasserkreislauf der Inseln mit jährlich mehr als 12 Meter Regensäule beschert ihnen bis zu 335 Regentage im Jahr, was sie rasch verwittern lässt, sie werden mit zunehmendem Alter immer niedriger. Die Inseln gehören zur 6000 Kilometer langen Hawaii-Emperor-Kette, die, anstatt einer geraden Spur zu folgen, einen markanten 60-Grad-Knick aufweist, der vor 42 Millionen Jahren entstand. Damals richteten sich die Driftrichtungen der Erdplatten als Konsequenz der Kollision von Afrika mit Europa neu aus. Die ältesten erhaltenen Vulkane dieser pazifischen Kette sind 80 Millionen Jahre alt und befinden sich vor der Küste Kamtschatkas im russischen Fernen Osten. Wie Hawaii gehören die vulkanischen Inseln der Azoren, Kanaren und Kapverden im Atlantik, La Réunion im Indischen Ozean und die Galapagosinseln im Ostpazifik zu den Hotspots.

All diese Vulkane bekommen wir nicht zu sehen, weil erloschene Vulkaninseln rapide unter den Meeresspiegel absinken. Ihr auskühlendes Vulkangebäude gewinnt rasch an Dichte, verringert sein Volumen, wird dadurch schwerer und sinkt in die Tiefsee ab. Sobald absinkende Vulkane den Meeresspiegel erreichen, werden sie von der Brandung gekappt und in tropischen Regionen von Korallen bewachsen. Die sich bildenden Saumriffe müssen gegen das Absinken des Vulkans anwachsen. Bei diesem Wettlauf mit der Zeit versinkt der Vulkan schneller, als die Korallen wachsen können. Daher währen Atolle mit einer zentralen Lagune nur für kurze Zeit. In der Tiefsee finden sich unzählige versunkene Vulkane, die ehemals als Inseln aus dem Meer ragten. Allesamt haben sie gekappte Spitzen und werden Guyots genannt. Tiefseevulkane, die es nie über den Meeresspiegel hinaus geschafft haben, erkennt man daran, dass sie ihre ursprüngliche Gipfelform beibehalten haben, denn weder die Verwitterung noch der Brandungsschlag der Wellen konnten sie je erreichen. Solche Tiefseevulkane werden Seamounts genannt.

Hotspots können die dünne ozeanische Kruste leicht durchdringen, ihr Magma erfährt keine wesentliche Modifikation und verbleibt daher basaltisch. Wenn ein Hotspot an einer Schwächezone im Meeresboden großflächig ausbrechen kann, entleert sich das Magmareservoir innerhalb weniger Millionen Jahre und häuft gewaltige Decken aus Basalt an. Diese breiten sich wie ein überdimensionaler Kuchenteig am Meeresboden aus und verdicken die ozeanische Kruste auf bis zu 30 Kilometer. Dadurch entstehen ozeanische Plateaus, die sich bis zu 3000 Meter über den Ozeanboden erheben können. Weiter erfolgender Vulkanismus muss in dieser Kruste lange Aufstiegswege durchdringen, wobei das Magma eine deutliche Differenzierung hin zu leichteren Gesteinen aus Andesit und Rhyolith erfährt. Island ist ein Paradebeispiel dafür, wie ozeanische Basalte sich durch Krustenverdickung und Differenzierung des Magmas langsam in kontinental-granitische Gesteine umwandeln. Die Erdkruste ist dort 25 Kilometer mächtig und die höchsten Gipfel der mit Eiskappen bedeckten Vulkane erreichen eine Höhe von über 1700 Metern. Das führt dazu, dass Island es geschafft hat, in den Rang der kontinentalen Ewigkeit aufzusteigen. Einige Regionen, denen das ebenfalls gelungen ist, erfreuen sich großer Beliebtheit, und Kalifornien gehört dazu. Wie es dazu kam, wird uns noch beschäftigen. Derzeit ist das Ontong-Java-Plateau im südwestlichen Pazifik vor Papua-Neuguinea das größte ozeanische Plateau mit einer Ausdehnung von der Größe Alaskas. Die Karibik ist ebenfalls ein ozeanisches Plateau, das sich in Teilen bis an die Wasseroberfläche erhoben hat.

Heute gibt es weltweit 50 aktive Hotspots, und weil sie als Intraplattenvulkanismus nicht an Plattenränder gebunden sind, sind sie auch nicht auf die Ozeanbecken der Tiefsee beschränkt. Wenn ein Kontinent über einen Hotspot hinwegzieht, entsteht in der Regel hochexplosiver Vulkanismus, weil sich das Magma seinen Weg durch dicke granitische Kruste bahnen muss und dabei zähflüssig und stark gashaltig wird. Beim Supervulkan von Yellowstone in Wyoming handelt es sich um einen solchen Hotspot, über den der nordamerikanische Kontinent mit 4 Zentimetern pro Jahr nach Westen hinwegdriftet. Im Bereich der Rocky Mountains durchschlägt er die besonders mächtige kontinentale Kruste, was den Vulkanismus hochexplosiv macht. Etwa 150 rhyolitische Ausbrüche hat der Hotspot von Yellowstone bereits verursacht. Die letzten verheerenden Ausbrüche mit globalen Klimafolgen ereigneten sich vor 2 Millionen Jahren, 1,3 Millionen Jahren und 630 000 Jahren. Beim letzten Ausbruch stürzte der sich schlagartig entleerende Vulkan in sich zusammen und hinterließ ein gewaltiges Loch. Solche ringförmigen Einsturzkessel werden Calderen genannt, und der Yellowstonesee füllt nur einen kleinen Teil dieser Caldera aus. Die unzähligen Geysire, farbenfrohen Pools und Sinterterrassen der hydrothermal aktiven Region schaffen eine bezaubernde Landschaft, die daran erinnert, dass die Magmakammer im Untergrund äußerst aktiv ist. Es ist also keine Frage, ob der Yellowstonesupervulkan wieder explodiert, sondern nur, wann das geschehen wird. Der Zyklus der Ausbrüche erfolgt etwa alle 685 000 Jahre. Somit steht der nächste, zumindest geologisch betrachtet, unmittelbar bevor.

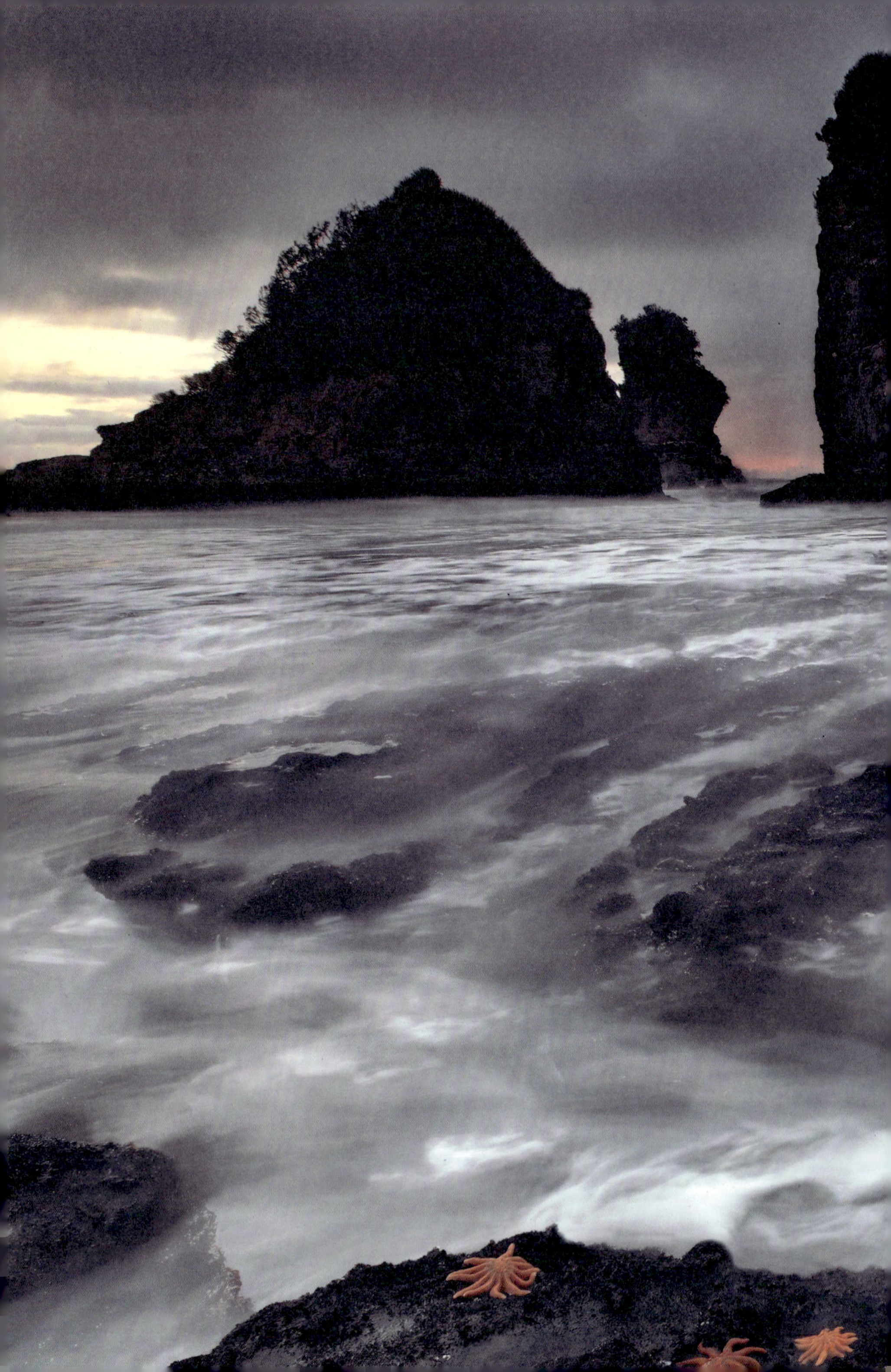

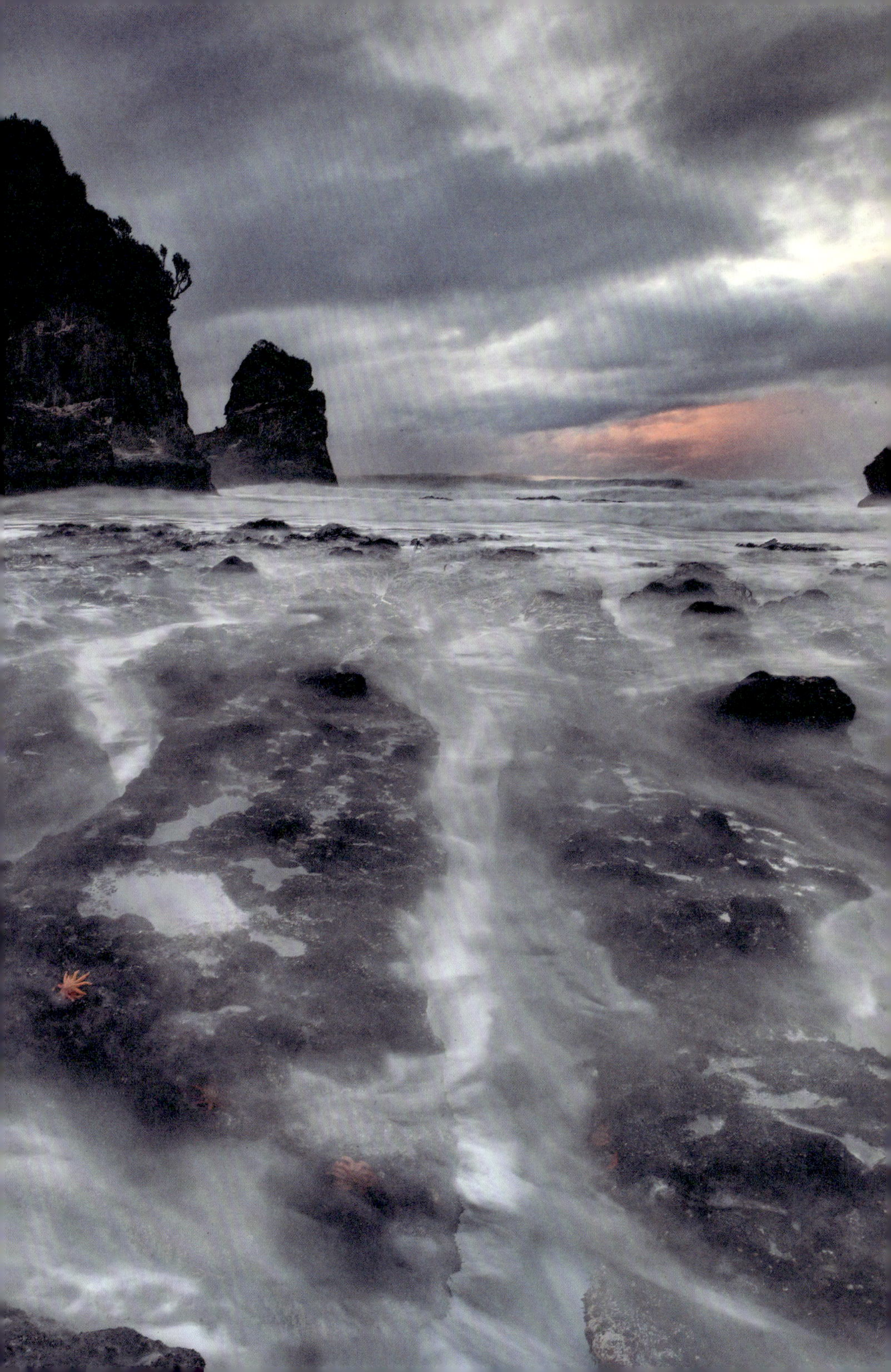

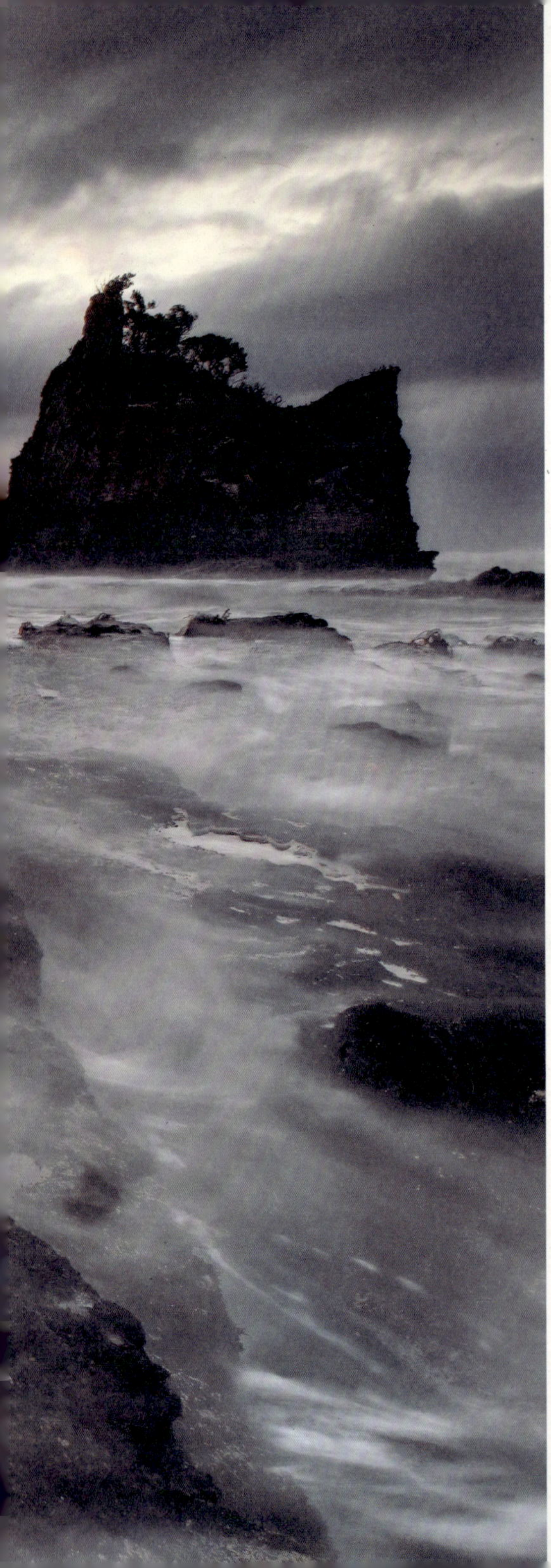

KAPITEL 6
DAS SCHICKSAL DER OZEANE

»

Es ist nicht kompliziert, es ist nur unfassbar komplex.

Irmhild Kaiser

Die Sterne sind da. Die Westküsten der Südinsel Neuseelands sind stellenweise wild zerklüftet und am Motukiekie Beach von bis zu 30 Zentimeter großen Seesternen der Art Stichaster australis bewohnt. Diese Steilküste zeigt die wilde Geologie entlang der großen Transformstörung, die die Neuseeländischen Alpen schuf. Ihr Aussehen ähnelt stark denen der Subduktionsküsten, für die Brandungspfeiler und zerklüftete Felsterrassen typisch sind.

Die ältesten Krustenareale des Atlantiks, Indiks und Pazifiks haben sich seit ihrer Entstehung am weitesten von deren mittelozeanischen Rücken entfernt. Seit der Öffnung dieser Ozeane haben sie ein Alter von 190 Millionen Jahren erreicht. Diese Zahl nimmt eine Schlüsselrolle im Erdsystem ein, denn sie markiert das maximale Alter, das ozeanische Kruste erreichen kann. Fortan verändert sich das Verhalten der Ozeanbecken tiefgreifend, sodass ein neuer Abschnitt im Leben der Ozeane beginnt. Die tektonische Ruhe der passiven Ränder zwischen den Kontinenten und den Ozeanbecken verwandelt sich in einen gigantischen Mahlstrom, der die Oberfläche des Planeten vernichtet, im Inneren der Erde umgestaltet und später an neuen mittelozeanischen Rücken wieder neu erschafft. Durch diesen Prozess sind Ozeanbecken äußerst kurzlebige Gebilde, zumindest im Vergleich zu den ewig existierenden Kontinenten. Für unser Verständnis sind 190 Millionen Jahre allerdings so unüberschaubar viel Zeit, dass uns die Ozeane unvergänglich erscheinen. Was löst den Vernichtungsprozess der ozeanischen Kruste aus? Die Antworten darauf finden sich im dritten Teil des Wilson-Zyklus.

DER MAHLSTROM DER ERDE

In den Jahrmillionen haben sich die Ozeanplatten durch die Plattenspreizung so weit von ihrem Bildungsort entfernt, dass sie das Gedächtnis an die Wärme ihrer Entstehung an mittelozeanischen Rücken vollständig verloren haben. Kalt und alt sind sie nun, dicht und schwer geworden. Ihre ebenfalls erstarrte

Unterkruste hat sich enorm verdickt, sodass sie tief in den lithosphärischen Mantel eingesenkt sind. Zudem sind sie schwer mit Sedimenten beladen. Aus diesen Prozessen resultieren die Tiefseeebenen mit mehr als 6500 Meter Wassertiefe. Diese Ozeanplatten hängen seit ihrer Entstehung starr verbunden mit den auftriebsstarken Kontinenten zusammen und bilden die passiven Plattenränder, in denen tektonische Ruhe herrscht. Das ständig zunehmende Gewicht der alternden Ozeanplatten zerrt nun gewaltig an den Kontinenten und zwingt sie, mit abzusinken.

Stellen wir uns den alten Ozeanboden einmal als eine Eisenplatte vor und den an ihm fest anhängenden Kontinent als eine Luftmatratze. Wir verbinden diese beiden ungleich schweren Partner, legen sie in einen Swimmingpool und beobachten in Zeitlupe, was passiert. Die Eisenplatte senkt sich sofort in die Tiefe ab, während die Luftmatratze an der Wasseroberfläche zu bleiben versucht. An der starren Kontaktzone wird die Luftmatratze unter Wasser gezogen. Übertragen heißt das, dadurch wird der Kontinentalrand geflutet und ein breites Schelfmeer entsteht. Der auftriebsstarke Kontinent aus leichtem Granit kann nicht beliebig tief versenkt werden, denn er widersetzt sich dieser Absenkung immer stärker, desto tiefer er gerät. In unserem Beispiel wird das Ungleichgewicht zwischen der Senkung der Eisenplatte und dem Auftrieb der Luftmatratze schließlich so groß, dass die bislang starre Verbindung zwischen den beiden aufreißt. Während die Luftmatratze sofort den Aufstieg zurück zur Wasseroberfläche beginnt, sinkt die Eisenplatte nun beschleunigt auf den Grund des Swimmingpools.

Nichts anderes passiert bei der Plattentektonik, wenn ein passiver Rand zum aktiven wird. Wenn das Ungleichgewicht zwischen dem Absenken der Ozeanplatte und dem Auftrieb des Kontinents zu groß wird, bricht die starre, passive Verbindung durch und es entsteht ein aktiver Kontinentalrand. Was im Swimmingpoolbeispiel fehlte, ist die Bewegung der Ozeanplatte, denn sie wird auch nach dem Bruch weiterhin vom mittelozeanischen Rücken fortgeschoben. Nach dem Plattendurchbruch senkt sich daher die ozeanische Platte nicht nur beschleunigt ab, sondern sie schiebt sich fortan auch unter den Kontinent. Ihr enormes Gewicht lässt sie stark durchbiegen, in etwa so, als hielten wir eine lange Lakritzstange waagerecht in der Hand. Dieses Abtauchen einer Ozeanplatte in die Tiefe des Erdmantels ist die uns schon bekannte Subduktion, und die Flächen entlang der Oberfläche der Erde, an denen dies geschieht, sind die Subduktionszonen. Wir haben gesehen, wie dieser Prozess im ausgehenden Hadaikum langsam anlief, und er dauert bis zum heutigen Tage an. Die bekanntesten Subduktionszonen der Erde befinden sich rund um den Pazifischen Ozean und sind als Ring of Fire, Feuergürtel, berühmt-berüchtigt. Denn aktive Plattenränder verhalten sich alles andere als tektonisch ruhig. Hochexplosive Vulkane, Erdbeben und Tsunamis sind die ständigen Begleiter der Subduktionszonen, und 90 Prozent aller Vulkane auf dem Festland gehören dazu. Die Subduktionszonen selbst bekommen wir gar nicht zu Gesicht, denn sie verbergen sich in den Tiefseerinnen, die meist in 8000 Meter Wassertiefe liegen. Dort schieben sich die ozeanischen Platten unaufhaltsam unter die Kontinente und tauchen in die Tiefe der Erde ab.

Die Vernichtung des Ozeanbodens hat neben der Schwere der alten Kruste noch einen weiteren Grund. Entlang der 60 000 Kilometer langen Spreizungszonen der mittelozeanischen Rücken wird an den konstruktiven Plattengrenzen pausenlos neue Kruste produziert. Ohne deren zeitlich verzögerte Zerstörung würde sich die Oberfläche des Planeten ständig vergrößern, was natürlich nicht der Fall ist. Um das Volumen der Erde konstant zu halten, muss also an anderer Stelle Kruste wieder in den Erdmantel zurückgeführt werden. Das passiert an den destruktiven Plattengrenzen der Subduktionszonen, und so verwundert es nicht, dass sich deren Längen auf insgesamt mehr als 55 000 Kilometer summieren, womit sie die Produktion der Kruste balancieren. Wir haben bereits den Plattenschub kennengelernt, der entsteht, wenn das aufsteigende Magma unter den mittelozeanischen Rücken die Spreizung und damit die Drift der Ozeanplatten verursacht. In den Subduktionszonen findet diese Kraft ihr Pendant im Plattenzug: Die nach unten umgebogenen, abtauchenden Platten ziehen mit enormer Hebelkraft an den ozeanischen Platten. In der Frühzeit der Erde lief die Plattentektonik in einem heißeren Erdmantel schneller ab als heute.

Dadurch war der Plattenschub größer als der Plattenzug. Heute hat sich das umgekehrt, und es sind vor allem die Subduktionszonen und deren Plattenzug, die den Motor der Plattentektonik darstellen. Dadurch ist Subduktion heute auch der schnellere Prozess, sodass die Subduktionszonen insgesamt nicht ganz so lang sind wie die mittelozeanischen Rücken.

Der Atlantische Ozean ist noch etwas zu jung für großflächige Subduktion, seine Ränder sind noch immer passiv mit den Kontinenten verbunden. Sie entstanden im mittleren Jura, zur Blütezeit der Dinosaurier, als sich der Atlantik durch einen Riss im Kontinent bildete. Das liegt nunmehr 185 Millionen Jahre zurück. Geologisch gesehen ist es also nur noch eine Frage weniger Millionen Jahre, bis dort die Kontinent-Ozean-Verbindungen reißen. Dann setzt beidseitig des Atlantiks Subduktion ein und die amerikanische Ostküste von Maine über New York bis nach Miami wird zu einem aktiven Vulkangürtel, ganz so, wie es entlang der pazifischen Subduktionszone im Nordwesten der USA der Fall ist. Das gilt auch für die afrikanische Westküste von Marokko bis Liberia.

DIE EIGENHEITEN DER OZEANISCHEN ABGRÜNDE

Beim Durchriss alter, kalter und damit dichter, schwerer ozeanischer Kruste handelt es sich um freie Subduktion. Subduktion kann aber auch durch einengende Kräfte des Plattenbewegungsmusters vorzeitig erzwungen werden, wodurch ozeanische Kruste abtaucht, die eigentlich noch zu jung, zu warm und zu auftriebsstark ist, um freiwillig abzutauchen. In der Natur sind zusätzlich drei verschiedene Subduktionstypen realisiert.

Im ersten Fall kommt es zur Subduktion ozeanischer Platten untereinander. Dabei wird die dichtere und damit schwerere der beiden zur abtauchenden Unterplatte; auf der an der Oberfläche verbleibenden Oberplatte entsteht ein vulkanischer Inselbogen entlang der gesamten Länge der Subduktionszone. Die Bogenform hat ihren Grund in der Kugelgestalt der Erde. Drücken

Sie einmal mit zwei Fingern nebeneinander eine gerade Linie in einen weichen Ball. Die resultierende Oberflächenform im Ball ist ein Bogen. Der 2500 Kilometer lange und bis zu 11 000 Meter tiefe Marianengraben im westlichen Pazifik gehört zu diesem Subduktionstyp. Dort taucht die alte ozeanische Pazifische Platte aus der Zeit des Jura steil unter die nur wenige Millionen Jahre junge ozeanische Philippinenplatte ab. Der sich hinter der Tiefseerinne anschließende vulkanische Inselbogen der Marianen erhebt sich entlang der mikronesischen Inseln bis über den Meeresspiegel; Guam ist die bekannteste dieser Inseln. Der Vulkanismus ist eher ruhiger Natur, da sich das aufsteigende Magma seinen Weg nur durch leicht veränderte Kruste bahnt. Explosiv wird der Vulkanismus nur dann, wenn das Magma in direkten Kontakt mit dem Ozeanwasser in Oberflächennähe gerät. Dies war der Fall, als der submarine Vulkan Hunga Tonga-Hunga Ha'apai am 15. Januar 2022 so heftig explodierte, dass es Tausende Kilometer weit zu spüren und zu hören war und die Druckwelle sogar in Deutschland registriert werden konnte. Der Ausbruch ereignete sich knapp 200 Meter unter dem Meeresspiegel. Aus dem Wasser wurde beim Kontakt mit der Lava Wasserdampf, der sich im Vulkan schlagartig auf das tausendfache Volumen ausdehnte. Die Eruptionssäule ragte 58 Kilometer in die Atmosphäre auf.

Im zweiten Fall findet die Subduktion der ozeanischen Platte unter eine kontinentale Landmasse statt, auf der sich ebenfalls ein vulkanischer Inselbogen ausbildet. Der begleitende Vulkanismus ist durch den Weg des Magmas durch kontinentale Kruste deutlich explosiver ausgeprägt. Das ist immer dann der Fall, wenn dem eigentlichen Kontinent Landmassen vorlagern, die durch ein sich öffnendes Meeresbecken mit ozeanischer Kruste abgetrennt wurden. Das beste Beispiel dafür ist Japan, denn es wurde von Asien durch die Bildung eines ozeanischen Randbeckens abgetrennt, des Japanischen Meeres. Diese Randbecken liegen immer auf der Rückseite der Inselbögen und werden daher auch »back-arc« genannt. Sie entstehen durch die starke Dehnung der kontinentalen Kruste, die von der Subduktionszone ausgelöst wird. Das Spannende an den Back-Arcs ist, dass sich dort durch Spreizung neuer Ozeanboden bildet, ganz ähnlich wie an den mittelozeanischen Rücken. Damit liegt die stark einengende, destruktive Subduktionszone in unmittelbarer Nachbarschaft zu einer sich weitenden, konstruktiven Spreizungsachse und dazwischen befindet sich der Inselbogen selbst. Dieser scheinbare Widerspruch der gegenläufigen Plattenbewegungen hat seinen Grund in der Subduktionszone selbst. Das Abtauchen der Unterplatte übt eine gewaltige Zugkraft auf die Oberplatte aus. Sie wird ausgelöst durch das Zurückrollen der Subduktionszone. Das klingt kompliziert, aber man kann sich diesen Effekt leicht verbildlichen. Wenn man ein Blatt Papier, die subduzierende Ozeanplatte, an einem Ende waagerecht und am anderen senkrecht anfasst und dann am senkrechten Ende langsam nach unten zieht, bemerkt man zwei Dinge: Das Blatt senkt sich erwartungsgemäß in die Tiefe ab, aber zusätzlich rollt die waagerechte Oberfläche abtauchend auf die haltenden Finger zu. Die Subduktionszone verlagert sich dadurch seewärts, sie rollt zurück. Dabei entsteht ein enormer Sogeffekt auf die Oberplatte, wodurch die dortige Kruste, sie kann ozeanisch oder kontinental sein, so stark gedehnt wird, bis sie durchreißt und sich ein ozeanisches Randbecken öffnet, wo schließlich neuer Ozeanboden entsteht. Durch diesen Effekt verlagert sich der gesamte Inselbogen seewärts. Dieser Vorgang erklärt, wie Japan von Asien abgetrennt wurde.

In Subduktionszonen wirken unvorstellbare Kräfte, in denen bei relativ niedrigen Temperaturen Drücke auftreten, die das Gestein in der Tiefe verdichten, ausquetschen und umformen, als wäre es aus Butter. In 80 bis 100 Kilometer Tiefe haben sich die kalten Ozeanplatten so weit aufgeheizt, dass unter sehr speziellen Bedingungen, die wir uns noch ansehen werden, Magma entstehen kann. Diese Gesteinsschmelze besitzt mehr Auftrieb als die kühle Umgebung und beginnt sich ihren Weg zur Oberfläche zu bahnen. Ganz ähnlich wie beim Zerbrechen der Kontinente oder dem Aufstieg in verdickter ozeanischer Kruste, wie auf Island, reagiert das Magma mit dem Gestein, in dem es aufsteigt. Daraus resultieren Schmelzen mit zunehmendem Silizium- und Gasgehalt, deren Vulkanismus immer explosiver wird, je dicker die kontinentale Kruste ist, unter der sie aufsteigen. Das ist der Grund für die Gefährlichkeit der Vulkane rund um den Ring of Fire. Das zähe und gasreiche Magma verstopft die Förderkanäle, und wenn der Druck die Belastbarkeitsgrenze des Vulkangebäudes übersteigt, bricht sich das Magma in einem gewaltigen Ausbruch Bahn und zerstört alles, was sich im Weg befindet. Dabei wird die rhyolitische und andesitische Lava buchstäblich pulverisiert und hüllt die umgebende Landschaft in eine dicke Lage aus Tuff und Bims. Auch Glutlawinenwolken sind nicht unüblich. Sie gehören zu den bedrohlichsten vulkanischen Erscheinungen. Die bis in 60 Kilometer Höhe reichenden Ausbruchswolken bestehen aus glühenden Gesteinsfetzen, die von Blitzen durchzuckt werden. Beim Aufstieg in die Höhe verliert die Eruptionssäule durch Abkühlung an Energie und beginnt zu kollabieren. Die solcherart in sich zusammensackende Eruptionswolke ergießt sich über den Vulkan und rast dessen Hänge mit Temperaturen von bis zu 1000 °C und Geschwindigkeiten von bis zu 700 km/h herab. Dabei begräbt sie alles auf ihrem Weg unter sich. Abgekühlt hinterlässt sie ein ganz typisches und unverwechselbares Gestein, den Ignimbrit. Dieses Wort bedeutet »Feuergestein« und seine Geschichte ist ihm deutlich anhand seiner feurig-roten Schlieren anzusehen.

Für die Bewohner von Inselbögen macht es einen enormen Unterschied, wie alt die abtauchende Ozeanplatte ist und ob die Subduktion frei oder erzwungen ist. Der geologische Unterschied äußert sich im Abtauchwinkel der Ozeanplatte. Ist sie alt und schwer, sinkt sie freiwillig und steil in die Tiefe. Dadurch entkoppelt sie sich schnell von der Oberplatte. Jüngere Ozeanplatten, deren Subduktion erzwungen ist, weisen dagegen einen flacheren Abtauchwinkel auf, weil sie ihren Auftrieb noch nicht verloren haben und sich der Subduktion widersetzen; wir haben das im Beispiel der Eisenplatte und der Luftmatratze gesehen. Vor Japan ist die Pazifische Ozeanplatte erst 100 Millionen Jahre alt. Damit kommt es dort zwar bedingt zur freien Subduktion, aber der daraus resultierende flache Abtauchwinkel hat drastische Folgen für die Bewohner. Der flache Winkel bedeutet, dass die Unterplatte auf einer längeren Strecke in Kontakt mit der starren Oberplatte steht, mit der Folge einer Kopplung der beiden Platten. Die Pazifische Platte verhakt sich beim Abtauchen unter dem Japanischen Inselbogen mit seiner kontinentalen Unterlage.

In der oberflächennahen Kruste wirkt dieser immense Druck aber auf die starren und ineinander verhakten Gesteine beider Platten ein, wodurch sich noch mehr Druck aufbaut. Bei Überschreitung des Grenzwerts der Belastbarkeit des Gesteins wird dieser Druck ruckartig frei- und in Bewegung umgesetzt. Bei diesem Abbau der Spannungen schnellt die kontinentale Oberplatte seewärts vor und die ozeanische Unterplatte taucht landwärts ab. Das geschieht in Schüben so lange, bis sich der Druck abgebaut hat und die Platten wieder verhaken. Die am stärksten von Erdbeben gefährdeten Regionen der Erde liegen daher über aktiven Plattengrenzen mit flachen Subduktionszonen, aber auch dort, wo sie aneinander vorbeischrammen, wie es in Kalifornien der Fall ist.

Wird bei einem Subduktionsbeben die gesamte Wassersäule des viele Tausend Kilometer tiefen Ozeans ruckhaft mitbewegt, entsteht ein Tsunami, sobald die Bewegung der Wassersäule auf das Flachwasser der Kontinentalschelfe trifft. Im offenen Ozean erreicht diese Welle Geschwindigkeiten von bis zu 800 km/h und Wellenlängen bis zu 500 Kilometer. Wegen dieser enormen Wellenlänge bemerkt man eine Tsunamiwelle auf dem offenen Ozean zumeist gar nicht, denn sie ist nicht größer als eine vom Wind verursachte Welle. Nimmt aber die Wassertiefe stark ab, konzentriert sich die Energie der vertikal durchbewegten Wassersäule auf den Flachwasserbereich. Dadurch wird die Wellenlänge stark verkürzt, die Welle deutlich abgebremst und eine gewaltige und lang anhaltende Tsunamiwelle baut sich auf. Das Subduktionsbeben im Tiefseegraben des Sundabogens löste auf diese Weise den verheerenden Tsunami des Sumatrabebens am 26. Dezember 2004 aus, der Wellenhöhen von 6 bis 30 Metern erreichte und die Stadt Banda Aceh bis in 51 Meter Höhe verwüstete. Dort, an der Nordspitze von Sumatra, taucht der Ozeanboden der Indo-Australischen Platte unter die Eurasische Platte ab, und das mit schnellen 7 Zentimetern pro Jahr. Auch der bis zu 40 Meter hohe Tsunami des Bebens von Tōhoku, der am 11. März 2011 die Katastrophe von Fukushima auslöste, entstand durch ein Subduktionsbeben. Die Welle erreichte die Küste 20 Minuten nach dem Beben.

Es fehlt noch der dritte Subduktionszonentyp. Er bildet keine Inselbögen aus, stattdessen wird die ozeanische Kruste direkt unter den Kontinent subduziert.

Das ist vor allem entlang des östlichen Pazifiks der Fall, wo sich eine besondere Konstellation der Erdplatten ergibt, denn dort findet erzwungene Subduktion statt. Das hat gleich zwei Gründe. Einerseits befindet sich die Subduktion des pazifischen Ozeanbodens rund um den Ring of Fire in verschiedenen Stadien. Im westlichen Pazifik ist der Ozeanboden alt genug für freie Subduktion, die dort zahlreiche Inselbögen erschafft. Im östlichen Pazifik ist die Subduktion dagegen weit fortgeschritten, sodass der Mittelpazifische Rücken aus seiner ursprünglich zentralen Lage weit nach Osten verschoben vorliegt. Dies führt als zweiter Grund dazu, dass die vergleichsweise heiße ozeanische Kruste bereits 50 Millionen Jahre nach ihrer Bildung, und teilweise sogar noch in weit jüngeren Stadien, bereits wieder unter den Westküsten von Nord- und Südamerika subduziert wird. Diese durch die Plattenbewegung aktiv erzwungene Subduktion weist von allen die flachsten Abtauchwinkel auf, da die junge und warme Kruste viel Auftrieb hat und sich effektiv dem Abtauchen widersetzt. Entlang der Küste von Chile und Mittelamerika entstanden dadurch die Anden, die ganz in Analogie zu den Inselbögen von zahlreichen, explosiven Vulkanen durchsetzt sind. Im Gegensatz zu den Inselbögen sind die Anden aber ein geradliniges Gebirge. Das liegt daran, dass sich der auftriebsstarke Kontinent mit seiner bis zu 70 Kilometer mächtigen Kruste selbst von einer Subduktionszone nicht verbiegen lässt. Diese Krustenmächtigkeit geht zurück auf die starke Kopplung zwischen der kontinentalen Oberplatte und der noch jungen und heißen ozeanischen Unterplatte. Das erzeugt nicht nur starke Erdbeben, sondern auch eine intensive Stauchung, Faltung und Verdickung der Oberplatte, die dadurch zu einem himmelhohen Gebirge emporgedrückt wird. Eine Heraushebung des Gesteins um 20 Kilometer ist hier keine Seltenheit. Allerdings finden sich in den Anden keine entsprechend hohen Gipfel, was wiederum an der hohen Erosionsrate liegt. Dennoch halten die Anden den Höhenunterschiedsrekord zwischen der Tiefseerinne vor der Küste und einem Vulkan an Land – er beträgt sagenhafte 14 300 Meter. Bei Antofagasta in Chile liegt die Tiefseerinne in 7636 Meter Tiefe und der nur 300 Kilometer entfernte und aktive Vulkan Llullaillaco erreicht eine Höhe von 6723 Metern. Allerdings ist diese Tiefseerinne durch den

Abtragungsschutt des Gebirges stark mit Sediment verfüllt, sodass der wahre Höhenunterschied sogar noch sehr viel größer ausfällt. Kennzeichnend für die Anden ist, dass ihre höchsten Gipfel allesamt aus Vulkanen bestehen.

Durch die starke Verwitterung der Anden bei gleichzeitiger Hebung durch die Kompression der Subduktionsbewegung werden immer tiefere Stockwerke des Gebirges von der Verwitterung freigelegt. Sie erlauben einen Einblick in das Innere eines Gebirges. Die Magmakammern, die sich über den Subduktionszonen bilden und die Vulkane der Inselbögen und der Anden speisen, sind in der Erdkruste über Jahrmillionen hinweg langsam zu Granit erstarrt. Hier sind sie durch die Verwitterung freigelegt. Solch domartige Magmakammern gigantischen Ausmaßes werden Batholithe genannt, ihre kleineren Pendants sind die Plutone. Plutone aus Granit formen einmalig schöne Gebirgslandschaften, zu denen das 4810 Meter hohe Mont-Blanc-Massiv der Alpen genauso gehört wie der Yosemite-Nationalpark in Kalifornien mit dem berühmten, von den Gletschern der letzten Eiszeit rund geschliffenen Half Dome. In diesen Landschaften stehen wir buchstäblich inmitten einer erstarrten Magmakammer, in der ein neues Stück Kontinent geschaffen wurde, das der Erdoberfläche für immer erhalten bleibt. Das bedeutet außerdem, dass sowohl der Mont Blanc als auch Yosemite als Teil des Sierra-Nevada-Gebirges einst Teil einer Subduktionszone waren und an längst verschwundene Ozeane angrenzten.

Mit diesem Wissen ausgestattet, ändert sich die Sichtweise auf die vermeintlich zerstörerischen Subduktionszonen grundlegend. In ihnen verschwinden die ozeanischen Krusten zwar wie in einem Mahlstrom, aber gleichzeitig sind sie die Baumeister und Erschaffer der Kontinente, ohne die es uns nicht gäbe. Diese Magmen erzeugen durch ihren hohen Differenziationsgrad die leichten Gesteine der Kontinente, die dadurch für immer an der Oberfläche der Erde verbleiben. Die Vulkane des Ring of Fire erscheinen uns oft zerstörerisch und angsteinflößend. Tatsächlich sind sie der Grund, weshalb wir überhaupt trockenen Boden unter den Füßen haben. Ohne den Magmatismus und Vulkanismus der Subduktionszonen wäre die Erde ein reiner Wasserplanet.

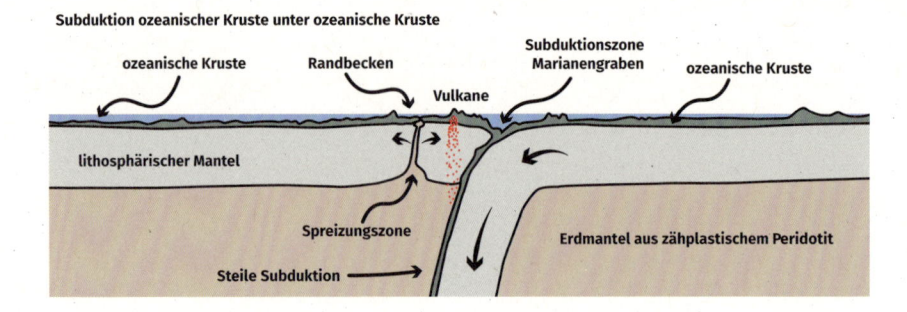

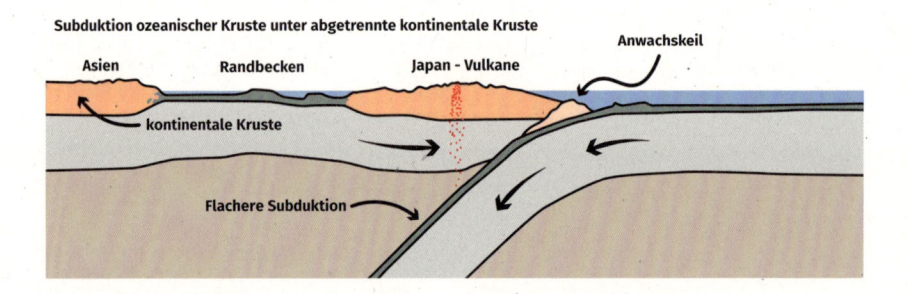

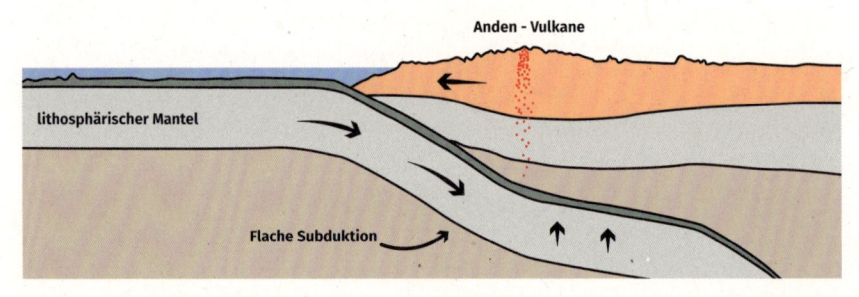

Abb. 6 Die drei verschiedenen Subduktionstypen haben einen enormen Einfluss auf das Aussehen der resultierenden Landschaften. Im ersten Fall (oben) subduziert ozeanische Kruste (grün) freiwillig unter ozeanische Kruste. Die ältere und kältere der beiden Platten ist die dichteste und gleitet steil in die Tiefe ab. Dies ist bei den Marianen der Fall. Im zweiten Fall (Mitte) gerät ozeanische Kruste unter kontinentale Kruste (orange), wobei

diese durch ein ozeanisches Randbecken vom eigentlichen Kontinent abgetrennt ist. Ist diese Subduktion erzwungen, so ergibt sich ein stärkerer Auftrieb der abgleitenden Platte, wodurch es zu starken Erdbeben kommt. Dies ist in Japan der Fall und das Randbecken bildet das Japanische Meer. Es besteht aus ozeanischer Kruste, die im Westen in den Asiatischen Kontinent (orange) übergeht. Im dritten Fall (unten) subduziert die ozeanische Kruste direkt unter einen Kontinent. Dies ist bei den Anden Südamerikas der Fall. Da diese ozeanische Kruste noch jung und heiß ist, wenn sie in die Subduktionszone gerät, ist ihr Auftrieb stark, wodurch sich der flachste Subduktionswinkel ergibt. Durch das Verhaken der Ober- und Unterplatte kommt es hier zu den stärksten Erdbeben.

Dass die Anden, aber auch die Rocky Mountains so eindrucksvolle Subduktionsgebirge sind, liegt an ihrem extrem lang anhaltenden magmatischen Zuwachs der kontinuierlichen Subduktion. Bereits vor dem Pazifik befand sich der Westen Nord- und Südamerikas im Bereich von Subduktionszonen des längst verschwundenen Panthalassaozeans. Das Besondere dieser langlebigen Subduktion ist, dass sich die hohen Subduktionsgeschwindigkeiten mit den raschen Spreizungsraten an den mittelozeanischen Rücken die Waage hielten. Dadurch bewahrten sich diese Ozeane nicht nur ihre enorme Größe, sondern sie verursachten auch einen enormen Zuwachs der Kontinente an deren Westküsten durch immer neue Angliederung magmatischer Granite und vulkanischer Andesite und Rhyolithe. In den Anden wuchs der Kontinent dadurch innerhalb von 200 Millionen Jahren um 200 Kilometer gen Westen. Nicht zuletzt hat das ausgeglichene Verhältnis von Wachstum und Subduktion ozeanischer Kruste verhindert, dass die Westküsten der Amerikas mit anderen Kontinenten kollidierten.

Die bei der Subduktion wirkenden Kräfte verleihen den Landschaften über und unter Wasser ein ganz typisch-strukturiertes Aussehen, das im Prinzip bei allen Subduktionstypen ähnlich ist und sich erst im Hinterland unterschiedlich äußert. In Bewegungsrichtung biegt sich der Tiefseeboden in den Tiefseegraben hinab, an dessen tiefster Stelle die ozeanische Platte in die Subduktionszone gerät und zur Unterplatte wird. Wie stark die Tiefseerinne mit Sediment verfüllt ist, hängt stark vom Subduktionstyp ab. Da die Ozeanböden der Tiefsee nur geringe Sedimentauflast mit sich tragen, sind deren Tiefseerinnen, wie beim

Marianengraben, die tiefsten. Bei der Subduktion unter kontinentale Kruste verfüllen sich die Tiefseerinnen stärker, da der Abtragungsschutt der Inselbögen und küstennahen Vulkanketten in ihnen abgelagert wird. Im Extremfall kann die Tiefseerinne sogar gänzlich mit Sedimenten verfüllt sein, wie es im Nordwesten der USA der Fall ist. Dort haben die Sedimente der letzten Eiszeit die Ozeanbodentopografie vollständig eingeebnet.

Der entscheidende Punkt ist, dass die Sedimente der ozeanischen Platten und Tiefseerinnen allesamt von zu geringer Dichte und damit zu leicht sind, um effektiv mit in die Subduktion einbezogen zu werden. Daher werden sie beim Abtauchen von der Unterplatte abgeschabt und gegen die Oberplatte geschoben. Das geschieht ganz so wie im Fall von Schnee, der mit einem Schneeschieber beiseitegeräumt wird. Die Berge aus abgeschabten Sedimenten bilden hinter der Tiefseerinne eine äußere Schwelle, den Anwachs- oder Akkretionskeil. Dort wächst der Inselbogen oder der Kontinentrand durch Anlagerung der Sedimente nach außen an. So sehr man es gewohnt ist, dass sich bei Sedimenten jung über alt stapelt, ist es hier genau umgekehrt, denn der Zuwachs erfolgt von unten, wobei der Akkretionskeil enorm gestaucht, verkürzt, gestapelt und gehoben wird. Zwischen dem Akkretionskeil und dem vulkanischen Inselbogen beziehungsweise dem Kontinent liegt ein äußeres Meeresbecken. Da es den Vulkanen, dem »arc«, vorgelagert ist, wird es Fore-Arc-Becken oder äußeres Becken genannt. Es ist in der Regel stark mit Sedimenten verfüllt, die landseitig durch Flüsse eingetragen werden, aber auch Kalkfällung durch biologische Aktivität sorgt mitunter für intensive Ablagerung. Der gesamte Bereich zwischen der Ozeanplatte und dem Fore-Arc-Becken ist frei von magmatischen Prozessen und Vulkanen. Das liegt daran, dass die abtauchende Platte noch zu kalt ist, um aufgeschmolzen zu werden.

Während die Oberplatte des Kontinents oder des Inselbogens durch Anlagerung der abgeschürften Sedimente nach außen anwächst, kommt es gleichzeitig an der Basis der Oberplatte zur Erosion, ausgelöst durch die Subduktion. Dort werden an der Gleitfläche der beiden Platten sowohl Sedimente als auch Kontinent- oder Inselbogenunterkruste abgeschürft und mit in die Tiefe gezogen. Der Grund dafür ist, dass die ozeanische Platte beim Umbiegen in die Tiefe durch starke Dehnung aufbricht und dadurch eine raue Oberfläche bekommt, die beim Abtauchen wie eine Raspel an der Oberplatte kratzt. Zudem können mit der ozeanischen Platte auch die schon erwähnten Tiefseevulkane der Seamounts und Guyots mittransportiert werden, die durch Hotspots entstanden. Wenn sie in die Subduktionszone geraten, rammen sie den Kontinentrand oder den Inselbogen und pflügen sich regelrecht in ihn hinein. Dies geschieht derzeit vor der Küste von Costa Rica und kann durch Echolotkartierung sichtbar gemacht werden. Sobald diese Tiefseevulkane in der Tiefe verschwinden, hobeln sie ebenfalls Gestein von der Oberplatte ab und nehmen es mit sich. Zudem ist offensichtlich, dass die ozeanischen Sedimente, aber auch die Ozeanplatte selbst mit Wasser gesättigt ist, und dieses Wasser gerät ebenfalls in die Subduktionszone. In ruckhaften Schüben, die von Erdbeben begleitet werden, gleitet die Platte Stück für Stück in die Tiefe. Diese Mixtur aus alter Ozeankruste, abgeschürfter Oberkruste, Sedimenten und Wasser hat es in sich. Was das für Folgen für die Erde hat, sehen wir uns in Kapitel 9 an.

WIE ZWEI OZEANE DEN GRAND CANYON ERSCHUFEN

Der Westen der USA ist für seine großartigen und abwechslungsreichen Landschaften berühmt und daher bei Touristen und Geologen gleichermaßen beliebt. Wild zerklüftete Küsten, undurchdringliche temperierte Regenwälder und die vergletscherte Vulkankette des Kaskadengebirges zieren den Ring of Fire im Nordwesten. Die von Mammutbäumen umsäumten Granitdome der Sierra Nevada begrenzen das brütend heiße Death Valley, das Tal des Todes. Das Coloradoplateau mit seinen roten Sandsteinformationen und Canyons und nicht zuletzt die Kette der Rocky Mountains von Colorado bis Waterton-Glacier sind wahre Sehnsuchtsorte für Naturliebhaber und ein sicherer Rückzugsort für Tiere und Pflanzen. Der Abwechslungsreichtum dieser Landschaften ist Ausdruck ihrer Geologie und Entstehung und sie alle haben ihren gemeinsamen Ursprung in der Öffnung und Schließung zweier Ozeane, Panthalassa und Pazifik.

Dort, wo Mexiko an die Vereinigten Staaten angrenzt und der Colorado River in den Golf von Kalifornien mündet, ergibt sich eine geologische Konstellation der ganz besonderen Art. Mit der Subduktion der Pazifischen Platte gerät dort deren Ostpazifischer Rücken unter den nordamerikanischen Kontinent. Daher ist der Golf von Kalifornien ein sich öffnendes Meeresbecken mitsamt einem mittelozeanischen Rücken, das die Halbinsel Baja California, sozusagen die Verlängerung Kaliforniens nach Süden, vom Festland abspaltet. Das hat Auswirkungen auf den gesamten Südwesten der USA und erschafft seine charakteristischen Landschaften, zu denen der Grand Canyon genauso gehört wie das Tal des Todes.

Wenn die Subduktion schneller erfolgt, als der Rücken neue Kruste nachproduziert, ist der Plattenzug größer als der Plattenschub. Folglich schrumpfen solche Ozeanbecken mit der Zeit. Vor 20 Millionen Jahren geriet die Spreizungsachse des Ostpazifischen Rückens in die Subduktionszone und in der Folge unter den Kontinent. Das bedeutet, dass frisch gebildete, voluminös-heiße Ozeankruste durch das Plattendriftmuster erzwungen subduziert wird. Unter dem Kontinent führt dieser Prozess zu einer enormen Aufwölbung und großräumigen Hebung der kontinentalen Kruste. Das so entstandene Coloradoplateau liegt im Regenschatten der über 4000 Meter hohen Granitdome der Sierra Nevada und bildet auf 2000 bis fast 3500 Meter Höhe ein wüstenartiges Gelände. Durch die großräumige Hebung wurde das Gesteinspaket nur minimal zerbrochen und kaum verfaltet. Der unter dem Kontinent abtauchende und weiterhin aktive Ostpazifische Rücken führte durch seine erhebliche Produktion von Basalt zum Aufweichen der bis zu 50 Kilometer mächtigen kontinentalen Kruste. Die damit verbundene Dehnung der Kruste bewirkte ein sich seitlich verformendes Abfließen der zähplastischen Granite im tiefen Untergrund. In der starren Oberkruste des Kontinents reagierte das Gestein auf dieses Gesteinsdefizit in der Tiefe mit einem Kollaps und tiefen Brüchen, wodurch die

Landschaft absank. So entstand die Basin and Range Province mit dem Tal des Todes in der auf etwa 30 Kilometer Mächtigkeit ausgedünnten kontinentalen Kruste. Das Tal des Todes ist damit ein sehr spezielles kontinentales Grabenbruchsystem: Es entstand nicht wie üblich durch einen Hotspot, sondern durch die seltene Konstellation, dass ein mittelozeanischer Rücken in einer Subduktionszone unter einen Kontinent geriet.

Die Abspaltung von Baja California setzt sich in das Tal des Todes fort und läuft erst im nördlichen Nevada langsam aus. Die flachen Salzseen von Badwater im Tal des Todes liegen bereits 86 Meter unter dem Meeresspiegel, und das sengend heiße Tal ist lediglich aufgrund seiner Lage im Regenschatten der Sierra Nevada trockenen Fußes zu besuchen. Nach der Eiszeit war diese Region von einem riesigen See bedeckt, der später austrocknete und die heutige bizarre Landschaft schuf. Daher ist es nicht verwunderlich, dass der Talboden des Death Valley von Vulkanen durchlöchert ist, die allerdings zumeist den Basalt des mittelozeanischen Rückens fördern und nur selten explosiv sind. Wenn dieses Riftsystem aktiv bleibt, wird der Golf von Kalifornien sich nach Norden ausweiten und die Basin and Range Province fluten. Dann wird auch Kalifornien zu einer Halbinsel. Erst wenn der Ostpazifische Rücken gänzlich im Erdinneren verschwindet, wird dieses Rift zur Ruhe kommen. Vorher wird es aber noch unter das heutige Coloradoplateau wandern und dort neue Landschaften formen.

Eine der beeindruckendsten Landschaften des Coloradoplateaus ist der Grand Canyon. Der Blick vom Rand hinab in die 1800 Meter tiefe Schlucht eröffnet ein Fenster in die tiefe Vergangenheit unseres Planeten (Abb. S. 4-7). An seinem Grund liegt das bis zu 2000 Millionen Jahre alte magmatische und vulkanische Fundament des amerikanischen Kontinents frei. Diese Gesteine erzählen die Geschichte, als hier vor 750 Millionen Jahren der Urkontinent Rodinia in Amerika und die Antarktis mit Australien zerbrach. Sämtliche darüberliegenden, bunten Gesteinsschichten sind jünger: kontinentale und marine Sedimente, die sich nach dem Zerbrechen des Kontinents und der Öffnung des Panthalassaozeans an seinem passiven Kontinentrand ablagerten.

Das Coloradoplateau, in das der ursprünglich hier verlaufende Colorado River den Grand Canyon eingeschnitten hat, umfasst die Region des damaligen passiven Kontinentrands mit dem zeitweise überfluteten Kontinentalschelf.

So finden sich im Grand Canyon nicht nur Sedimente aus der späten Kreidezeit der Dinosaurier, die in Meereshöhe abgelagert wurden, sondern auch die noch wesentlich älteren Sedimente der Navajosandsteine. Sie dokumentieren eine Zeit vor 180 Millionen Jahren, mitten im Jura, das ist das Erdzeitalter vor der Kreide, als Nordamerika eine ausgedehnte Wüste war, die sich von Arizona bis Wyoming erstreckte. Überall kann man die geschichteten Sandstrukturen dieser Dünen erkennen. Die Gesteine sind heute frei zugänglich, da alle jüngeren Sedimente, die sich auf ihnen ablagerten, durch die Hebung des Coloradoplateaus abgetragen wurden. Durch diese längst verschwundene Landschaft schlängelte sich der Colorado River. Vor etwa 5 Millionen Jahren setzte dann die kontinuierliche Hebung des Coloradoplateaus auf das heutige Niveau ein. Mit der Rate der Hebung des Geländes schnitt sich der Colorado River in die Schichttorte der Sedimente ein. Damit blieb er quasi an seinem angestammten Platz, während sich die Landschaft hob.

Wer schon einmal am Grand Canyon gestanden hat, wird sich unweigerlich gefragt haben, wie so ein Wunder der Natur entstehen kann, wie es dem Colorado River möglich war, einen solch gewaltigen Canyon zu erschaffen. Wieder einmal ist es die Dimension der Zeit, die wir mit unseren Erfahrungswerten einfach nicht erfassen können. Tatsächlich ist die geologische Antwort der Schöpfung des Grand Canyons eine Erosionsrate des Flusses beziehungsweise eine Hebungsrate des Geländes von gerade einmal 0,36 Millimetern pro Jahr – nicht gerade ein magisch großer Wert. Er übersetzt sich aber zu 36 Zentimetern in 1000 Jahren und 360 Metern in einer Million Jahren. Da der Grand Canyon 5 Millionen Jahre alt ist, müssen wir nur diese 360 Meter mal 5 nehmen und haben einen 1800 Meter tiefen Canyon vor uns. Durch die Erosionswirkung wächst er sogar zehnmal so schnell in die Breite wie in die Tiefe. Wieder sehen wir, dass die Erde einfach unglaublich viel Zeit zur Verfügung hat. Damit verblieb der Colorado River auf seinem angestammten Niveau, während sich das Gelände hob. Im Grand

Canyon zeigt sie uns die ganze Palette der Sedimente der Erdgeschichte wie in einem aufgeschlagenen Buch. Sie entstammen dem längst verschwundenen Panthalassaozean, und ermöglicht wird uns dieses Weltwunder der Geologie durch die Subduktion seines Nachfolgers, des Pazifischen Ozeans.

Entlang der Westküste Kaliforniens verbindet sich der unter den Kontinent geratene Ostpazifische Rücken in einer Transformstörung mit der aktiven Subduktionszone vor Oregon und Washington. Dadurch schrammen die Pazifische Ozeanplatte und der amerikanische Kontinent auf einer Länge von über 1200 Kilometern mit 6 Zentimetern pro Jahr aneinander vorbei. Zwar wird weder Kruste produziert noch vernichtet, sie wird aber stark deformiert. Diese San-Andreas-Störung, wie sie heißt, ist weltberühmt und ebenso berüchtigt, da ihre Bewegung keineswegs kontinuierlich abläuft. Stattdessen verhaken sich die beiden Platten ineinander, bis die auftretenden Kräfte das Gestein brechen lassen. Die mittlere Driftrate äußert sich in vielen Jahren der Ruhe, gefolgt von periodisch auftretenden, heftigen Erdbeben, die in Kalifornien in Abständen von 60 bis 275 Jahren erfolgen. Beim »Big One«, dem verheerenden Erdbeben von 1906, wurde der Untergrund bei San Francisco ruckartig um mehr als 5 Meter gegeneinander verschoben. Die sich gegeneinander versetzenden Landschaften entfernen sich mit der Zeit voneinander, wodurch Flüsse, die solche Störungen queren, doppelt im rechten Winkel abknicken. Innerhalb der letzten 30 Millionen Jahre wurde der Westen der USA um stattliche 1500 Kilometer gegeneinander versetzt. Ganz ähnliche Transformstörungen gibt es in der nördlichen Türkei entlang der Nordanatolischen Störung und entlang der Westküste der Südinsel Neuseelands. Beide Regionen sind ebenfalls hochgradig erdbebengefährdet.

Erst im Nordwesten der USA, entlang der Küsten von Oregon und Washington, setzt wieder Subduktion unter den Kontinent ein. Dort schiebt sich die Juan-de-Fuca-Ozeanplatte, einer der zahlreichen Splitter der Pazifischen Platte, mit 3 Zentimetern pro Jahr unter den Kontinent. Der Ostpazifische Rücken, der die Pazifische von der Juan-de-Fuca-Platte trennt, ist hier nur 350 Kilometer von der Küstenlinie entfernt. Daher wird die junge und noch heiße

Juan-de-Fuca-Platte bereits nach 12 Millionen Jahren wieder subduziert. Auch diese Subduktion ist erzwungen, weswegen die Platte in einem sehr flachen Winkel unter den Kontinent abtaucht. Die flache Subduktion sorgt für ein effektives Verhaken der kontinentalen Ober- und ozeanischen Unterplatte, die sich alle 200 bis 800 Jahre in extremen Erdbeben äußern. Das letzte große Beben ereignete sich hier am 26. Januar 1700 und ist damit mehr als 320 Jahre her. Es verschob den Erdboden schlagartig um 10 Meter. In einer Entfernung von 250 Kilometern hinter dieser Subduktionszone, dessen Akkretionskeil im Olympic-Nationalpark im Nordwesten des Bundesstaats Washington zu bewundern ist, erheben sich die bekannten Stratovulkane des Kaskadengebirges. Der stark vergletscherte Mount Rainier ist mit 4393 Metern der höchste von ihnen und am 8. Mai 1980 brach der unweit südlich gelegene Mount St. Helens aus. Weiter südlich liegt der einmalig schöne Einsturzkessel des vormals über 4000 Meter hohen Mount Mazama. Als dieser Vulkan vor 7700 Jahren in einem katastrophalen Ausbruch sein Inneres nach außen kehrte, stürzte der leer gepumpte Vulkanbau in sich zusammen und hinterließ einen 8 Kilometer breiten und 10 Kilometer langen Krater von 1200 Meter Tiefe. Regen- und Schmelzwasser füllten die Caldera heute bis zur Hälfte auf und bilden den malerischen Crater Lake. Diese Ruhe täuscht aber, denn die Vulkane der Kaskadenkette schlafen lediglich. In Zeitlupe wachsen aus den Kratern des Mount St. Helens und des Crater Lake neue Vulkandome heran. Wenn der alles überragende Gigant Mount Rainier zum Leben erwacht, steht es schlecht um die Metropolen Seattle, Portland und Vancouver. Und es ist keine Frage, ob dies geschieht, sondern lediglich, wann – geologisch gesehen ist der Vulkan überfällig. Diese Stratovulkane erhalten ihre charakteristische Form der steilen Bergflanken dadurch, dass sich das zähe Magma nicht als flüssiger Lavastrom über weite Flächen hinweg ergießt, sondern nach dem Hervorquellen als Andesit und Rhyolith an Ort und Stelle verbleibt. Zugleich sind sie Schichtvulkane, denn die wechselvolle Historie ihrer Ausbrüche fördert ganz verschiedene Gesteine. Wechsellagen aus lockerem Bims, Tuff und Asche sowie harter Lava bauen instabile Bergflanken auf, die abrutschen können. Wir kennen solch instabilen Lagenbau von Schneehängen, die Lawinen auslösen. Nasser Schnee, Pulverschnee sowie angetaute und wieder gefrorene Lagen wechseln dort einander ab. An diesen Gleitflächen werden die Lawinen ausgelöst, und ganz ähnlich verhält es sich mit dem Gestein der steilen Vulkanhänge. Mischt sich eine solche Gesteinslawine mit Wasser und schmelzendem Schnee, kommt es zu gefährlichen Schlammlawinen, den Lahars. Stratovulkane sind geologisch gesehen sehr kurzlebige Gebilde, denn sie formen sich mit jedem Ausbruch um und entstehen und gehen innerhalb weniger Millionen Jahre. Deshalb sitzen sie oft auf den abgetragenen Bauten älterer Vulkangenerationen auf.

An der Westküste der USA findet sich schließlich auch die Antwort auf die Frage, weshalb ich am Two Medicine Lake mit seinen bunten Gesteinen inmitten der Rocky Mountains von Waterton-Glacier stehe und nicht am Strand des heutigen Pazifiks. Zwischen den Rocky Mountains und dem Pazifik liegt ein etwa 800 Kilometer breiter Streifen, der Alaska, Yukon, British Columbia, Washington, Oregon und Kalifornien umfasst. Tatsächlich gehören diese Landschaften nicht zum ursprünglichen amerikanischen Kontinent, sondern kamen im Laufe ungezählter Jahrmillionen auf dem Förderband der Ozeanbodenspreizung hier an. Als sie die Subduktionszone am Kontinentrand erreicht hatten, widersetzten sie sich heftig der Subduktion, kollidierten mit dem Kontinent und wurden schließlich in ihn eingegliedert. Diese Landschaften werden Terrane genannt und sind tatsächlich ortsfremdes Land. Gebildet haben sie sich inmitten der ozeanischen Weiten von Panthalassa und Pazifik. Terrane sind die Überreste ehemaliger Inselbögen und der ozeanischen Plateaus. Beim Erreichen der Subduktionszone war ihr Gesteinsmaterial so weit verdickt und so stark verändert, dass es sich von rein ozeanischer Kruste stark unterschied. Mit solch geringer Dichte entkamen sie dem Schicksal des irdischen Mahlstroms. Sie wurden von ihrer ozeanischen Krustenunterlage abgerissen und in den Kontinentrand verschachtelt. Wären sie den weiten Weg nicht gekommen, lägen die Rocky Mountains tatsächlich so nahe an der Küste des Pazifiks wie die Anden.

Das unterschiedliche Erscheinungsbild der kanadischen und der amerikanischen Rocky Mountains fällt sofort jedem auf, der schon einmal dort war. Die kanadischen Rockies bestehen überwiegend aus geschichteten und verfalteten Kalken und Schiefersedimenten, die im kontinentalen Flachmeer abgelagert wurden. Dagegen bestehen die amerikanischen aus magmatischem Granit und metamorphem Gneis, die die Basis des Kontinents bilden. Wenn man von Süden nach Norden durch die Rockies fährt, ändert sich ihr Erscheinungsbild im Waterton-Glacier-Nationalpark. Die massigen Felsen der Teton Range in Wyoming und der Colorado Rockies machen einer teils lagigen, teils zerknautschten kanadischen Schichttorte Platz. Entscheidend dafür sind die unterschiedlichen Abtauchwinkel der pazifischen Platte bei der Subduktion unter den Kontinent. Der flache Winkel in den heutigen Vereinigten Staaten ist verantwortlich für die Rockies aus Granit und Gneis. Die abtauchende Ozeanplatte deformiert die kontinentale Oberplatte. Unter der ehemals vulkanischen Front drangen dadurch riesige Batholithkörper in die kontinentale Kruste ein, die durch Hebung und Erosion heute freiliegen und den Granit und Gneis der amerikanischen Rockies bilden. In Kanada ist der Winkel der Subduktion steiler, weswegen die tiefen Stockwerke der Oberplatte im Bereich der Rockies weniger stark betroffen sind. Dagegen schiebt die Subduktion die mächtigen Sedimentlagen wie ein Bulldozer vor sich her und stapelt sie im Bereich der kanadischen Rockies in Decken oder Schichten übereinander. Auch in den amerikanischen Rockies gab es diese Sedimente, aber durch deren stärkere und schnellere Hebung sind sie längst verwittert und abgetragen worden. Daher schauen wir dort nicht nur in das tiefe Innere des Gebirges und der Erdkruste. Zudem sind die amerikanischen Rockies ein eindrückliches Beispiel dafür, dass tief unter ihnen die Ozeanplatte im Erdinneren versinkt.

Der Antrieb der Gebirgsbildung liegt in den Subduktionszonen verborgen. Wir haben nun bereits zwei Prozesse kennengelernt, die Gebirgsketten hervorrufen: die Inselbögen und die Gebirge des Andentyps, zu denen auch die Rocky Mountains gehören. In beiden Fällen ist den Gebirgen eine Subduktionszone vorgelagert. Ebenso haben wir gesehen, dass die Ozeanbecken zu schrumpfen beginnen, sobald die Subduktionsrate die Spreizungsgeschwindigkeit an den mittelozeanischen Rücken anhaltend übersteigt; Subduktion kann einseitig oder beidseitig der mittelozeanischen Rücken stattfinden. Früher oder später gelangt auch der mittelozeanische Rücken selbst in die Subduktionszone und damit unter den Kontinent. In allen Fällen ist nichts weiter notwendig als sehr viel Zeit. Irgendwann kommen die einst getrennten Kontinente an einem anderen Ort in einer anderen Konstellation wieder in Sichtweite zueinander. Sobald sie sich berühren, verschwindet der einstmals mächtige Ozean zwischen ihnen von der Oberfläche der Erde. Erstaunlich ist aber, dass er nicht aus dem Gedächtnis der Erde verschwindet. Unweigerlich folgt der größte Auffahrunfall der Erdgeschichte, der den dritten Gebirgstyp der Erde produziert, die alpinen Gebirge. Dieser Prozess gleicht einem frontalen Crash mit einem Geisterfahrer. Doch es gibt drei positive Unterschiede zu diesem erschreckenden Bild. Erstens erfolgt dieser Unfall im Ultrazeitlupentempo und dauert Millionen Jahre. Zweitens erschafft die damit einhergehende Zerstörung des Ozeanbodens auf den Kontinenten ganz neue und einmalige Schönheiten der Natur. Drittens eröffnen die entstehenden Gebirgslandschaften neue Lebensräume. Da alles so unglaublich langsam geschieht, hat jede Spezies genug Zeit, sich entweder anzupassen oder abzuwandern. Jedes Lebewesen hat dadurch also zu jedem Zeitpunkt dieses Crashs das Gefühl, in einer vollkommen unveränderlichen Welt zu leben. So wie auch wir dies glauben.

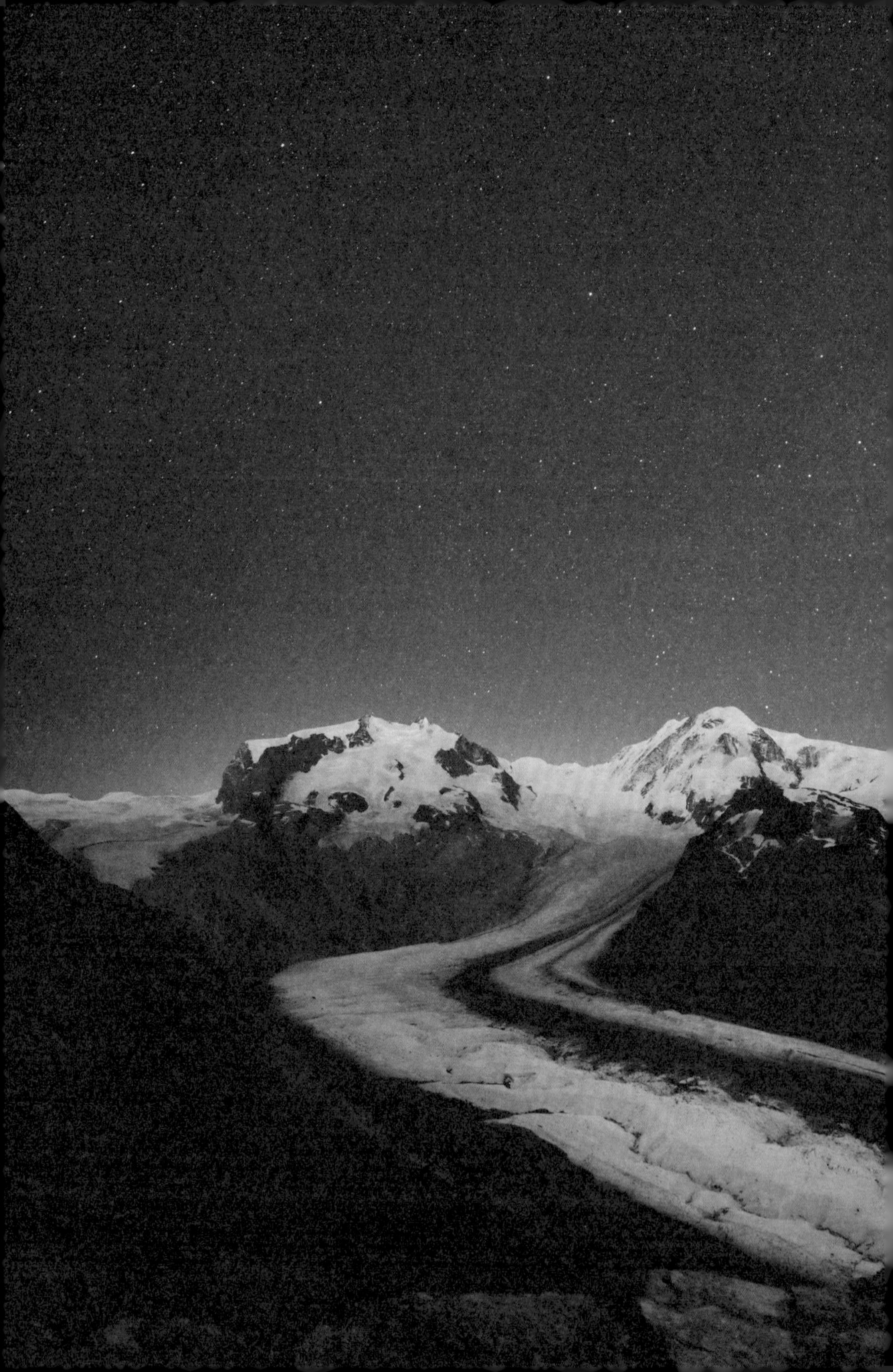

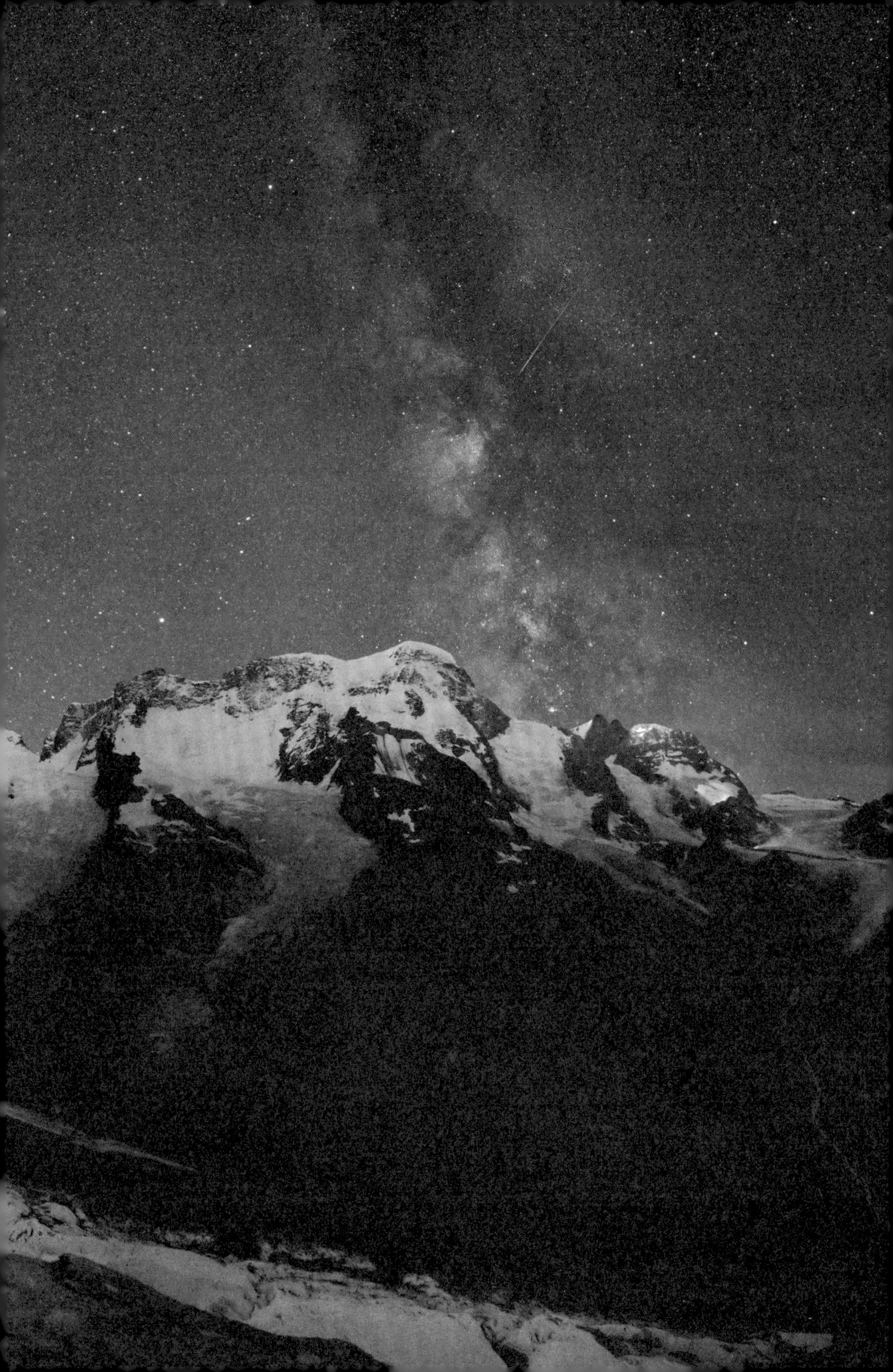

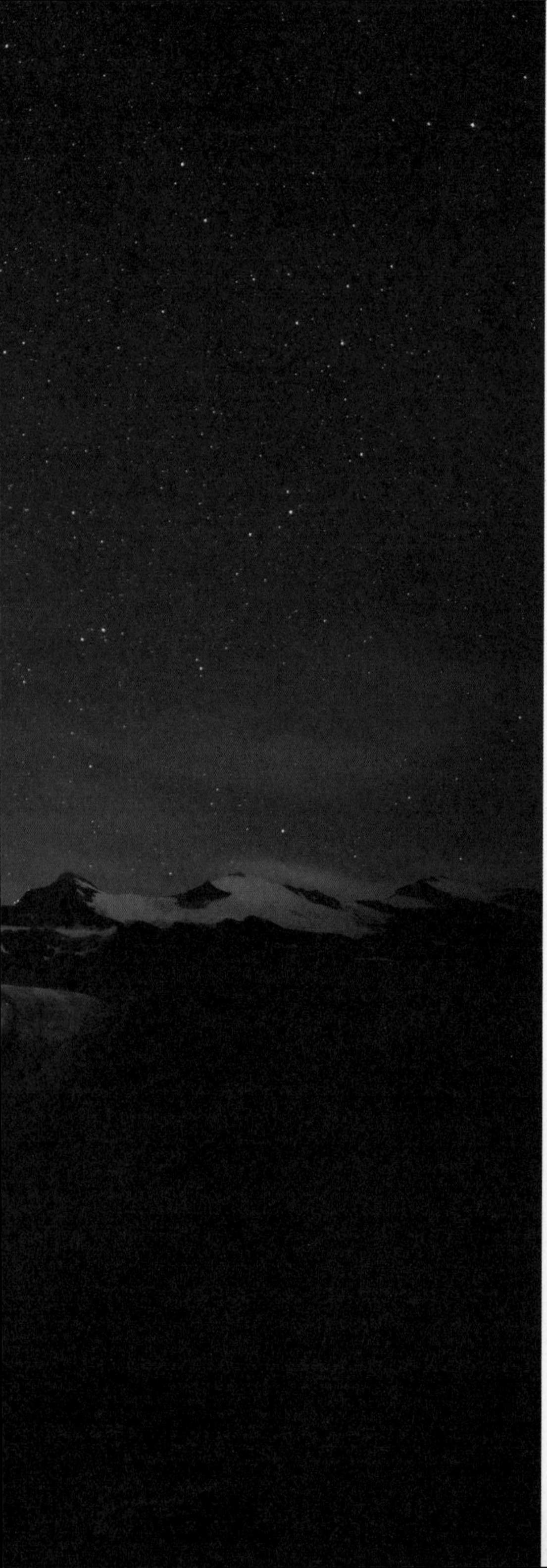

KAPITEL 7
CRASH! WENN KONTINENTE KOLLIDIEREN

»

*Ich kann die Stille der Berge hören, kann fühlen, wie sie zu mir spricht.
Von den Bergen verzaubert lernte mein Herz das Sehen.
In die Berge gehen heißt nach Hause kommen.*

We love Zillertal

KAPITEL 7 | CRASH! WENN KONTINENTE KOLLIDIEREN

Die Erde ist unsere gemeinsame Mutter. Eine Nacht auf dem Gornergrat in den Schweizer Alpen in 3000 Meter Höhe verändert den Blickwinkel auf die Welt. Hier schiebt sich der drittgrößte Gletscher der Alpen beschleunigt abschmelzend gen Tal. Über dem Gornergletscher erheben sich die bis zu 4700 Meter hohen Gipfelgrate der Monte Rosa. Ihr Granit gehört zum europäischen Kontinent, während das unweit rechts des Bildes liegende Matterhorn aus Granit des afrikanischen Kontinents besteht. Das Gestein im Vordergrund ist Serpentinit und damit der Überrest des im Inneren des Planeten verschwundenen Tethysozeans. Genau hier kollidierte Afrika mit Europa und schuf die Alpen. Durch die Milchstraße fällt eine Sternschnuppe der Perseiden. Dieser regelmäßig im August wiederkehrende Sternschnuppenstrom hat seinen Ursprung in der Bahnspur des Kometen Swift-Tuttle. Links der Milchstraße stehen die hellen Planeten Saturn und Jupiter und in der linken oberen Bildecke erkennt man die Andromedagalaxie.

Durch die Kontinent-Kontinent-Kollision entstehen eindrucksvolle Hochgebirge. Der Fachbegriff dafür ist Orogenese, und das ist ein sehr treffendes Wort, denn es bedeutet »Berggeburt«. Zu den alpinen Orogenen, die bei der Kollision zwischen Kontinenten entstanden, gehören die Alpen, der Himalaja und die Neuseeländischen Alpen. Aber selbst diese majestätischen Gebirge sind vergänglich. Es gab in der Erdgeschichte eine Vielzahl ganz ähnlich aussehender himmelhoher Gipfelgrate, die von der Verwitterung zu hügeligen Bodenwellen abgetragen wurden, etwa die Appalachen im Osten der USA und der Harz. Doch bevor wir uns dem Zerfall der Gebirge widmen, verfolgen wir zunächst deren Aufstieg in luftige Höhen. Das ist der letzte Teil des vierteiligen Wilson-Zyklus.

DER TETHYSOZEAN IN DEN ALPEN

Während ich diese Zeilen schreibe, sitze ich in 3000 Meter Höhe, umgeben von Gletschern und schroffen Berggipfeln. Die bunte Vielfalt der Gebirgsblumen des

KAPITEL 7 | CRASH! WENN KONTINENTE KOLLIDIEREN

kurzen Sommers ist in voller Blüte. Ich befinde mich inmitten von Gesteinen, die eine ganz besondere Geschichte erzählen – und denen das anzusehen ist. Es sind ganz offensichtlich weder Granite noch Gneise, denn die Gesteine vor mir variieren in der Farbe von glänzendem Petrol bis hin zu mattem Grün. Manche von ihnen sind speckig glänzend, als wären sie nass. Es handelt sich um Serpentinite, was »Schlangenstein« bedeutet und ihr Aussehen sehr treffend beschreibt. Einige sind übersät oder durchsetzt mit langstieligen, nadeligen Mineralien, dem wunderschönen Aktinolith. Ich sitze hier buchstäblich am Grund des längst verschwundenen Tethysozeans. Als die Dinosaurier die Erde beherrschten, entstanden diese vulkanischen und magmatischen Gesteine (Abb. 7)

Abb. 7   Der Ozean im Hochgebirge zeigt sich am Gornergrat und der Region um das Matterhorn besonders eindrucksvoll. Petrolgrünblau glänzende Serpentinite (links) wechseln mit strahlig-nadeligen Aktinolithen (Mitte) und Eklogiten (rechts) ab. Der Eklogit ist durchsetzt mit roten Granatkristallen und kennzeichnet die Versenkung der Ozeanplatte in der Subduktionszone. Durch den Abriss der absinkenden Ozeanplatte wurden Bruchstücke des verschwundenen Ozeans in die Gebirgsbildung mit einbezogen und stiegen bis in die höchsten Gipfelregionen auf.

in 2500 Meter Wassertiefe als Kissenlava, Gabbro und Peridotit am mittelozeanischen Rücken der Tethys. Mit der Ozeanbodendrift gelangten sie in die Tiefsee und verschwanden anschließend in einer Subduktionszone, wo sie 100 Kilometer tief versenkt und unter enormem Druck ausgequetscht, verformt und umgebildet wurden. Sie sollten sich inzwischen viele Hundert Kilometer tiefer im Erdmantel befinden, weswegen sie eigentlich niemand jemals zu Gesicht bekommen kann. Solch exotisches Gestein wird unter dem Begriff Ophiolith zusammengefasst, was ebenfalls »Schlangenstein« heißt. Wie also kamen diese Ozeanboden-Ophiolithe mitten in das Gebirge, sodass ich sie in die Hand nehmen kann?

Ich befinde mich auf dem Gornergrat in den Schweizer Alpen, hoch über Zermatt, und lasse meinen Blick über die Gipfelgrate des Monte-Rosa-Gebirges und das majestätische Matterhorn schweifen. Der geologische Bau der Alpen birgt eine der faszinierendsten Geschichten, die Gesteine erzählen können, und am Gornergrat zeigt sich das besonders eindrucksvoll. Das 4478 Meter hohe Matterhorn besteht nämlich aus uraltem Gneis des afrikanischen Kontinents, während die umliegenden Gipfelgrate der Monte Rosa mit der 4634 Meter hohen Dufourspitze aus dem Gneis des europäischen Kontinents aufgebaut sind. Natürlich hatte das Matterhorn nicht von Beginn an seine charakteristische Gestalt, sondern kam als kompakte Gesteinsdecke hierher. Herausmodelliert wurde es zu dem ikonischen Berg, den wir heute sehen, durch die schürfende Kraft der Gletscher. Der Gornergrat ist die Nahtstelle zwischen Afrika und Europa. In der Geologie wird eine solche Naht Sutur genannt, und hier markiert sie die Linie entlang der Alpen, an der der Ozean im Erdinneren verschwand. Zudem sind die ozeanischen Serpentinite, auf denen das Matterhorn aufsitzt, erheblich jünger als die uralten Gneise des Gipfels selbst. Die Gipfelgrat des Matterhorns besteht wiederum aus Serpentiniten. Teilweise hat sich sogar die Form der ursprünglichen Kissenlava in den Serpentiniten erhalten. Dies zeigt, wie wild und komplex die Geologie dieser Region ist. Mehr als 500 Meter unter mir windet sich der Gornergletscher zu Tal. Er ist der drittlängste Gletscher der Alpen. Genau hier kollidierten vor 35 Millionen Jahren der afrikanische und der europäische Kontinent miteinander. Zuvor trennte die beiden Kontinente der weltumspannende Tethysozean und sein Seitenarm, der Penninische Ozean. Mit der Subduktion verschwanden die Böden der Tethys und des Penninischen Ozeans mit der Zeit vollständig im Inneren der Erde und die beiden Kontinente stießen zusammen. Die ungeheuren Kräfte dieses Kollisionsspektakels finden auch heute noch statt, verlangsamen sich aber mit der Zeit. Die Alpen wachsen mit fast 2 Millimetern pro Jahr in die Höhe. Das mag nach wenig klingen, ist aber enorm viel, denn diese stetige Zunahme hat seit der Eiszeit vor 10 000 Jahren für eine Hebung um fast 200 Meter gesorgt. Allerdings nagt die Verwitterung mit der gleichen Rate am Gebirge, sodass die Alpen im Mittel gleich hoch bleiben.

Was im Einzelnen geschah, als die Alpen sich zu einem Hochgebirge auftürmten, ist ein extrem komplexer Vorgang. Ein Grund neben vielen anderen ist, dass die Alpen zwei Gebirge in einem sind, die sich zu unterschiedlichen Zeiten gebildet haben. Alles begann in der Trias vor 250 Millionen Jahren. Der große Südkontinent Gondwana mit Afrika im Norden grenzte an den sich öffnenden Tethysozean. Der passive Kontinentrand sank bei der Ozeanöffnung stark ab. Auf einem ausgedehnten tropischen Schelfmeer voller Korallenriffe und Lagunen lagerten sich kilometerdicke Sedimentlagen aus Kalk und Dolomit ab. Ganz ähnliche Bedingungen finden wir heute am Great Barrier Reef im Nordosten Australiens und auf den Bahamas vor. Im Jura und in der Kreide, der Blütezeit der Dinosaurier, öffnete sich zwischen den zerbrechenden Kontinenten eine Meeresverbindung in Ost-West-Richtung. Sie reichte vom Panthalassaozean, an dessen Stelle sich heute der Pazifik befindet, über die heutige Karibik und den sich öffnenden zentralen Atlantik über den Penninischen Ozean im Bereich des heutigen Mittelmeeres bis weit in den Osten, wo der riesige Tethysozean lag, an dessen Stelle sich heute der Indische Ozean befindet. Was wir als einen weltumspannenden Ost-West-Ozean in den Tropen und Subtropen wahrgenommen hätten, zerfiel tatsächlich in eine Vielzahl von Erdplatten. Der Penninische Ozean trennte Afrika von Europa. Während er sich in der Jurazeit weiter öffnete, begann die Tethys sich an einer nach Norden gerichteten Subduktion wieder zu schließen; Teile des nordafrikanischen Kontinents wurden in die Subduktion einbezogen. Bei dieser frühalpinen Gebirgsbildung wurden die Kalke, Dolomite und Korallenriffe der Triaszeit zum heutigen Ostalpin und bildeten die Nördlichen Kalkalpen sowie die Dolomiten. Diese Gebirge gehören geologisch gesehen zu Afrika und sind versteinerte Riffe des Tropenmeeres.

Das heutige Hochgebirge der vergletscherten Alpen entstand dagegen erst vor 35 Millionen Jahren, als sich auch der Penninische Ozean schloss. Diesmal war die Subduktion südwärts gerichtet. Diese gegenläufigen Subduktionsrichtungen, ihre zeitlich getrennten Abläufe, die Öffnung und Schließung weiterer kleiner Ozeanbecken sowie die Anlagerung von Inselbögen und Kontinentsplittern, die bei der Kontinentkollision als Terrane in das entstehende Gebirge eingefaltet und dabei rotiert wurden, machen das Bild so überaus verwirrend. Zu dieser Zeit begann die Geschichte der grünen Serpentinite ihren Lauf zu nehmen.

Die einseitige Subduktionszone lag vor der afrikanischen Küste. Während die penninische Ozeanplatte unter Afrika abtauchte, hing an ihrem anderen Ende der europäische Kontinent, der sich mit fortschreitender Subduktion Afrika näherte. Als der Ozeanboden endgültig in der Tiefe verschwand, zog die schwere abtauchende Ozeanplatte den europäischen Kontinent mit sich hinunter. Der Helvetikum genannte Teil Europas gelangte dadurch unter das Ostalpin Afrikas. Bei dieser Kollision wurden die Gesteine beider Kontinente wie von einem gigantischen Bulldozer in Decken übereinandergeschoben. Daher bestehen die heutigen Alpen, extrem vereinfacht gesagt, aus einer Gesteinstorte, die in der oberen Schicht aus Gneis des afrikanischen Ostalpins, in der Mitte aus dem ozeanischen Serpentinit des Penninikums und zuunterst aus dem Gneis des europäischen Helvetikums besteht.

Nun haben wir bereits mehrmals gesehen, dass Kontinente viel zu leicht und dadurch zu auftriebsstark sind, um tief mit in die Subduktionszone einbezogen zu werden. Andererseits kann keine Kraft der Welt die dichte und schwere Ozeanplatte davon abhalten, in der Tiefe zu versinken, denn der kontinentalen Dichte von 2,8 Tonnen pro Kubikmeter steht eine Dichte der subduzierenden Ozeanplatte von 3,2 bis 3,6 Tonnen gegenüber. Das am passiven Kontinentrand anhängende Helvetikum folgte der Ozeanplatte in die Tiefe und wurde dadurch immer stärkeren Zugkräften ausgesetzt. Einerseits verdoppelte sich dadurch die Mächtigkeit der kontinentalen Kruste von 40 auf 80 Kilometer, andererseits wurde die gesamte Kruste verkürzt und gestaucht; das alles bewirkte aber noch keine Gebirgsbildung. Es ist nicht schwer, sich vorzustellen, was passierte, als schließlich die Zugkräfte am passiven Rand zwischen der Ozeanplatte und dem Kontinent eine kritische Grenze überschritten. In einer Serie gewaltiger Erdbeben riss die Verbindung zwischen dem Ozean und dem Kontinent durch. Nach diesem Plattenabriss versank das schwere Penninikum

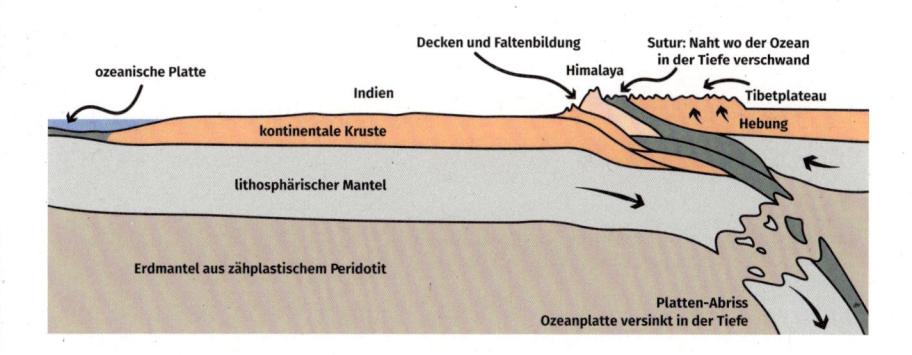

Abb. 8 Bei der Kontinent-Kontinent-Kollision, wie hier am Beispiel der Kollision Indiens mit Asien (orange), entstehen mächtige Gebirge, bei denen die Kruste stark verkürzt und in Falten gelegt wird. Dabei schieben sich ganze Gesteinspakete deckenförmig übereinander. Die Hebung zum Hochgebirge erfolgt aber erst, nachdem die schwere, in die Tiefe gleitende Ozeanplatte (grün) abreißt. Bis dahin zog sie den Kontinent unfreiwillig mit in die Tiefe. Nach dem Plattenabriss erfährt der Kontinent einen enormen Auftrieb, wodurch sich das Deckenpaket hebt und der Wasserkreislauf ein Hochgebirge herausmodelliert. Gut zu sehen ist, dass das Tibetplateau auf gleiche Art und Weise entstand wie der Himalaja. Der entscheidende Unterschied im Aussehen der Landschaften kommt durch die Wirkung der Monsunniederschläge zustande. Die deckenartige Stapelung bezieht auch die Meeressedimente mit ein (rosa), weshalb versteinerte Meeresbewohner in den Gipfelregionen des Himalajas zu finden sind.

auf Nimmerwiedersehen im Erdmantel. Der leichte Kontinent erfuhr dagegen einen enormen Auftrieb, ganz ähnlich wie in unserem Beispiel mit der Eisenplatte und der Luftmatratze im Swimmingpool.

Die Abrisszone zwischen den beiden nun getrennten tektonischen Platten in mehr als 100 Kilometer Tiefe hinterließ ein chaotisches Gewirr aus aufgeweichten und leicht verformbaren Gesteinsfetzen. Teile des Kontinents blieben an der Ozeanplatte hängen und versanken in die Tiefe. Umgekehrt blieben aber auch Teile der Ozeanplatte am Kontinent hängen und begannen, ganz entgehen ihrer Bestimmung, den Aufstieg zurück zur Erdoberfläche. Durch den Plattenabriss hindurch konnte der heiße Peridotit des Erdmantels ungehindert aufsteigen und in die kontinentale Kruste eindringen. Auf diese Weise bildeten sich auch in den Alpen die Intrusionskörper der Batholithe, deren Granit bei anhaltender Verwitterung freigelegt wurde. Die beim Aufstieg des Kontinents mitgerissenen Ozeankrustenreste wurden zwischen der Oberplatte des afrikanischen Ostalpins und der Unterplatte des europäischen Helvetikums eingeklemmt. Die ozeanische Naht geriet mit der Heraushebung in immer größere Höhen und wurde zunächst zum Hochplateau, ganz ähnlich wie es im heutigen Tibet der Fall ist.

Mit der Hebung kühlte das in der Tiefe des Gebirges zähplastisch fließende Gestein ab. Unterhalb einer Temperatur von 500 °C wurde es wieder fest und reagierte fortan auf Druck und Spannungen mit Brüchen. In diesen Bruchsystemen in Tiefen von 12 bis 14 Kilometern sammelten sich heiße, mineralhaltige Fluide an, die ihr umgebendes Gestein auslaugten. Je nach Zusammensetzung des Gesteins gelangten ganz verschiedene Mineralwässer in diese Hohlräume. Insbesondere im Granit und an dessen Kontaktzonen zu den Serpentiniten des Ozeanbodens entstanden in einem Zeitraum vor 20 bis 14 Millionen Jahren sehr spezielle Mineralvergesellschaftungen. Blieben sie ungestört, wuchsen in ihnen 6 Millionen Jahre lang die Kristalle heran, die wir heute in den Klüften der Alpen finden. Nur 3 Gramm Siliziumdioxid auf einen Liter Kluftwasser und viel Zeit genügten, um die bezaubernde Welt der Bergkristalle hervorzubringen. Weitere Beimengungen im Kluftwasser lieferten einen ganzen

KAPITEL 7 | CRASH! WENN KONTINENTE KOLLIDIEREN

Cocktail verschiedener Minerale, deren Schönheit ich bereits als Kind verfallen war. Allerdings suchte ich sie in meiner Unwissenheit vergeblich im Ostalpin der Kalkalpen von Tirol. Erst später erfuhr ich, dass es sie nur im Granit gibt und insbesondere dort, wo der Granit mit dem Ozeanboden verzahnt. Mit diesem Wissen, viel Geduld und Wanderlust ausgestattet fand ich bis zu 24 Zentimeter lange Bergkristalle und zudem Rauchquarze, Smaragde, flaschengrün durchsichtige Epidote sowie blutrot gekreuzte Kristalle aus Rutil. Selbst Gold und Silber können mit sehr viel Glück in den Alpen gefunden werden, denn sie sind ebenfalls in Spuren im Granit enthalten. Sogar Uran ist natürlicher Bestandteil des Granits, weswegen die Menschen in den Hochgebirgen einer etwas höheren natürlichen Strahlung ausgesetzt sind.

Mit der Heraushebung der Alpen nahm der atmosphärische Wasserkreislauf seine Arbeit auf und verwitterte das Gestein. Flüsse schnitten sich V-förmig in das Gelände, und mit weiter zunehmender Hebung fiel der erste Schnee auf das Hochplateau. Schließlich bildeten sich bei der mehrjährigen Umwandlung von Schnee zu Firn in Eis die ersten Gletscher, und die folgenden Eiszeiten begruben das junge Gebirge unter sich. Gletscher sind wahre Bildhauer und formten die Gestalt der heutigen Alpen. Durch die Verwitterung werden mit der Zeit immer tiefere Stockwerke dieser Schichttorte aus Gestein freigelegt. Schließlich traten auch die im Inneren verborgenen Reste des ehemaligen Ozeans zutage. Am Gornergrat hat es die Erde gut mit uns gemeint und eröffnet uns einen tiefen Einblick in das Innere des Planeten, während wir den einen Fuß in Europa und den anderen in Afrika haben und gleichzeitig mitten im Ozean sitzen. Und mit den Kristallen in den Mineralklüften schenkt sie uns einen Einblick in ihre Schatzkammern im Inneren des Gebirges.

Das scheinbare Paradox des Aufenthalts der Ozeangesteine im Hochgebirge ist genau der Grund, weshalb wir überhaupt von der Existenz vergangener Ozeane wissen. Bevor es den Pazifik gab, lag dort, wie wir wissen, der Panthalassaozean. Vor dem Atlantik gab es in ähnlicher Lage den Iapetus. Vor dem Indischen Ozean existierte dort die Tethys. Die Kontinentkollisionen entlang all dieser sich schließenden Ozeanbecken erzeugten jedes Mal eine Sutur im Hochgebirge. Es sind diese Nähte, die die ehemaligen Subduktionszonen längst verschwundener Ozeane anzeigen. Dort finden sich die für sie so charakteristischen Gesteine, die Serpentinite ebenso wie die Eklogite, denen wir uns gleich zuwenden. Selbst wenn die zugehörigen Gebirge längst wieder abgetragen wurden, verraten ihre tiefen Gesteinswurzeln immer noch zuverlässig ihre Herkunft. Aber die Hochgebirge dieser Welt halten nicht nur vulkanische, magmatische und durch Druck und Temperatur metamorph überprägte Gesteine parat, sondern auch Ozeansedimente voller versteinerter Meeresbewohner. Selbst in den höchsten Gipfelregionen des Himalajas stößt man auf Fossilien der Ammoniten. Diese Kopffüßer schwammen mit ihren eingerollten Gehäusen in den Weltmeeren umher und starben zusammen mit den Dinosauriern aus. Als sich der Tethysozean vor nur 5,3 Millionen Jahren endgültig im Raum des heutigen Mittelmeeres schloss, hinterließ er eine Naht, die sich quer durch den gesamten europäischen und asiatischen Kontinent verfolgen lässt. Diese Sutur verbindet ein Gebirge, dass so lang ist wie der eurasische Kontinent selbst. Dazu gehören von West nach Ost das Atlasgebirge in Marokko und die Pyrenäen, die Alpen und die Apenninen Italiens, das Balkangebirge und die Dinariden, der Kaukasus und das türkische Taurusgebirge, der Pamir und das iranische Zagrosgebirge, Tibet und der Karakorum sowie der Himalaja und das Kunlun-Shan-Gebirge in Südostasien.

Wie das Ozeanbecken der Tethys zum heutigen Mittelmeer wurde, ist eine spannende Geschichte für sich. Vor etwa 6 Millionen Jahren bewirkten die tektonischen Bewegungen zwischen Europa und Afrika, dass sich die Meerenge von Gibraltar schloss. Sie gewährleistet heute den Wasseraustausch zwischen dem Atlantik und dem Mittelmeer, der dadurch unterbrochen wurde. Da zu dieser Zeit auch die Verbindung zum Indischen Ozean gekappt war, begann das Wasser im warmen Klima des Miozäns zu verdunsten, und zwar schneller, als Flüsse vom Festland das Wasser nachliefern konnten. Der Wasserspiegel sank immer weiter und zergliederte das Mittelmeer in zahlreiche Becken. Schließlich trocknete es bis zum teilweise 5200 Meter tief gelegenen Ozeanboden aus und wurde zum vielleicht größten Canyon der Erdgeschichte. Am Boden sammelten sich mächtige Lagen aus Salzen, die bei der Verdunstung des Ozeanwassers übrig blieben. Dieser Zeitpunkt markiert das Ende des einst erdumspannenden Tethysozeans. Als die tektonischen Bewegungen die Straße von Gibraltar wieder öffneten, ergoss sich der Atlantik in diesen gewaltigen Canyon. Der Anblick muss atemberaubend gewesen sein und war vielleicht der größte Wasserfall der Erdgeschichte. So entstand das Mittelmeer. Allerdings passt diese einfache und einmalige Geschichte nicht zur Mächtigkeit der Salzablagerungen, die stellenweise 2 Kilometer dick sind. Sie sind nur zu erklären, wenn sich der Prozess des Trockenfallens und Wiederflutens des Mittelmeeres mehrmals in einer Zeitspanne von einer Million Jahren wiederholt hat.

Als wäre all dies noch nicht beeindruckend genug, sind die schlangenartig gemusterten grünen Serpentinite, die Reste des Ozeanbodens im Hochgebirge, im wahrsten Sinne des Wortes voller Ozeanwasser. Man hat beim Berühren dieser speckigen Gesteine fast das Gefühl, es spüren zu können. Wie das Wasser des verschwundenen Ozeans in das Gestein hineinkam und welche immensen Folgen sich daraus ergeben, sehen wir uns im nächsten Kapitel an. Die Antwort darauf lüftet auch das große Geheimnis um die Existenz der Kontinente, auf denen wir trockenen Fußes leben.

VOM AUFSTIEG UND FALL DER HOCHGEBIRGE

Das Klima kann Berge versetzen. Das intensive Zusammenspiel zwischen dem atmosphärischen Wasserkreislauf und der großräumigen tektonischen Hebung bestimmt das Landschaftsbild. Das gilt auch umgekehrt, denn die Gebirge haben wiederum einen starken Einfluss auf das Klima. Bei der Heraushebung nach dem Plattenabriss entstand durch den starken Auftrieb der Kontinente zunächst ein Plateau mit geringen Reliefunterschieden, wie das durchschnittlich 5000 Meter hohe Tibet. Daran grenzt im Süden der zerklüftete und stark vergletscherte Himalaja, der das Hochplateau Tibet weit überragt. Dennoch haben Tibet und der Himalaja ihren Ursprung in der gleichen Krustenverdickung der Kontinentkollision zwischen Asien und Indien. Ob eine Region als

Plateau verbleibt oder zum spektakulären Hochgebirge aufsteigt, bestimmt einzig und allein das Klima der Region und der damit verbundene Wasserkreislauf. Der 8848 Meter hohe Mount Everest verdankt seine Höhe nicht nur der ursprünglichen tektonischen Hebung, die vor 45 Millionen Jahren begann und noch heute mit 1 bis maximal 4 Zentimetern pro Jahr fortschreitet; vielmehr ist es der starke Wasserkreislauf, der den Himalaja stärker hebt als das Tibetplateau. Es mag paradox klingen, aber das Klima ebnet Berge nicht nur ein, es lässt sie sogar wachsen. Die Gründe dafür liegen im dynamischen Gleichgewicht und den unterschiedlichen Dichten der Gesteine.

Liegt das Plateau während der Hebung in einer wüstenhaften Gegend oder im Regenschatten eines anderen Gebirges, dann kommt der Wasserkreislauf fast zum Erliegen und die Verwitterung des Gesteins ist gering. In diesen Fällen bleibt die Region ein Plateau mit geringen Höhenunterschieden. Findet die Hebung jedoch in einer dem Wasserkreislauf zugänglichen Region statt, legen zunächst Flüsse eine Grundtopografie an, die sich oft an Störungen und Schwächezonen des Gesteins orientiert und V-förmige Kerben in das Gestein schneidet. Je höher die Kollision das Land anhebt, desto kälter wird es und der Regen geht irgendwann in Schnee über. Mit der Zeit bildet sich daraus Eis, das dann unter dem Einfluss der Schwerkraft zu fließen beginnt. Die so entstandenen Gletscher überprägen zunächst die Flusstäler zu U-förmigen Wannen. Wo der Wasserkreislauf aus dem Gestein gratige Berge und tiefe Täler entstehen lässt, ist also schon im frühen Stadium der Hebung vorgegeben, und das Eis modelliert daraus extreme Reliefunterschiede. Dabei schauen die höchsten Gipfel als sogenannte Nunataks aus dem Eis heraus und werden zu den typischen Hörnern und Spitzen, die das Matterhorn und die Dufourspitze bilden.

Wenn sich junge Gebirge formen, ist die Hebung größer als die Erosion, da das Gelände zunächst wenig Angriffspunkte für die Verwitterung bietet. Wenn der Wasserkreislauf bei rascher Hebung zum Hochgebirge hohe Gipfel und tiefe Täler formt, überwiegt die Erosion das Wachstum, wodurch sich ein extremes Relief wie im Himalaja ausbildet. In beiden Fällen ist das System nicht im Gleichgewicht. Sobald sich dieses einstellt, halten sich Wachstum und Abtragung die Waage. Das ist der Grund, weshalb Gebirge maximal bis zur Höhe des Himalajas anwachsen können. Ohne die abtragende Wirkung der Erosion würden sie Höhen von über 20 Kilometern erreichen und nur die Schwerkraft würde ihrer Höhe Einhalt gebieten.

Der extreme Wasserkreislauf des indischen Monsuns hat das zerklüftete Himalajarelief erschaffen, während das Tibetplateau im Regenschatten liegt und dort ein wüstenartiges Klima herrscht. Die halbjährlich wechselnde Rollenzirkulation des Monsuns entsteht, weil sich im Frühjahr der Indische Subkontinent stärker erwärmt als der umgebende Ozean. Die sich daraus entwickelnde Luftströmung transportiert die feuchte Luft landeinwärts. Beim erzwungenen Aufsteigen der Luftmassen am Himalaja regnen sie sich zuerst ab, in höheren Regionen fällt der Niederschlag als Schnee. Sobald die Luft den Himalaja überströmt hat, trägt sie keine ausreichende Feuchtigkeit mehr in sich, um aus dem Hochplateau von Tibet ein Gebirge zu modellieren. In einigen Regionen des Himalajas liegen die tropischen Regenwälder auf seiner Südseite, die vergletscherten Berggipfel und das sich nördlich anschließende wüstenartige Plateau nicht einmal 200 Kilometer Luftlinie voneinander entfernt.

Die enge Kopplung zwischen dem Monsun und der tektonischen Hebung des Himalajas ist ein faszinierender Prozess. Durch die starken Regenfälle auf der Südseite und die erodierende Wirkung der Gletscher wird enorm viel Gestein abgetragen und über die Flüsse in den Indischen Ozean transportiert. Dies bewirkt, dass der Himalaja im Vergleich zum kompakten Tibetplateau weniger Masse enthält. Das Massendefizit teilt sich dem tiefen Untergrund mit. Durch die immensen Drücke und hohen Temperaturen bei der Kollision der Kontinente ist das Gestein in 10 Kilometer Tiefe bei über 500 °C zähplastisch verformbar und lagert sich in Richtung des geringer werdenden Drucks um. Das ausgleichende Gleiten schiebt das Gestein dorthin, wo das Gebirge am leichtesten ist, und diese Region liegt wegen des Massendefizits unter dem Himalaja. Dort drückt das zähplastische Gestein in der Tiefe das starre Gestein an der Oberfläche in die Höhe und lässt die hohen Gipfel noch höher werden. Je stärker der Monsun am Gebirge nagt, desto mehr Gestein wird abgetragen und desto schneller wächst das Gebirge von unten durch nachströmendes Material der Ausgleichsbewegung nach.

Zudem wirkt das extreme Relief ganz unterschiedlich auf die Erosion. In den Tälern ist sie extrem und auf den Gipfeln am geringsten. Das Zusammenspiel all dieser Bewegungen führt dazu, dass der Reliefunterschied noch größer wird, denn die mittlere Höhe des Himalajas nimmt dadurch ab, seine Gipfel aber wachsen deutlich. Tatsächlich liegt die mittlere Höhe des Tibetplateaus 430 Meter über der des Himalajas. Dennoch erreichen 14 Gipfel in Himalaja und Karakorum Höhen von über 8000 Metern. Dicker kann Erdkruste und höher können Gipfel unter den gegebenen Bedingungen offenbar auf der Erde nicht werden. Bei weiterer Verdickung führt ein gravitativer Kollaps zu seitlichem Ausfließen von Gestein, das erheblich zur Verbreiterung des Gebirges beiträgt und seine Höhe absenkt.

Ein ganz ähnliches Bild ergab sich während der letzten Eiszeiten, als sich der Erdmantel unter dem enormen Gewicht der Eisauflast – bis zu 3 Kilometer mächtig – verformte. Dadurch wurden Skandinavien und Nordkanada in den Erdmantel gedrückt. Das zähplastische Gestein in der Tiefe reagierte darauf mit sich verformendem, seitlichem Abfließen. Mit dem Abschmelzen des Inlandeises war das Land von seiner Auflast befreit, und seitdem heben sich Skandinavien und Kanada mit bis zu 18 Millimetern pro Jahr in die Höhe. Im Raum des Ostseebeckens kommt es sogar zu einer gegenläufigen Ausgleichsbewegung, die die flache Ostsee geringfügig absenkt. Das belegt eindrucksvoll die große Wirkung des atmosphärischen Wasserkreislaufs auf die Geodynamik des Planeten.

Das dynamische Gleichgewicht aus Erosion und Hebung wird erst dann zur endgültigen Abtragung und Einebnung des Gebirges führen, wenn die tektonischen Kräfte der Kollision zum Erliegen kommen. Das ist der Grund, weshalb junge und wachsende Gebirge wie die Alpen und der Himalaja himmelhohe Gipfel aufweisen und alte Gebirge wie der Harz oder die Appalachen nur noch eine hügelige Landschaft bilden.

Was aber geschieht mit dem ganzen Erosionsschutt des Gebirges? Er wird talwärts zuerst über die Gletscher und später über die Flüsse abtransportiert. Die Gesteine gelangen als Geröll, Schutt, Sand und Gesteinsmehl zurück in die Ozeane, wo sie sich ablagern und dem Ozeanboden eine schwere Last aufbürden. Sobald sie auf dem vulkanischen Ozeanboden liegen, beginnt ihre

Reise mit der Ozeanbodendrift, und sie geraten früher oder später in die nächste Subduktionszone, wo sie im Akkretionskeil einem anderen Kontinent angegliedert werden. Dieser ewige Gesteinskreislauf erschafft aus dem Material alter abgetragener Gebirge neue junge Gebirge.

DREI GEBIRGE IN DEN NEUSEELÄNDISCHEN ALPEN

Ein fantastisches Beispiel dafür sind die wunderschönen, rund geschliffenen Strandgerölle von Gillespies Beach an der Westküste der Südinsel Neuseelands. Sie sind der Verwitterungsschutt der vergletscherten Gipfel der Neuseeländischen Alpen. Der 3724 Meter hohe Mount Cook ist von dort gerade einmal 33 Kilometer entfernt. Aber die abenteuerliche Geschichte dieser Steine reicht bis in das Zeitalter des Devons vor 390 Millionen Jahren und führt uns in den Nordosten Australiens zum großen Südkontinent Gondwana. Dort entstand entlang der Küste eines längst verschwundenen Urozeans ein hohes und sicherlich ebenfalls vergletschertes Gebirge, und dort liegt der Ursprung dieser ehemals granitischen Gesteine. Sie haben sich seitdem mehr als 3500 Kilometer von ihrem Bildungsort entfernt, und heute liegt ein ganzer Ozean dazwischen, die Tasmansee. Damals gelangte ihr Abtragungsschutt in ein angrenzendes Meer und wurde dort als Geröll, Sand und Schlamm abgelagert. Unterwasserlawinen verfrachteten die Sedimentlast in die Tiefsee, wo sie zu einem grauen und gleichförmigen Sandstein namens Grauwacke wurde, aus dem die heutigen Südalpen Neuseelands bestehen. Vor 250 Millionen Jahren, gegen Ende des Perms, bildete sich vor der Ostküste Australiens ein Inselbogen an einer Subduktionszone aus. Deswegen finden sich am Strand von Gillespies Beach auch vulkanische Gesteine. Sie vermischen sich mit der Grauwacke zu einem bunten Mosaik der Erdgeschichte. Die Grauwacken gelangten ebenfalls in die Subduktion und wurden als Akkretionskeil am Inselbogen angelagert. Während des Jura, vor 160 Millionen Jahren, entstand aus diesen Sedimenten durch Kompression das Rangitatagebirge.

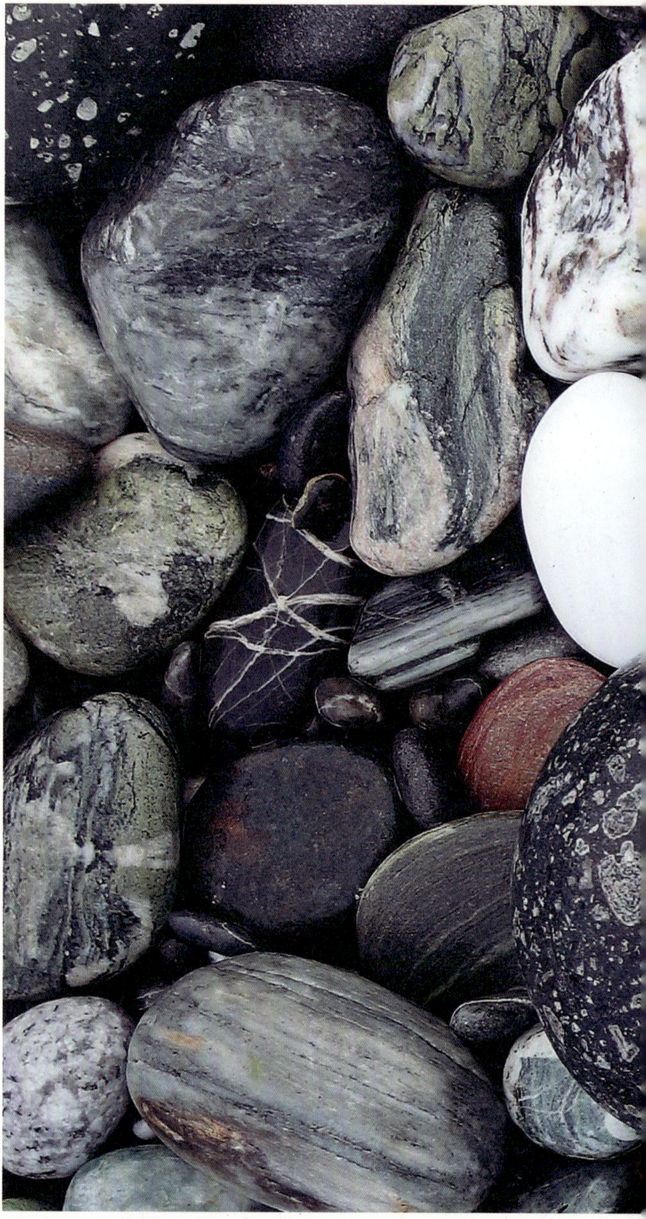

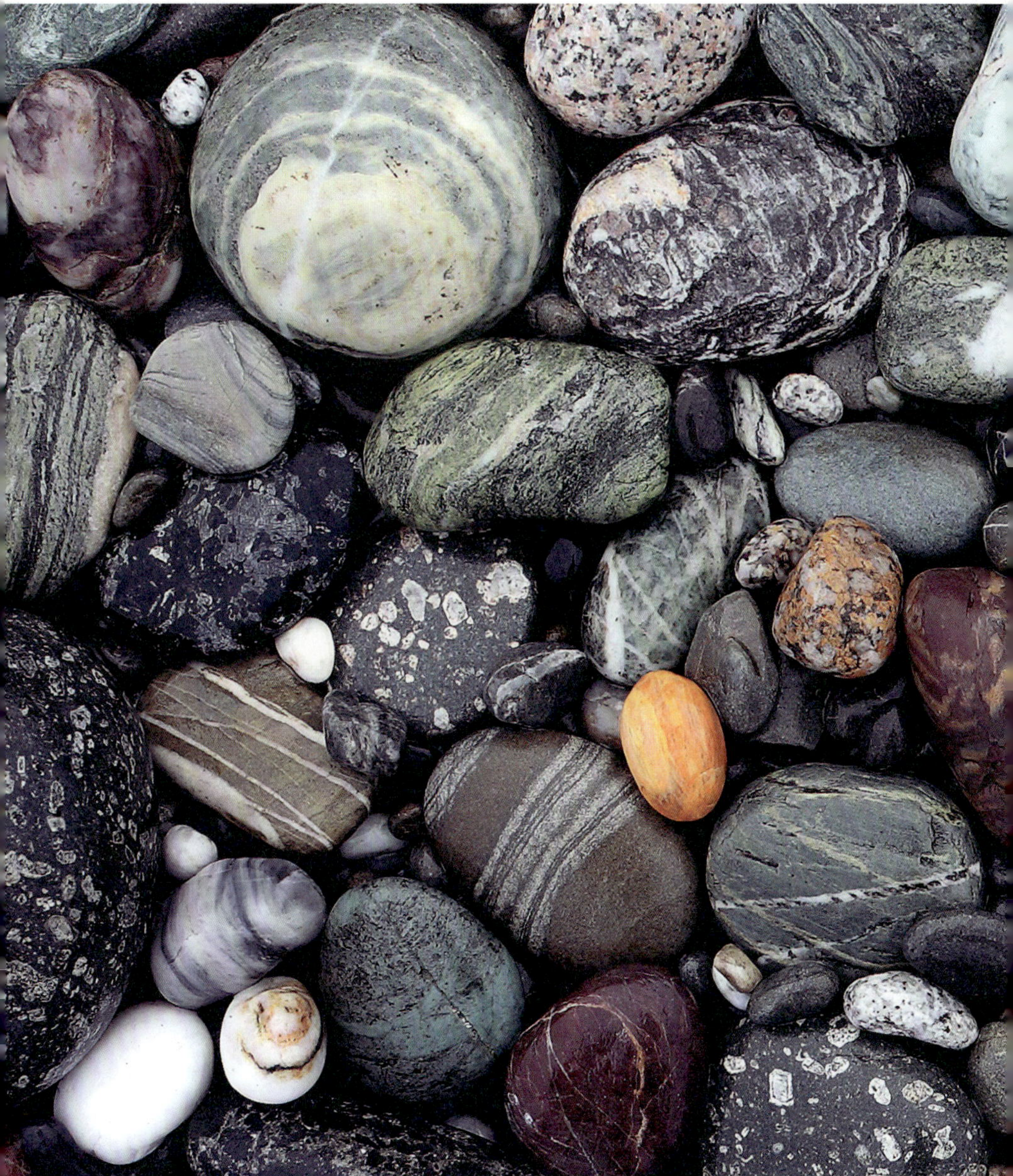

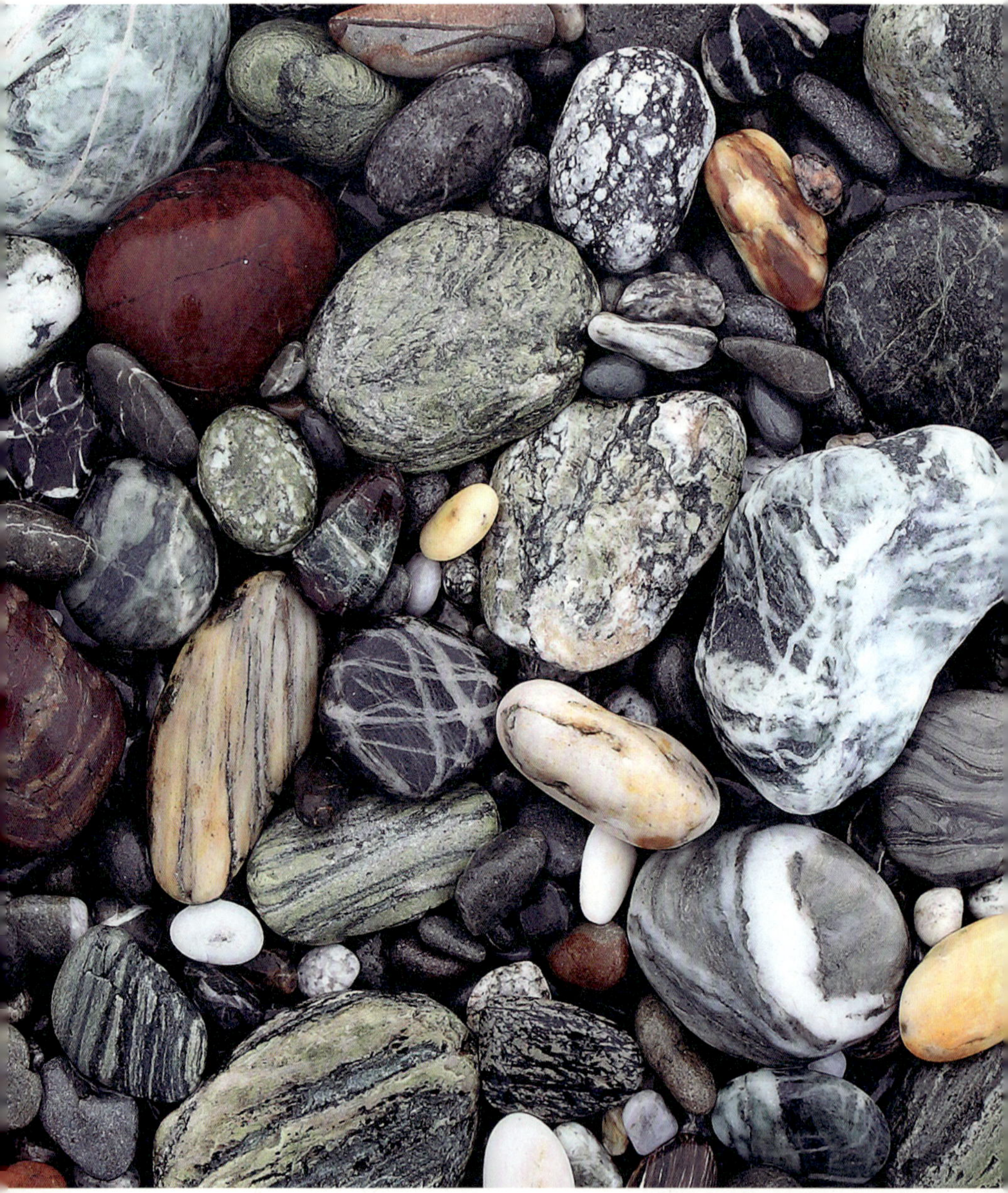

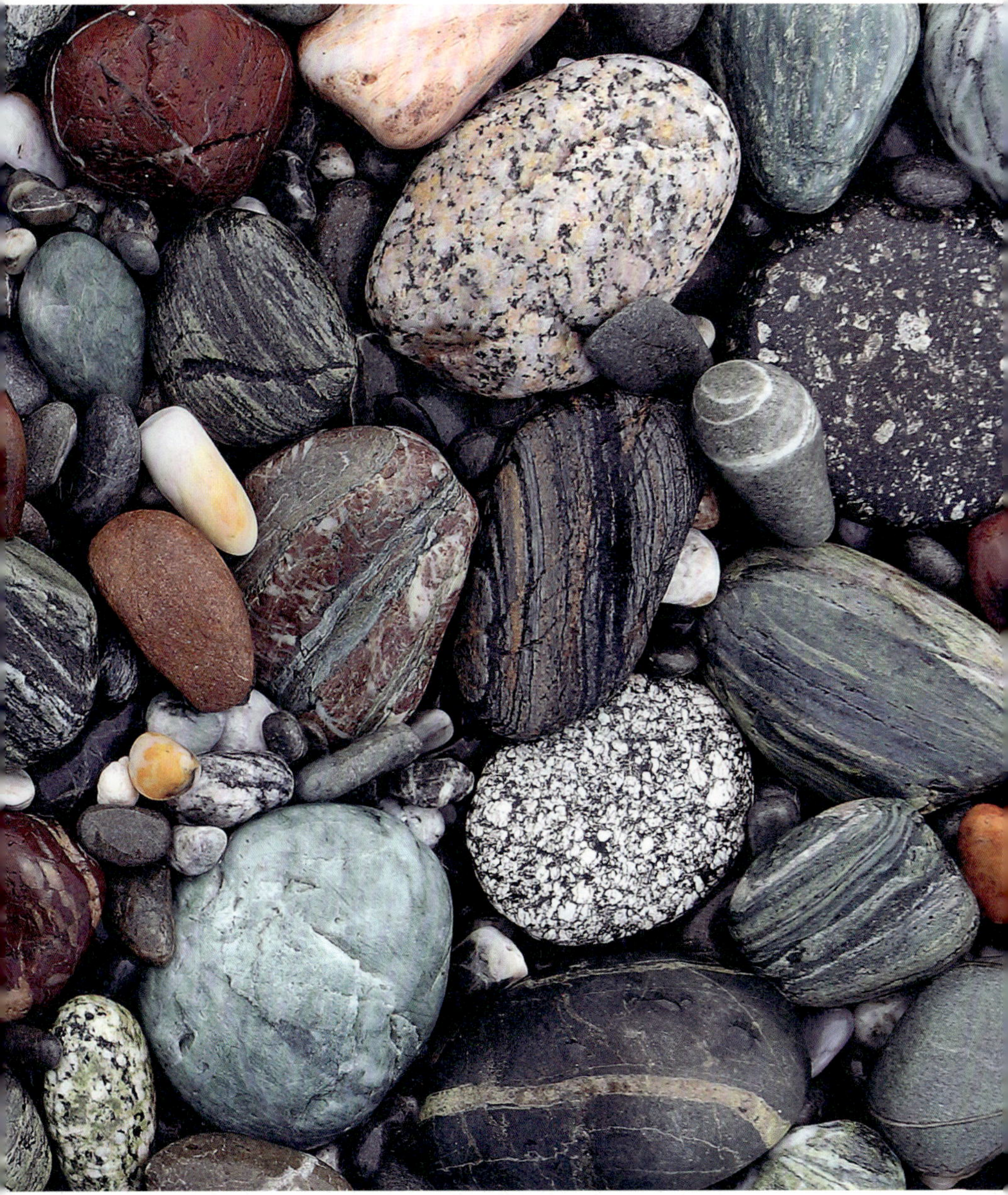

DAS FLÜSTERN DER GESTEINE. Das vom Wellengang rund geschliffene, bunte Strandgeröll von Gillespies Beach an der Westküste von Neuseelands Südinsel war bereits dreimal Bestandteil von Hochgebirgen. Bei solchen geologischen Zeitskalen wird deutlich, dass Veränderung die einzige Konstante auf unserem Planeten ist. Zeugen dieser Veränderungen sind Gesteine, die die Erdgeschichte in sich tragen.

Bei Temperaturen von bis zu 450 °C und dem enormen Druck der Gebirgsbildung veränderte sich das sandige Gefüge der Grauwacken in ein vollkommen neues Gestein namens Grauschiefer. In diesem Metamorphose genannten Prozess der Gesteinsumwandlung durch Druck und Temperatur in der Tiefe der Erdkruste rekristallisierten die ehemals granitischen Sandkörner der Grauwacke zu wunderschön gebänderten Lagen aus hellem Feldspat und Quarz sowie dunklen Lagen aus Glimmern. Auch der basaltische Ozeanboden mischte sich mit den Grauwacken. Der Grünanteil der resultierenden Schiefer nahm während der Metamorphose deutlich zu. Die eisenhaltigen, grünen Minerale Chlorit, Epitot und Aktinolith verleihen diesem Grünschiefer seine Farbe. Auch das Rangitatagebirge wurde wieder abgetragen und seine Sedimente gelangten erneut durch Flüsse in den angrenzenden Ozean. Vor 100 Millionen Jahren, zur Blütezeit der Dinosaurier, zerbrach dann der australische Kontinent, und die Tasmansee öffnete sich. Dadurch entstand ein eigenständiger Subkontinent namens Neuseeland. Vor 55 Millionen Jahren endete die Spreizung des Tasmansee-Ozeanbeckens und ein anhaltendes Absinken des Subkontinents ließ Neuseeland vor 30 Millionen Jahren bis auf wenige Inseln gänzlich im Meer versinken.

Seitdem befindet sich Neuseeland unter gewaltigem Druck der Australischen Platte im Westen und der Pazifischen Platte im Osten. Vor 25 Millionen Jahren bildete sich im Pazifik ein neuer mittelozeanischer Rücken aus und das erzwungene Abtauchen der Pazifischen Platte unter Neuseeland erzeugte die Vulkane der Nordinsel. Entlang der Ostküste der Südinsel besteht die Pazifische Platte aus kontinentaler Kruste, deren Kollision mit Neuseeland starke Stauchungen verursacht. Die Australische Platte schrammt dagegen in einer Transformstörung in nördlicher Richtung entlang der Westküsten der Südinsel Neuseelands. Durch diesen gewaltigen Druck aus verschiedenen Richtungen zerbrach Neuseeland in Längsrichtung und die Kompression hob das Land wieder über den Meeresspiegel. Bei der Heraushebung der Südalpen wurden die Grauwacken und Grünschiefer aus ihrer horizontalen Lage um mehr als 55 Grad in die Vertikale gekippt, in unzählige Falten gelegt und übereinandergestapelt. Diese Kollision hat die kontinentale Kruste Neuseelands um mehr als 120 Kilometer gestaucht und auf mehr als 45 Kilometer verdickt. In den letzten 5 Millionen Jahren wuchsen die Südalpen mit 2 Zentimetern pro Jahr in die Höhe.

Inzwischen balanciert das nasskalte Hochgebirgsklima Neuseelands den Aufstieg des Gebirges, sodass die Gipfelregionen Höhen um 3700 Meter erreichen. Die Westseite der Südalpen liegt in der Westwinddrift der Tiefdruckgebiete. Jedes Tiefdruckgebiet, das die Südalpen überquert, verliert dadurch seine Feuchtigkeit in Form von Regen und Schnee an der Westseite des Gebirges, und der Erosionsschutt der Gletscher und Flüsse schließt den Kreislauf des ewigen Recyclings der Gesteine am Strand von Gillespies Beach erneut. Die wunderschönen, von der Brandung der Tasmansee polierten Steine des Strandgerölls waren bereits Teil von drei majestätischen Gebirgen, und sie werden es wieder sein, in einer fernen Zukunft an einem anderen Ort.

DIE ALTEN UND DIE JUNGEN ROCKY MOUNTAINS

Es ist ein unbeschreibliches Erlebnis, wenn die ohnehin schon roten Maroon Bells in den Rocky Mountains in Colorado tiefrot von der aufgehenden Sonne angeleuchtet werden und sich im Maroon Lake spiegeln. Die beiden über 4000 Meter hohen Gipfel bestehen aus roten Ton- und Sandsteinen, die vor mehr als 300 Millionen Jahren das vermutlich noch viel höhere Uncompahgregebirge bildeten. Beimengungen von Eisenoxid verursachen die rote Färbung des Gesteins. Wieder waren es Gletscher, die die markante Gestalt der Maroon Bells aus dem Fels formten.

Die geologische Geschichte der Gesteine, die die Maroon Bells aufbauen, beginnt bereits im Karbon vor mehr als 350 Millionen Jahren. Mit der Schließung des Iapetusozeans, an dessen Stelle heute der Atlantik liegt, kam es zur Kontinentkollision zwischen den beiden Großkontinenten Laurentia und Gondwana. Die

Kollision stauchte die kontinentale Kruste um mehr als 100 Kilometer, verschob ganze Landschaften seitwärts gegeneinander und stapelte sie übereinander. Das führte zur Heraushebung der alten oder Ancestral Rocky Mountains, und dieses heute gänzlich wieder abgetragene Gebirge zergliederte sich in zahlreiche Bergketten, von denen eine die Uncompahgre Mountains bildete.

Die Landschaft Nordamerikas muss zu dieser Zeit noch spektakulärer als heute ausgesehen haben. Während sich im Westen der Panthalassaozean erstreckte, waren große Teile des nordamerikanischen Kontinents vor 310 Millionen Jahren vom Absarokaschelfmeer bedeckt. Es flutete eine vormalige Karstlandschaft aus Kalk und Dolomit, die 40 Millionen Jahre zuvor entstanden war. Zahlreiche Höhlen, Kavernen und Dolinen kennzeichneten diese Landschaft. Der lange Kontakt der Gesteine mit dem Meerwasser bewirkte eine tiefgreifende Verwitterung in ein rotes, schlammiges Sediment. Daraus sowie aus den unterliegenden Sandsteinen und Graniten erhoben sich infolge der Kollision zahllose Inseln und zerklüftete Gebirgszüge aus dem Flachmeer. Diese Landschaft aus Meereszungen, Stränden, Gezeitenbereichen mit Flussdeltas, Inseln und Gebirgen bot einer Vielzahl unterschiedlicher Tier- und Pflanzenarten ideale Lebensbedingungen. Im Flachmeer lagerten sich Kalke ab, und als das Meerwasser im zunehmend tropisch-heißen Klima der Permzeit verdunstete, bildeten sich mächtige Lagen aus Salzen. Schließlich zog sich das Absarokameer durch einen absinkenden Meeresspiegel vom Kontinent zurück und die Uncompahgre Mountains wurden abgetragen. Aus ihnen wurden die erwähnten roten Ton- und Sandsteine. Im Südwesten der USA sind diese roten Gesteine weit verbreitet und bilden zahlreiche berühmte Felsformationen, darunter das Monument Valley und eben die Maroon Bells, die im Zeitraum vor 80 bis 40 Millionen Jahren zu den modernen oder jungen Rocky Mountains aufgefaltet wurden. Die uralten Sedimente wurden während dieser laramischen Gebirgsbildungsphase durch die Vergletscherung der Eiszeiten erneut zu gratigen Gipfeln.

Gebirge, die durch die Kollision von Kontinenten entstehen, sind der Schlüssel zum Verständnis eines noch viel größeren Zyklus der Erde, den wir uns als Nächstes anschauen.

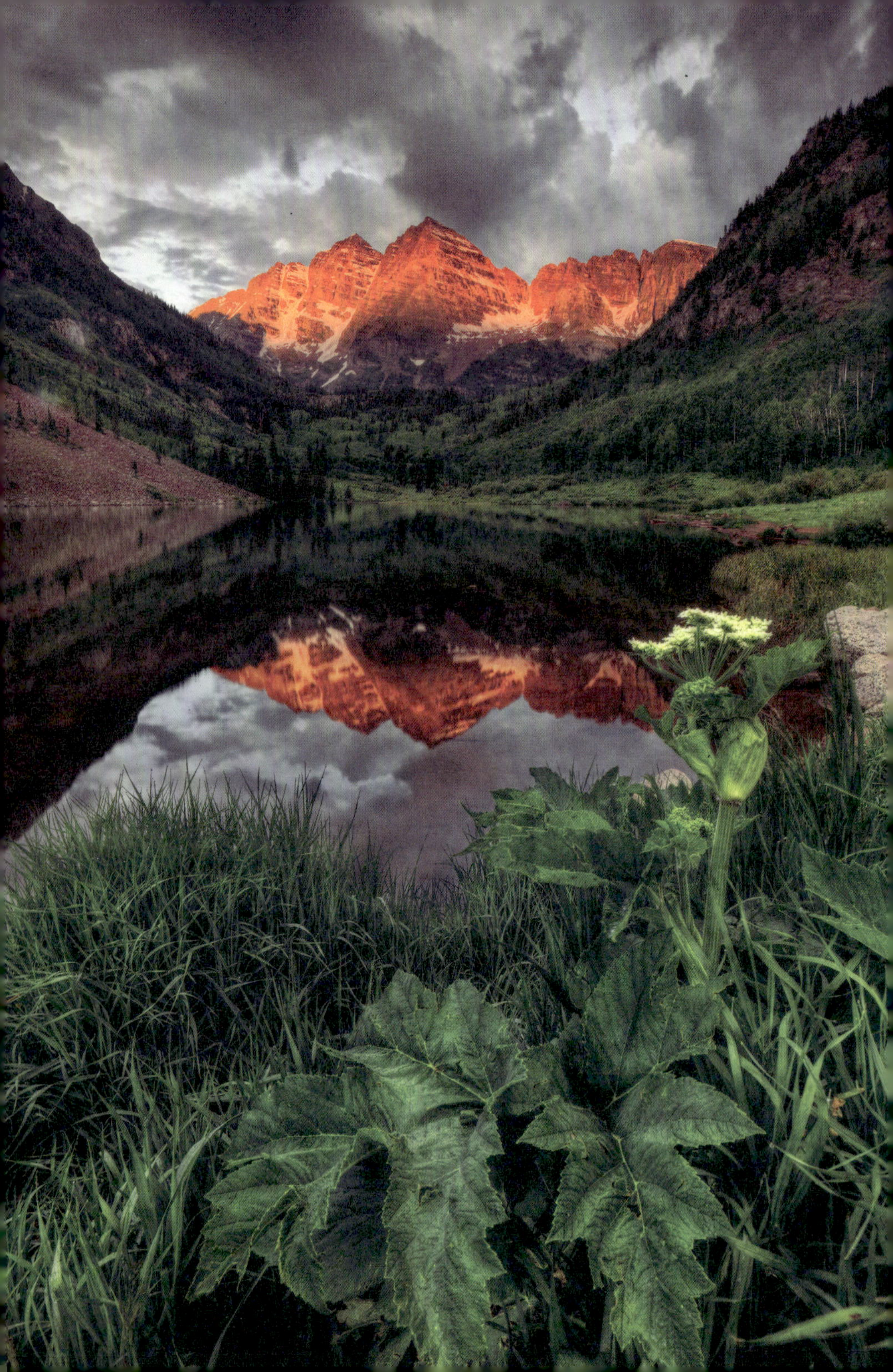

NUR DIE ERINNERUNG BLEIBT.
Die 4315 und 4270 Meter hohen Maroon Bells der Rocky Mountains in Colorado spiegeln sich bei Sonnenaufgang im Maroon Lake. Die tiefrot von der Sonne angestrahlten Gipfel bestehen aus Sedimenten, die vor 300 Millionen Jahren das Uncompahgregebirge aufbauten. »Uncompahgre« bedeutet in der Sprache der Ute Native Americans »Fels, der das Wasser rot färbt« – eine perfekte Beschreibung dieser Berge.

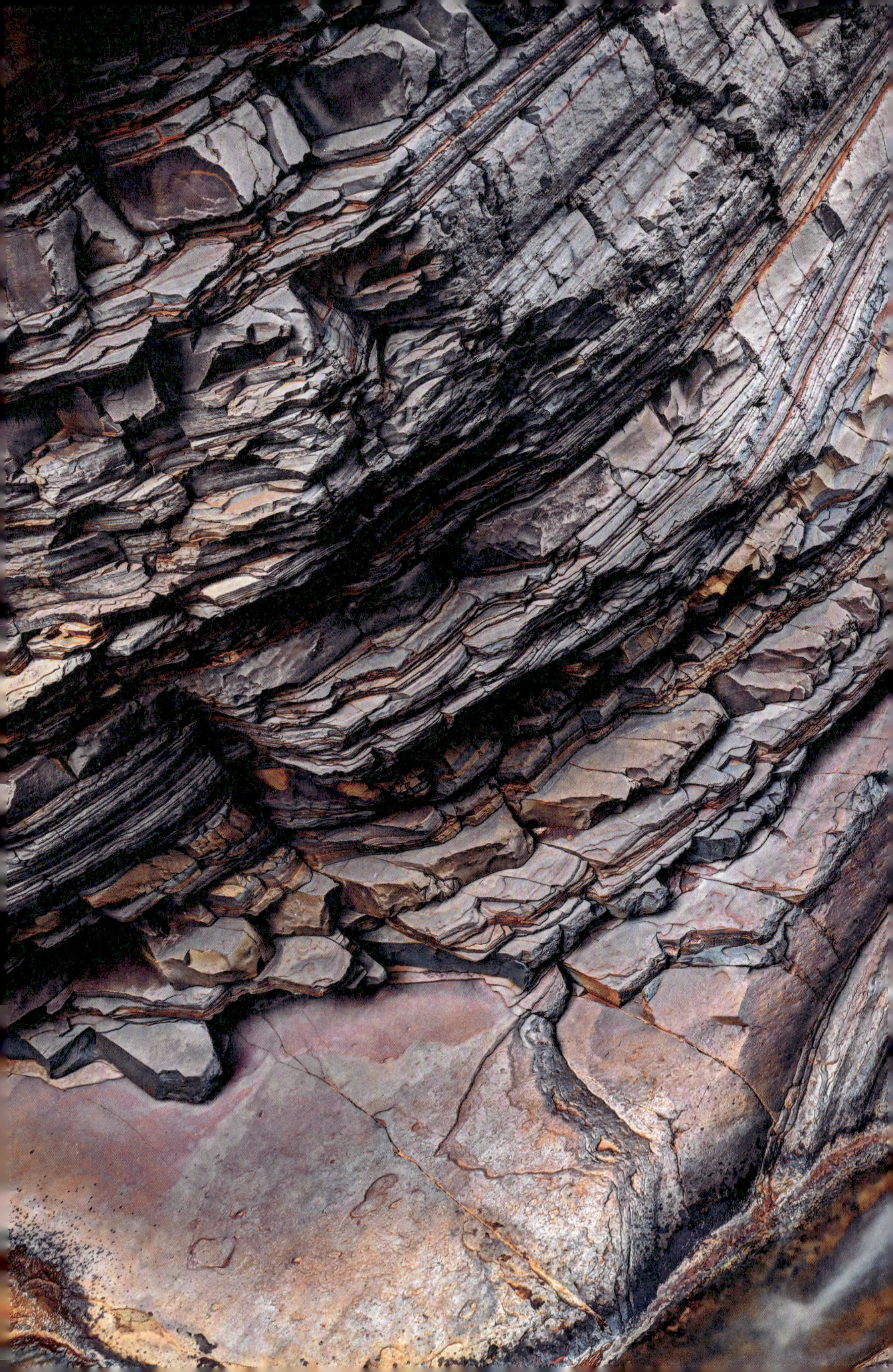

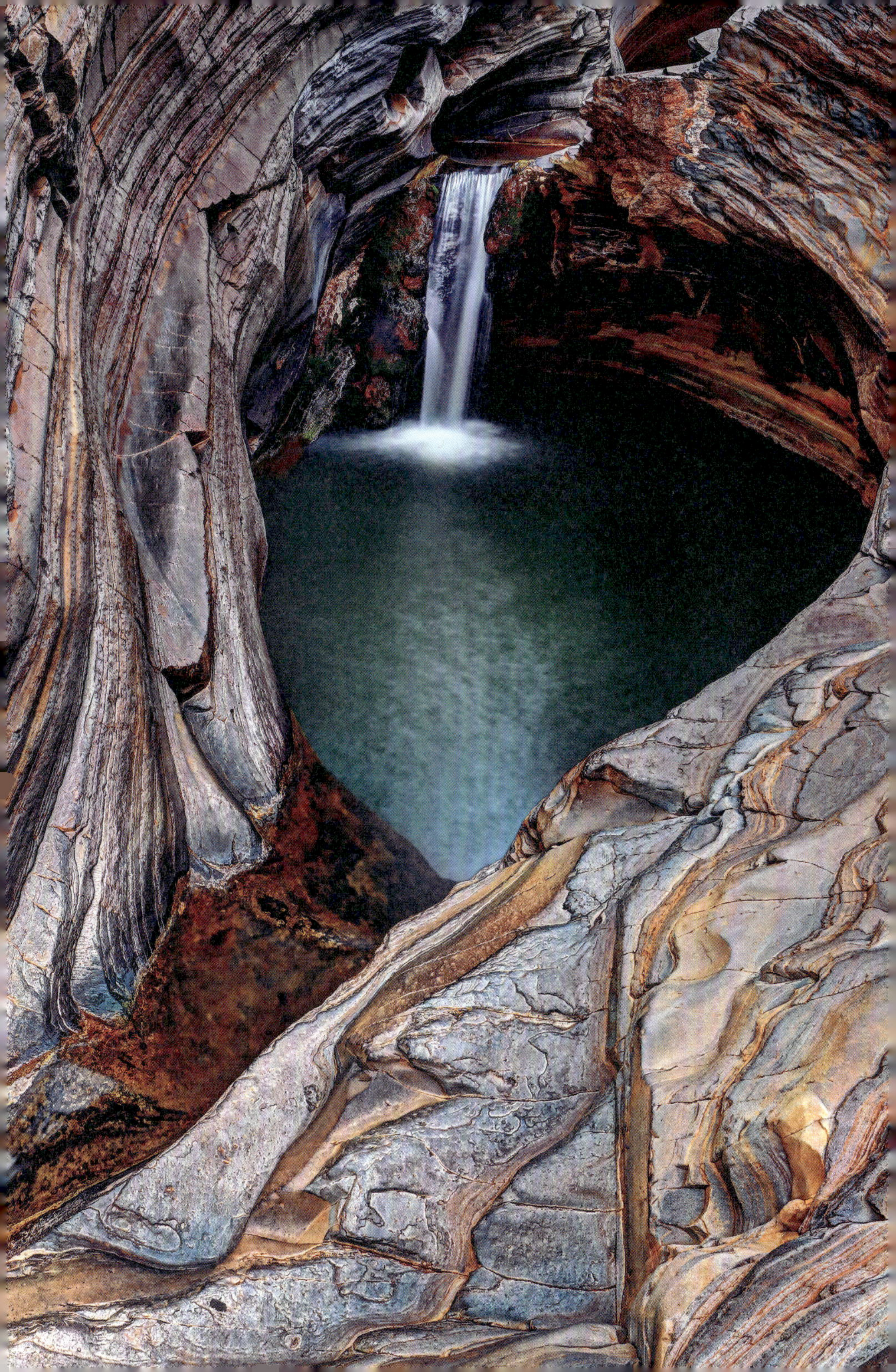

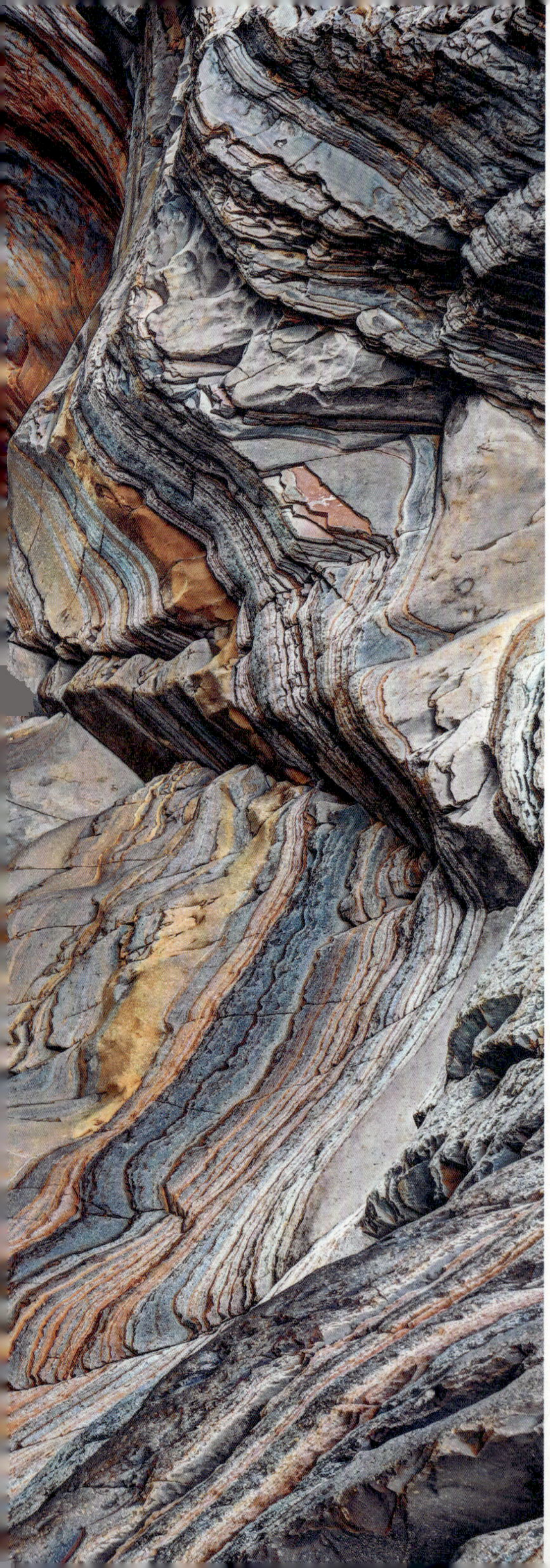

KAPITEL 8
DER ZYKLUS DER SUPERKONTINENTE

》

*Eine Welt in einem Sandkorn zu erblicken, heißt,
die Unendlichkeit in der Hand zu halten.*

William Blake

KAPITEL 8 | DER ZYKLUS DER SUPERKONTINENTE

Karijinis Pool der Zeitreise. Die Bändereisenerze der Hamersley Gorge von Karijini im Nordwesten Australiens stammen aus der Frühzeit des Planeten. Vor mehr als 2500 Millionen Jahren halfen Bakterien auf dem überspülten Pilbarakontinent, diese schichtartig gebänderten Sedimente am Boden eines Flachmeeres abzulagern, indem sie das im Meerwasser gelöste Eisen oxidierten, sodass es als rostiger Schlamm auf den Meeresgrund sank. Zudem gab es bereits Cyanobakterien, die mit ihrer Fotosynthese den ersten freien Sauerstoff in die Ozeane abgaben und damit das Eisen zusätzlich oxidierten.

Auf den Spuren der Plattentektonik sind wir in den vorangegangenen Kapiteln dem vierteiligen Wilson-Zyklus der Gesteine gefolgt und haben gesehen, wie Kontinente zerbrechen, sich aus ihnen heraus neue Ozeane öffnen, die nach 190 Millionen Jahren beginnen, wieder im Erdinneren zu verschwinden. Dadurch kollidieren schließlich die Kontinente wieder miteinander und falten entlang der Kollisionsnähte himmelhohe Gebirge auf. Auch sie werden von der Verwitterung wieder abgetragen und landen als Sedimente im Ozean, woraufhin der Zyklus von Neuem beginnt. Allerdings laufen auf der Erde ständig mehrere Wilson-Zyklen gleichzeitig ab und diese vereinen in recht regelmäßigen Intervallen alle Kontinente zu einer einzigen riesigen Landmasse, den Superkontinenten. Nach einiger Zeit zerbrechen diese wieder und verstreuen sich quer über den Planeten, um an anderer Stelle in anderer Konstellation erneut zusammenzukommen. Es ist die bewegte Geschichte der Superkontinentzyklen, die sich etwa alle 500 Millionen Jahre bilden, nur um danach wieder zu zerbrechen. Heute befinden wir uns in einer Konstellation der maximalen Entfernung der Kontinente voneinander, und deren nächste Annäherung zu einem weiteren Superkontinent hat bereits begonnen. Bei unserem folgenden Blick auf die Superkontinente werden wir einigen Orten wiederbegegnen, die wir im Wilson-Zyklus bereits kennengelernt haben.

KAPITEL 8 | DER ZYKLUS DER SUPERKONTINENTE

DAS PUZZLE DER LANDMASSEN

Den Antrieb für die Bildung und den Zerfall der Superkontinente liefern wieder die Subduktionszonen und die Manteldiapire. Während die Ozeane kommen und gehen, bleiben die beteiligten Landmassen immer dieselben. Lediglich ihre Anordnung und Position an der Erdoberfläche ändert sich beständig. Der Grund für das hohe Alter der Kontinente liegt darin, dass sie sich als Leichtgewichte effektiv der Subduktion widersetzen. Wir haben schon gesehen, dass sie wie ein Stück Holz im Wasser auf dem Erdmantel schwimmen. Wenn die vergleichsweise kurzlebigen Ozeanbecken im Inneren der Erde verschwinden, ziehen sie die Kontinente mit sich, bis diese kollidieren. Wo und wie sie das tun, hängt davon ab, wie symmetrisch Ozeanbecken wachsen, ob die Subduktion einseitig oder beidseitig einsetzt und wie schnell die Subduktion in Relation zur Ozeanbodenspreizung erfolgt. Besonders effektiv für die Bildung von Superkontinenten sind Subduktionszonen, die einen Ozean ringförmig umgeben. Das ist heute beim Pazifischen Ozean und dem Ring of Fire der Fall, weswegen die Erde damit begonnen hat, den nächsten Superkontinent zu bilden.

    Superkontinente brechen auseinander durch eine Kombination aus aufsteigenden Manteldiapiren und deren Produktion eines enormen Wärmestaus unter der dicken, isolierenden Kruste des Superkontinents. Beim Zerbrechen eines Superkontinents laufen mehrere Wilson-Zyklen an verschiedenen Stellen gleichzeitig an. Es dauert 200 bis 400 Millionen Jahre, bis die isolierende Kruste einer großen tektonischen Platte einen Manteldiapir in der Tiefe der Erde auslöst, und weitere 100 bis 200 Millionen Jahre, bis dessen Aufstieg an die Oberfläche den Superkontinent zerbrechen lässt. Mit den anlaufenden Wilson-Zyklen driften die neuen Kontinentfragmente auseinander. Maximal voneinander entfernt bilden sich Subduktionszonen aus, wo sich nach weiteren 100 bis 300 Millionen Jahren ein neuer Superkontinent zusammensetzt. Ein Superkontinentzyklus dauert zwischen 400 und 900 Millionen Jahre. Die Zyklen können sich auch zeitlich überlappen, sodass die Fragmentierung und die Kollision ineinander übergehen. Heute sehen wir, dass der Atlantik weiterhin wächst, während der Pazifik schrumpft. Zudem kollidieren derzeit Europa und Afrika, Australien und Indonesien sowie Indien und Eurasien weiterhin miteinander.

Der wohl bekannteste Superkontinent ist Pangäa, wörtlich »All-Erde«. Dies liegt aber allein daran, dass er der jüngste der Erdgeschichte ist, weswegen wir am meisten Kenntnisse über ihn haben. Pangäa und seine Ozeane Tethys und Panthalassa waren der Schauplatz großer Dinosauriergeschichten. Seine Rekonstruktion gelingt sehr einfach über die Umkehr der Ozeanbodendrift. Indem man die Spreizung der Ozeane wie in einem Film rückwärtslaufen lässt, vereinen sich die heute über den Globus verstreuten Kontinente zu Pangäa. Für ältere Superkontinente funktioniert diese Vorgehensweise nicht, weil kein Ozeanboden mehr aus diesen Zeiten erhalten ist. Auf anderen Wegen lassen sie sich dennoch rekonstruieren. Dafür müssen wir lediglich nach den alten, bereits abgetragenen Gebirgen suchen. In ihnen finden sich auch heute noch die Kollisionsnähte. Diese Suturen enthalten mit ihren schlangenhautartigen Ophiolithen und Serpentiniten eben jene Gesteine der ehemaligen Ozeanbecken, die nach dem Plattenabriss mit dem Auftrieb der Kontinente in die Höhe gerissen wurden. Die Erde hat bereits zahlreiche Superkontinente kommen und gehen sehen. Richtig große gab es dagegen erst zwei: Rodinia und Pangäa. Wie alles Große hat auch dieser Zyklus klein angefangen, alles begann mit den Superkratonen.

SUPERKONTINENTE IM MINIATURFORMAT

Superkratone waren die Vorläufer der Superkontinente in der Frühzeit der Erde. Wir haben in Kapitel 3 gesehen, wie sich die ersten Kerne der Kontinente aus den frühen TTG-Gesteinen formten, den Vorläufern der heutigen Granite. Aus ihnen entstanden mit der Zeit durch Kollision untereinander die ersten Kratone. Diese frühe kontinentale Kruste widersetzte sich schrittweise immer effektiver der Subduktion und verblieb dadurch für immer an der Oberfläche des Planeten – sozusagen wie eine Luftmatratze, die sich weigert unterzugehen. Die hohen Spreizungs- und Subduktionsraten der frühen Erde führten zur Kollision der Kratone, die dadurch rasch an Fläche gewannen. Es war eine Zeit intensiver Kontinentbildung. Wenn mehrere Kratone miteinander kollidierten, verschmolzen sie zu Superkratonen. Vereint wurden sie, genauso wie heute, durch die Subduktionszonen. Vermutlich erhoben sich die ersten Superkratone erst vor etwa 2700 Millionen Jahren deutlich über den Meeresspiegel; zuvor war ihre Kruste von zu geringer Mächtigkeit, um genug Auftrieb zu erfahren, ähnlich wie kleine Eisberge nicht so weit aus dem Wasser ragen wie große. Diese flachen Superkratone bestanden somit fast ausschließlich aus von den Ozeanen überfluteten Schelfen.

Die Kollisionsnähte der frühen Superkratone blieben teilweise bis heute erhalten. Sie erlauben nicht nur deren Rekonstruktion, sondern sie zeigen uns, wo die Schwächezonen tief im Untergrund der heutigen Kontinente verborgen liegen. Wie verheilte Wunden können sie bei zu starker Belastung, das heißt bei erneuter tektonischer Aktivität, wieder aufbrechen. Heute lassen sich etwa 35 archaische Kratone identifizieren, die sich zeitweise zu vier Superkratonen zusammenschlossen und wieder zerfielen. Superia, auch Kenorland genannt, bildete sich vor 2700 Millionen Jahren aus Teilen Kanadas und der Landmasse von Wyoming, die heute auch den Waterton-Glacier-Nationalpark umfasst. Sclavia, die Slave Province in Kanada, entstand vor 2600 Millionen Jahren. Etwa 200 Millionen Jahre danach folgte Zimgarn, heute Simbabwe und Yilgarn im südwestlichen Australien. Mit seinem Entstehen vor 2900 Millionen Jahren war Vaalbara der älteste der vier Superkratone und umfasste das südafrikanische Kaapvaal und Pilbara im Nordwesten Australiens.

Die kontinentalen Gesteine des letztgenannten Kratons haben sich sogar vor mehr als 3600 Millionen Jahren gebildet, auf ihnen lagerten sich faszinierende Spuren des frühen irdischen Lebens ab, in einer Zeit vor mehr als 2500 Millionen Jahren. Diesen Spuren folgte ich ins staubig-heiße Outback von Pilbara im Karijini-Nationalpark mit seiner malerischen Hamersley Gorge und dem Spa Pool (Abb. S. 214–216). Die beeindruckende Schlucht öffnet ein Fenster in eine Zeit, als Bakterien die einzigen Bewohner der Erde waren. Ihre wechselfarbigen

Gesteinsschichten sind Bändereisenerze, und es waren eben jene Bakterien, die an ihrer Entstehung maßgeblich beteiligt waren. Wie kam es dazu?

Als Pilbara sich von Kaapvaal trennte, bildete sich ein mittelozeanischer Vulkanrücken aus. Mit dem sich langsam öffnenden Ozean wurden die passiven Kontinentalränder abgesenkt und zu ruhigen Flachmeeren mit stabilen Umweltbedingungen. Durch die typischen hydrothermalen Aktivitäten der Schwarzen und Weißen Raucher am Meeresboden zwischen den zerbrechenden Kratonen gelangten große Mengen eisenhaltiger Verbindungen in gelöster Form in den Ozean. Weil der tiefe Ozean zu dieser Zeit noch keinen freien Sauerstoff enthielt, verblieb das Eisen im Meerwasser gelöst und färbte es braunrot. Meeresströmungen transportierten das eisenhaltige Wasser bis in die warmen Schelfmeere entlang der Küsten von Kaapvaal und Pilbara. Diese Meere boten eine ideale Lebensgrundlage für eine Vielfalt an mikrobiellem Leben mit ganz unterschiedlichen Stoffwechseln. Darunter waren zunächst nur archaische Bakterien der Tiefsee, die sich ohne Sonnenlicht von Schwefel ernährten, aber auch schon mittels des Sonnenlichts Fotosynthese betreibende Grün- und Purpurschwefelbakterien sowie Eisenbakterien. Diese frühesten Formen der Fotosynthese liefen jedoch noch anoxygen ab, also ohne Sauerstoffproduktion.

In Phasen verstärkten Vulkanismus am mittelozeanischen Rücken gelangte sehr viel gelöstes Eisen mit den Meeresströmungen in die flachen Schelfmeere. Die Bakterien oxidierten dieses Eisen ohne Abgabe von freiem Sauerstoff und schufen die dunklen rostfarbenen Schichten, indem sich große Mengen eines gelartigen Rosts am Meeresboden absetzten. In Ruhezeiten des Vulkanismus oder wenn die Meeresströmungen weniger gelöstes Eisen herantransportierten, überwog dagegen eine Sättigung des Meerwassers mit Silizium. Dann sedimentierten hellere Schichten, die überwiegend aus mikrokristallinen Quarzen bestehen, den Hornsteinen. Während der Verfestigung zum Gestein drangen Mineralbeimengungen und natriumhaltige Lösungen entlang von Störungen in die Sedimente ein und lagerten die Minerale um. Dadurch entstand der Farbreichtum der wechsellagigen Bändereisenerze.

Zunehmend verbreiteten sich in dieser Zeit die oxygenen Cyanobakterien, oft auch Blaugrünalgen genannt. Sie gaben als Abfallprodukt ihres Fotosynthesestoffwechsels erstmals freien Sauerstoff in die lichtdurchfluteten Flachmeere ab. Die Cyanobakterien erzeugten die ersten Riffstrukturen auf der jungen Erde in Form laminierter, kalkiger Strukturen. Sie sind die lebenden Steine der Stromatolithen, denen wir bereits in den 1500 Millionen Jahre alten Sedimenten im Waterton-Glacier-Nationalpark begegnet sind. Im Flachwasserschelf des Pilbarakratons gediehen sie sogar schon vor 3500 Millionen Jahren und ihre Fossilien finden sich neben den Bändereisenerzen ebenfalls im Karijini-Nationalpark. Damit gehören sie zu den erfolgreichsten Lebewesen, die die Erde je hervorgebracht hat, denn es gibt sie auch heute noch fast unverändert und quietschlebendig, z. B. in der Shark Bay (Abb. S. 226–228). Diese lebenden Steine in der salzig-warmen Hamelin-Pool-Lagune vermitteln uns somit eine gute Vorstellung davon, wie es in der Frühzeit der Entstehung des Lebens vor 3500 Millionen Jahren auf der jungen Erde ausgesehen haben könnte. Seit dieser Zeit ist das Leben über die Fotosynthese in der Lage, die Energie der Sonne effektiv zu nutzen. Diese Energieproduktion ist seitdem ein fester Bestandteil der geochemischen Kreisläufe der Erde und steuert heute das Dreifache der Energiemenge bei, die der Erde durch ihre innere Wärme zur Verfügung steht. Der Einfluss, den das Leben damit auf die Entwicklung des Planeten hatte und weiterhin hat, ist enorm, und wir beginnen gerade erst damit, diese Zusammenhänge langsam zu begreifen.

Stromatolithe bestehen aus dünnlagigen Biofilmen der Cyanobakterien, die sich mit zuckerreichen Schleimen umgeben, wodurch sich kleine Sedimentpartikel, die in der Strömung treiben, an ihnen verfangen. Aus dem Wasser ausfallender Kalk sorgt dann für eine Verfestigung. Über sehr lange Zeiträume hinweg wachsen diese lebendigen Steine Schicht für Schicht zu knubbeligen Riffstrukturen heran. Der Name Stromatolith ist ganz wörtlich zu verstehen, denn er bedeutet »geschichteter Stein«.

Das Besondere an diesen Stromatolithen ist, dass die Cyanobakterien in ihnen die ersten Lebewesen mit einem aeroben Metabolismus waren. Sie gaben

KAPITEL 8 | DER ZYKLUS DER SUPERKONTINENTE

freien Sauerstoff in die Ozeane ab und legten die Grundlage für alles Sauerstoff atmende Leben auf der Erde. Allerdings war dieser freie Sauerstoff zunächst ein katastrophales Umweltgift, das ein Massensterben unter den verbliebenen Vertretern der Bakterien auslöste. Erst als die Evolution zum Schutz gegen den aggressiven Sauerstoff das Hämoglobin herausbildete, das heute den Sauerstoff in unserem Blut bindet und transportiert, konnten sehr viel später, vor 540 Millionen Jahren, die ersten Tiere am Meeresboden diesen Sauerstoff zur Atmung nutzen. Es ergibt sich ein Bild, bei dem die Atmung die Umkehrreaktion zur Fotosynthese ist, denn während die Fotosynthese Kohlendioxid (CO_2) in Sauerstoff (O_2) umwandelt, ist es bei der Atmung genau umgekehrt.

Im Flachwasser der Schelfmeere verband sich dieser erstmals biogen erzeugte Sauerstoff sofort mit dem im Ozean gelösten Eisen und lagerte sich ebenfalls als Bändereisenerz am Meeresboden ab. Die riffbildenden Cyanobakterien stießen mit ihrer Sauerstoffproduktion eine weitere, für das sich entwickelnde Leben extrem wichtige Kettenreaktion an. Der im Laufe der Zeit durch aerobe Fotosynthese produzierte Sauerstoff gelangte nämlich, nachdem alles freie Eisen der Ozeane in den Bändereisenerzen gebunden war, durch Ausgasung aus dem Ozean in die Atmosphäre. Dort war die ultraviolette Strahlung der Sonne so intensiv, dass der molekulare Sauerstoff (O_2) in jeweils zwei Sauerstoffatome (O + O) aufgespalten wurde. Jedes dieser hochreaktiven Sauerstoffatome verband sich sofort mit einem weiteren Sauerstoffmolekül zu dreiwertigem Sauerstoff, dem Ozon ($O_2 + O = O_3$). Die langsam entstehende Ozonschicht ermöglichte nun, dass die lebensfeindliche harte UV-Strahlung den Boden nicht mehr erreichte; zuvor hatte nur das Wasser vor ihr Schutz geboten. In der Folge wurde eine zunehmende Besiedelung der oberflächennahen Gewässer möglich. Ohne die frühen Cyanobakterien gäbe es also keine höheren Lebewesen und damit auch uns nicht. Sie bereiteten die Grundlage, auf der die Tiere erst die Ozeane und später auch das Festland erobern konnten. Sie bereiteten uns den Weg.

Die Pilbaralandschaften von Karijini sind von unvergleichlicher Schönheit. Es ist fast unvorstellbar, wie diese Sedimente auf unserem unruhigen Planeten all die Jahrmillionen seit ihrer Entstehung vollkommen unbeschadet überstanden haben. Wir stehen vor einer Momentaufnahme aus einer Zeit, als das Leben den Planeten eroberte und alle Grundlagen schuf, die uns hier und heute unsere Existenz ermöglichen. Zudem ist es bemerkenswert, dass die fossilen Stromatolithen von Pilbara und ihre heute lebenden Verwandten in der Shark Bay gerade einmal 540 Kilometer Luftlinie trennen, sie aber zeitlich 3500 Millionen Jahre auseinanderliegen. Bakterielles Leben ist eine derartige Erfolgsgeschichte, dass wir ohne die symbiotische Beziehung zu ihnen gar nicht existieren könnten. Tatsächlich gehört die Hälfte der Zellen in unseren Körpern gar nicht uns, sondern einer unbeschreiblichen Vielzahl von Bakterien.

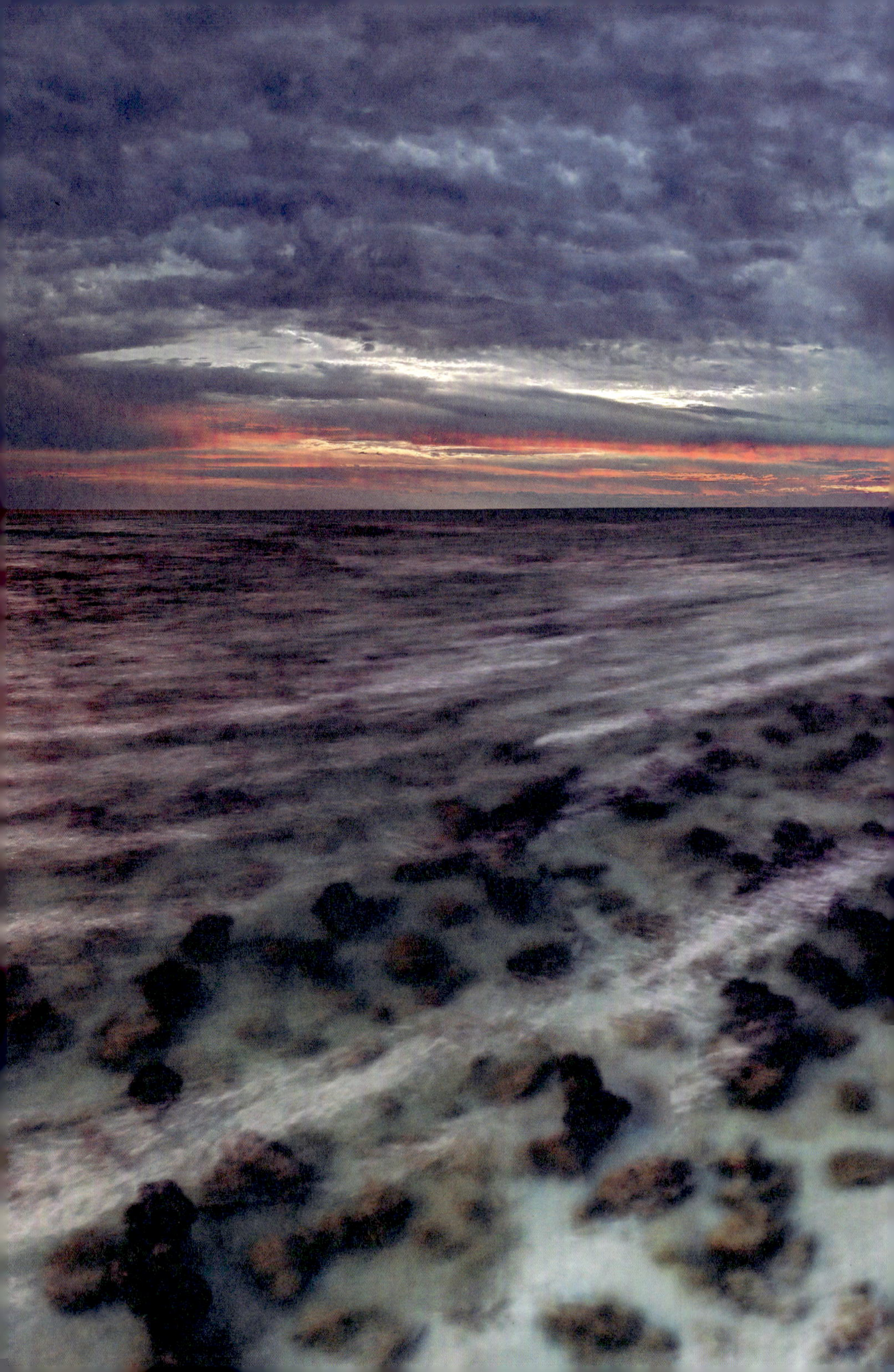

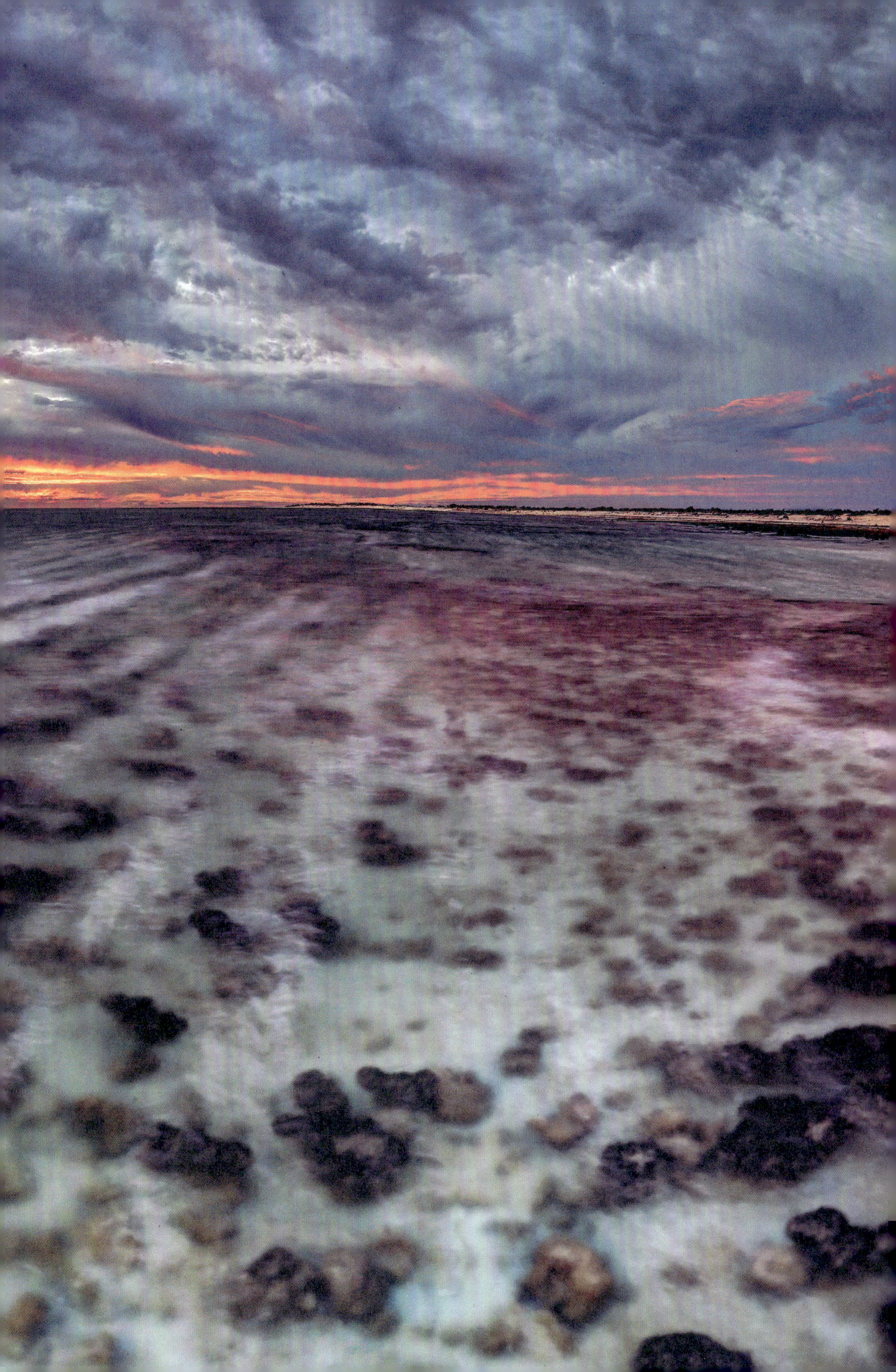

SHARK BAY SYMPHONY.
So wie hier in der Shark Bay im Nordwesten Australiens könnte es vor mehr als 3500 Millionen Jahren am Anbeginn des Lebens ausgesehen haben. Diese lebenden Steine des Stromatolithenriffs setzen sich dunkel gegen den hellen Sand ab. Die in ihnen wohnenden Cyanobakterien sind die erfolgreichste Spezies der Erde und haben sich seit ihrer Entstehung kaum verändert. Das macht sie nicht nur zu unseren Urahnen, sondern sie ebneten uns auch den Weg für ein Leben an Land, indem sie Sauerstoff produzierten, aus dem sich u. a. die schützende Ozonschicht entwickelte.

NUNA, RODINIA, LAURENTIA UND GONDWANA

Was wie die Landschaften aus einer Fantasysaga klingt, sind die Namen urzeitlicher Groß- und Superkontinente. Der erste und noch flächenmäßig kleine Superkontinent war Nuna. Er wird auch Columbia genannt und entstand vor etwa 1600 Millionen Jahren aus zwei Landmassen. Westnuna umfasste Laurentia, das heutige Nordamerika, mit Baltica, heute Nordeuropa, und eventuell auch Indien. Ostnuna bestand aus Teilen Australiens, der Antarktis und dem nördlichen China sowie Amazonia. Eigenständig verblieben Westafrika und Kalahari. Etwa 200 Millionen Jahre nach seiner Vereinigung zerfiel Nuna wieder. Damit Superkontinente effektiv fragmentieren können, benötigen sie einen entsprechenden Wärmestau unter sich und müssen daher groß sein. Da Nuna noch zu klein dafür war, bildete sich aus seinen wenigen Fragmenten schnell sein Nachfolger Rodinia.

Rodinia, was auf Russisch »Heimatland« bedeutet, formierte sich als tropischer Superkontinent vor 1100 Millionen Jahren um das äquatoriale Laurentia. Nördlich gliederten sich Sibirien, Australien, die Antarktis sowie Indien und Kalahari an. Südlich davon kollidierten die Kontinente Kongo, Amazonia, Baltica und Westafrika. Quer durch Rodinia zog sich das gewaltige Grenvillegebirge entlang der Kollisionsnähte.

Vor 780 Millionen Jahren, im ausklingenden Präkambrium, begann der Zerfall von Rodinia mit dramatischen Folgen für das Weltklima. Die Wechselwirkung der Kreisläufe aus Gestein, Wasser und Kohlenstoff stürzte die Erde in drei globale Vereisungszyklen, während in den Zwischenzeiten die Erde zur Sauna wurde. Diese Geschichte führt uns deutlich die tiefe Verbindung der drei Kreisläufe vor Augen; im nächsten Kapitel werde ich ausführlich auf sie eingehen. Als Rodinia zerfiel, trennte sich Indien von Australien und der Antarktis, die sich wiederum gemeinsam von Laurentia lösten. Mit diesem Zerbrechen des nordamerikanischen Kontinents habe ich Kapitel 4 begonnen. Der sich dort neu bildende Ozean hinterließ die bunten Gesteinstrümmer im Waterton-Glacier-Nationalpark. Des Weiteren trennte sich Amazonia von Laurentia ab. Aus den

Fragmenten entstand bereits vor 600 Millionen Jahren durch erneute Kollision Gondwana, der große Südkontinent; entlang der Kollisionsnaht verläuft das Panafrikagebirge. Zu dieser Zeit öffnete sich auf der südlichen Halbkugel der Iapetusozean durch Trennung von Baltica und Laurentia. Die nördliche Hemisphäre wurde vom gewaltigen Panthalassaozean eingenommen. Weiterhin bestand das Leben nur aus Bakterien und Mikroorganismen, weshalb dieses Zeitalter auch Proterozoikum genannt wird: das Zeitalter vor dem Erscheinen der vielzelligen Lebewesen, aus denen die Pflanzen und Tiere hervorgingen.

Mit dem Kambrium vor 540 Millionen Jahren erfolgte eine Zeitenwende in der Erdgeschichte. Sie markiert sowohl den Beginn des Phanerozoikums, der Zeit des erschienenen Lebens, als auch den Beginn des Erdaltertums, des Paläozoikums. Die ersten Tiere in den Ozeanen entstanden, deren Gehäuse eine Vielzahl von Fossilien hinterließen. Zu ihnen gehörten die Muscheln, Pfeilschwanzkrebse und die berühmten Dreilappkrebse, die Trilobiten. Ebenso entstanden Schwämme und Quallen, deren Fossilien als Abdrücke im Sediment erhalten sind. Vom Ordovizium bis ins Silur, einer Zeit vor 495 bis 415 Millionen Jahren, entstand zwischen Baltica und Gondwana ein weiterer großer Ozean in Nord-Süd-Richtung, die Paläotethys. In diesen Ozeanen tummelten sich nun auch Seeskorpione, erste Urfische sowie Kopffüßer mit geraden, gebogenen und eingerollten Gehäusen. Zwischen dem Iapetus und der Paläotethys öffnete sich der Rheiaozean (oder Rheischer Ozean), der uns spannende fossile Hinterlassenschaften in Deutschland beschert hat, denen wir gleich begegnen werden.

PANGÄA, DIE ALL-ERDE

Im Devon, vor 415 bis 355 Millionen Jahren, begannen sich die drei Ozeane zwischen den Landmassen Laurentias im Nordwesten und Gondwanas im Südosten langsam zu schließen, was zur Formierung des Superkontinents Pangäa führte. In den Ozeanen tummelten sich nun vor allem Fische, Rochen und Haie.

Besonders eindrucksvoll sind die Fossilien der mit kräftigen Knochenplatten besetzten Panzerfische, die wir im Rheinischen Schiefergebirge finden. Zudem besiedelten erste Pflanzen das Land und Fische versuchten sich am Landgang. Die Kopffüßer entwickelten sich zu den eingerollten Ammoniten, die dem heutigen Nautilus gar nicht unähnlich sahen. Mit der Kollision zwischen Baltica und Laurentia sowie zahlreicher Kleinkontinente entstand zunächst das Kaledonische Gebirge. Dieses heute längst abgetragene Gebirge verläuft der Länge nach durch Norwegen und offenbart uns dessen tiefe Gebirgswurzeln.

Im Karbon, das sich an das Devon anschloss und bis vor etwa 290 Millionen Jahren dauerte, kollidierte Laurentia und das Ur-Europa mit Gondwana. Als Naht zwischen Laurentia und Gondwana entstand das himmelhohe, 7000 Kilometer lange Gebirge der Appalachen im Osten Nordamerikas und der Variszíden in Europa. Zu den Überresten der abgetragenen Variszíden gehören in Deutschland der Harz und das Rheinische Schiefergebirge. Teile von Gondwana befanden sich über dem Südpol, was zu einer Vereisung dieser Landmassen führte. In den ausgedehnten sumpfigen Wäldern der äquatorialen Regionen entstand die Steinkohle. Fischen gelang der Landgang und vierfüßige Amphibien eroberten das Land. Auch den Insekten bot die üppige Vegetation eine vielfältige Lebensgrundlage.

Im Perm vor 290 bis 250 Millionen Jahren näherten sich dann auch die nordöstlichen Landmassen an Pangäa an. Zu ihnen gehörten Sibirien, Kasachstan und Nordchina. Das Klima im Inneren von Pangäa wurde immer kontinentaler. Als schließlich der Wasserkreislauf weitgehend stoppte, wurde das Landesinnere zu einer ausgedehnten Wüste, die größer und heißer als die heutige Sahara war. Aus dieser Zeit stammen die roten Sandsteine, die das Landschaftsbild des Coloradoplateaus maßgeblich prägen und die wir aus dem Grand Canyon und dem Monument Valley kennen. Es war die Zeit, in der sich die Reptilien entwickelten. Das Ende der Permzeit markiert das größte natürliche Massensterben der Erdgeschichte. In einem Zeitraum von 60 000 Jahren verschwanden zwischen 90 und 96 Prozent aller Arten von der Erde. Dieses Ereignis brachte das Leben an den Rand der Auslöschung. Was diese Krise der Evolution auslöste, ist nicht bis ins Detail verstanden, hängt aber offenbar mit dem Beginn des Zerfalls des Superkontinents Pangäa zusammen. In Sibirien ereigneten sich zu dieser Zeit gewaltige Vulkanausbrüche, deren basaltische Fördermengen so enorm waren, dass das freigesetzte Kohlendioxid und Schwefeldioxid eine Kettenreaktion in Gang setzten: einen starken Anstieg der Temperatur, gefolgt von einer Versauerung der Meere und einer starken Schädigung der Ozonschicht. Die Evolution benötigte 5 bis 10 Millionen Jahre, um sich von diesem Ereignis zu erholen, und wir können daraus viel über den menschgemachten Klimawandel lernen, denn während sich das Artensterben damals über 60 000 Jahre erstreckte, haben wir seit der industriellen Revolution ähnliche Effekte innerhalb von weniger als 200 Jahren erreicht.

Die Trias vor 250 bis 205 Millionen Jahren läutete das Erdmittelalter ein, das Mesozoikum, und mit ihm den Aufstieg der Dinosaurier. Die sibirische Landmasse schloss sich Baltica an, das bereits Teil von Pangäa war, und durch diese Kontinentkollision entstand das Uralgebirge. Pangäa erstreckte sich, vollends ausgebildet, in Form eines gigantischen C vom sibirischen Nordpol bis zum antarktischen Südpol. Die Dinosaurier konnten sich ungehindert über Pangäa ausbreiten und die Welt erobern. Östlich von Pangäa lag im Norden der sich endgültig schließende Paläotethysozean und im Süden öffnete sich sein Nachfolger, der an Australien angrenzende Tethysozean. Im Laufe der Zeit wurden Panthalassa im Westen Pangäas und Tethys im Osten zu den beiden Weltozeanen.

Im Jura, der Zeit vor 205 bis 140 Millionen Jahren, schlossen sich die Inselbögen und Landmassen, die die Tethys im Osten begrenzten, an den Kontinent Nordchina an und es entstand Südostasien. Während der Panthalassaozean seine Lage beibehielt, öffnete sich die Tethys zu einem liegenden V, dessen Spitze Afrika von Europa trennte und bis Grönland reichte. Dadurch bekam Pangäa das Aussehen zweier kompakter Landmassen mit Laurasia im Norden, das unter anderem Laurentia und Baltica umfasste, und Gondwana im Süden. Ihre Verbindung bestand zwischen Nordamerika und Südamerika, das mit Afrika zusammenhing, also im Bereich des heutigen Mittelamerikas. Die Hitze des

Erdinneren staute sich über lange Zeit hinweg unter dem Superkontinent auf. Vor 185 Millionen Jahren kam es zu den ersten Anzeichen eines kontinentalen Zerbrechens im Südteil von Gondwana. Dort begann sich der Indische Ozean vor 156 Millionen Jahren zu öffnen und erster basaltischer Ozeanboden trennte Afrika von Indien, Australien und der Antarktis ab. Im ausgehenden Jura öffnete sich zudem der zentrale Atlantik und trennte Nordamerika von Südamerika ab, das immer noch mit Afrika zusammenhing.

Die Kreidezeit, die zusammen mit dem vorangehenden Jura die Blütezeit der Dinosaurier war, begann vor 140 Millionen Jahren und endete mit dem Einschlag des Asteroiden, der vor 65 Millionen Jahren die Dinosaurier sowie viele andere Tiergruppen auslöschte. Der Zerfall von Pangäa wurde nun offensichtlich, denn es öffnete sich auch der Südatlantik und trennte vor 130 Millionen Jahren Südamerika von Afrika ab. Zeitgleich lösten sich Indien und Madagaskar von der Antarktis ab, die weiterhin fest mit Australien verbunden war. Dazwischen öffnete sich der Indische Ozean, während gleichzeitig die Tethys im Norden eine lange Subduktionszone zwischen Europa und Südostasien ausbildete. Vor 100 Millionen Jahren trennten sich schließlich Australien und die Antarktis voneinander. Madagaskar und die Seychellen separierten sich von Indien, weswegen sie im geologischen Sinne keine Inseln sind, sondern Kontinentsplitter aus Granit. Indien befand sich auf Kollisionskurs mit Asien, wodurch sich der Tethysozean weiter schloss und der Indische Ozean anwuchs. Die vielen neuen Ozeanbecken mit ihren heißen und hoch aufragenden mittelozeanischen Rücken verdrängten Unmengen an Ozeanwasser, wodurch der Meeresspiegel um bis zu 125 Meter über das heutige Niveau anstieg und sich der Anteil des trockenen Festlands auf nur 18 Prozent verringerte, heute beträgt der Anteil 29 Prozent. Viele Schelfmeere fluteten daraufhin die Kontinente, zu denen der Western Interior Seaway gehört, der vom Golf von Mexiko bis ins Nordpolarmeer reichte und die Landmasse im Westen Nordamerikas in zwei Teile trennte. Aber auch weite Teile Afrikas wurden im Bereich der Sahara und Arabiens zu Flachmeeren. Weite Teile Europas und des Nahen Ostens lagen ebenfalls unter Wasser. Die abgelagerten Sedimente in den Flachmeeren des warmen

Klimas der Kreidezeit hinterließen Unmengen an Schreibkreide, was dieser Zeit seinen Namen gab. Kreide besteht aus unzähligen Mikrofossilien, deren Kalkgehäuse, die Coccolithen, von einzelligen Algen stammen. Falls Sie einen Lehrberuf haben und das nächste Mal etwas an die Tafel schreiben, denken Sie einmal daran, dass Sie dabei – falls die Kreide nicht künstlich hergestellt wurde – Überreste von Meeresbewohnern der Dinosaurierzeit an der Tafel zerquetschen. Die Kalkfelsen von Dover und Rügen sind berühmte Beispiele für ihr Vorkommen, aber wir finden die Schreibkreide auch in Norddeutschland, dort, wo sie sich fingerartig an die Oberfläche gepresst hat. Ich konnte als Student die gesamte Meeresfauna der Saurierzeit nördlich von Hamburg erkunden und fand neben den Donnerkeilen und Ammoniten sogar Hai- und Saurierzähne sowie deren Knochen. Der Kohlendioxidgehalt der Atmosphäre lag bis zu fünfzehnmal höher als heute, was diese Welt etwa 13 °C wärmer machte. Die extrem hohe Bioproduktion der Ozeane ließ den Sauerstoffgehalt im Tiefenwasser schnell absinken. Durch die geringe Durchlüftung wurde das Milieu zu sauerstofffreien Meeresböden und die Sedimente zu Schwarzschiefern, die 60 Prozent des weltweiten Erdöls und Erdgases enthalten.

Das Ende der Kreidezeit kam plötzlich und der Einschlag des Asteroiden veränderte die Welt. Die Spuren dieses Ereignisses finden sich weltweit in einer wenige Millimeter dicken, braunen Tonschicht, die stark mit Iridium angereichert ist. Dieses Element der Platinmetalle verriet den kosmischen Fingerabdruck der Katastrophe, denn es kommt in der Erdkruste so gut wie gar nicht vor. Meteoriten dagegen enthalten es überaus häufig. Ich hatte die Gelegenheit, diese Tonschicht in einer Grube bei Stevns Klint zu erkunden, einer Steilküste in Dänemark. Sie beendet abrupt die mächtigen Schichten der Schreibkreide und enthält die Überreste des Weltenbrandes. Es war fast unerhörtes Glück, dass ich bei diesen Ausgrabungen auf einen 4 Zentimeter langen und perfekt erhaltenen Haizahn stieß, dessen Wurzel in der Kreide steckte, während seine messerscharfe Spitze die Iridiumschicht durchbohrte. Obwohl dieser Hai ein Opfer des Einschlags wurde, haben es die Haie als Spezies geschafft, die Katastrophe zu überleben.

Vor 65 Millionen Jahren begann das Tertiär und mit ihm das Känozoikum, die Erdneuzeit, und damit der Aufstieg der Säugetiere. Sie besetzten die frei gewordenen Nischen der Dinosaurier. Nur die Vögel konnten sich als direkte Nachfahren der Dinosaurier durchsetzen. Der Blick auf die Landkarte hätte uns bereits eine Welt mit Wiedererkennungswert gezeigt. Das liegt vor allem daran, dass vor 60 Millionen Jahren ein Hotspot unter dem davondriftenden Grönland auftauchte und begann, Island zu erschaffen. Mit diesem Ereignis öffnete sich vor 55 Millionen Jahren der Nordatlantik, wobei sich Irland von Amerika und Norwegen von Grönland abtrennte. Bis dahin hätte man trockenen Fußes und mit nur einem Schritt von Europa nach Amerika gehen können – wie man es auf der Reykjaneshalbinsel geologisch betrachtet noch heute kann, wie wir aus Kapitel 5 wissen. Ein weiteres tektonisches Großereignis war die sich gleichzeitig anbahnende Schließung des Tethysozeans. Sie erfolgte, wie wir schon gesehen haben, durch die Kollision Indiens mit Eurasien, wodurch das Tibetplateau und in der Folge der Himalaja entstanden. Des Weiteren kollidierte Afrika mit Europa, wodurch die Alpen entstanden. Schließlich trennte sich auch die Antarktis von Australien und durch die Öffnung der Tasmansee entstand Neuseeland.

AMASIA, DER SUPERKONTINENT VON MORGEN

Die heutige Kontinent- und Ozeankonstellation ist uns so vertraut, dass wir sie für selbstverständlich und unveränderbar halten. Wenn wir jedoch mit der Zeitverfügbarkeit der Erde darauf schauen könnten, würden wir sofort bemerken, dass es sich nur um eine Momentaufnahme der Erdgeschichte handelt, ganz so, als hätten wir beim Anschauen eines Spielfilms die Pausentaste gedrückt. Tatsächlich befinden wir uns derzeit im Superozeanstadium mit weit verstreuten Kontinenten. Das Mosaik der Erdkruste besteht derzeit aus etwa zehn großen und zwanzig kleinen tektonischen Platten, die zumeist sowohl ozeanische als auch kontinentale Anteile besitzen. Das liegt daran, dass die Plattengrenzen entlang der mittelozeanischen Rücken verlaufen. Die Afrikanische Platte beginnt inmitten des Atlantiks und reicht bis in den zentralen Indischen Ozean. Die Nordamerikanische Platte reicht vom Werchojanskgebirge in Ostsibirien bis zum Grabenbruch, der Island teilt. Die Pazifische Platte ist dagegen rein ozeanisch, was an ihren umlaufenden Subduktionszonen liegt, die den Ring of Fire erzeugen.

Die Bildung des nächsten Superkontinents hat aber längst begonnen. Ringförmige Subduktionszonen, wie wir sie heute rund um den Pazifik finden, sind besonders effektiv darin, die Bildung von Superkontinenten voranzubringen. Im Westpazifik schließen sich bereits zahlreiche Inselbögen wie die vor Japan, den Philippinen und Neuguinea zu neuen Landmassen zusammen. Dabei hat die blockierende Wirkung der Kollision großer Kontinente erheblichen Einfluss auf das globale Plattendriftmuster selbst. Sollte der Pazifik komplett subduziert werden, würden die Amerikas mit Asien, Indonesien und Australien kollidieren. Der Atlantik könnte sich in Teilen noch weiter öffnen und die neue Rolle des Pazifiks einnehmen. Ein solcher, zugegeben noch recht hypothetischer Superkontinent ist Amasia (Amerika und Asien) und seine Bildung könnte in etwa 250 Millionen Jahren abgeschlossen sein. Die Voraussetzungen dafür sind allerdings, dass sich die derzeitigen Bewegungsmuster der Erdplatten und deren Antriebe im Erdinneren nicht deutlich verändern. Wie der nächste Superkontinent aussehen und wo er liegen wird, hängt auch von diesen Bewegungsmustern ab. Wir sehen sie uns im nächsten Kapitel genauer an.

Das Kommen und Gehen der Superkontinente hat einen erheblichen Einfluss auf die Evolution. Zusammenhängende Landmassen und große Ozeanbecken erlauben die weltweite Ausbreitung erfolgreicher Arten auf Kosten derer, die bestimmte ökologische Nischen besetzen. Umgekehrt isoliert das Kappen von Landbrücken und die Einengung von Ozeanbecken die Lebenswelten, und deren räumliche Trennung voneinander fördert den Artenreichtum. Die Überflutung des kontinentalen Schelfs hat zwischen Sibirien und Alaska eine Landbrücke gekappt, während der Panama-Isthmus eine Landverbindung zwischen Nord- und Südamerika geschaffen hat. Kontinentkollisionen führen langfristig zu Artensterben, weil die Lebensräume ganzer Ozeane verschwinden und Tiere an

Land durch die folgende Gebirgsbildung und einhergehende Klimaveränderung abwandern müssen. Fossilienfunde belegen eindrucksvoll das Kommen und Gehen der Biodiversität durch die tektonischen Zyklen hindurch. Allerdings ist das mit der heutigen, durch uns Menschen verursachten Abnahme der Biodiversität nicht zu vergleichen, da die tektonischen Vorgänge extrem langsam stattfinden.

DIE VEREINIGTEN PLATTEN VON DEUTSCHLAND

Der Boden unter unseren Füßen, den wir so selbstverständlich Deutschland nennen, hat seinen Ursprung im Superkontinentzyklus. In der Zeit des Zerfalls von Rodinia und der Bildung von Gondwana vor etwa 650 Millionen Jahren entstanden zahlreiche vulkanische Inselbögen entlang von Subduktionszonen in einem Ozean nahe dem Südpol. Sie widersetzten sich bei der Bildung von Gondwana der Subduktion und wurden zu Terranen, die im Bereich von Amazonien und Westafrika an Gondwana angeschweißt wurden. Zwei dieser Terrane tragen die Namen Avalonia und Armorica. Avalonia bildet heute das kontinentale Fundament von Irland, Mittelengland, Belgien und Norddeutschland, wo es bis zum Hunsrück und in den Harz reicht. Armorica schließt sich südlich an Avalonia an und ist das Fundament des restlichen Mitteleuropas. Wie kamen diese Landmassen aus den polaren Gegenden des Südpols in ihre heutige Lage weit im Norden der Erde?

Die Rekonstruktion der bewegten Geschichte Deutschlands ist nicht einfach, da die meisten Gesteine, die davon erzählen können, in unerreichbarer Tiefe unter mächtigen Stapeln von Sedimenten der jüngeren Erdgeschichte begraben sind. Vor allem Norddeutschland liegt unter mächtigen, eiszeitlichen Sedimenten, die erst jüngst mit dem Inlandeis aus Skandinavien zu uns geschoben wurden. Aber auch unter dieser Schuttschicht befinden sich noch nicht die Gesteine Avalonias. Um sie zu erreichen, müssten wir uns durch kilometerdicke Lagen urzeitlicher Sedimente graben, allen voran die mächtige Schreibkreide der Saurierzeit. In Süddeutschland verbergen ebenfalls mächtige Sedimentpakete die Geschichte Armoricas. Zugänglich sind die Gesteine dieser Zeit tatsächlich nur im Böhmischen Massiv östlich von Prag und in der Bretagne.

Im frühen Ordovizium, vor etwa 490 Millionen Jahren, trennte der Iapetusozean das äquatoriale Laurentia von Gondwana am Südpol. Nun öffnete sich zusätzlich der bereits erwähnte Rheiaozean als Grabenbruch und spaltete Avalonia als Kontinentsplitter von Gondwana ab. Mit der Norddrift kollidierte zu Beginn des Silurs, vor 440 Millionen Jahren, zuerst Avalonia mit Baltica. Durch die Schließung des Iapetusozeans wiederum kam es zur Kollision der nun vereinten Kontinente mit Laurentia, die in zwei Schüben das Kaledonische Gebirge auffaltete, das sich von Norwegen bis Dänemark und von Norddeutschland bis Polen erstreckte. Man mag es kaum glauben, aber Norddeutschland besaß zu dieser Zeit ein eindrucksvolles Hochgebirge. Vollkommen abgetragen können wir es heute noch im Westen Norwegens bewundern, und tatsächlich erzählen alle von der Eiszeit zu uns getragenen Steine von seiner lebhaften Geschichte. Ein Besuch am Ostseestrand wird dadurch zu einer Zeitreise ins Hochgebirge vor 440 Millionen Jahren. Die viel spätere Öffnung des Nordatlantiks hat das Kaledonische Gebirge seiner Länge nach auseinandergerissen. Daher befindet es sich heute zugleich im Osten Grönlands und im Westen Norwegens, aber auch in Schottland und im Osten Amerikas. Dieses Zerreißen des Gebirges zeigt, dass sich die Tektonik Schwächezonen in der Erdkruste zunutze macht und sie nach unzähligen Millionen Jahren reaktivieren kann.

Vor etwa 400 Millionen Jahren löste sich im Silur ein weiterer Kontinentsplitter von Gondwana ab, der zu Armorica wurde. Das geschah durch die Öffnung des Moldanubischen Ozeans. Mit beständiger Drift nach Norden schloss sich vor etwa 310 Millionen Jahren der Rheiaozean, wodurch sich Armorica, von Süden kommend, mit Avalonia im Norden verband. Zuletzt schloss sich auch der Moldanubische Ozean. Gondwana keilte von Süden herandriftend das spätere Nord- und Süddeutschland in den Superkontinent Pangäa ein. Während dieser Zeit lag das nun geologisch vereinte Deutschland in den Tropen und driftete weiterhin als Teil Pangäas beständig nordwärts. Auf seinen tropischen

Flachwasserschelfen gediehen Korallenriffe, die dem heutigen Great Barrier Reef in Australien sicher nicht unähnlich sahen. Mit der Zeit gelangte Deutschland auf die Nordhalbkugel und wurde beim Zerbrechen von Pangäa langsam in seine heutige Position geschoben. Avalonia wurde aber durch die Öffnung des Atlantiks zerrissen; das Fragment, das davondriftete, liegt heute in Neufundland. Armorica blieb dagegen intakt und umfasst Süddeutschland und die angrenzenden Teile Mitteleuropas.

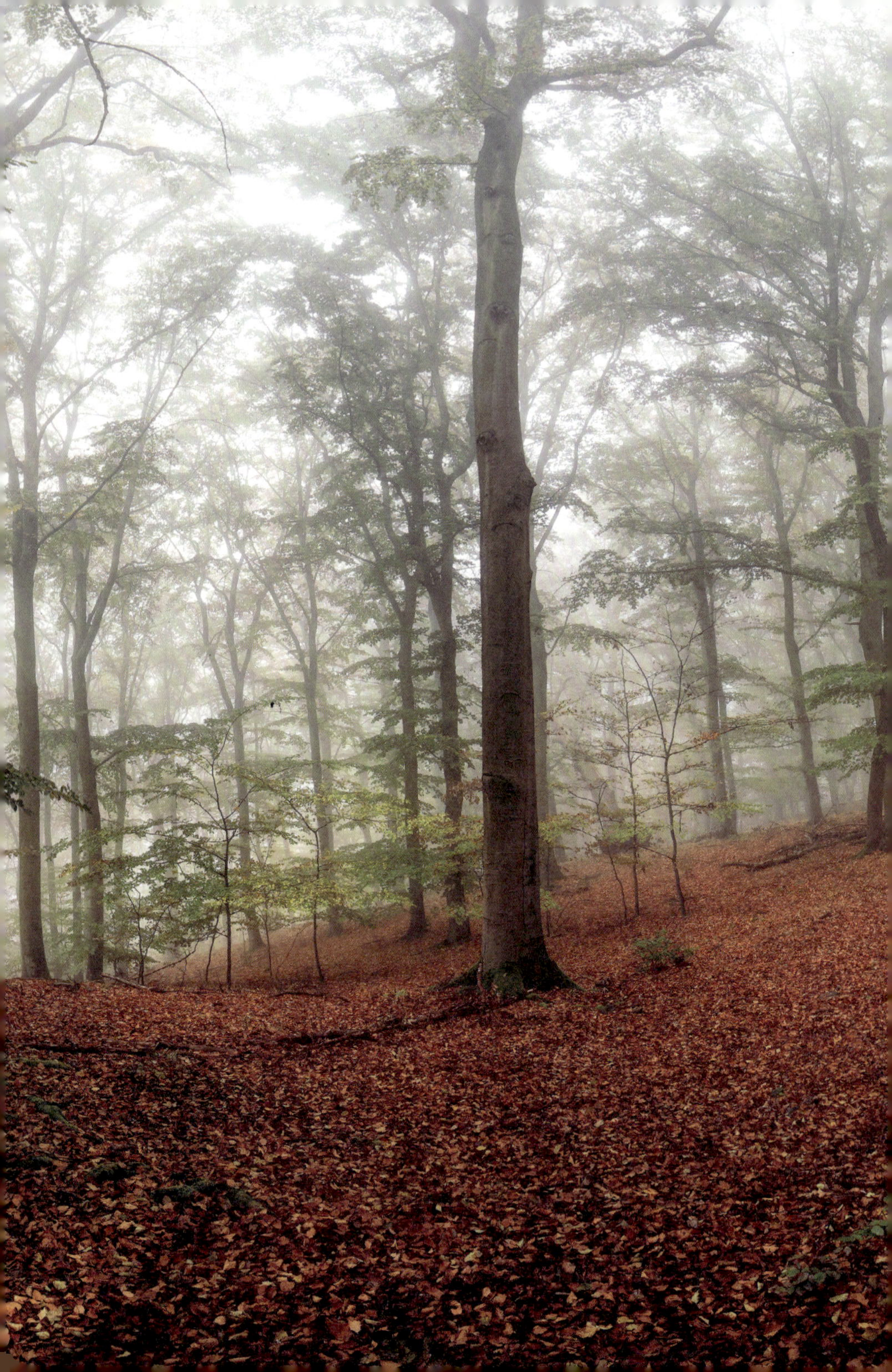

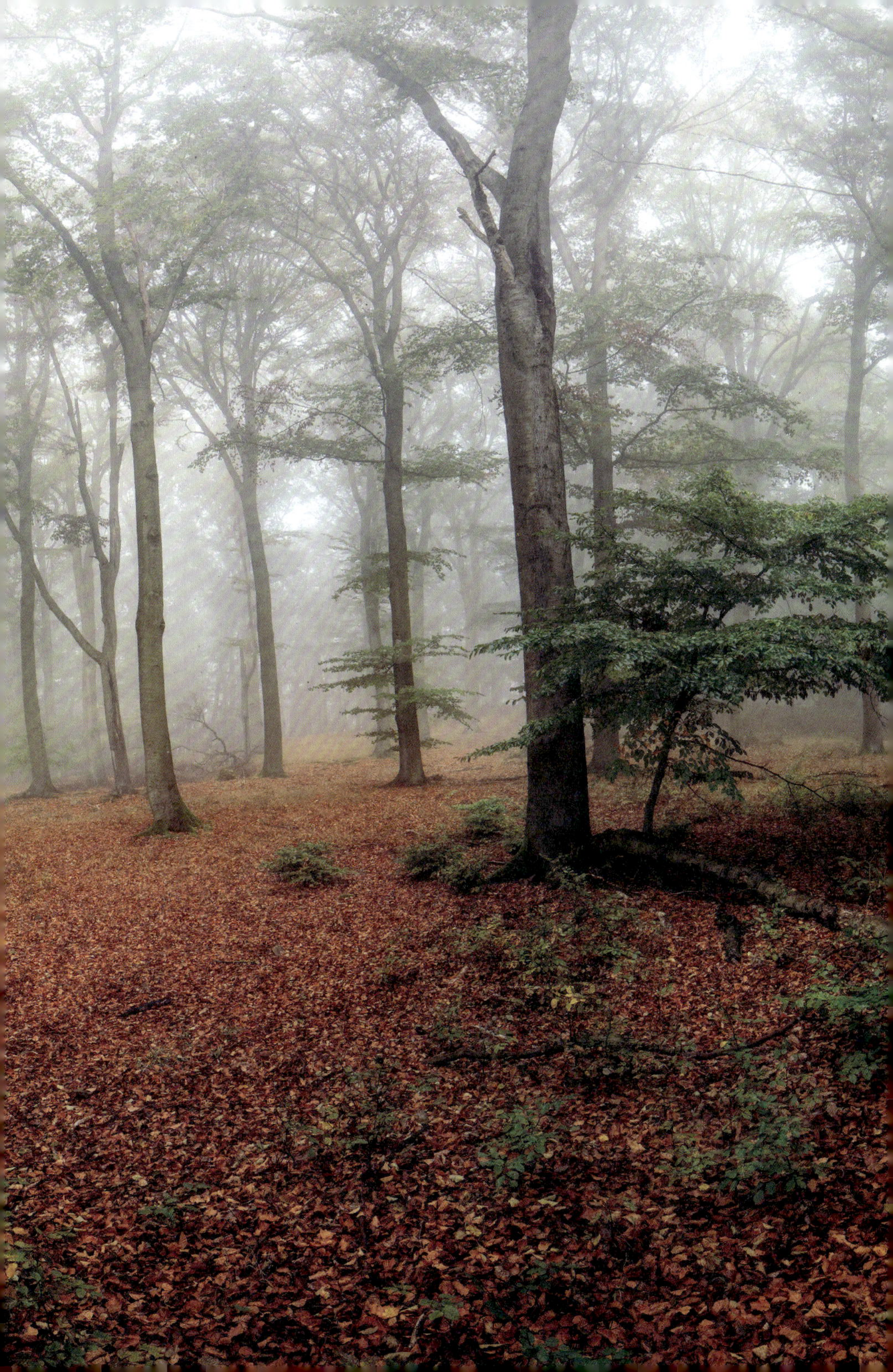

IM NEBELWALD DER PANZERFISCHE.
Die Buchenwälder des Nationalparks Kellerwald umgeben den Edersee bei Kassel am östlichen Rand des Rheinischen Schiefergebirges. Unter dem Waldboden verbirgt sich eine bewegte geologische Geschichte, denn vor 380 Millionen Jahren lag dieses Land namens Avalonia südlich des Äquators und war von einem flachen Ozean bedeckt, in dem urzeitliche Panzerfische jagten. Ihre Fossilien findet man in den Steinbrüchen dieser Gegend.

KAPITEL 8 | DER ZYKLUS DER SUPERKONTINENTE

Die ewige Drift der Kontinente, das Kommen und Gehen der Ozeane und die Bildung der Superkontinente, all das wirft Fragen auf, die uns zu noch größeren und ganze Ewigkeiten andauernden Kreisläufen der Erde führen. In ihnen sind Gestein, Wasser und Kohlenstoff die Hauptakteure und sie kehren buchstäblich das Innere der Erde nach außen und das Äußere nach innen. An dieser Stelle wird die Plattentektonik dreidimensional und als Vorgang in der Zeit sogar vierdimensional. Wir folgen dem Weg der Ozeanplatten in die Tiefe der Erde, um zu verstehen, wie all diese Bewegungen angetrieben werden und weshalb sie das Angesicht der Erde pausenlos verwandeln.

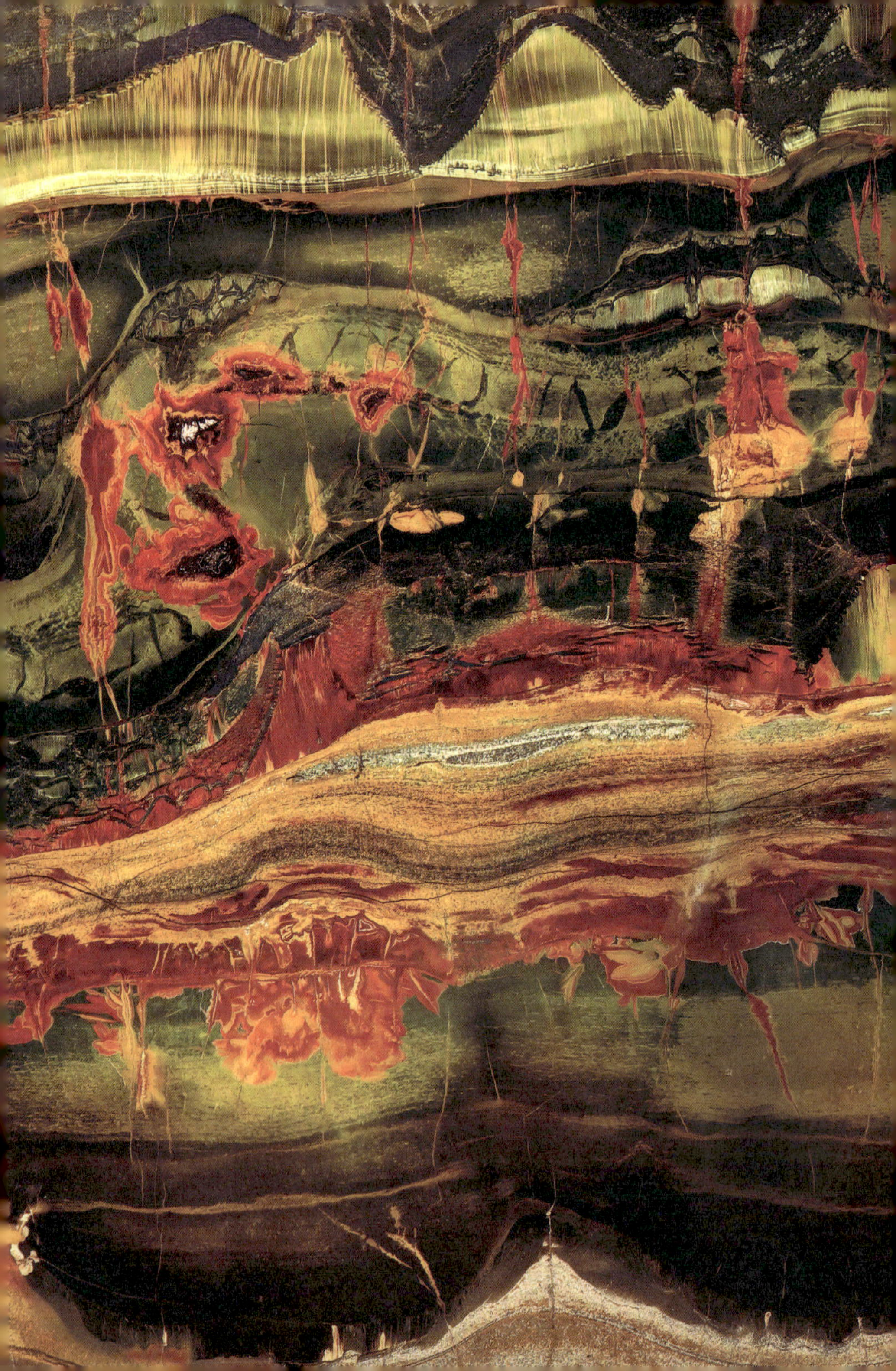

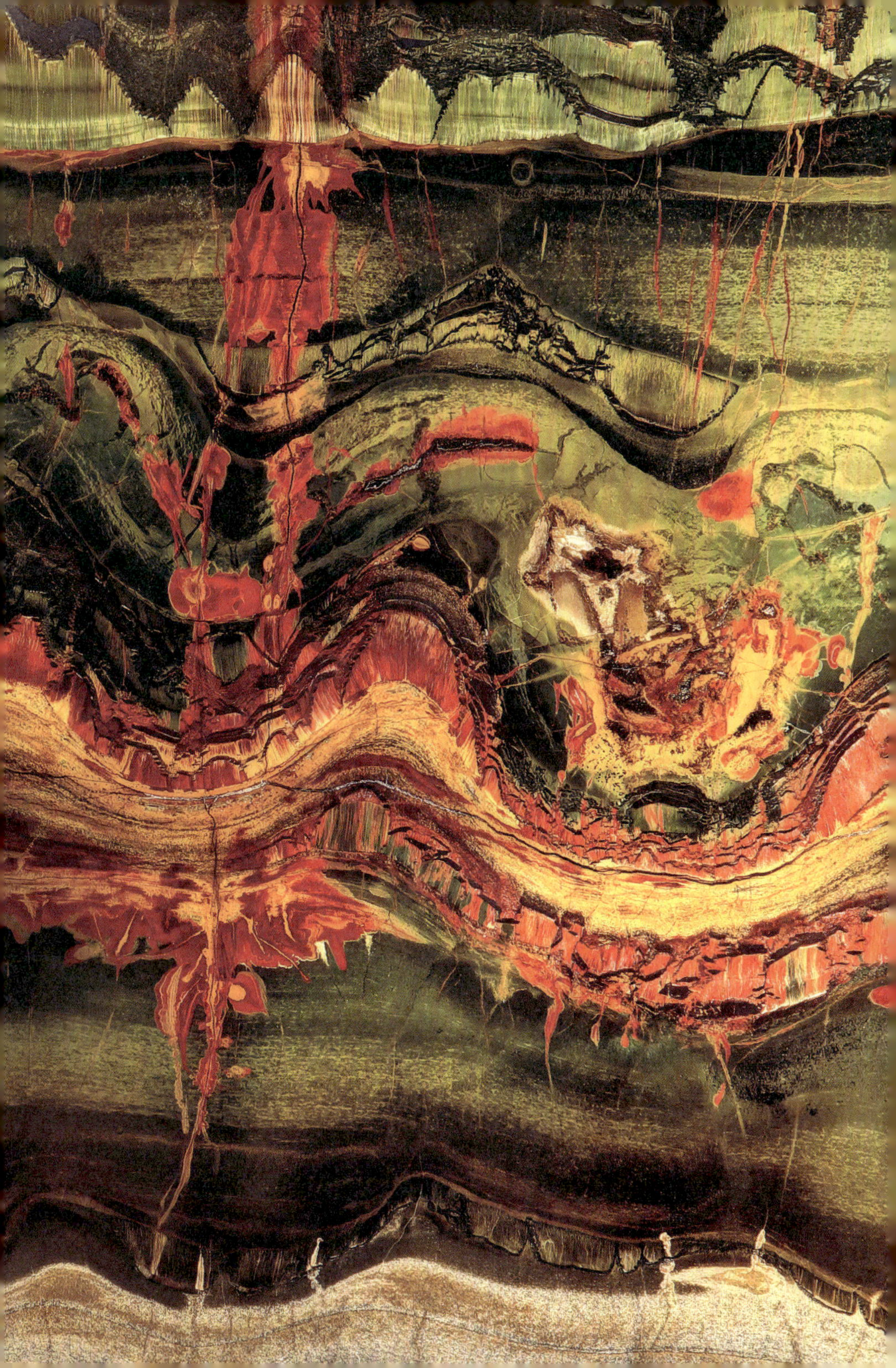

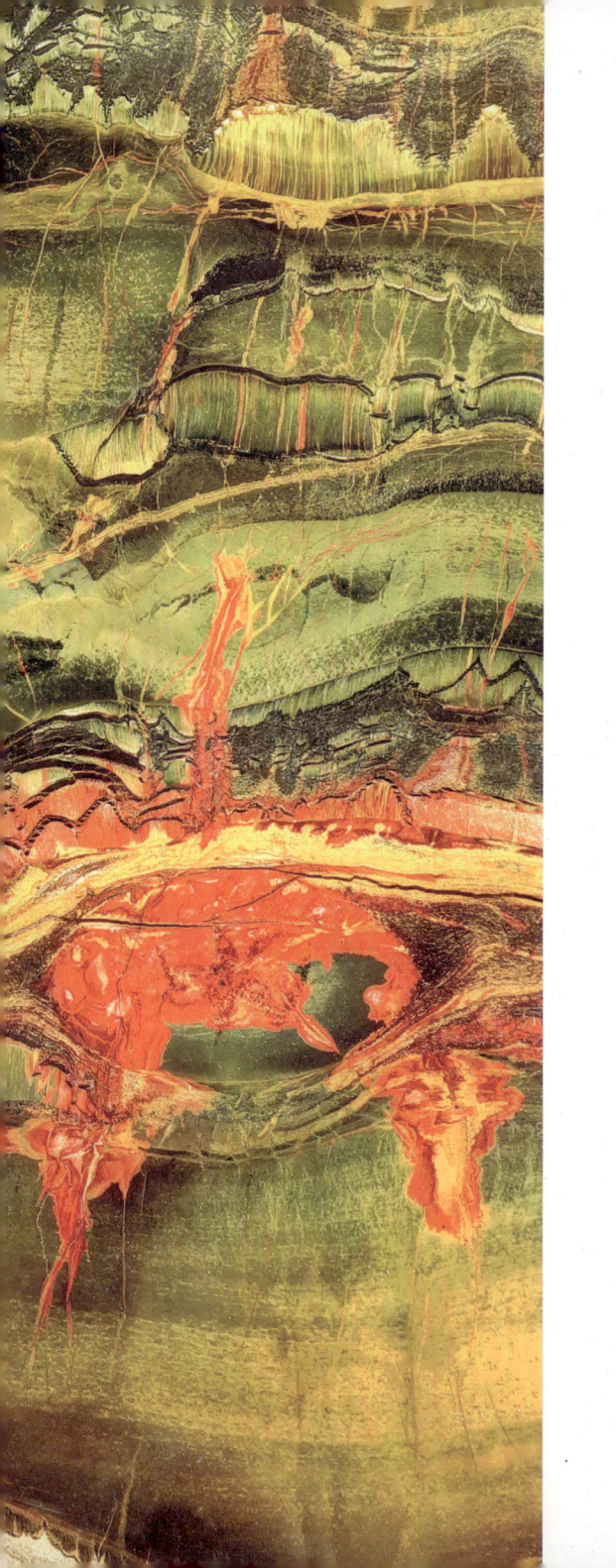

KAPITEL 9
DER HERZSCHLAG DER ERDE

>>

*Alles, was du siehst, hat seine
Wurzeln in der unsichtbaren Welt.*

Rumi

KAPITEL 9 | DER HERZSCHLAG DER ERDE

Marra Mamba. Die Bändereisenerze des Pilbarakontinents von Karijini befinden sich im Nordwesten Australiens. Sie sind uralte Kunstwerke der Natur aus der Frühzeit des Planeten. Ihr unglaublicher Farben- und Formenschatz, aber auch ihr unvorstellbares Alter von über 2500 Millionen Jahren machen diese Gesteine weltweit einmalig. Es gleicht einem Wunder, dass diese Sedimente all die Zeit seit ihrer Entstehung vollkommen unbeschadet bis heute überstanden haben. Sie bestehen aus verschiedenfarbigen Eisenoxiden und mikrokristallinen Quarzen, dem Chalzedon, aber auch aus einem Natur-Asbest, der sich zu dem Mineral Tigerauge umbildete.

Das Erdinnere steuert das Erdäußere und umgekehrt. Die Plattentektonik, also das, was für uns sichtbar an der Oberfläche des Planeten passiert, können wir tatsächlich nur verstehen, wenn wir die Antriebe und Prozesse im Erdinneren entschlüsseln. Das ist auch der Grund, weshalb Alfred Wegener, einer der Wegbereiter der plattentektonischen Idee, es so unendlich schwer hatte, seine Fachkollegen dafür zu begeistern. Man konnte wohl zeigen, wie gut Afrika und Südamerika in ihrer Form zusammenpassten und dass Fossilien, die man auf beiden Kontinenten fand, offenbar seinerzeit eine gemeinsame Entwicklungsgeschichte hatten. Was aber fehlte, war sowohl der Nachweis der Bewegung der Erdplatten als auch der Mechanismus ihres Antriebs. Heute können wir mittels GPS-Vermessung per Satellit und der computergestützten Tomografie der Erde – einer Technik, die ganz ähnlich funktioniert wie ein MRT unseres Körpers – diese Prozesse sogar sichtbar machen.

Zusammen mit der Erkenntnis, dass alles aus Atomen aufgebaut ist, gehört die Entdeckung der Plattentektonik vielleicht zu den größten Errungenschaften der Wissenschaftsgeschichte. Aus der Oberflächenbewegung der Erdplatten wird ein gigantisches dreidimensionales Puzzle, das das gesamte Erdinnere einbezieht. Wie wir im Falle von Amasia gesehen haben, ist es inzwischen sogar möglich vorherzusagen, wohin die Platten ziehen werden und wie die Erde in ferner Zukunft aussehen könnte.

An dieser Stelle stellt sich die Frage nach den ganz großen Zusammenhängen und den im Erdinneren verborgenen Zyklen der Erde. Was steuert diese ewig andauernden Prozesse? Wodurch werden die uralten Kontinente zu ruhelosen Wanderern und wie werden sie angetrieben? Wohin verschwinden die Ozeanplatten, wenn sie in den Subduktionszonen in die Tiefe abtauchen? Um diese Fragen zu beantworten, verlassen wir die Erdoberfläche und folgen dem Kreislauf der Gesteine in die Tiefen des Planeten.

WAHRE SCHÖNHEIT KOMMT VON INNEN

Die horizontalen Umlagerungen der tektonischen Platten treiben den etwa 500 Millionen Jahre dauernden Superkontinentzyklus an. Sein dreidimensionales Pendant der Gesteinsströme im Erdinneren dauert dagegen Tausende von Millionen Jahren. Unsere biologische Uhr erlaubt es uns nicht, so viel Zeit zu überblicken, dennoch müssen wir auf diese Geschichten nicht verzichten. Uns hilft der Blick auf die geologische Uhr der Gesteine, die es ihnen erlaubt, so alt zu werden, dass sich für jeden durchlaufenen Wilson-Zyklus und Superkontinentzyklus die zugehörigen Gesteine finden lassen.

In diesem Moment, in dem Sie dies lesen, sind zahlreiche Vulkane am Meeresgrund entlang der mittelozeanischen Rücken aktiv, ohne dass wir je etwas davon mitbekommen. Ihre erstarrenden Kissenlaven erschaffen neuen Ozeanboden mit frischem Gestein. Alles Gestein der Erdkruste ist magmatischen Ursprungs und entsteht zu 60 Prozent an den mittelozeanischen Rücken, zu 25 Prozent in den Subduktionszonen und zu 15 Prozent in den Hotspots. Über den Planeten verteilt findet sich sukzessive älteres Gestein, mal magmatisch, mal vulkanisch gebildet, oft metamorph durch Druck und Temperatur verändert und mal als Sediment transportiert und abgelagert. Wie wir gesehen haben, gibt es sogar noch die winzigen Zirkone Australiens, die fast so alt wie der Planet selbst sind. Sie alle, gleich ob jung oder alt, erzählen wie in einem aufgeschlagenen Buch vom irdischen Kreislauf der

Gesteine. Diesen Kreislauf werden wir jetzt entschlüsseln und lebendig werden lassen.

Eigentlich handelt es sich um drei Kreisläufe, deren Zusammenspiel die Kontinente erschafft und sogar maßgeblichen Anteil an der Steuerung des Erdklimas hat. Es sind dies, wie oben schon angedeutet, die voneinander untrennbaren Kreisläufe von Gestein, Wasser und Kohlenstoff. Sie zu verstehen, versetzt uns in die Lage zu begreifen, wie unser Planet wirklich funktioniert. Daher habe ich zahlreiche Jahre meines Lebens dem Studium dieser Kreisläufe gewidmet. Wie das Wort Kreislauf vermuten lässt, hat er keinen Anfang und kein Ende, es entspricht nur unserer menschlichen Sichtweise, immer danach zu suchen. Dieser Gedanke ist deswegen spannend, weil auch das Leben auf der Erde ein Teil dieses irdischen Kreislaufs ist. Die Atome, aus denen wir bestehen, gehören uns nicht, sie sind nur Gäste auf Zeit. Sie sind ruhelose Wanderer auf der Reise durch die Kreisläufe des Erdsystems. Sie können sich ganz sicher sein, dass Ihre Atome bereits Magma waren, ein Gebirge mit aufbauten, als Wellen an den Strand liefen und als Dinosaurier in die Welt blickten. Mein Weltbild hat sich dadurch tiefgreifend und nachhaltig verändert. Ich betrachte unseren Planeten seitdem mit anderen Augen, denn ich kann diese Kreislaufprozesse inzwischen aus den Gesteinen herauslesen. Jeder Abschnitt dieser Kreisläufe hinterlässt nämlich seine ganz eigenen Spuren und bewahrt sie in den Gesteinen.

Der Eingang ins Erdinnere befindet sich in den Subduktionszonen, der Ausgang liegt in den Schloten der Vulkane. Beide Regionen sind gleichermaßen zerstörerisch wie schöpferisch tätig und in ihnen verzahnen sich die Kreisläufe. Wir tauchen in das Erdinnere hinab, indem wir einer Ozeanplatte auf ihrem Weg in die Tiefe folgen. Gedanklich versetzen wir uns in die Tiefsee und lassen uns durch den Plattenzug, der heute die antreibende Kraft der Plattentektonik ist, direkt in eine Subduktionszone hinabziehen. Denken Sie daran, es ist ein Kreislauf – was hinabgerät, kommt auch wieder an die Oberfläche. Es dauert unter Umständen nur ein paar Milliarden Jahre. In diesem ozeanische Erdkruste verschlingenden Mahlstrom öffnet sich ein faszinierendes Tor ins Erdinnere, denn wie wir sehen werden, entschlüsselt der Tod der Ozeanplatten das Rätsel um die Geburt der Ozeanbecken.

KAPITEL 9 | DER HERZSCHLAG DER ERDE

Entlang der Subduktionszonen des pazifischen Ring of Fire sinkt die alte, kalte und damit dichte, schwere Ozeankruste in die Tiefe ab. Ihre Zerstörung erschafft bereits nach wenigen Millionen Jahren über der Subduktionszone durch Differenziation des aufsteigenden Magmas neue kontinentale Kruste, die die Kontinente anwachsen lässt. Dieses Recyceln der Ozeanplatten im Erdmantel endet keineswegs damit, dass sie unter den Kontinenten aufschmelzen, sich mit dem Erdmantel vermischen und dadurch verschwinden. Während sie an der Oberfläche des Planeten nur 190 Millionen Jahre lang existieren, beginnt hier ihre für den Planeten so wichtige Karriere erst so richtig, denn »aus den Augen« bedeutet in diesem Fall nicht »aus dem Sinn«.

Allein die Tatsache, dass die Ozeanplatten überhaupt absinken, dabei teilweise aufschmelzen und mit ihrem Magmatismus und Vulkanismus das Wachstum der Kontinente auslösen, ist ein scheinbares Paradox. Schließlich haben wir gesehen, dass sowohl die kontinentale als auch die ozeanische Kruste leichter sind als der dichte Erdmantel und deswegen beide auf ihm schwimmen. Ein Absinken der Ozeanplatten ist also nur möglich, wenn es ihnen dennoch gelingt, dichter als der unterliegende Erdmantel zu werden. Wie ist das möglich? Zudem: Wenn die absinkenden ozeanischen Platten so alt und ausgekühlt sind, wie können sie dann die für das Aufschmelzen notwendigen Temperaturen von 1300 °C erreichen? Die drei Antworten darauf haben für mich etwas beinahe Magisches. Erstens beträgt der oberflächennahe Dichteunterschied zwischen einer ausgekühlten, ozeanischen Platte und dem Erdmantel darunter gerade einmal 2 Prozent. Der Verursacher dieses geringen Unterschieds ist einzig und allein die Temperatur. Im Alter von 190 Millionen Jahren ist eine ozeanische Platte so weit erkaltet, dass sie in der Lage ist, 2 Prozent dichter zu werden als der heiße Erdmantel unter ihr. Dieser minimale Unterschied ist ausreichend, um eine ganze Kaskade an Abläufen auszulösen, die den gesamten Planeten pausenlos und tiefgreifend verwandelt. Zweitens herrscht in einer Subduktionszone ein gewaltiger Druck, der das Gestein enorm verdichtet und dadurch in einer Metamorphose chemisch umformt. Drittens, und das ist am erstaunlichsten, ist die Produktion von Magma in einer kalten Subduktionszone nur möglich, weil die abtauchende Platte große Mengen an Ozeanwasser mit in die Tiefe führt. Dieses Wasser ist nicht mehr flüssig, sondern chemisch im Gestein gebunden. Mit anderen Worten ist der Grund für die Existenz der Plattentektonik und der Kontinente das flüssige Wasser auf der Erde. Das ist auch der entscheidende Unterschied, der die Erde von allen anderen Planeten im Sonnensystem unterscheidet. Nur auf der Erde existieren große Mengen flüssigen Wassers in Form der Ozeane. Plattentektonik, Kontinente und Leben sind somit ganz einmalige Bestandteile der Erde.

Bei der Subduktion dreht sich zunächst alles um die Dichte, den immensen Kompressionsdruck und um das im Gestein enthaltene Wasser. Um zu verstehen, wie das Ozeanwasser in die Gesteine gelangte, ist ein kurzer Ausflug zurück zu deren Bildung an den mittelozeanischen Rücken nötig. Mit diesem Wissen begeben wir uns dann in die Subduktionszone, um zu sehen, was das Wasser dort bewirkt.

VERSTEINERTES WASSER IM OZEANBODEN

Das heiße vulkanische und magmatische Gestein an den mittelozeanischen Rücken reagiert je nach Temperatur und Gesteinstyp unterschiedlich empfindlich mit dem Ozeanwasser. Dabei werden die »trockenen« Gesteine »nass«. Logisch, werden Sie jetzt vielleicht sagen, dass ein Stein im tiefen Ozean nass ist. Genau das ist aber nicht gemeint, sondern sozusagen seine innere Nässe, sein Wasseranteil. Das hier aus dem Erdinneren aufsteigende Magma ist mit 0,4 Prozent chemisch gebundenem Wasseranteil nämlich äußerst trocken. Nach dem ausgiebigen Kontakt mit dem Ozeanwasser bringt es das erkaltete Gestein dann auf bis zu 13 Prozent Wasseranteil.

Diese Hydratisierung des Gesteins, also das chemische Einlagern von Wasser in die Kristallstruktur der Gesteine, findet vor allem an den Hydrothermalsystemen der mittelozeanischen Rücken statt. Wir haben sie schon kennengelernt, es sind eben jene heißen zirkulierenden Wässer, die an den Schwarzen und Weißen

Rauchern die aus dem Gestein gelösten Minerale ausspeien. Unter den dortigen Bedingungen findet ein reger Austausch statt, bei dem die Gesteine – die basaltischen Kissenlaven, der gangbildende Diabas, der massige Gabbro und sogar der Peridotit des starren lithosphärischen Mantels – ihre Mineralien abgeben und dafür Wasser einlagern. Man kann sich das ein wenig wie Kaminholz vorstellen, das noch nicht vollkommen durchgetrocknet ist und im Inneren Feuchtigkeit enthält, die wir nicht sehen können. Der Unterschied ist aber, dass das Wasser im Holz noch immer als H_2O vorliegt, während es im Gestein chemisch in seine Bestandteile zerlegt ist. Die Metamorphose der chemischen Gesteinsumwandlung findet bei Temperaturen unterhalb von 600 °C statt und verändert das Aussehen der Ausgangsgesteine grundlegend. Daher haben die Gesteine nach der Metamorphose andere Materialeigenschaften und neue Namen. Aus den vormals schwarzen Gesteinen werden durch Wassereinlagerung metamorphe Grünsteine, zu denen die uns schon bekannten Serpentinite gehören.

Sie spielen als Wasserspeicher eine enorm wichtige Rolle im Erdsystem. In den Gängen der Hydrothermalsysteme zerfällt ein Wassermolekül (H_2O) in seine atomaren Bestandteile – Wasserstoff und Sauerstoff (H + H + O) –, die sich nun in OH-Verbindungen umgruppieren. Diese OH-Gruppen reagieren begierig mit den »trockenen« Vulkaniten und Magmatiten. Trocken bedeutet hier, dass nur wenige von ihnen solche OH-Gruppen aufweisen. Durch deren Einbau in das Gestein werden sie »nass«, was bedeutet, dass sie nun reich an OH-Gruppen sind. Der Grund für die seltsame Bezeichnung trockener und nasser Gesteine ist der, dass dieser Prozess der Ozeanbodenmetamorphose dem Ozean wahrhaftig flüssiges Wasser in erheblicher Menge entzieht. Das chemisch gebundene Gesteinswasser steht also dem ozeanischen und atmosphärischen Wasserkreislauf für lange geologische Zeiträume nicht mehr zur Verfügung. Aber auch hier gilt, aus den Augen ist nicht aus dem Sinn, denn dieses Wasser im Gestein entfaltet in den Subduktionszonen eine ungeahnte Wirkung.

Die Glaskruste der Kissenlaven reagiert mit dem Ozeanwasser und bildet das »nasse«, mattgrüne Mineral Chlorit, das viele eigentlich glasklare Bergkristalle der Alpen mit einer wunderschönen, wie grüner Puderzucker aussehenden

Kruste überzieht. Das Innere der Kissenlava reagiert bei etwa 200 °C mit Wasser und bildet das strahlig-stängelige weißgrüne Mineral Zeolith, das vor allem auf Island wunderschöne Kristallkissen bildet. Der in tieferen Schichten der mittelozeanischen Rücken vorkommende Diabas bildet unter Wasserzufuhr neben Chlorit auch das grüne Mineral Aktinolith, das in der Form langer, strahliger Kristalle zusammen mit dem flaschengrünen Epidot in den Alpen gefunden werden kann, zudem ein massiges dunkelgrünes Gestein, das Amphibolit genannt wird, und es baut ganze Regionen der Alpen auf. Der massige Gabbro bildet unter Wasserzufuhr ebenfalls Amphibolit aus. Eine große Besonderheit unter den wasserhaltigen Mineralen der Ozeanbodenmagmatite stellt der Serpentinit dar. Er entsteht aus dem Peridotit des lithosphärischen Mantels, sobald dieser in Brüchen des Gesteins an den mittelozeanischen Rücken mit dem Ozeanwasser in Kontakt kommt. Peridotit, dem wir bereits öfter in diesem Buch begegnet sind, ist an sich schon ein bezauberndes Gestein, das vorwiegend aus flaschengrünem Olivin besteht und zudem blutrote Granatkristalle enthalten kann. Wird dem »trockenen« Peridotit am Ozeanboden Wasser zugeführt, wird er zu »extrem nassem« Serpentinit, dessen Wassergehalt die genannten 13 Prozent ausmacht.

Sowohl der »trockene« Peridotit als auch der Serpentinit als sein »nasses« metamorphes Pendant kommen niemals freiwillig in unsere Reichweite. Wie wir in Kapitel 2 erfahren haben, ist der Peridotit mit 3,3 Tonnen pro Kubikmeter das dichteste und schwerste Gestein des oberen Erdmantels. Alle überliegenden Krustengesteine müssen leichter sein, und die basaltischen Gesteine erreichen, wie wir gesehen haben, einen Wert von »nur« 3,0 Tonnen pro Kubikmeter. Doch bei der Umwandlung des Peridotits in Serpentinit verändern sich seine Materialeigenschaften erheblich. Das viele Wasser in ihm macht ihn leicht, seine Dichte liegt dann nur noch bei 2,8 Tonnen pro Kubikmeter. Damit wird er sogar spezifisch leichter als der über ihm liegende Gabbro, was zu domartigen Vertikalumlagerungen am Meeresboden führt. Der leichtere Serpentinit steigt linsenartig in Rissen und Spalten auf. Der vormals extrem feste Peridotit ist als wasserhaltiger Serpentinit zudem leicht verformbar und quillt förmlich in Risse und Spalten ein. Dabei kommt es zu Rutschungsflächen, in denen der Serpentinit auf Hochglanz poliert wird. Diese Fundstücke besonderer Schönheit prägen am Gornergrat in der Schweiz in 3000 Meter Höhe die Landschaft mit Aussicht auf die Gletscher (siehe Abb. S. 186–188 und Abb. 7 auf S. 191). Mit diesem Wissen um die Wasserquelle in den Ozeanbodengesteinen kehren wir nun zurück zu den Subduktionszonen.

DER AUFSTIEG DES WASSERS UND DER ABSTIEG DER PLATTEN

Der Ozeanboden, der in die Subduktionszone gelangt, besitzt noch zwei weitere Wasserquellen: das in den Sedimenten gespeicherte Porenwasser, das als H_2O vorliegt, und eine weitere starke Serpentinisierung des Peridotits. Zu dieser chemischen Wassereinlagerung kommt es beim Umbiegen der Ozeanplatte in die Tiefe. Dabei reißt die starre Ozeanplatte in tief zerklüftete Spalten auf, die ganz ähnlich entstehen wie die Spalten in einem zu Tal gleitenden Gletscher. So findet das Ozeanwasser Zugang zum freigelegten Peridotit der tiefen Kruste. Diese Hydratisierung erzeugt ebenfalls einen chemischen Wasseranteil von 13 Prozent. Auf diese Weise steigt der Wassergehalt der gesamten, absinkenden Ozeanplatte auf stattliche 6 Prozent an.

Bei der freien oder erzwungenen Subduktion tauchen die Platten mit 3 bis 9 Zentimetern pro Jahr in einem immer steiler werdenden Winkel von 30 bis 60 Grad Neigung in die Tiefe ab. Im Extremfall können sie mit 14 Zentimetern pro Jahr in die Tiefe rutschen, was der Geschwindigkeit entspricht, mit der unsere Haare wachsen. Ihr anfänglicher Dichteunterschied von 2 Prozent zum Erdmantel erzeugt beim Abtauchen eine Kälteanomalie im umgebenden Erdmantel. Sie ragt wie eine schwere, kühle Zunge ins Erdinnere und löst den Plattenzug in die Tiefe aus.

Das starre und spröde Gestein widersetzt sich der Verformung beim Abtauchen und reagiert mit Brüchen, die nicht nur das Gestein mit Wasser anreichern, sondern auch 95 Prozent der weltweiten Erdbeben auslösen. Bis in 25 Kilometer Tiefe sind dies die Flachbeben. Der dabei entstehende Druck ist gewaltig und bewirkt eine enorme Kompression des Gesteins. Daraufhin steigt die Dichte weiter an und die Platte sinkt tiefer ab. So ist sie ihrer etwas weniger dichten Umgebung immer einen Schritt voraus. Die dabei entstehende Reibung zwischen der Oberplatte und der Unterplatte äußert sich in den stärksten Erdbeben des Planeten, die Magnituden von 9 auf der Richterskala überschreiten können. Auch das Sumatrabeben, das den verheerenden Tsunami vom 26. Dezember 2004 auslöste, hatte darin seinen Ursprung.

Wenn die Ozeanplatte eine Tiefe von zwischen 50 und 100 Kilometern erreicht hat, kommt es zur Hochdruckmetamorphose des Gesteins an der Stirn der Platte. Was das bedeutet, wird klar, wenn wir uns die Bedingungen zwischen der abtauchenden Platte und dem umgebenden Mantel ansehen. Im Erdmantel herrschen dort üblicherweise Temperaturen von 800 bis 900 °C. Die abtauchende Ozeanplatte ist dort bei freier Subduktion aber 200 °C kühl, und selbst bei erzwungener Subduktion einer jungen Platte ist es mit 500 °C schon vergleichsweise kühl. Dass das Innere der Ozeanplatte sich nicht schneller erwärmt, liegt an der schlechten Wärmeleitfähigkeit des Gesteins. Es dauert viele Millionen Jahre, bis das Temperatursignal des heißen Mantels in die subduzierende Platte vordringen kann. Dagegen ist der Kompressionsdruck, der in der Subduktion wirkt, erheblich im Vergleich zum umliegenden Mantel. Der hohe Druck bei niedriger Temperatur bewirkt eine deutlich erhöhte Dichte und ermöglicht damit das weitere Absinken. Allerdings nimmt auch die Dichte des Mantels mit der Tiefe zu, weswegen er dem Absinken der Ozeanplatte Widerstand entgegensetzt. Bei der Hochdruckumwandlung der Ozeanplatte entsteht aus den wasserreichen Grüngesteinen ab 20 Kilometer Tiefe zuerst Blauschiefer und ab 35 Kilometer Tiefe schließlich Eklogit. Bei dieser Metamorphose des Gesteins erhöht sich dessen Dichte deutlich von ursprünglich 3 auf mehr als 3,5 Tonnen pro Kubikmeter. Daher ist die Ozeanplatte weiterhin schwerer als der umgebende Mantel und sinkt weiter ab. Eklogit ist ein wunderschönes Gestein, denn es besteht aus großen, roten Granat- und grünen Pyroxenkristallen. Freiwillig kommt auch er nicht an die Oberfläche, seine Präsenz in den Alpen ist ein Indikator für die Lage der ehemaligen Subduktionszone, deren Gesteine in der

Kollisionsnaht zwischen dem europäischen und dem afrikanischen Kontinent eingeklemmt sind.

Der entscheidende Punkt dieser Metamorphose ist, dass Eklogit ein »trockenes« Gestein ist. Bei der Umwandlung findet buchstäblich eine Entwässerung der »nassen« Gesteine statt. Das liegt daran, dass Wasser in der Kristallstruktur der Gesteine oberhalb von 600 °C instabil wird und sich in ein mineralreiches Fluid verwandelt, das aus dem Gestein ausschwitzt. Eben jenes Fluid hat auch die Mineralien in den Klüften der Alpen wachsen lassen. Es ist ein wenig so wie bei einem Saunagang: Unsere trockene Haut umgibt unser nasses Körperinnere. Durch die Hitze der Sauna beginnen wir zu schwitzen und unsere Haut wird nass. Wir geben auf diese Weise einen Teil unseres gebundenen Körperwassers an die Umgebung ab. Ebenso tut es das Gestein, wenn Druck und Temperatur dies erzwingen. Auf diese Weise wird der Serpentinit fast komplett entwässert und in Eklogit umgewandelt. Das freigesetzte, extrem leichte Wasser beginnt sofort seinen Aufstieg Richtung Erdoberfläche, wo es wiederum den »trockenen« Peridotit des Mantels über der Subduktionszone zu wasserreichem Serpentinit umwandelt.

Auf diese Weise entsteht eine Kaskade der Entwässerung, die von oben nach unten abläuft. Zuerst geben die Sedimente im Akkretionskeil durch den hohen Druck ihr Porenwasser ab. Dieses Wasser gelangt zumeist oberflächennah in kalten Quellen, den sogenannten »cold seeps«, aber auch in Schlammvulkanen zurück zur Oberfläche. Nur wenig Sedimentwasser schafft es in größere Tiefen. Das chemisch im Gestein gebundene Wasser erreicht dagegen Tiefen von 100 Kilometern, und sobald es entwässert, setzt es im Erdmantel wie ein Flussmittel den Schmelzpunkt des zähplastischen Erdmantels über der Subduktionszone herab. Anstatt bei den üblichen 1300 °C beginnt sich das Gestein nun bereits bei 1000 °C zu verflüssigen. Dieses Magma bahnt sich seinen Weg durch die ozeanische oder kontinentale Oberkruste und bildet dort einerseits die magmatischen Intrusionskörper, die Batholithe, und andererseits den Vulkanismus über den Subduktionszonen. Ohne dieses ehemalige Ozeanwasser, das bei der Metamorphose aus dem Gestein ausgeschwitzt wird, gäbe es keinen

Magmatismus und keinen Vulkanismus über den Subduktionszonen. Infolgedessen gäbe es keinen kontinentalen Zuwachs der Erdkruste und in Konsequenz gar keine Kontinente, auf denen wir trockenen Fußes wohnen.

Unter der vulkanischen Zone herrschen im Vergleich zur Subduktionszone umgekehrte Bedingungen, denn hier ist die Temperatur hoch und der Druck niedrig. Das führt zur Aufschmelzung des Krustengesteins, einer Metamorphose, die Anatexis genannt wird. Mithilfe des aufsteigenden Wassers geschieht das bereits bei 650 °C, wodurch besonders schöne Gesteine entstehen, die Migmatite, echte Kunstwerke der Natur. Gebändert und stark verfaltet sehen sie aus wie ein zerknautschter Marmorkuchen. Auch die Kontaktzone einer Magmakammer mit dem umgebenden kalten Gestein erzeugt exotisch aussehende Gesteine bei der sogenannten Kontaktmetamorphose. Dabei entsteht aus Kalk echter Marmor und aus Sandstein Quarzit.

Bei der Rückumwandlung des wasserreichen Serpentinits in trockenen Peridotit wird nicht nur Wasser frei, sondern es kommt auch zu einer deutlichen Volumenabnahme, wodurch sich die Dichte des Gesteins erhöht. In einer Tiefe von 400 Kilometern werden durch eine weitere Hochdruckmodifikation die Olivinkristalle im Peridotit in Spinell umgebildet. Jede Bewegung des Gesteins, vor allem aber die Volumenabnahme erzeugt tiefe Erdbeben. Die Erdbeben folgen der schräg abtauchenden Spur der Ozeanplatte von der Oberfläche in die Tiefe. Diese dreidimensionale Struktur der Erdbeben wird Wadati-Benioff-Zone genannt und sie endet erst unterhalb einer weiteren wichtigen Grenzfläche im Erdinneren. Sie liegt viele Hundert Kilometer landeinwärts der Subduktionszonen unter den Kontinenten und trägt den nicht gerade einfallsreichen, aber äußerst zutreffenden Namen 660-Kilometer-Diskontinuität. In dieser Tiefe trennt sich der obere vom unteren Erdmantel, was ebenfalls mit zunehmender Dichte und Temperatur zu tun hat. Der Spinellperidotit durchläuft erneut eine Hochdruckmodifikation, die die Dichte sprunghaft um 9 Prozent erhöht. Dabei geht der Peridotit in Perowskit und Magnesiowüstit über. Je größer Druck und Temperatur werden, desto wüster fallen die Namen des resultierenden Gesteins aus, am Ende ist und bleibt es aber alles Peridotit, nur eben unter speziellen

Bedingungen. Der wesentliche Punkt ist, dass die 660-Kilometer-Diskontinuität eine erhebliche Barriere im Erdinneren darstellt, an der die absinkenden Ozeanplatten hängen bleiben. Folglich sammeln sie sich dort an und zerfallen in zahllose Bruchstücke, wobei Teile von ihnen endgültig zurück in den Erdmantel recycelt werden.

Das Ansammeln der zerfallenden Platten führt zu einer gewaltigen Kompression des Gesteins, wobei das Innere der Platten weiterhin kühler als der umgebende Mantel ist. Deswegen finden auch alle Hochdruckmodifikationen in ihr jeweils tiefer statt als in der Umgebung. Sobald das angesammelte Gewicht der Ozeanplatten größer wird als die Dichtezunahme an der Grenzfläche, durchbrechen sie gemeinsam diese Dichtebarriere und rutschen lawinenartig in die Tiefe des Planeten ab. Das verursacht in 660 Kilometer Tiefe die tiefsten Beben der Erde.

VON PLATTENFRIEDHÖFEN UND ANTIKRUSTE

Entgegen unserer Vorstellung beim Wort Lawine vollzieht sich dieses Abrutschen der Platten sehr gemächlich mit wenigen Zentimetern pro Jahr. Je tiefer sie kommen, desto mehr werden sie durch den zunehmenden Druck deformiert und gestaucht und der Perowskit verdichtet sich um weitere 1,5 Prozent zum Post-Perowskit. Auf diese Weise erreichen die ehemaligen Ozeanplatten nach vielen Millionen Jahren schließlich die Kern-Mantel-Grenze in 2900 Kilometer Tiefe. Diese Barriere ist für sie die Endstation ihrer Reise. Der Plattenfriedhof, wo sie sich nun ansammeln, bildet eine Antikruste aus und ist damit quasi das Gegenstück zur Erdkruste an der Oberfläche. Plattenfriedhöfe existieren überall dort, wo die Subduktionszonen an der Erdoberfläche die Platten in die Tiefe schieben, was derzeit rund um den Pazifik der Fall ist.

An dieser Kern-Mantel-Grenze, die auch D"-Schicht, sprich »D-zwei-Schicht«, genannt wird, grenzt der inzwischen 4,3 Tonnen pro Kubikmeter schwere untere Erdmantel an den flüssigen, ultradichten Erdkern aus Eisen und Nickel. Das

KAPITEL 9 | DER HERZSCHLAG DER ERDE

Einzige, was substanziell über diese Barriere hinweg getauscht werden kann, ist eine Unmenge an Wärme. Der Erdkern ist durch seine extrem hohe Dichte auch sehr viel heißer als der Erdmantel und heizt ihn. Allerdings kühlt der Plattenfriedhof auch den Kern, was von essenzieller Bedeutung ist, denn dieses Kalt-warm-Muster paust sich bis an die Oberfläche der Erde durch. »Kalt« und »warm« sind bei über 3000 °C, die dort herrschen, natürlich äußerst relative Begriffe, aber diese Temperaturunterschiede können mehrere Hundert Grad Celsius betragen. Sie verursachen dadurch Volumenunterschiede, und die Plattenfriedhöfe zerbeulen diese Grenze zu einem dreidimensionalen Gebirge mit Bergen und Tälern, die bis zu 300 Kilometer Höhenunterschied aufweisen. Man kann sich die Kern-Mantel-Grenze tatsächlich wie ein überdimensionales Gebirge vorstellen, nur dass über diesem Gebirge nicht die Atmosphäre der Erdoberfläche liegt, sondern der Erdmantel.

Die kühlen Plattenfriedhöfe und die heißen Kern-Mantel-Areale, die frei von ihnen sind, haben einen starken Einfluss auf die Rollenzirkulation des flüssigen Metalls im Kern. Ganz ähnlich wie siedendes Wasser in einem Kochtopf sind die vertikalen Strömungen im Kern unter den Plattenfriedhöfen abwärts- und andernorts aufwärtsgerichtet. Die ehemaligen Ozeanböden steuern ganz wesentlich mit, wie die Hitze im Erdkern umverteilt wird.

Es entsteht ein faszinierendes und zusammenhängendes Bild von dem, was die Plattentektonik antreibt und den Wilson-Zyklus auslöst. Die vertikale Kopplung der Subduktionszonen zwischen der Oberfläche des Planeten und der Kern-Mantel-Grenze bildet den ins Erdinnere gerichteten Ast dieser Zirkulation und er kühlt die tiefe Erde. Wärmeunterschiede müssen sich immer ausgleichen. Wenn die Regionen der Plattenfriedhöfe also überdurchschnittlich kühl sind, müssen entsprechend die von ihnen freien Areale an der Kern-Mantel-Grenze überdurchschnittlich heiß sein. Dort, wo es wärmer ist, steigt flüssiges Metall aus dem Erdkern auf und heizt die Kern-Mantel-Grenze stark auf. Sie ahnen bereits, was jetzt passiert: Warm ist gleichbedeutend mit voluminös und geringerer Dichte, und nun beginnt zähplastisches Gestein von der Kern-Mantel-Grenze Richtung Oberfläche aufzusteigen.

KAPITEL 9 | DER HERZSCHLAG DER ERDE

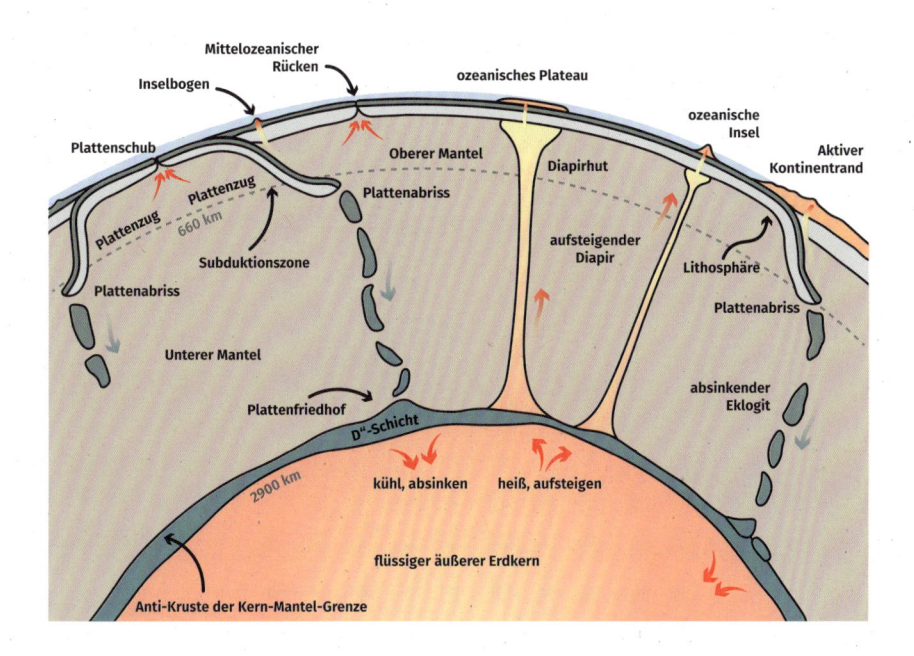

Abb. 9 Beim vierdimensionalen Antrieb der Erde steuert die Hitze im Inneren des Planeten das Aussehen und die Bewegung der äußeren Kruste. Diese steuert wiederum, was im Inneren der Erde geschieht. So endet der Plattenschub der Spreizungszonen der Ozeanbecken im Plattenzug der Subduktionszonen. In ihnen reißen die Platten durch und sinken bis zur Kern-Mantel-Grenze ab. Dort bilden sie regelrechte Plattenfriedhöfe. Das sind kühlere Regionen, die eine Art Antikruste ausbilden. In den verbleibenden Regionen heizt der Erdkern diese Schicht stark auf und dort steigen die Mantelplumes als Diapire bis zur Oberfläche. Es ist ein ewiger Kreislauf und er erschafft das Aussehen der Erde und gestaltet es immerwährend um.

Wir können uns diesen Prozess wie das Geblubber in einer Lavalampe vorstellen. In wärmeren Regionen steigt der Mantelstrom geringerer Dichte finger- oder astartig auf, während er in den kühleren, dichteren Regionen absinkt. Die absteigenden Äste in der Lavalampe entsprechen den absinkenden Ozeanplatten

KAPITEL 9 | DER HERZSCHLAG DER ERDE

in den Subduktionszonen, während die aufsteigenden Äste eben jene Manteldiapire oder Mantelplumes sind. Trotz der Temperaturen von über 3000 °C besteht ein fingerartiger Diapir beim Aufsteigen nicht aus geschmolzenem Gestein, denn das verhindert der immense Druck, sondern ist zähplastisch wie Zahnpasta. Mit einem Durchmesser von ungefähr 150 Kilometern steigen sie von der Kern-Mantel-Grenze auf und entwickeln immer größer werdende domartige Hüte. Sie entstehen, weil der Erdmantel Widerstand gegen den Aufstieg leistet und den Diapir im oberen Bereich stärker abbremst als in der Tiefe.

Diapire steigen mit wenigen Zentimetern pro Jahr aus 2900 Kilometer Tiefe auf und erreichen die Oberfläche des Planeten nach 30 bis 50 Millionen Jahren. Ihr gesamter Entwicklungsprozess kann sogar 100 Millionen Jahre umfassen. Im Vergleich dazu besitzen Schnecken den reinsten Raketenantrieb! Wir haben ja im Laufe dieses Buchs schon öfter festgestellt, dass die Prozesse im Erdinneren ungezählte Jahrmillionen benötigen, um das Angesicht des Planeten zu verändern. Da diese Prozesse aber kontinuierlich ablaufen, ist auch die Oberflächenveränderung kontinuierlich. Ist der Diapir in 100 bis 150 Kilometer Tiefe angekommen, schmilzt ein Teil von ihm zu Magma auf. Das liegt an der Druckentlastung und daran, dass das Gestein 250 °C heißer ist als seine zähplastische Umgebung. Schließlich brennen sich die Manteldiapire als Hotspots wie ein Schneidbrenner durch die Erdkruste. Besteht diese aus Ozeanboden, entstehen Vulkaninseln wie Hawaii und die Kanaren. Ist die überliegende Kruste ein Kontinent, können die Folge linienartige Bruchsysteme sein, die sich mit anderen Hotspots verbinden können. Dann driften Kontinente auseinander und ein neues Ozeanbecken entsteht. Weil das von unten nachströmende Magma nicht höher als bis zur Oberfläche aufsteigen kann, wird die vertikale Bewegung in eine horizontale umgelenkt, die die Ozeanbodenspreizung auslöst.

Die kühlen und heißen Areale der Kern-Mantel-Grenze lassen sich an der Oberfläche der Erde durch die Lagen der Subduktionszonen und der Hotspots nachverfolgen. Im Ring of Fire rund um den Pazifischen Ozean greifen die Subduktionszonen weit unter die Kontinente aus. Dort tauchen die ozeanischen Platten in den tiefen Erdmantel ab. In immer steileren Winkeln erreichen sie dort die Kern-Mantel-Grenze und bilden die kühlen Plattenfriedhöfe. Die besonders heißen Regionen, in denen die Manteldiapire ausgelöst werden, liegen in den verbleibenden Regionen, vor allem im zentralen Pazifischen Ozean, im südlichen Atlantik und unter Afrika. Es sind genau die Regionen, in denen sich die großen Ozeanbecken des Pazifiks und des Atlantiks geöffnet haben, sowie dort, wo derzeit Afrika zerbricht. Sobald ein Kontinent zerbrochen ist, bildet diese Schwächezone eine neue Plattengrenze, in die Magma aufdringen kann. Schließlich entstehen die mittelozeanischen Rücken, die aus flacheren Regionen des Erdmantels gespeist werden. Das ist der Beginn eines neuen Wilson-Zyklus. Es sind die Manteldiapire und die Subduktionszonen, die das Angesicht der Erde steuern, denn sie bilden die aufwärts- und abwärtsgerichteten Äste von Gestein im Inneren des Planeten. Wenn ein Kontinent durch den Wärmestau von Manteldiapiren zerbricht und sich neue Ozeanbecken öffnen, dann driften alle Bestandteile der Erdoberfläche in Richtung der Subduktionszonen, wo der Ozeanboden nach 190 Millionen Jahren seinen Weg in die Tiefe beginnt und die Kontinente wieder kollidieren.

GESTEIN UND WASSER IM EWIGEN KREISLAUF

Wie wir gesehen haben, stammen die Vulkanite und Magmatite der mittelozeanischen Rücken mit ihren relativ flachen Mantelquellen aus trockenen Magmareservoiren mit einem Wasseranteil von nur 0,4 Prozent. Entgegen der Erwartung sind die Hotspot produzierenden Manteldiapire mit einem chemischen Wasseranteil von einem Prozent deutlich »nasser« als die Magmen der ozeanischen Rücken. Ihr Wasser stammt zum Teil aus dem Gas Methan (CH_4), das aus dem tiefen Erdmantel ausgast und beim Aufstieg zu Wasser und Kohlenstoff umgewandelt wird. Besonders »nasse« Hotspots, wie zum Beispiel die Kanarischen Inseln, werden daher sogar als Wetspots bezeichnet. Wie aber ist es möglich, dass aus solchen Tiefen überhaupt »nasses« Mantelgestein zur Oberfläche aufsteigt? Wo kommt dieses Wasser her, wenn es doch in den

Subduktionszonen in 100 Kilometer Tiefe wieder ausgeschwitzt wird und durch die Vulkane zurück zur Oberfläche und in die Atmosphäre entweicht?

Wenn Sie gefragt werden, wo sich das meiste Wasser der Erde befindet, werden Sie vermutlich sofort die Ozeane nennen. Allerdings ist das nicht ganz richtig. Mindestens die gleiche Menge befindet sich noch einmal chemisch gebunden im Erdmantel; die Ozeane enthalten also nur knapp die Hälfe allen irdischen Wassers. Bis alle Wassermoleküle der Ozeane und der Atmosphäre einmal den Gesteinskreislauf des Erdmantels durchlaufen haben, dauert es unfassbare 1500 Millionen Jahre. Die Erde ist seit ihrer Entstehung gerade einmal in ihrem dritten irdischen Wasserzyklus.

Es ist ein Kreislauf der Superlative und er sitzt quasi huckepack auf den Prozessen in den Subduktionszonen. Der Grund für die Existenz dieses Kreislaufs ist, dass nicht alles Wasser bei der Subduktion zurück zur Oberfläche gelangt. Die abtauchenden Ozeanplatten sind eine zu große Kälteanomalie im umgebenden Erdmantel, wodurch die Entwässerungsprozesse im Inneren der Platte deutlich verzögert stattfinden. Das hat die Folge, dass zentrale Teile der Platten gerade kühl genug bleiben, um ihr chemisch gebundenes Wasser mit der abrutschenden Plattenlawine in die Tiefe des Erdmantels mitzunehmen, bis zur Kern-Mantel-Grenze hinab.

Der in die Tiefe subduzierte Wasseranteil ist gering, aber dieser Prozess läuft seit über 4000 Millionen Jahren kontinuierlich ab. Unter Zuhilfenahme von – sogar geologisch gesehen – fast unendlich viel Zeit entziehen die Subduktionszonen den Ozeanen gewaltige Mengen flüssigen Wassers und transportieren sie – chemisch in die Kristallstruktur der Gesteine eingelagert – in die Tiefe der Erde. Nicht nur das Gestein der Erde unterliegt einem gewaltigen, ewig andauernden Kreislauf, sondern das Wasser folgt ihm. Nach 1500 Millionen Jahren gelangt es über die Vulkane der Hotspots zurück zur Oberfläche.

Im Laufe der Erdgeschichte hat das Wasser bereits eine Vielzahl sich öffnender und wieder schließender Ozeanbecken gefüllt. Wie hat sich dieser im Gestein verankerte irdische Wasserkreislauf im Verlauf der Erdgeschichte entwickelt? Diese Frage ist eng verbunden mit der nach der Entstehung der

Ozeane. Wir haben in Kapitel 3 gesehen, wie durch die langsame Abkühlung der Erde der Wasserdampf der Atmosphäre erstmals kondensierte und als wahrhaftige Sintflut vom Himmel fiel. Dieses Wasser bildete die ersten Ozeane, aber zuvor gelangte es durch Ausgasung aus dem Magmaozean in die Atmosphäre. Als die Plattentektonik vor etwa 4400 Millionen Jahren anlief und die Ausbildung des damals dominierenden Plattenschubs an den mittelozeanischen Rücken einsetzte, wurden Unmengen an chemisch gebundenem Wasser frei, das zunehmend als flüssiges Wasser die Ozeanbecken flutete. Wie wir bereits gesehen haben, lief die Mantelkonvektion durch das heiße Innere der jungen Erde deutlich schneller ab als heute. Die tektonischen Platten waren entsprechend zahlreicher und damit kleiner als heute. Dadurch gelangte die an den mittelozeanischen Rücken gebildete Kruste jung und heiß wieder in die Subduktionszonen. Genau aus diesem Grund konnte das in den subduzierten Ozeanplatten eingelagerte Wasser fast vollständig wieder abgegeben werden, wodurch mit hoher Geschwindigkeit die ersten Kontinente entstanden. Mit anderen Worten gab es in der Frühzeit der Erde eine ergiebige Wasserquelle aus dem Erdmantel in die Ozeane, während die Wassersenke aus den Ozeanen in den Erdmantel bei der Subduktion stark unterdrückt war. Dieser Fluss vom Erdmantel in die Ozeane ließ über Jahrmilliarden hinweg das Volumen der Meere stetig ansteigen. Nur der ebenfalls beständig zunehmenden Fläche der Kontinente, deren leichterer Granit ihnen Auftrieb verlieh, ist es zu verdanken, dass aus einem anfänglichen Aquaplaneten trockene Landflächen hervorgingen, die die Evolution schließlich erfolgreich eroberte.

Dass die Landflächen der Kontinente bis zum heutigen Tage aus den Ozeanen herausschauen, hat seinen Grund in einer Umkehr des erdinternen Wasserkreislaufs. Wie wir gesehen haben, sind es heute die Subduktionszonen, an denen mehr Wasser im Erdinneren verschwindet, als durch die mittelozeanischen Rücken und Hotspots nachgeliefert wird. Es ist also heute ein Fluss vom Ozean in den Erdmantel vorhanden, der das Wasservolumen der Ozeane beständig abnehmen lässt. An einem Wendepunkt der Erdgeschichte vor etwa 900 Millionen Jahren, und damit noch etwa 400 Millionen Jahre bevor die ersten Tiere über den Meeresboden krabbelten, übernahm der Plattenzug in den Subduktionszonen den Antrieb, der zuvor beim Plattenschub der mittelozeanischen Rücken lag. Fortan dominierte der Wasserentzug in den kalten, dichten, alten Ozeankrusten. Der Wasserverlust der Ozeane wurde größer als sein Zugewinn, sodass das Wasservolumen der Ozeane abnahm. Tatsächlich spricht viel dafür, dass der Meeresspiegel nach Abzug aller Klimaschwankungen in den letzten 600 Millionen Jahren um beachtliche 500 Meter abgesunken ist.

Wenn ich mir die Wege des Wassers durch das Erdsystem vergegenwärtige, verändert sich mein Blick auf meinen Becher Kaffee, das Wasser in meinem Körper, ein Bad im Meer und all die Regentropfen. Jeder Wassertropfen war bereits Teil des Erdmantels, gelangte im Gestein gebunden im Mahlstrom einer Subduktionszone bis zur Kern-Mantel-Grenze. Deren Aussehen können wir uns sogar verbildlichen, denn sie dürfte Ähnlichkeit haben mit dem Pallasitmeteorit aus Eisen und Olivin, den ich in meinen Händen halten durfte (Abb. S. 78–80). Mit einem Manteldiapir aufsteigend brach sich das Wasser in einem Vulkanausbruch seinen Weg durch die Erdoberfläche und wurde wieder flüssig. Als Bestandteil einer Wolke regnete es zur Erde und versickerte ins Grundwasser. Von dort kam es in meinen Kaffeebecher und tummelt sich nun in mir. Wie lange wird es dauern, bis es wieder durch das Tor einer Subduktionszone in die Tiefe der Erde gelangt?

DIE KLIMAKAPRIOLEN DES KOHLENSTOFFKREISLAUFS

Zu den ineinander verzahnten Kreisläufen des Gesteins und Wassers kommt noch ein dritter und ebenso wichtiger hinzu. Es ist der Kreislauf des Kohlenstoffs. Kohlenstoff ist das zweithäufigste Element in unserem Körper und das Element des Lebens schlechthin. Aus ihm besteht auch der Diamant. Wir kennen ihn als Kohlendioxid (CO_2) in der Atmosphäre und er bildet dort den wichtigsten Klimakontrollparameter des Erdsystems. Aus ihm bestehen alle fossilen Energieträger, weswegen deren massive Verbrennung und der daraus resultierende Anstieg des atmosphärischen Kohlendioxids uns so viele Probleme bereitet.

KAPITEL 9 | DER HERZSCHLAG DER ERDE

Der für das Erdsystem extrem wichtige Regelkreis aus Gestein, Wasser und Kohlenstoff wird überdeutlich, wenn er Achterbahn fährt. Tatsächlich lief das fein orchestrierte Zusammenspiel der drei miteinander verzahnten Kreisläufe in der tiefen Vergangenheit des Planeten mehrmals komplett aus dem Ruder und verursachte Klimakapriolen mit ungeahntem Ausmaß. Aus diesen Extremklimazuständen können wir sehr viel über unsere Erde und ihre Funktionsweise lernen. Um diese Zusammenhänge zu verstehen, reisen wir in eine Zeit vor 717 bis 584 Millionen Jahren zurück, in der sich der Planet innerhalb weniger Millionen Jahre wechselweise in eine globale Tiefkühltruhe und anschließend in eine Sauna verwandelte. Dieser Zustand der Erde ist unter dem englischen Namen »Snowball Earth« bekannt geworden, die Schneeball-Erde. Der Name weist allerdings nur auf eine Seite dieses Phänomens hin, weswegen es richtiger wäre, von der Schneeball-Sauna-Erde zu sprechen. Was hat das Erdsystem damals so dermaßen außer Kontrolle geraten lassen, und weshalb hat sich das in der jüngeren Vergangenheit nicht wiederholt? Die Antworten darauf zeigen, wie ausgeklügelt und fein balanciert die Kreisläufe aus Gestein, Wasser und Kohlenstoff ineinandergreifen. Sie vermitteln uns einen tiefen Einblick, wie der Kohlenstoffkreislauf die Rolle des Thermostaten im Erdsystem einnimmt und weswegen wir besser vorsichtig mit ihm umgehen sollten.

Unsere modernen Eiszeitzyklen erscheinen nichtig im Vergleich zu dem, was damals passierte, als sich die gesamte Erdoberfläche in einen Eispanzer verwandelte, sämtliche Ozeane zufroren und es in den Tropen aussah wie heute in der Antarktis. Es war ein Glück, dass die Lebewesen dieser Zeit ausschließlich Bakterien und Mikroorganismen waren, denen die Flucht in die verbleibenden wärmeren Regionen gelang, denn sonst hätte es das Leben im wahrsten Sinne des Wortes kalt erwischt. Die Tiefsee, die aufgrund der Geothermie der Erde sicher nicht zufror, war ein sicherer Zufluchtsort für thermophile Bakterien, und die heißen, vulkanischen Schlote der mittelozeanischen Rücken waren das Zuhause unserer hitzeresistenten Vorfahren.

Eindeutige Spuren dieser Klimakapriolen finden sich in den Sedimenten der heutigen Kontinente, die damals in den Tropen lagen. Zu ihnen gehören die

KAPITEL 9 | DER HERZSCHLAG DER ERDE

typischen Hinterlassenschaften von Gletschern mit glatt poliertem Fels, Findlingen und unsortiertem Schutt auf Meeresniveau. Auf diesen eiszeitlichen Sedimenten liegen abrupt Warmwasserkalke einer feucht-warmen Tropenwelt. Dieses Muster wiederholt sich mindestens dreimal in den Sedimenten. Heute dagegen finden sich Gletscher in den Tropen ausschließlich in Höhen jenseits von 4000 Metern. Die entsprechenden ozeanischen Sedimente dieser globalen Eiszeiten zeigen alle Anzeichen eines Meeresmilieus ohne Sauerstoff. Deswegen konnten in diesen Zeiträumen auch kurzzeitig wieder Bändereisenerze entstehen, die wir in Kapitel 8 im australischen Karijini kennengelernt haben. Die vulkanischen Einträge an Eisen und Schwefel ins Meerwasser wurden im sauerstofffreien Meerwasser nicht mehr sofort oxidiert, sondern konnten sich anreichern. Erst als nach der Vereisung der biogene Sauerstoff in die Ozeane zurückkehrte, wurden sie rasch oxidiert und lagerten sich ab. Seit dieser Zeit sind die Ozeane im Mittel durchgehend aerob, und darum konnten sich keine weiteren Bändereisenerze bilden. Diese Klimaextreme wurden Sturtian, Marinoan und Gaskiers genannt und ereigneten sich im Neoproterozoikum in den Zeiträumen vor 717, 635 und 584 Millionen Jahren und dauerten etwa jeweils 10 Millionen Jahre. Das Neoproterozoikum wird in diesem Zeitraum als Cryogenium bezeichnet, was »Zeitalter des Eises« bedeutet. Wie sah der Planet zu dieser Zeit aus?

Alle Kontinente hatten sich im Neoproterozoikum zum Superkontinent Rodinia vereint, dessen Zentrum, eine ausgedehnte Wüste, in den Tropen lag. Superkontinente existieren, wie wir gesehen haben, geologisch betrachtet nur für kurze Zeit, auch Rodinia zerbrach wieder. Durch das erneute Anlaufen des Wilson-Zyklus drifteten die neuen Kontinentfragmente langsam auseinander. Die jungen, heißen und voluminösen mittelozeanischen Rücken ragten als untermeerische Gebirge hoch auf und verdrängten enorm viel Wasser. Dadurch stieg der Meeresspiegel bedeutend an und die Ozeane drangen weit auf die Schelfplattformen der Kontinente vor. Die dort abgelagerten Sedimente erzählen uns von dieser Geschichte. Die fragmentierten Kontinente wurden in zunehmendem Maße von tropischen Ozeanen um- und überspült. Dadurch nahm die Helligkeit des Planeten leicht ab, da der dunkle Ozean nun eine größere Fläche einnahm. In der Folge wärmte sich die Welt weiter auf. Die feuchtwarme Luft sättigte sich verstärkt mit Wasserdampf, und der über dem wüstenartigen Superkontinent zum Erliegen gekommene Wasserkreislauf setzte wieder ein. Je mehr tropische Küsten entstanden, desto mehr regnete es, und der Regen drang auch in das Innere des zerfallenen Superkontinents ein. Pflanzen, die diese Welt hätten ergrünen lassen können, gab es noch nicht. Der Regen kurbelte aber die chemische Verwitterung der kontinentalen Gesteine enorm an. Der Grund dafür ist, dass jeder Regentropfen ein wenig atmosphärisches Kohlendioxid an sich bindet und zu einer leichten Kohlensäure wird. Im nächsten Kapitel, das dem Klimasystem gewidmet ist, werde ich darauf noch genauer eingehen. Dieser Regen fiel auf die am Erdboden freiliegenden Silikatgesteine. Vor allem die Mineralbestandteile Feldspat und Glimmer des Granits reagierten chemisch mit der Kohlensäure und wurden langsam, aber stetig aufgelöst. Bäche und Flüsse transportierten den nun gebundenen Kohlenstoff in die Ozeane. Mit anderen Worten gestaltet sich der Prozess wie folgt: Die chemische Verwitterung der Gesteine entzieht mithilfe des Regenwassers der Atmosphäre Kohlendioxid. Im Ozean angekommen, kommt es zu einer weiteren chemischen Reaktion, bei der sich die Verwitterungsprodukte Kalzium und Karbonat verbinden und zu festem Kalzit werden. Dieser sinkt auf den Meeresboden ab und bildet dort Kalkgestein. Dadurch wird das atmosphärische CO_2 dem Kreislauf langfristig entzogen und wird zu Gestein. Erst mit dessen Kreislauf durch die Subduktionszonen und Vulkane kann es reaktiviert werden. Dieser Prozess läuft in den Tropen durch den starken Wasserkreislauf besonders effektiv ab. In der von uns betrachteten Zeitspanne ließ der starke Entzug des atmosphärischen CO_2 die Temperaturen so weit sinken, dass die Polarregionen begannen, sich saisonal mit Meereis zu überziehen. Die äquatoriale Lage der auseinanderdriftenden Kontinente beschleunigte diesen Prozess, sodass die vereisten Polkappen sich Richtung Äquator ausbreiteten. Nun konnte eine Rückkopplungsschleife namens Eis-Albedo-Feedback einsetzen; die Albedo beschreibt das Rückstreuvermögen für Sonnenstrahlung ins All und ist ein Maß für die Helligkeit einer Oberfläche. Je mehr Ozeanfläche zufror, desto heller wurde der Planet. Dadurch wurde immer mehr Sonnenstrahlung ins All zurückreflektiert, wodurch sich der Planet weiter

KAPITEL 9 | DER HERZSCHLAG DER ERDE

abkühlte und die gefrorenen Ozeane der Polargebiete noch weiter gen Äquator ausgriffen. Sobald das polare Meereis den 30. Breitengrad erreichte, das entspricht dem heutigen Breitengrad der Kanarischen Inseln, gab es kein Zurück mehr. Klimamodelle zeigen, dass bei einer solchen Eisbedeckung die Ozeane bis in die Tropen zufrieren – und genau das geschah innerhalb von etwa 1000 Jahren.

Diesem Trend folgend bildete sich auch auf den tropischen Kontinenten ein Inlandeissystem aus, wie wir es heute von der Antarktis und Grönland kennen. Der Planet verwandelte sich in eine Eiswüste, Dadurch wurde fast die gesamte Sonnenstrahlung ins All zurückreflektiert, sodass sich die Erde nicht mehr genügend erwärmen konnte. Die mittlere Temperatur der Erde sank offenbar auf bis zu −50 °C ab. Die polaren und außertropischen Ozeane erstarrten zu einem Kilometer dicken Eispanzer. Ob und wie stark die Ozeane in den inneren Tropen zufroren, wird kontrovers diskutiert. Einträge von Findlingen und Gletscherschutt in die Ozeane scheinen zu belegen, dass die tropischen Meere zumindest teilweise offen blieben. An diesen Orten konnten die Acritarchen, eine Art frühes Plankton, das bereits einen komplexen Aufbau mitsamt einer Schale besaß, die harschen Zeiten offenbar überstehen. Es wäre aber auch möglich, dass die Gletscherströme aus dem Inland weit auf die gefrorenen Ozeane hinausreichten und ihre Gesteinsfracht erst in die Ozeane schütteten, als sie abschmolzen. Wie konnte es der Erde gelingen, sich aus dem eisigen Würgegriff des Kohlenstoffkreislaufs zu befreien?

Das bakterielle Leben überstand diese Krise der Evolution, indem es in die Tiefsee auswich, wo die Vielzahl neu gebildeter mittelozeanischer Rücken genügend Wärme und Mineralnahrung boten. Diese vulkanischen Gebirgsketten am Meeresgrund hielten aber nicht nur die Bakterien am Leben, sondern sie pumpten auch Unmengen an CO_2 in den Ozean. Zudem gab es zahllose hochexplosive Vulkane an Land entlang der Riftzonen zerbrechender Kontinente. Auch über sie gelangte das CO_2 zurück in die Atmosphäre. Das verzahnte Trio aus Gestein, Kohlenstoff und Wasser hatte aber noch ein weiteres Ass im Ärmel. Bei Temperaturen von −50 °C kann die Atmosphäre so gut wie gar keinen Wasserdampf mehr aufnehmen, auch die Quellen des Wasserdampfs, die offenen

Ozeane, waren versiegt. Der Wasserkreislauf brach zusammen und Schnee fiel nur noch in unbedeutenden Mengen. Der Eispanzer an Land begrub zudem die Gesteine unter sich, wodurch die chemische Gesteinsverwitterung zum Erliegen kam. Diese Kette von Ereignissen führte zum Stillstand der CO_2-Senke der Atmosphäre. Der nun dominierende Prozess war der Eintrag von CO_2 in die Atmosphäre durch die unzähligen Vulkane. Heute erleben wir nur selten den Ausbruch eines Vulkans, denn heute sind die Kontinente fast maximal weit auseinandergedriftet. In Zeiten zerbrechender Superkontinente sind Vulkanausbrüche aber allgegenwärtig. Über einen Zeitraum von Millionen Jahren hinweg pumpten sie also mehr und mehr CO_2 in die Atmosphäre, woraufhin die Oberflächentemperatur durch den sich verstärkenden natürlichen Treibhauseffekt stetig anstieg. Als die Temperaturen 0 °C überschritten, konnten erstmals wieder größere Areale der tropischen Meere eisfrei werden, woraufhin die Eis-Albedo-Rückkopplung wieder anlief. Je mehr Ozeanwasser sichtbar wurde, desto dunkler wurde die Oberfläche der Erde und desto mehr Sonnenstrahlung stand der Erde für ihre Erwärmung zur Verfügung, was wiederum mehr Eis schmelzen ließ. Wasser konnte wieder aus den Ozeanen in die Atmosphäre verdunsten, und mit steigender Temperatur konnte die Luft mehr Wasserdampf aufnehmen. Damit lief der für lange Zeit gestoppte Wasserkreislauf wieder an. Während sich das Meereis rasch aus den tropischen Regionen zurückzog, fing es über den tropischen Kontinenten vermehrt an zu schneien, woraufhin das Inlandeis und die Gletscher wuchsen. Dieses scheinbare Paradox sehen wir auch bei der heutigen Klimaerwärmung in der Antarktis. Da eine wärmere Atmosphäre mehr Wasserdampf aufnehmen kann, nimmt auch die Niederschlagsmenge zu. Da in der heutigen Antarktis, ganz so wie über den Kontinenten der Eiszeit im Cryogenium, die mittleren Temperaturen weit unter dem Gefrierpunkt liegen, bedeutet mehr Niederschlag mehr Schneefall und damit eine anwachsende Eisbedeckung. Dieser Effekt wirkte, bis die Temperaturen so weit anstiegen, dass sie auch über den Kontinenten dauerhaft über 0 °C lagen. Ab diesem Punkt ging alles sehr schnell. Die Vulkane hatten inzwischen das 350-Fache des heutigen CO_2-Werts in die Atmosphäre gepumpt, wodurch das Inlandeis im Rekordtempo abschmolz und den Planeten innerhalb einer unglaublich kurzen Zeitspanne von nur 100 Jahren in eine Saunawelt verwandelte. Anders ist es nicht zu erklären, dass die eiszeitlichen Sedimente abrupt von Warmwasserkalken überlagert werden, wie sie nur in tropischen Klimaten vorkommen. Der damalige CO_2-Wert der Atmosphäre entspricht einer mittleren Oberflächentemperatur von +50 °C – wahrhaftig eine Sauna. Damit absolvierten die irdischen Temperaturen innerhalb von nur 10 Millionen Jahren eine Achterbahnfahrt von 100 °C Temperaturunterschied.

Nach der Sauna rutschte die Erde im Rekordtempo in die nächste globale Eiszeit, und der Mechanismus, der das auslöste, ist uns nun bereits bekannt. In einer +50-°C-Welt ist es der Wasserkreislauf, der Achterbahn fährt, wodurch Unmengen von CO_2 mit dem Regen aus der Atmosphäre ausgewaschen werden, wodurch die Silikatgesteine verwittern, deren gelöste Stoffe über die Flüsse in die Ozeane gelangen, wo sie schließlich in den Sedimenten als Kalke dem System entzogen werden. In der Folge sinkt die Temperatur der Erde beständig und die Eis-Albedo-Rückkopplung greift wieder. Es war also unausweichlich, dass der Planet in den Würgegriff der nächsten globalen Eiszeit geriet, nur um ebenfalls 10 Millionen Jahre später erneut zur Sauna zu werden. Mindestens drei, möglicherweise sogar vier solche Zyklen durchlief das Erdklima, bevor es sich endlich und diesmal dauerhaft stabilisierte. Erst dadurch war dem höheren Leben sein dauerhafter Aufstieg möglich, und dieser ist zeitlich eng an das Cryogenium gekoppelt.

Es stellt sich nun die entscheidende Frage, was diesen Teufelskreis endgültig durchbrach und den Ausweg aus der Klimakrise ermöglichte. Der Evolution gelang es nämlich, bereits 4 Millionen Jahre später die Ediacara-Fauna auszubilden. Sie wurde im Süden Australiens entdeckt (ihren Namen hat sie von ihrem Fundort) und umfasst eine seltsam fremde Lebewelt, deren Zuordnung weitgehend unklar ist. Sie dominierte das Leben vor 580 bis 540 Millionen Jahren. Anschließend wurden in der sogenannten kambrischen Explosion alle Baupläne des modernen Lebens angelegt. Mit den Trilobiten, deren eindrucksvolle Fossilien wir vielerorts finden, krabbelten die ersten Meeresbewohner über die Ozeanböden. Möglicherweise war es gerade die Isolation der Schneeball-Sauna-Erde-Bewohner, die sich in den räumlich voneinander getrennten Wärmeoasen der Vulkane an Land und in der Tiefsee oder auch in den vom Eis frei gebliebenen Flächen der Ozeane spezialisierten und in ganz verschiedene Richtungen entwickeln konnten. Weitere globale Schneeball-Sauna-Verhältnisse hat es glücklicherweise seitdem in der Erdgeschichte nicht mehr gegeben, denn für höheres Leben wäre ein solches Ereignis nicht nur die größte Krise der Evolution gewesen, sondern vermutlich auch ihr Untergang. Wir müssen uns daher glücklich schätzen, dass die Bakterien dieser Zeit widerstandsfähig genug waren, um die Krise erfolgreich zu überstehen. Sie sind unsere Urahnen und ohne ihren erfolgreichen Überlebenskampf gegen diese Klimakatastrophe gäbe es uns nicht.

Die Auswege aus der Klimaachterbahn der Erde lieferten die Sonne und die Plattentektonik. Mit der zunehmenden Leuchtkraft der Sonne, ausgelöst durch ihren dichter werdenden Kern, spendete sie der Erde fortan mehr Wärme, denn noch vor 600 Millionen Jahren schien sie 6 Prozent schwächer als heute. Daher war das Klima dieser Zeit anfälliger für globale Störungen, als dies heute der Fall ist. Den weitaus wichtigeren Beitrag lieferte aber die Plattentektonik. Mit dem Auseinanderdriften der Kontinente verteilten sie sich zunehmend über den ganzen Globus und verließen damit ihre überwiegend tropischen Lagen. Vor allem der Südkontinent Gondwana geriet mehr und mehr in südpolare Gefilde. Durch die Bildung großer Ozeane pendelte sich die vulkanische Aktivität langsam wieder auf ein normales Maß ein. Der Wasserkreislauf ist in den Tropen aufgrund der hohen Temperaturen am stärksten ausgeprägt, weswegen die über den Globus verstreuten Kontinente den Einfluss der CO_2-Reduktion aus der Atmosphäre und die Intensität der chemischen Gesteinsverwitterung am Boden reduzierten. Dieser Effekt ist besonders stark ausgeprägt, wenn Kontinente in den Polarregionen liegen, wie es derzeit für weite Landflächen im Norden und die Antarktis der Fall ist. Das verhindert, wie wir wissen, keine Eiszeiten, denn wir leben in der Zwischenwarmzeit einer Eiszeit, aber es verhindert eine katastrophale globale Vereisung.

Mit diesem Wissen um die ausgeklügelte Verzahnung der Kreisläufe aus Gestein, Wasser und Kohlenstoff können wir uns nun einem weiteren wichtigen Teil des Erdsystems zuwenden: dem Klima.

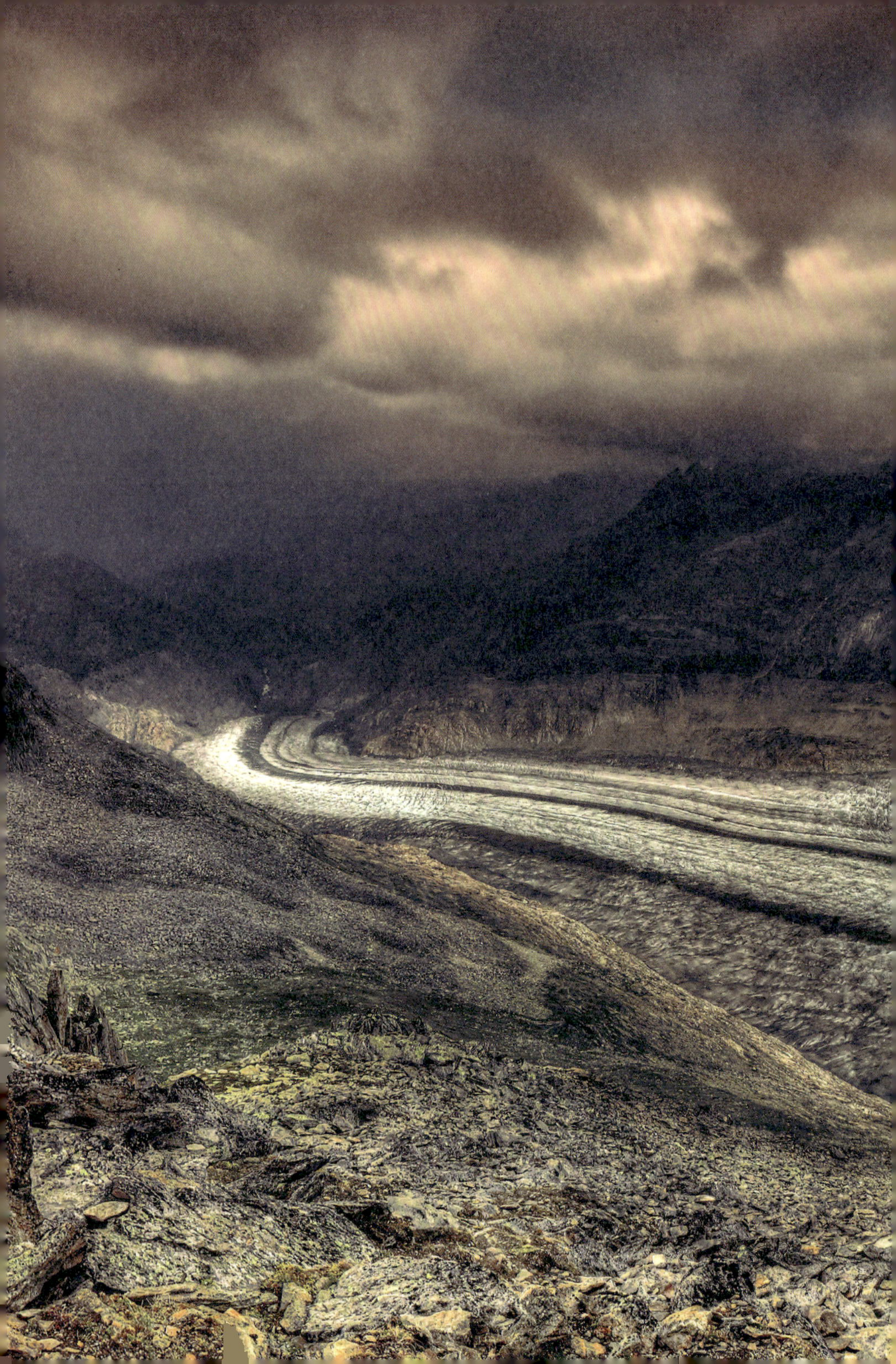

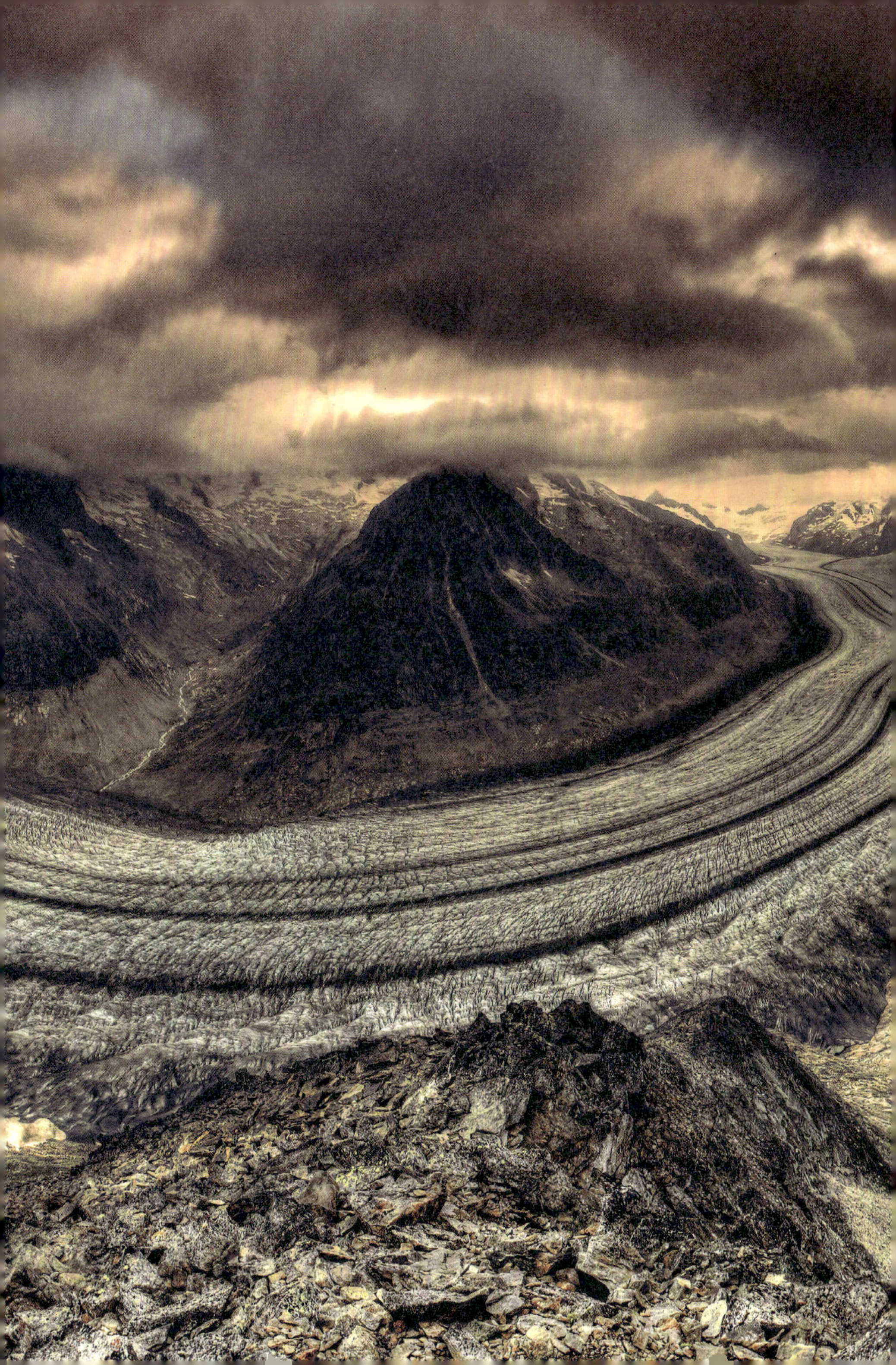

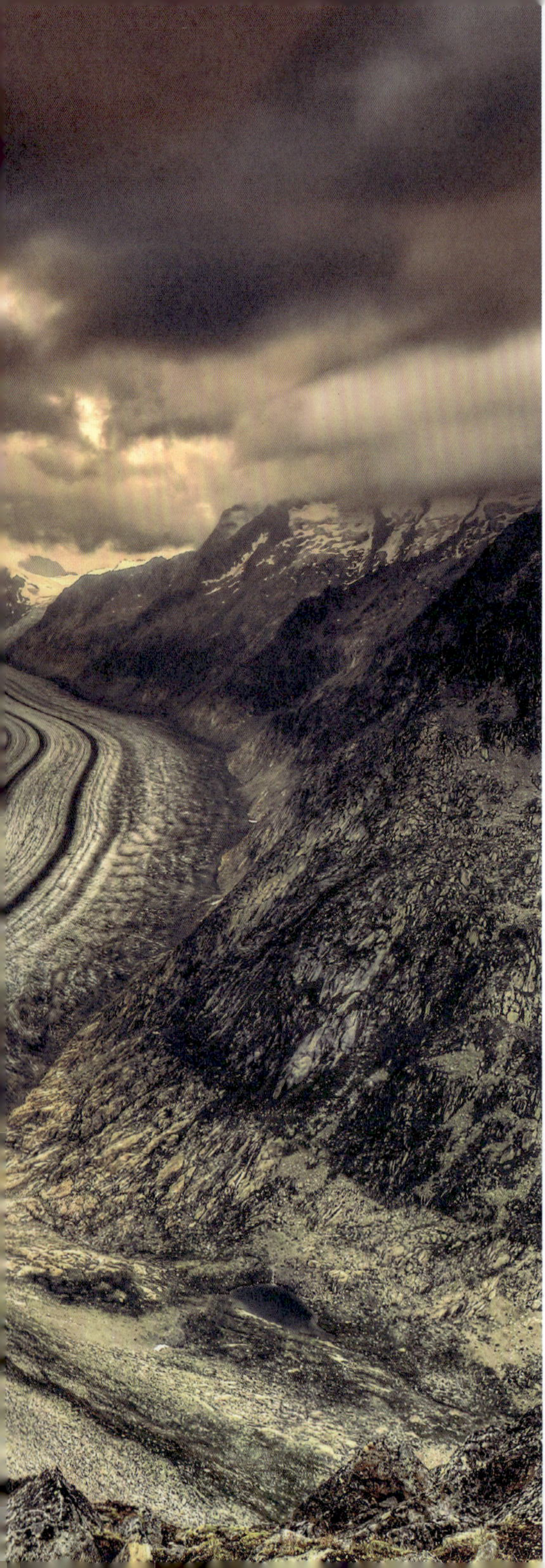

KAPITEL 10
DAS KLIMASYSTEM

》

Wir leben untergetaucht am Boden eines Meeres von Luft.

Evangelista Torricelli

Nachhall des Donners. Der Große Aletschgletscher im Berner Oberland der Schweizer Alpen reagiert wie ein Fieberthermometer auf den Klimawandel. Seit seinem letzten Höchststand im Jahre 1850 schmilzt er, wie alle Gebirgsgletscher der Welt, beschleunigt ab. Er verliert in durchschnittlichen Jahren 10 Meter seiner Länge, in heißen Sommern können es aber durchaus 100 Meter werden. Seit 1850 hat der Gletscher mehr als 3 Kilometer seiner Länge und mehr als 100 Meter seiner Eisdicke verloren. Der Große Aletschgletscher ist mit 22 Kilometer Länge und 1500 Meter Breite der flächenmäßig größte und längste Gletscher der Alpen. Seine Fließgeschwindigkeit variiert je nach Messort zwischen 50 und 180 Metern pro Jahr. Klimaprojektionen legen nahe, dass er in seiner zusammenhängenden Form am Ende des Jahrhunderts verschwunden sein wird.

Wörter wie Klima, Klimasystem, Klimawandel und Klimakrise sind nicht mehr wegzudenken aus unserer Zeit. Wir benutzen sie allerdings oft, ohne ein wirkliches Verständnis dafür zu haben, was sie im Detail beschreiben. Was also umfasst der Begriff Klima überhaupt? Wie hängen Wetter und Klima zusammen? Was ist der natürliche Treibhauseffekt, und wie gelingt es der Atmosphäre, uns so effektiv zu schützen und mit Wärme zu versorgen? Woraus besteht die Luft, die wir so selbstverständlich ein- und ausatmen? Haben Sie sich schon einmal Gedanken darüber gemacht, weshalb der Himmel eigentlich blau ist? Auf all diese Fragen möchte ich in diesem Kapitel Antworten geben.

Die die Erde umgebende Lufthülle ist die Atmosphäre, und sie besteht aus einer Vielzahl von Schichten, von denen zwei für das Leben von überragender Bedeutung sind: die Troposphäre, in der sich das gesamte Wetter der Erde abspielt, und die darüberliegende Stratosphäre, in der uns die Ozonschicht vor der harten UV-Strahlung der Sonne schützt. In der Troposphäre spielt sich der gesamte Wasserkreislauf ab. Über unseren Köpfen in Mitteleuropa erstreckt sie sich bis in 11 Kilometer Höhe. Das Wasser, das aus den Ozeanen und über den Landoberflächen verdunstet, steigt als das unsichtbare Gas Wasserdampf in sie auf, kondensiert dort zu Wolken und fällt als Regen, Schnee, Graupel oder

Hagel zurück zur Erde. Die Troposphäre enthält 80 Prozent der gesamten Masse der Atmosphäre.

Die Stratosphäre beginnt oberhalb der Troposphäre und reicht bis in etwa 50 Kilometer Höhe. Um diese Höhen besser einschätzen zu können, können wir daran denken, dass Flugzeuge auf ihren Langstreckenflügen meist in 10 bis 11 Kilometer Höhe fliegen. Das Ozon (O_3) der Stratosphäre schützt uns am effektivsten in einer Schicht mit der größten Konzentration in etwa 25 Kilometer Höhe. Was uns das Leben auf dem Festland ermöglicht, ist allerdings ein Hauch von nichts, denn könnten wir die gesamte Ozonschicht am Erdboden konzentrieren, ergäbe sie gerade einmal eine 3 Millimeter dünne Schicht.

Die gesamte Atmosphäre wiegt nur ein Millionstel der Masse unseres Heimatplaneten, dennoch lasten 10 Tonnen Atmosphärengewicht auf jedem Quadratmeter der Erdoberfläche. Die Masse der Atome, die die Gase der Luft ausmachen, unterliegen den Gesetzen der Schwerkraft, weswegen der Luftdruck an der Erdoberfläche 1013 Hektopascal beträgt. Die obersten 10 Meter des Ozeans, aber auch die obersten 3 Meter Gestein, wiegen damit genauso viel wie die gesamte Lufthülle darüber.

Die Atmosphäre der Erde ist eine blaue, fragile Schicht. Vergleicht man die Erde mit einer Zwiebel, so zeigt sich, dass die Atmosphäre nicht dicker ist als die hauchdünne äußere Zwiebelschale. Wie hoch sich dieser Luftozean über unseren Köpfen erstreckt, ist gar nicht so einfach auszumachen, denn er besitzt, im Gegensatz zu den Meeren, keinen eindeutigen Oberrand. Die Gashülle der Erde geht vielmehr jenseits der 100 Kilometer Höhe kontinuierlich in den Weltraum über, indem die Dichte der vorhandenen Luftmoleküle mit der Höhe immer weiter abnimmt. Erst aus dem Weltraum betrachtet offenbart sich, wie unglaublich dünn und fragil unsere Lufthülle tatsächlich ist. Dieser Anblick ist einer der Gründe, weswegen heimkehrende Astronauten und Kosmonauten eindringliche Botschafter der Erde sind und bewegend zum Schutz unseres Planeten aufrufen. Wir leben buchstäblich am Grunde eines Ozeans aus Luft.

Einen kleinen Eindruck davon durfte ich erhaschen, als ich 2014 die Forschungsflüge mit der HALO Gulfstream G550 des Deutschen Zentrums für

Luft- und Raumfahrt (DLR) auf Island leitete. Auf diesen Flügen untersuchte unser Wissenschaftsteam die Tiefdruckgebiete im Winter über dem Nordatlantik, und einer dieser Flugabschnitte brachte uns bis auf 15 Kilometer Höhe. Der Blick aus dem Cockpit war atemberaubend. Der Himmel über uns nahm eine tintenblauschwarze Farbe an, während der Blick zum Horizont ein helles Lichtblau offenbarte. Zudem wurde die Krümmung der Erde deutlich erkennbar. Bei diesem Anblick wurde mir deutlich vor Augen geführt, wie effektiv uns unsere Atmosphäre vor der tödlichen Kälte des Weltraums abschirmt und uns in eine wärmende Klimadecke einhüllt, die uns das Leben überhaupt erst ermöglicht. Zugleich schützt sie uns effektiv vor der gefährlichen UV-Strahlung der Sonne. Doch was bedeutet Klima eigentlich?

WETTER, WITTERUNG UND KLIMA

Klima ist das, was man erwartet, und Wetter das, was man bekommt. An diesem meteorologischen Sprichwort ist viel Wahres dran. Das griechische Wort »meteoros« bezeichnet das in der Luft Schwebende, womit die Hydrometeore gemeint sind, also Wolken, Regen, Schnee, Graupel und Hagel. Das Wort Klima stammt ebenfalls aus dem Griechischen: »klineos« meint die Neigung der Erde gegenüber der Sonne. Wetter ist der hochvariable Zustand der Atmosphäre an einem Ort, der sich von Stunde zu Stunde und Tag zu Tag ändert. Auch das unsichtbare Gas Wasserdampf hat in der Atmosphäre eine kurze Verweilzeit. Sein Kreislauf aus Verdunstung, Wolkenbildung und Niederschlag, der maßgeblich das Wetter prägt, dauert im Mittel nur 10 Tage. Da das meiste Wasser des atmosphärischen Wasserkreislaufs aus den Ozeanen verdunstet, ist es bei einem so schnellen Zyklus nicht verwunderlich, dass 80 Prozent des Regens auch wieder in die Ozeane hineinfallen. Lediglich die restlichen 20 Prozent kommen dem Festland zugute. Dabei spielen sich alle uns vertrauten Wettervorgänge in der untersten Schicht der Atmosphäre ab, die Troposphäre genannt wird, und über unseren Köpfen in Mitteleuropa meist in 10 Kilometer Höhe endet.

Haben wir es mit eingefahrenen Wetterlagen zu tun, wie zum Beispiel lang anhaltenden Hochdrucklagen oder Schlechtwetterperioden, in denen ein Tief das nächste jagt, prägt das den Witterungsverlauf; auf diese Weise kann ein milder Winter oder ein heißer Sommer prägend sein. Witterung ist sozusagen das mittlere Wettererscheinungsbild über einen Zeitraum von Wochen bis Monaten. Um zum Klima eines Ortes, einer Region oder der gesamten Erde zu kommen, wird das Wetter über etwa 30 Jahre hinweg gemittelt. Das zappelige Wettergeschehen glättet sich dabei rasch zu statistischen Werten, die neben dem Mittelwert auch die Bandbreite der Extreme berücksichtigen und damit die gesamte Klimavariabilität ausdrücken.

Aus Hamburgs Schmuddelwetter wird ein Klimamittel von 9,8 °C mit 800 Liter Regen pro Quadratmeter im Jahr, entsprechend einer jährlichen Wassersäule von 80 Zentimetern pro Quadratmeter bei einer mittleren täglichen Sonnenscheindauer von etwas mehr als 4 Stunden. Im Klimamittel über die ganze Erde ist es 15 °C warm, aber die Bandbreite der Extreme reicht von −89 °C in der Antarktis bis hin zu +56 °C im Tal des Todes im Südosten Kaliforniens. Ich durfte bereits −42 °C in der winterlichen Arktis bei einem Windchill-Effekt, dem Unterschied von gemessener und gefühlter Temperatur, von −73 °C erleben und auf der anderen Seite des Extrems im australischen Outback Temperaturen von fast 50 °C mit täglichem sintflutartigem Gewitterregen. Solche Temperaturen im Zusammenspiel mit extrem niedriger oder extrem hoher Luftfeuchtigkeit am eigenen Leib zu spüren, macht mehr als demütig. Die Bewegung der Luft reicht in unseren Breiten von Windstille bis Orkan, mit Windspitzen von bis zu 285 km/h. Tropische Wirbelstürme erreichen über 300 km/h, und mehr als 500 km/h werden im Inneren von Tornados erreicht. Im Mittel über die Erde fallen 1000 Liter Regen pro Quadratmeter im Jahr, was einem Meter Wassersäule entspricht. Das zeigt, dass die Hamburger nicht ganz so nassen Fußes leben, wie sie oft behaupten. Die regenreichsten Orte der Erde liegen in Cherrapunji im Nordosten Indiens, wo der Monsun nicht weniger als 12 Meter Wassersäule ausschüttet, sowie auf Hawaii. Dort regnet eine Wassersäule von 11 Metern vom Himmel, wobei es im Regenschatten der Inseln gleichzeitig sehr trockene Orte gibt. Der Südwesten Neuseelands bringt es noch auf 6,5 Meter Wassersäule und selbst an der Südküste Islands fallen 5 Meter Wasser vom Himmel. Am Mount Rainier, dem höchsten Vulkan des Kaskadengebirges im Nordwesten der USA, unweit von Seattle, sind im Winter 25 Meter Schnee die Regel, was gut 8 Meter Wasseräquivalent entspricht und die starke Vergletscherung des Vulkans nährt. Die trockensten Orte der Erde dagegen sind die Atacamawüste im Norden von Chile, wo es seit 400 Jahren nicht mehr geregnet hat, und das McMurdo-Tal im Viktorialand der östlichen Antarktis, wo es schätzungsweise seit Millionen von Jahren nicht mehr geschneit hat.

Der Klimabegriff umfasst aber sehr viel mehr als nur den mittleren Wetterzustand, denn das Klima der Atmosphäre ist nicht losgelöst vom Planeten. Es steht in enger Wechselbeziehung mit allen anderen Bestandteilen des Erdsystems, darunter der Hydrosphäre mit den Ozeanen, Seen und Flüssen, der Kryosphäre mit ihrem Eis, Schnee und Gletschern, der Lithosphäre mit dem Gestein der Erdkruste sowie der Flora und Fauna der Biosphäre. Sie alle wirken eng miteinander verzahnt am Klimageschehen mit. Wie das geschieht, haben wir am Beispiel des Gesteins-, Wasser- und Kohlenstoffkreislaufs beim Superkontinentzyklus und der Schneeball-Sauna-Erde gesehen. Diese Wechselbeziehung der Bestandteile des Erdsystems miteinander und untereinander findet zudem in vollkommen unterschiedlichen Zeiträumen und Raumskalen statt. Das lässt erahnen, um welch komplexes Geflecht es sich beim Klima handelt. Der Klimaantrieb ist die ungleichmäßige Sonneneinstrahlung und die damit verbundene, pausenlose Umverteilung von Wärme zwischen dem warmen Äquator und den kalten Polargebieten.

Die Atmosphäre hat mit ihrem Wasserkreislauf das kürzeste Gedächtnis von Tagen bis Wochen. Aus Sicht der Zeitskalen der Plattentektonik zappelt das Wettergeschehen ähnlich hektisch über den Planeten wie siedendes Wasser in einem Kochtopf. Die Kryosphäre entzieht dem atmosphärischen Wasserkreislauf erhebliche Mengen an Wasser und deponiert es für Jahre bis Jahrtausende und teilweise gar Jahrmillionen als Eis in den Gletschern und polaren Eiskappen. Während der letzten Eiszeiten hat dies Meeresspiegelabsenkungen von mehr als 100 Metern verursacht, wodurch viele Flachmeere der kontinentalen Schelfsockel zu Festland wurden. Die Ozeane reagieren weitaus gemächlicher als die Atmosphäre. Sie speichern die Energie der Sonne zwischen und geben sie jahreszeitlich versetzt wieder an die Atmosphäre ab, womit sie die Gegensätze der Jahreszeiten dämpfen. Die Ozeanströmungen zirkulieren innerhalb von 1000 Jahren in einem geschlossenen System rund um den Planeten, mal in der Tiefsee, mal an der Oberfläche. Sie wirken wie ein Förderband, das Wärme, Nährstoffe, Salz und Gase rund durch die Ozeanbecken transportiert und umverteilt. Diese Nährstofftransporte und das Sonnenlicht lassen das Leben in den Ozeanen mit den Jahreszeiten pulsieren, und auch an Land bestimmen die Jahreszeiten die Biomassenproduktion mit steigendem und fallendem Sonnenstand und dem damit verbundenen Angebot von Wärme. Die feste Erdkruste verändert ihr Aussehen, wie wir gesehen haben, dagegen im Mittel erst im Verlauf von Zehntausenden bis Millionen von Jahren. Diese Wechselbeziehungen des Erdsystems unterliegen auch kosmischen Einflüssen, wie die Vielzahl der Einschläge von Kometen und Asteroiden durch die Erdgeschichte hindurch zeigt. Die Biosphäre behauptet sich mit bemerkenswerten Anpassungsstrategien äußerst erfolgreich seit 4 Milliarden Jahren und gestaltet den Planeten tiefgreifend mit. Ohne das Leben wäre die Atmosphäre frei von Sauerstoff, besäße keine schützende Ozonschicht.

Neben dem, was wir üblicherweise als Wetter bezeichnen, kommen noch Wechselwirkungen mit dem chemischen Wetter hinzu. Es entsteht durch feste und wasserlösliche Schwebepartikel, die Aerosole, von denen der Ruß aus natürlichen Wald- und Moorbränden und das Schwefeldioxid aus vulkanischen Quellen am bekanntesten sind. Weniger bekannt, aber ungleich bedeutender ist das biogen produzierte Dimethylsulfid, kurz DMS, eine schwefelhaltige organische Verbindung, die vom Phytoplankton stammt. Im Ozeanwasser gelöst gelangt es mit 30 Millionen Tonnen pro Jahr in die Atmosphäre, immer dann, wenn brechende Wellen das schäumende Meerwasser verdunsten lassen. An der Luft oxidiert es zu Dimethylsulfoxid, DMSO, und zu Schwefeldioxid, woraus letztlich Schwefelsäure wird. Das hat zwei erhebliche Konsequenzen. Erstens ist das DMSO der Grund, weshalb das Meer seinen typischen Geruch entfaltet, und zweitens hat es maßgeblichen Einfluss auf die Wolkenbildung. Wolken entstehen nämlich nicht bloß, wenn die Luftfeuchtigkeit 100 Prozent erreicht. Damit sich das unsichtbare Gas Wasserdampf in ein Wolkentröpfchen umwandeln kann, wird ein sogenannter Kondensationskeim benötigt: ein festes Partikelchen, ein Aerosolteilchen, an dem sich das Wasser anlagern kann, um zu einem Tröpfchen und weiter zu einem Regentropfen anzuwachsen, der schließlich schwer genug ist, um als Regen zu Boden zu fallen. Das biogene DMS des Phytoplanktons der Meere steuert auf diese Weise die Bildung von Wolken und deren Tröpfchengrößenverteilung. Da Wolken aber ganz erheblich das Klima mitsteuern, indem sie je nach Höhe und Dicke die Atmosphäre entweder kühlen oder erwärmen, haben wir hier eine weitere Wechselwirkung, die belegt, in welchem Umfang das Leben das Klima des Planeten mitbestimmt und sogar regelt. Die Menge des Phytoplanktons in den Meeren ist ein Kontrollparameter für die Häufigkeit und das Erscheinungsbild von Wolken.

Neben den Seesalzen spielen auch Mineralstäube, die durch den Wind aus den Wüsten in die Atmosphäre gelangen, eine wichtige Rolle im Klimasystem. Sie fungieren nicht nur als Kondensationskeime für Wolken, sondern sind außerdem Dünger für entfernte Biotope. Auf diese Weise düngt die Sahara mit ihrem Staub den Amazonasregenwald mit Millionen Tonnen an Phosphor und Eisen. Diese Minerale werden als staubige Aerosolfracht aus der nordafrikanischen Wüste mit den Nordostpassaten quer über den Atlantischen Ozean bis nach Südamerika geblasen. Bei ihrer Passage gelangen erhebliche Mengen der Aerosolpartikel auch in den Ozean, was ich daran erkennen konnte, dass meine Niederschlagsmessgeräte an Bord der deutschen Forschungsschiffe Meteor und Maria S. Merian regelmäßig von einer dicken rostbraunen Sandschicht überzogen waren, wenn diese Schiffe sich im subtropischen Atlantik aufhielten. Stürme in der staubigen Sahara haben während der letzten 1000 Jahre bis zu 4 Meter Sediment abgetragen und durch die Luft verfrachtet. Die Aerosole enthalten winzige Kalkschalen und Mineralstäube ehemaliger Seebecken. In besonderem Maße sind Phosphor und Eisen Mangelware im

Amazonasregenwald – der Dünger aus der mehr als 6000 Kilometer entfernten Sahara ist also von essenzieller Bedeutung für den Regenwald. Seine Reise legt der Staub in nur 10 Tagen zurück und erreicht sogar noch die hawaiianischen Inseln inmitten des Pazifiks. Auch auf den Karibischen Inseln, den Kanaren und Kapverden stammt ein großer Teil der dortigen Sandstrände aus der Sahara.

Abschließend wirkt auch das Weltraumwetter auf das Erdsystem ein. Dieser etwas verwirrende Begriff deutet an, dass die Erde weiteren Einflüssen aus dem Weltall ausgesetzt ist. Neben Strahlungsausbrüchen durch benachbarte Supernovae und ihrem Einfluss auf die Evolution ist das vor allem der Einfluss des Sonnenwinds auf die Erde. Der Partikelstrom der Sonne beeinflusst die äußersten Schichten der irdischen Atmosphäre und zaubert dort die Polarlichter an den Himmel. Die hohen Atmosphärenschichten der Magnetosphäre, Ionosphäre, Thermosphäre und Exosphäre sind zwar für das irdische Wetter irrelevant, sorgen aber dafür, dass wir vor dem harten Partikelstrom der Sonne geschützt leben können.

Das tanzende Spiel der Polarlichter ließ die Menschen seit jeher ehrfurchtsvoll in den Nachthimmel schauen, und selbst heute, wo wir dieses Phänomen erklären können, kann man sich seinem Zauber kaum entziehen. Polarlichter erscheinen und verschwinden spontan, variieren ständig Farbe, Aussehen und Intensität. Sie flackern in Grün und Rot, mal als Korona, Vorhang oder Bogen. Das Nordlicht, die Aurora borealis, hat über der Südhemisphäre ein Pendant, das Südlicht oder Aurora australis genannt wird. Dieses Weltraumwetterspektakel lässt sich am besten im engen Auroragürteloval des Polarkreises bei 66 Grad nördlicher und südlicher Breite beobachten. Dort kommen Polarlichter in etwa 100 Nächten pro Jahr vor und zentrieren sich um die Magnetpole. Nur wenn die Sonne extrem aktiv ist, kann ihr schwaches Leuchten auch in Deutschland gesehen werden.

Polarlichter machen das Magnetfeld der Erde sichtbar, wenn der Sonnenwind auf die höchsten Schichten der Erdatmosphäre trifft. Bei der Rotation des äußeren um den inneren Eisenkern entstehen magnetische Nord- und Südpole mit Feldlinien, die die Pole als geschlossene Schleifen verbinden und sich weit in den Weltraum hinaus erstrecken. Der Sonnenwind verformt diese Magnetfeldlinien asymmetrisch und tropfenförmig, sodass die Magnetosphäre zur Sonne hin stark komprimiert ist und von ihr entfernt einen langen Schweif ausbildet. Je dichter und energetischer der Sonnenwind ist, desto stärker verformt sich die Magnetosphäre und beschleunigt die geladenen Teilchen entlang der Magnetfeldlinien in die obere Atmosphäre, nahe der Magnetpole. Dort treffen die Teilchen des Sonnenwinds auf Atome und Moleküle der Erdatmosphäre, vor allem auf die häufigsten Gase der Atmosphäre, den Stickstoff und den Sauerstoff. Infolge der Energieübertragung werden die angeregten atmosphärischen Moleküle auf ein höheres Energieniveau gehoben. Wenn sie anschließend auf ihr normales Energieniveau zurückkehren, geben sie die aufgenommene Strahlung entweder schlagartig ab oder in mehreren Schritten in Form von sichtbarem Licht, die wir als Polarlichter sehen.

Jedes atmosphärische Gas hat seine eigene Charakteristik der Energieniveaus und damit seine eigene Farbe. Grüne Polarlichter sind am häufigsten und werden durch Lichtemissionen von Sauerstoffatomen in etwa 100 Kilometer Höhe verursacht. In Höhen bis zu 200 Kilometern werden die Kollisionen aufgrund der abnehmenden Dichte der Atmosphäre immer seltener. Dort emittieren Sauerstoffatome rotes Licht.

Dass der Himmel über unseren Köpfen bei schönem Wetter blau ist, liegt an der Streuung des Sonnenlichts an den kleinsten Partikeln der Atmosphäre, den Gasmolekülen. Wie stark diese Streuung ausfällt, hängt von der Wellenlänge des Lichts ab sowie von der Wegstrecke, die das Licht durch die Atmosphäre zurücklegt. Die energiereichen, kurzwelligen Anteile des Sonnenlichts werden an den Luftmolekülen sechzehnmal so effektiv gestreut wie die weniger energiereichen, roten Anteile. Bei dieser Rayleigh-Streuung gelangen die blauen Anteile sehr viel häufiger in unsere Augen, und wir nehmen tagsüber, wenn der Weg der Sonnenstrahlen durch die Atmosphäre kurz ist, einen blauen Himmel wahr. Morgens und abends nehmen der Himmel und vor allem die Wolken eine rote Farbe an, weil sich der Weg der Sonnenstrahlen durch die Atmosphäre auf das Zwölffache des Tageswerts verlängert. Unter diesen flachen Winkeln des einfallenden

Sonnenlichts wird das kurzwellige, blaue Licht fast komplett herausgestreut, und es bleiben nur noch die langwelligen, roten Anteile übrig. Aus den gleichen Gründen erscheint der Mond am Horizont in orangenen Farben. Auf dem Mond selbst, wo die Atmosphäre viel zu dünn ist, um das Sonnenlicht nennenswert zu streuen, erscheint der Tag- wie der Nachthimmel durchgängig schwarz, ganz wie der Weltraum. Das bringt uns zu der Frage, weshalb es auf der Erde im Mittel lebensfreundliche 15 °C warm ist und woraus unsere Atmosphäre eigentlich besteht.

DER TREIBHAUSEFFEKT DER ERDE

Wissen Sie, wie kalt es im Weltraum ist? Die Antwort lautet: 3 Kelvin. Das ist lebensfeindlich kalt, entspricht −270 °C und liegt damit nur 3 °C über dem absoluten Nullpunkt der Temperatur; kälter als −273 °C kann es nicht werden. Allerdings – und hier ist der Haken bei der Weltraumtemperatur – ist Temperatur ja, genauso wie der Druck, ein Ausdruck für das statistische Umherirren von Myriaden von Atomen. Eben diese Vielzahl an Atomen ist im leeren Raum nicht vorhanden, wir finden dort ein Vakuum vor. Mit der Folge, dass wir diese tödliche Kälte nicht einmal spüren könnten. Auf der Erde fühlen wir dagegen Temperatur und Druck, da das Erdsystem uns mit seinen Atomen einhüllt, die permanent aneinandertrommeln. Die einzige relevante Wärmequelle für die Oberfläche der Erde ist die Sonne. All die Hitze im Erdinneren ist nämlich gut durch die Erdkruste isoliert und tritt nur punktuell in Form von Vulkanausbrüchen oder in Thermalgebieten zutage. Die Erde empfängt im Tag-Nacht-Rhythmus das Licht der Sonne, das den Planeten auf einen mittleren Wert von frostigen −18 °C erwärmt. Höheres Leben ist auf einem solchen Planeten nicht möglich. Sie runzeln die Stirn? Hieß es nicht erst eben, die durchschnittliche Temperatur liege bei +15 °C? Dann lassen Sie uns der Frage zuwenden, woraus die Luft der Erdatmosphäre eigentlich besteht.

Die trockene Luft, die Sie atmen, ist ein Gasgemisch, das zu 78 Prozent aus Stickstoff (N_2), 21 Prozent aus Sauerstoff (O_2) und 1 Prozent aus Argon (Ar) zusammengesetzt ist. Wir sagen häufig verkürzt, dass wir Sauerstoff atmen, richtiger ist aber, dass wir das Gasgemisch Luft atmen und unsere Lungen nur den darin enthaltenen Sauerstoffanteil verwenden. Der Stickstoff und das Argon werden dagegen passiv ein- und ausgeatmet. Mit diesen drei Gasen haben wir rein rechnerisch 100 Prozent der Luft unserer Atmosphäre bestimmt und diese Gase erzeugen tatsächlich eine mittlere Temperatur der Erde von frostigen −18 °C. Bezüglich ihrer Fähigkeit, die Erde zu erwärmen, verhält es sich fast wie auf dem Mond, der wegen seiner zu geringen Schwerkraft keine Atmosphäre festhalten kann und wo es im Mittel −55 °C kalt ist.

Die mittlere, globale Temperatur der Erdoberfläche liegt aber, und das ganz ohne unser Dazutun, bei wohligen +15 °C. Wie ist dieses Paradox zu erklären? Was die Temperatur der Erdoberfläche um sagenhafte 33 °C anhebt und damit überhaupt erst höheres Leben auf dem Planeten dauerhaft ermöglicht, ist der natürliche Treibhauseffekt der Erde. Es ist eine der wesentlichen Erkenntnisse der Wissenschaft, dass höheres Leben und der Zustand des Klimasystems schicksalhaft miteinander verbunden sind. Das möchte ich an dieser Stelle nochmals ausdrücklich betonen. Der natürliche Treibhauseffekt der Erde ist die Grundvoraussetzung für Leben. Heutzutage genießt »der Treibhauseffekt« allerdings keinen guten Ruf, denn mittlerweile hat er zwei Beiträge, von denen zumeist nur der von uns Menschen gemachte zusätzliche Anteil Beachtung findet. Durch die massive Verbrennung fossiler Rohstoffe pumpen wir Unmengen an Kohlendioxid (CO_2) in die Atmosphäre, wodurch dem natürlichen Treibhauseffekt der Erde derzeit nochmals 1,1 °C hinzugefügt werden. Dieser Beitrag ist im Vergleich zum natürlichen und lebensnotwendigen Treibhauseffekt von +33 °C klein, aber dennoch äußerst gefährlich, weil er viel zu schnell passiert. Wir sollten uns aber immer vergegenwärtigen, dass wir ohne den natürlichen Treibhauseffekt gar nicht hier wären. Wenn wir über »den« Treibhauseffekt schimpfen, dann tun wir dies mit Recht für seinen von uns Menschen verantworteten Anteil.

Wodurch kommt der lebensnotwendige, natürliche Treibhauseffekt der Erde zustande? Stickstoff, Sauerstoff und Argon, die, wie wir gesehen haben, die

Luft rechnerisch zu 100 Prozent ausmachen, haben keinen nennenswerten Anteil an ihm. Den Treibhauseffekt verursachen zusätzlich in der Luft befindliche Spurengase. Die Bezeichnung rührt daher, dass ihr Anteil an der Luft so verschwindend gering ist, dass sie sich in Prozentangaben gar nicht bemerkbar machen. Sie sind so unglaublich gering konzentriert, dass sie nur millionstel oder gar milliardstel Anteile an der Atmosphäre ausmachen.

Diese Treibhausgase der Atmosphäre sind, beginnend mit den stärksten, der Wasserdampf (H_2O), das Kohlendioxid (CO_2), das Ozon (O_3), das Methan (CH_4) sowie das Distickstoffoxid (N_2O). Das Kohlendioxid hatte vorindustriell einen Anteil von 280 Molekülen auf eine Million Luftbestandteile; einfacher ausgedrückt enthielt die Luft 0,028 Prozent Kohlendioxid. Inzwischen ist dieser Wert durch unsere Aktivitäten auf 0,041 Prozent angestiegen. Das Methan hat einen noch erheblich geringeren Anteil von 0,00019 Prozent. Das Distickstoffoxid weist sogar nur 0,332 Moleküle auf eine Million Luftbestandteile auf. Die Ozonkonzentration ist stark höhenabhängig und zeigt hochvariable Werte bis zu 0,01 Prozent.

Dem Wasserdampf kommt als stärkstes Treibhausgas eine Sonderrolle zu, denn die bisher genannten Anteile gelten allesamt für trockene Luft. Der Grund dafür ist, dass der Wasserdampf in der Atmosphäre hochvariabel und räumlich sehr ungleich verteilt vorkommt. Feuchte Luft enthält das unsichtbare Gas Wasserdampf mit einem Anteil, der zwischen 1 und 4 Prozent schwankt. Diese Variabilität erkennen wir bereits mit bloßem Auge am klaren dunkelblauen Himmel, wenn wenig Wasserdampf in der Atmosphäre vorhanden ist, oder an diesiger Luft mit milchig-weißem Himmel, wenn viel zugegen ist. In den kalten Polargebieten kann die Atmosphäre nur wenig Wasserdampf aufnehmen, weswegen sein Anteil hier eher bei 1 Prozent liegt. Die Menge an Wasserdampf in der Luft ist hochgradig von der Temperatur abhängig. Je wärmer es wird, desto mehr Wasserdampf kann die Atmosphäre trüben. Daher finden wir in den Tropen eine schwül-feuchte Luft vor, die bis zu 4 Prozent Wasserdampf enthält. Erst wenn das Gas Wasserdampf kondensiert, bilden sich Wolken. Was die Luft in den Tropen so stark trübt, sind winzige Schwebeteilchen in der Luft, die Aerosolpartikel, die den Wasserdampf an sich binden, dadurch aufquellen und das Licht in alle Richtungen streuen. Die Wasserdampfkonzentration der Atmosphäre ist zugleich ein Temperatur- und CO_2-Folger. Das bedeutet, dass die Konzentrationen von Wasserdampf und CO_2 grundsätzlich miteinander einhergehen. Das liegt daran, dass mehr CO_2 die Temperatur ansteigen lässt, was zwangsläufig zu einer Zunahme des Wasserdampfgehalts führt, wodurch sich der Treibhauseffekt verstärkt. Die Anteile, die die Spurengase am natürlichen Treibhauseffekt haben, verdeutlichen, welche Gase den Planeten auf wohlige Temperaturen erwärmen. Der Wasserdampf übernimmt mit 66 Prozent die dominante Rolle, und das Kohlendioxid steuert weitere 15 Prozent hinzu. Das Ozon trägt 10 Prozent bei und das Methan und das Distickstoffoxid liegen bei jeweils 3 Prozent. Die 15 Prozent des CO_2-Beitrags mögen im Vergleich zum Wasserdampf gering erscheinen, aber das ist ein Trugschluss, da die CO_2-Konzentration der Atmosphäre der ultimative Steuerparameter für die Menge des Wasserdampfes als Temperaturfolger des CO_2 ist. Das verdeutlicht eindrucksvoll die wichtige Rolle des CO_2 im Klimasystem.

Die Anteile der atmosphärischen Treibhausgase sind nicht mehr als ein Hauch von nichts im Vergleich zur gesamten Atmosphäre. Dennoch vermögen sie unseren Planeten in eine wärmende Decke einzuhüllen. Das geschieht, indem die Treibhausgase das kurzwellige, sichtbare Licht der Sonnenstrahlung relativ ungehindert zum Boden durchlassen, dagegen die Ausstrahlung der langwelligen, irdischen Wärme ins All im Infraroten vor allem in Bodennähe massiv blockieren. Dadurch ermöglichen sie uns das Leben auf einem Planeten, der ohne diese Gase dauerhaft tiefgefroren wäre.

Wie diese Gase den Treibhauseffekt genau erzeugen, ist ein komplexer Vorgang. Um ihn zu verstehen, sehen wir uns zuerst die Strahlungsbilanz der Erde an und begeben uns dann in die atomare Molekülstruktur der Treibhausgase. Vergegenwärtigen wir uns nochmals kurz das Einfangen und Aussenden von elektromagnetischer Strahlung. Wir haben diesen Prozess schon in Kapitel 1 kennengelernt, als es um die Natur des Lichts ging. Das sichtbare Licht der Sonne ist elektromagnetische Strahlung im Wellenlängenbereich vom kurzwelligen Blau bis zum langwelligen Rot. An das kurzwellige Blau schließt sich die unsichtbare und für uns gefährliche ultraviolette (UV-)Strahlung an. Jenseits des langwelligen Rots kommen wir in den Bereich der nahen und fernen Infrarotstrahlung. Wir kennen diese Wärmestrahlung von der Rotlichtlampe und dem Lagerfeuer. Mit diesen wenigen Wellenlängenbereichen haben wir das gesamte relevante irdische Spektrum der Lichtstrahlung abgedeckt.

Sämtliche Materie sendet elektromagnetische Strahlung in Form von Photonen aus, und zwar desto mehr, je wärmer sie ist. Dabei verschiebt sich die Wellenlänge mit zunehmender Temperatur zu immer kurzwelligerer Strahlung. Dieses Phänomen beschreibt, warum die blauen Sterne heißer als die roten sind und die blauen Flammen heißer als die rote Glut. Unsere Sonne sendet Strahlung bei 6000 °C aus, was genau dem Spektrum des sichtbaren Lichts entspricht. Das ist auch der Grund, weswegen sich die Evolution diesen Bereich der elektromagnetischen Strahlung zunutze gemacht und lichtempfindliche Augen hat entstehen lassen. Die Erde wird ununterbrochen von einer Sintflut von Photonen der Sonne bombardiert, die vor allem als UV-Strahlung und sichtbares Licht zu uns kommen. Die meiste UV-Strahlung wird von der Ozonschicht absorbiert, was diese wiederum erwärmt. Das sichtbare Licht der Sonne durchquert die Atmosphäre und erwärmt dabei den Erdboden und unsere Haut – kein Wunder, dass wir es als sehr angenehm empfinden, uns zu sonnen. In allen Fällen verschluckt die Materie diese Photonen, was zur Erwärmung und damit zur Verschiebung der Wellenlänge der Strahlung führt. Das ist von essenzieller Bedeutung, aber nur ein Teil der Geschichte.

Wegen der enormen Distanz zwischen der Sonne und der Erde erwärmt sich die Erde nicht auf die Sonnentemperatur von 6000 °C. Das liegt daran, dass die Intensität der Strahlung mit dem Quadrat des Abstandes von der Quelle abfällt. Zudem ist die Erde kugelförmig und empfängt deswegen nicht überall gleich viel Wärme. Daher sind irdische Gegenstände sehr viel kühler und haben im Mittel eine Temperatur von 15 °C. In diesem Temperaturbereich gibt alle irdische Materie ihrerseits wieder Strahlung ab, wobei sich das Spektrum der Strahlung nun weit zu längeren Wellenlängen verschoben hat. Statt im

Bereich des sichtbaren Lichts mit 0,4 bis 0,7 Mikrometern Wellenlänge liegt es nun im infraroten Wellenlängenbereich zwischen 0,8 und 100 Mikrometern mit einem prominenten Maximum bei 10 Mikrometern. Die von der Erde ausgestrahlte Infrarotwärme kompensiert die von der Sonne eingestrahlte Wärme des sichtbaren Lichts in der Weise, dass sich am Oberrand der Atmosphäre ein dynamisches Gleichgewicht einstellt, das in der Bilanz null ist. Eine Bilanz von null bedeutet, dass sich ohne weitere Strahlungsantriebe auf der Erde eine gleichbleibende Temperatur einstellt. Wäre diese Bilanzierung des Erdsystems nicht gegeben, würde sich der Planet entweder permanent aufheizen oder abkühlen. Dieser Effekt äußert sich beispielsweise in eiszeitlichen Schwankungen des Klimas. Allerdings erwärmt sich der Planet momentan durch unser zusätzliches CO_2, weswegen er derzeit einen durch uns Menschen verursachten positiven Strahlungsantrieb aufweist.

Am besten versteht man den komplexen Zusammenhang der feinstorchestrierten Strahlungsbilanz der Erde anhand von Zahlen, bei denen klar wird, wie viel Strahlung von der Sonne am Oberrand der Atmosphäre ankommt, wie sie sich im System Erde umverteilt und schlussendlich wieder an den Weltraum abgegeben wird, damit auf der Erde die Temperatur gleich bleibt. Diese Angaben erfolgen üblicherweise in Form von Strahlungsflussdichten in Watt pro Quadratmeter. Da solche Zahlen aber überhaupt nicht anschaulich sind, ist es sehr praktisch, dass sie sich leicht in gut verständliche Temperaturen umrechnen lassen. Auf diese Weise gelingt sogar die direkte Überprüfung des natürlichen Treibhauseffekts der Erde. Zudem ist es äußerst praktisch, dass wir aufgrund der verschiedenen Wellenlängenbereiche der Einstrahlung des sichtbaren Lichts von der Sonne und der irdischen Ausstrahlung über die Infrarotwärme diese beiden Bereiche getrennt voneinander betrachten können. Das folgende Beispiel verdeutlicht, dass die Erde ohne die Treibhausgase tatsächlich −18 °C kalt wäre und wie der natürliche Treibhauseffekt den Planeten um zusätzliche 33 °C auf lebensfreundliche +15 °C aufwärmt.

Dafür wenden wir uns zunächst dem solaren Anteil des irdischen Strahlungshaushalts zu. Die Sonne sendet permanent eine Strahlungsflussdichte in Höhe der Solarkonstante von 1373 Watt pro Quadratmeter zur Erde, was einer Temperatur von 121 °C entspricht. Aufgrund der Kugelgestalt der Erde, dem Tag-Nacht-Rhythmus und der flachen Winkel, unter denen die Sonne im Halbjahreswechsel die Polargebiete bescheint, kommt im Mittel nur ein Viertel der Solarkonstante der Erde zugute. Weitere 30 Prozent dieses Wertes gehen verloren, da die mittlere Helligkeit der Erdoberfläche, die Albedo, die einfallende Strahlung der Sonne ins All zurückreflektiert. Die hellsten Flächen im Erdsystem sind Eisflächen in den Polargebieten und Wolken, während die dunkelsten natürlichen Oberflächen die Ozeane sind. So gelangen wir zu einer mittleren solaren Einstrahlung in die irdische Atmosphäre von 240 Watt pro Quadratmeter, das ist umgerechnet eine Temperatur von −18 °C. Tatsächlich erreicht etwas weniger als die Hälfte der einfallenden Sonnenstrahlung den Erdboden. Ohne die Treibhausgase sähe so das Schicksal einer leblosen Erde aus.

Nun wenden wir uns der Ausstrahlung der Erde im Infraroten zu. In diesem Bereich der elektromagnetischen Strahlung reagiert die Atmosphäre alles andere als transparent. Die eingestrahlte Sonnenenergie wird im thermischen Infrarot der Erde durch die Ausstrahlung wieder abgegeben. Dadurch ist die fein justierte Strahlungsbilanz am Oberrand der Atmosphäre ausgeglichen und bleibt die Temperatur der Erde gleich.

In der unteren Atmosphäre tummeln sich durch die Schwerkraft die allermeisten Luftmoleküle, weswegen dort die Temperatur und der Luftdruck am höchsten sind. Hier sind es die dreiatomigen Treibhausgase, allen voran der Wasserdampf und das Kohlendioxid, die eine Überraschung parat halten. Die vom Erdboden im Infraroten abgestrahlte Wärme kann nämlich ihretwegen nicht ungehindert durch die Atmosphäre Richtung Weltraum abtransportiert werden. Wenn die Treibhausgase diese Wärmestrahlung der Erde absorbieren, müssen sie sie aber auch ihrerseits wieder emittieren. Das tun sie auch, und zwar gleichmäßig in alle Richtungen, was bedeutet, dass sie die Wärme auch in den unteren Halbraum abstrahlen, was nichts anderes bedeutet als zurück in Richtung Erdboden. Das Resultat ist eine sogenannte Gegenstrahlung zum Erdboden, die sich zur solaren Einstrahlung addiert. Um die Erdoberfläche bei diesem Überangebot an Strahlung ins Gleichgewicht zu bekommen, strahlt der Boden im Mittel 15 °C in die Atmosphäre ab und erzeugt zusätzlich zwei Wärmeströme, einen kleineren Anteil fühlbarer Wärme und einen größeren Anteil, der latente Wärme genannt wird. Mit »latent« ist »verborgen« gemeint, und tatsächlich versteckt sich diese Wärme in der Verdunstung von Wasser. Das Verdunsten von Wasser kostet viel Energie, die im Gas Wasserdampf gespeichert ist, aber eben verborgen, und erst wieder frei wird, wenn sich in der Atmosphäre Wolken bilden. In diesem Moment der Kondensation wird die latente Wärme frei und in fühlbare Wärme gewandelt, was weitreichende Folgen für die Atmosphäre hat, denn dadurch kann die Luft weiter aufsteigen, als es ohne diese zusätzliche Wärme der Fall wäre. Das treibt den Wasserkreislauf der Erde an und sorgt dafür, dass es aus den Wolken Leben spendend regnen kann.

Wie die Treibhausgase durch ihren atomaren Molekülaufbau für die Infrarotstrahlung der Erde bedeutsam werden, ist ziemlich komplex. Stark vereinfacht ist der Grund dafür, dass sie im Gegensatz zum zweiatomigen Stickstoff (N_2) und Sauerstoff (O_2) aus dreiatomigem Wasserdampf (H_2O) und Kohlendioxid (CO_2) bestehen. Wie alle Luftmoleküle stoßen auch diese durch ihre mit der Temperatur zunehmenden Eigenbewegungen vielfach gegeneinander und geraten dadurch in Schwingung und Rotation. Bei den dreiatomigen Molekülen werden aber die elektrischen Ladungen in den Atomen hin und her verschoben, wodurch sie sich wie kleine Antennen verhalten. Nur dass dabei keine Radiowellen ausgesendet werden, mit denen wir Musik hören, sondern eben jene Wärmestrahlung im Infrarot. Wie bei den Rundfunkfrequenzen tritt diese Strahlung nur an besonderen Stellen im Spektrum auf, den sogenannten Spektrallinien. Unzählige Spektrallinien verbinden sich zu einem dichten Geflecht, das Bande genannt wird. Diese Energie senden die Treibhausgase gleichmäßig in alle Richtungen, also auch zurück zur Erdoberfläche. Mit dieser Gegenstrahlung erhöhen sie die Temperatur am Boden, was in einer Atmosphäre ohne Treibhausgase nicht der Fall wäre. Unzählige solch kleiner Moleküle aus Wasserdampf und Kohlendioxid summieren ihre Wärmestrahlung in der unteren, dichten Atmosphäre, halten die Wärme, die der Planet ausstrahlt, effektiv gefangen und machen ihn zu einer Oase der Wärme und damit des Lebens. Sie wärmen nicht nur den Erdboden, sondern durch die konvektiv vom Erdboden aufsteigende warme Luft auch die gesamte Troposphäre.

Dieser Effekt wird umso stärker, je mehr Treibhausgase in der Atmosphäre vorhanden sind. Deswegen kann zu viel des Guten in der Atmosphäre auch zur Hölle werden. Der Blick auf die Venus zeigt, dass ihre Atmosphäre zu 96 Prozent aus CO_2 besteht, was die Temperaturen an ihrer Oberfläche auf lebensfeindliche 460 °C anhebt. Die restlichen 4 Prozent ihrer Atmosphäre bestehen aus Stickstoff. Da die Venusatmosphäre so viel dichter ist als die irdische, ist die absolute Menge an Stickstoff aber in etwa dieselbe wie der Anteil auf der Erde (78 Prozent). Dies zeigt, dass die Entwicklungen der Atmosphären beider Planeten anfänglich einen ähnlichen Weg einschlugen. Aufgrund ihrer extremen Temperaturen hat die Venus fast ihr gesamtes Wasser verloren. Könnte der verbleibende Wasserdampf einen Ozean bilden, wäre dieser nicht einmal einen halben Meter tief. Weshalb unterscheiden sich die Atmosphären der Venus und der Erde so drastisch voneinander, wo sie doch einen ähnlichen Anfang nahmen? Neben der Tatsache, dass die Venus etwas zu dicht an der Sonne liegt, wodurch sie sich zu stark erwärmt, liegt die Antwort vor allem in der Verzahnung der Kreisläufe der Gesteine, des Kohlenstoffs und des Wassers. Einfacher ausgedrückt: Der entscheidende Unterschied zwischen der Entwicklung der irdischen Atmosphäre und der der anderen erdähnlichen Planeten liegt darin, dass es nur auf der Erde flüssiges Wasser und Leben gibt. In ihrer gemeinsamen Wechselwirkung sind Wasser und das Leben in der Lage, einen Planeten grundlegend zu verändern und in eine Oase im All zu verwandeln. Wie wir gesehen haben, hat Wasser als Regentropfen die Eigenschaft, atmosphärisches CO_2 zu binden. Der Regen fällt daher als schwache Kohlensäure vom Himmel, ähnlich einem sehr abgestandenen Sprudelwasser. Regen entzieht der Atmosphäre also CO_2, und das ist der Schlüssel zum Verständnis. Am Boden reagiert das Regenwasser mit den Gesteinen der Erdkruste und bildet daraus Karbonate. Genauer reagiert das CO_2 im Regenwasser mit dem Kalziumsilikat ($CaSiO_3$) in den Gesteinen. Aus dieser Reaktion entsteht Siliziumdioxid (SiO_2)

und Kalziumkarbonat (CaCO$_3$). Sehr vereinfacht könnte man die sehr diverse Gruppe der Kalziumkarbonate, auch Kalzite genannt, als Kalksteine mit sehr unterschiedlichen Erscheinungsformen bezeichnen. Faszinierenderweise entspricht das in den Karbonaten der Erde gespeicherte CO$_2$ tatsächlich in etwa der Menge des atmosphärischen CO$_2$-Anteils auf der Venus, was zeigt, dass die Erde ohne ihren Wasserkreislauf im Wesentlichen das Schicksal der Venus teilen würde. Hinzu kommt, dass das Leben seinen Teil zu dieser CO$_2$-Senke beiträgt. Neben den CO$_2$ speichernden Wäldern entziehen auch das Plankton der Meere sowie Muscheln, Schnecken und Korallen der Atmosphäre Unmengen an CO$_2$, indem sie es als Kalk in ihre Skelette und Schalen einbauen. Natürlich entnehmen sie dieses CO$_2$ dem Meerwasser, aber für jedes dem System Ozean entzogene CO$_2$-Molekül kann statistisch eines aus der Atmosphäre in den Ozean nachrücken, denn der Ozean ist ständig an CO$_2$ untersättigt. Diese atmosphärischen CO$_2$-Senken werden langfristig über die Vulkane kompensiert, die das CO$_2$ in den langen Zyklen des Gesteinskreislaufs wieder in die Atmosphäre pumpen. Über die Jahrmillionen hinweg sorgt dieser langsame Prozess im Einklang zwischen der Erde und ihren Lebewesen dafür, dass der Kohlendioxidgehalt der Atmosphäre in für das Leben tolerablen Grenzen verbleibt. Die Erde, das Klima und das Leben bedingen einander, und Veränderung geschieht langsam, sodass sich die Ökosysteme daran anpassen können. Diese Symbiose zwischen der Erde und dem Leben ist mit wenigen Ausnahmen, den Krisen der Evolution, seit 4000 Millionen Jahren erfolgreich. Nur wir Menschen ignorieren diese Symbiose und graben den in der Erde gespeicherten Kohlenstoff begierig aus.

DIE ZIRKULATION DER ATMOSPHÄRE

Die Energie der Sonne ist der Motor für alle Bewegungen in der Atmosphäre und im Ozean. Sie treibt das Wetter an und lässt die Meeresströmungen zirkulieren. Selbst die fossilen Energieträger Erdöl, Erdgas und Kohle sind nichts anderes als gespeicherte Sonnenenergie, die dem Kreislauf durch Sedimentation langfristig entzogen wurde. Mithilfe des Sonnenlichts kann pflanzliches Leben an Land und im Ozean Fotosynthese betreiben.

Die Sonneneinstrahlung ist auf der Erde aber sehr ungleich verteilt. Während der Region um den Äquator das Jahr hindurch die maximale Einstrahlung zugutekommt und die Sonne dort fast täglich im Zenit steht, erhalten die Arktis und die Antarktis im halbjährlichen Jahreszeitenwechsel während der Polarnacht gar keine Sonnenenergie und anschließend die dauerhafte Mittsommersonne. Obwohl es während der Mitternachtssonne gar nicht mehr dunkel wird, scheint sie dort unter sehr flachen Winkeln und sorgt deshalb nur für wenig Wärme. Diese unterschiedliche Sonneneinstrahlung liegt an der Neigung der Erdachse von 23,4 Grad gegenüber der Ekliptik und der jährlichen Bahn der Erde um die Sonne. Daraus ergibt sich am Äquator ein pausenloser Wärmeüberschuss und an den Polen ein ständiges Wärmedefizit. Würde die Sonne aufhören zu scheinen, würden die atmosphärischen Bewegungen nach etwa 35 Tagen langsam zum Stillstand kommen, weil sich das Ungleichgewicht abgebaut hätte.

Zudem ist die Land-Meer-Verteilung sehr ungleich, und Landoberflächen erwärmen sich schneller als die Ozeane, wohingegen die Ozeane die einmal aufgenommene Wärme längerfristiger speichern können als das Land. Während sich das Land im Winter längst ausgekühlt hat, wärmt der Ozean noch immer die Atmosphäre mit seiner gespeicherten sommerlichen Wärme. Deswegen sind maritime Klimate mild und kontinentale ausgeprägter. In Norddeutschland weiß das jeder, denn im Sommer wird es in Küstennähe nur selten wirklich warm, da die Nordsee und die Ostsee sich nach dem Winter nur langsam erwärmen und deshalb das sommerliche Wetter kühlen. Im Winter ist es gerade umgekehrt und es fällt nur sehr selten Schnee, da Nord- und Ostsee viel zu warm sind. Maritime Klimate sind sehr ausgeglichen und weisen nur einen geringen Jahresgang der Temperatur auf. Das führt manchmal zu dem Gefühl, dass ich als Norddeutscher nur feststellen kann, ob gerade Sommer oder Winter ist, indem ich nachschaue, ob an den Bäumen Blätter hängen. Dagegen erfahren die kontinentalen Klimate den vollen Jahresgang, und alle Jahreszeiten sind deutlich ausgeprägt.

Dabei werden die Temperaturen in Deutschland und großen Teilen Mitteleuropas tatsächlich weitaus stärker von den Strömungsverhältnissen der Atmosphäre beeinflusst als vom eigentlichen Sonnenstand und den Jahreszeiten. Die Temperaturen können mit dem Transport der Luftmassen im Winter innerhalb weniger Tage zwischen +15 und −20 °C schwanken. Das ist immer dann der Fall, wenn heranziehende atlantische Tiefdruckgebiete auf ihrer Vorderseite die warme Mittelmeerluft weit in den Norden schaufeln, und umgekehrt, wenn Hochdruckgebiete das kalte sibirische Luftreservoir aus dem Nordosten ansaugen. Ähnliche Temperaturschwankungen innerhalb kurzer Zeit sind wir aus dem Sommer gewohnt. Unter der kalten und stürmischen Rückseite eines Tiefdruckgebietes erreichen die Temperaturen auch in den Sommermonaten manchmal nur mühsam zweistellige Temperaturen, während ausgeprägte Hitzewellen immer häufiger die 40-°C-Marke überschreiten, wie es etwa im Juni 2022 – noch vor dem kalendarischen Sommeranfang – in Spanien und Frankreich über Tage der Fall war.

Temperaturunterschiede erzeugen Druckunterschiede und das liegt daran, dass warme Luft sich ausdehnt, also ein größeres Volumen einnimmt und eine geringere Dichte hat. Es sind dieselben Zusammenhänge wie beim Gestein. Wie dort ist die Natur unermüdlich damit beschäftigt, die Unterschiede auszugleichen, deshalb fließt Wärme immer in Richtung des kälteren Zustands. Genauso verhält es sich mit dem Druck, die Ausgleichsbewegung der Natur wird den Zustand hohen Drucks in Richtung des niedrigeren Drucks abbauen. Dieser Ausgleich der Temperatur und des Drucks geht mit Bewegungen der Luft und des Wassers einher. In der Atmosphäre erzeugt das Wind und im Wasser Strömung. Die Zirkulation der Erde erschafft ein komplexes dreidimensionales und in sich geschlossenes Strömungsmuster vom Äquator über die Subtropen in unsere mittleren Breiten und bis in die Polargebiete – Regionen, die ganz charakteristische Eigenheiten mit vollkommen unterschiedlichen Wettererscheinungen aufweisen. Die große Diversität des globalen Wetters, die sich uns darin präsentiert, ist zudem eine Folge der Erdrotation. Ohne sie würde sich ein deutlich einfacheres und für uns sehr ungewohntes Wettermuster einstellen.

Beginnen wir den Weg der atmosphärischen Zirkulation im äquatorialen Gürtel. Die schwül-heiße Luft in den Tropen enthält die meiste Feuchtigkeit, und warme Luft hat eine geringere Dichte als kalte Luft. Deswegen steigt sie auf und dringt in kühlere Regionen der Atmosphäre vor. Mit der Höhe nimmt die Temperatur ab. Das liegt zum einen daran, dass die Sonne den Erdboden aufheizt; je weiter man sich vom Erdboden entfernt, desto kälter wird es. Zum anderen nimmt der Luftdruck mit der Höhe ab. Es sind daher weniger Luftmoleküle für Kollisionen untereinander vorhanden als am Boden, was ebenfalls die Temperatur absenkt. Kalte Luft kann im Umkehrschluss weniger Feuchte enthalten, weswegen sich in den Tropen sehr schnell und effektiv Wolken bilden. Bei der Wolkenbildung wird die latente Wärme – das ist die bei der Verdunstung im Luftpaket versteckte Wärme – wieder frei. Dies wiederum wärmt die Luftschicht auf, in der die Wolken entstehen, wodurch sie weiter aufsteigen kann, weil sie wieder etwas wärmer ist als ihre Umgebung. Auf diese Weise entstehen Wolkentürme, die aussehen wie ein überdimensionaler Blumenkohl. Aus einem kleinen Cumulus, dem lateinischen Wort für Wolke, entsteht durch weiter aufsteigende Luft und Feuchtenachschub vom Boden innerhalb kurzer Zeit eine mächtige Haufenwolke, Cumulus congestus; »congestus« heißt nichts anderes als »angehäuft«. Wir kennen solche Wolken auch aus unseren Breiten. Ab einem bestimmten Punkt ihrer Entwicklung können sie ihren Wassergehalt nicht mehr an sich halten, da die Regionen, in die sie aufsteigen, zu kalt werden. Folglich fangen sie an zu regnen. In den Tropen ist der Aufstieg dieser Wolken besonders rasant, weil sehr viel Energie zur Verfügung steht. Der Oberrand der Atmosphäre, in der sich das Wetter abspielt, erreicht in den Tropen bis zu 16 Kilometer Höhe, wo es mit bis zu −80 °C eisig kalt ist. Dort stoßen sich die inzwischen zu Gewitterwolken angewachsenen Cumulonimben buchstäblich den Kopf an einem unsichtbaren Sperrdeckel aus Luft, der Tropopause. Dass die Wolken in 16 Kilometer Höhe nicht weiter aufsteigen können, liegt daran, dass es ab dieser Höhe nicht mehr kälter wird, sondern langsam wieder wärmer. Dieses paradox anmutende Phänomen wird Inversion genannt und wir kennen es vom Bodennebel.

Der Grund für die Erwärmung der Luft in so großer Höhe liegt in der Ozonschicht. Ab hier beginnt die Stratosphäre, in der das Ozon effektiv die harte UV-Strahlung der Sonne absorbiert. Bei diesem Prozess erwärmt sich die Luftschicht so stark, dass in 50 Kilometer Höhe sogar 0 °C erreicht werden. Die mächtigen und vereisten Gewitterwolken sind ab der Tropopause plötzlich kälter als ihre Umgebung und können folglich nicht weiter aufsteigen. Den Cumulonimbus, die Gewitterwolke, gibt es auch in unseren Breiten: Man erkennt sie daran, dass sie an ihrem Oberrand wie ein Amboss oder wie mit einem Messer abgeschnitten aussehen – der sichtbare Beweis dafür, dass sie sich den Kopf an der Tropopause gestoßen haben, denn sie breiten sich fortan nicht mehr vertikal, sondern seitwärts aus. Auch sieht man ihnen ihre Vereisung an, denn ihre Wolkenränder sind diffus im Gegensatz zur scharfen Berandung von Wolken aus flüssigem Wasser. Die starken Aufwinde und Turbulenzen im Inneren dieser Wolken lassen die vereisten Regentropfen nicht zu Boden fallen. Immer wieder werden sie im Fallen abgebremst und wieder nach oben gerissen. Bei jedem Durchgang wachsen sie weiter und werden zu Hagelkörnern. Erst wenn sie zu groß und damit zu schwer werden, fallen sie zu Boden. Im rasanten Fall kommen sie in den Tropen in sehr warme Gefilde, schmelzen und zerplatzen in große Regentropfen von bis zu 9 Millimeter Durchmesser. Es ist faszinierend, in den Tropen unter einer solchen Wolke zu stehen und den einsetzenden Regen zu erleben. Der Wolkenbruch beginnt urplötzlich, wie aus dem Nichts prasseln die großen Tropfen auf einen herab, als stünde man unter der Dusche. Auf dem Forschungsschiff Meteor habe ich so starken tropischen Regen erlebt, dass ich meinen ausgestreckten Arm beinahe nicht mehr erkennen konnte. Bei meinem Forschungsprojekt OceanRAIN, für das ich auf den weltweiten Ozeanen auf diversen nationalen und internationalen Forschungsschiffen Daten des Wasserkreislaufs mit automatischen Niederschlagsmessgeräten sammelte, ergab eine einzelne Minutenmessung über dem tropischen Atlantik den Spitzenwert von

367 Litern auf den Quadratmeter. Unter diesem Gewitterschauer regnete es eine Stunde lang sintflutartig mit etwa 50 Litern auf den Quadratmeter.

In den Tropen fällt aus den Cumulonimbusgewitterwolken rund um den Globus eine erhebliche Regenmenge, die im Klimamittel bis zu 10 Liter pro Tag auf den Quadratmeter erreicht. Die Gewittertürme ragen aber nur sehr vereinzelt in den Himmel – und sie mit einem Forschungsschiff zu treffen, ist Glückssache. Bei einer dieser Forschungsfahrten im tropischen Pazifik war es das Ziel, mit dem Schiff gezielt unter die Gewittertürme zu fahren, was sich jedoch als weit schwieriger als gedacht erwies. Die Fläche des Starkregens unter diesen Wolken ist sehr klein im Vergleich zum unendlich großen Ozean, und vorherzusagen, wann an welchem Ort Starkregen entsteht, ist fast unmöglich. Also fährt man meist den Ereignissen in Sichtweite hinterher und gelangt nur durch Zufall direkt unter sie. Das Phänomen der Gewittertürme sieht man besonders gut bei Flügen über den Äquator. Die meisten finden sich bei ansonsten fast wolkenlosem Himmel, und wenn man in der Nähe eines solchen Gewitterturms den Äquator überfliegt, ist der Anblick spektakulär, vor allem nachts ist dann die Blitzaktivität dieser Wolken besonders eindrucksvoll zu sehen.

Die aufsteigenden Luftmassen entlang des Äquators haben großräumige Folgen für die nördlich und südlich anschließenden Subtropen. Wenn großflächig Luft aufsteigt, wird aus Kontinuitätsgründen die umliegende Bodenluft angesaugt. Bei einzelnen Gewittern ist das nur kurzfristig der Fall, entlang des Äquators geschieht es jedoch permanent. Aus den unzähligen Gewittertürmen setzt sich stückweise die innertropische Konvergenzzone zusammen. Konvergenz entsteht, wenn Luft zusammenströmt, und das Gegenteil ist die Divergenz, bei der Luft auseinanderströmt. Das Resultat ist eine gigantische Rollenzirkulation in der Atmosphäre um eine horizontale Achse, die Hadley-Zelle genannt wird und sich beidseitig des Äquators bis zum 35. Breitengrad erstreckt.

Wenn die äquatorialen Gewittertürme den Sperrdeckel der Tropopause erreichen, ist der einzige freie Weg für die Luft, nach Norden und Süden auszuweichen. Würde sich die Erde nicht drehen, würde die Luft bis zu den Polen strömen, wo sie zwangsweise absinken und als Ausgleich in Bodennähe zum Äquator zurückströmen würde. Die Erdrotation macht einer solchen Luftströmung aber einen Strich durch die Rechnung. Stattdessen endet die thermisch direkt angetriebene Hadley-Zelle bei etwa 35 Grad Breite. Die Folgen kann man den dortigen Landschaften ansehen. Die äquatoriale Luftmasse regnet sich nämlich beim Aufsteigen zur Tropopause ab, die in der Höhe nach Norden und Süden fließende Luft ist also vergleichsweise trocken. Bei 35 Grad Breite angekommen blockiert die Strömung durch die Erdrotation und wird zum Absteigen gezwungen. Wenn Luft aus etwa 13 Kilometer Höhe absinkt – denn so hoch ist dort die Troposphäre –, erwärmt sie sich alle 100 Meter nach unten um etwa 1 °C. Durch diese Erwärmung kann sie mehr Feuchte in sich aufnehmen. Das Resultat ist, dass alle Wolken im Handumdrehen verdunsten und nichts als tiefblauer Himmel übrig bleibt. Der heiße und trockene Luftstrom erreicht den Boden und fließt in Bodennähe als Ausgleichsströmung der Passatwinde zum Äquator zurück. An Land dominieren in diesen Regionen die Wüstengürtel der Erde, am bekanntesten ist die Sahara. Diese Wüste ist eine direkte Folge der Hadley-Zelle. Auch die vegetationskargen Kanarischen Inseln liegen in dieser Region, weswegen wir sie für ihr Überangebot an Sonnenschein und Wärme als Urlaubsparadies schätzen; meine persönliche Wertschätzung für die Kanaren beruht allerdings eher auf der Tatsache, dass sie vulkanischen Ursprungs sind, was uns der Cumbre Vieja auf La Palma im Jahr 2021 eindrucksvoll ins Gedächtnis gerufen hat. Auf dem Weg der Luft zurück zum Äquator fließt die bodennahe Strömung auch über das feuchtwarme Wasser der Ozeane. Die intensive Verdunstung des Meerwassers lädt die warme Luft mit großen Mengen an Feuchte auf. Am Äquator angekommen, beginnt der Kreislauf von Neuem. Die bodennahen Passatwinde wehen aus nordöstlicher Richtung zum Äquator. Bei einem Forschungsaufenthalt auf den Kapverdischen Inseln, der vulkanischen Inselgruppe südlich der Kanaren, hatte ich die großartige Gelegenheit, die Rollenzirkulation der Hadley-Zelle in ihrer vollen Schönheit zu sehen. Während ich auf dem Forschungsschiff Meteor mein Niederschlagsmessgerät überprüfte, gewahrte ich, dass es neben den üblichen kleinen Schönwetterwölkchen der bodennahen Passatwinde in etwa 1000 Meter Höhe auch sehr hohe Wolken gab. Diese wunderschön und dünn ausgefaserten Zirren in mehr als 10 Kilometer Höhe zogen sofort meine ganze Aufmerksamkeit auf sich. Der Mast des Schiffes ragte über mir in den blauen Himmel und sorgte für einen Referenzpunkt für die Wolken hoch über mir. Während die bodennahen Wölkchen aus Nordosten Richtung Äquator zogen, konnte ich gleichzeitig die hohen Zirren aus dem Südwesten kommend in die Gegenrichtung ziehen sehen. Was ich dort sah, war die gegenläufige Rollenzirkulation der tropischen Hadley-Zelle, bei der die Luftmassen in der Höhe in genau entgegengesetzte Richtung zu denen am Boden ziehen.

Spätestens jetzt müssen wir uns der modifizierenden Wirkung der Erdrotation zuwenden, denn sie bewirkt einerseits, dass die Hadley-Zelle etwa beim 35. Breitengrad abbricht, und andererseits, dass die Strömungen in der Höhe und am Boden nicht rein in Nord-Süd-Richtung verlaufen, sondern eine deutliche West-Ost-Komponente haben. Am geografischen Äquator rotiert der Planet mit 1670 km/h um seine eigene Achse. Davon bekommen wir nichts mit, weil die Atmosphäre sich mit der Erde mitdreht. Am geografischen Nord- und Südpol ist diese Rotationsgeschwindigkeit genau null. Das Mitdrehen der Atmosphäre hat erhebliche Konsequenzen, sobald sich ein Luftpaket in Nord-Süd-Richtung bewegt. Ein Beispiel macht das überdeutlich. Der am Äquator aufsteigende Gewitterturm bewegt sich mit 1670 km/h und Sie als Beobachter tun dies ebenso. Über der Sahara, wo die Luft aus der Höhe absinkt, dreht sich die Erde samt der dortigen Luft aber nur noch mit etwa 1450 km/h, also etwa 220 km/h langsamer als am Äquator. Auch wenn wir nichts davon bemerken, die Luft am Äquator weiß um ihre Geschwindigkeit. Mit jedem Kilometer, den sie nach Norden strömt, gelangt sie in eine Region, in der sie zu schnell unterwegs ist, und schließlich überschreitet sie das irdische Tempolimit um satte 220 km/h. Die Folge ist, dass die Luft sich auf ihrem Weg nach Norden immer weiter gen Osten verlagert, denn sie eilt der Drehbewegung der Erde voraus; wenn wir auf den nach Norden ausgerichteten Globus schauen, entspricht das einer Rechtsablenkung. Sie bewirkt den Beschleunigungseffekt der sogenannten

Corioliskraft, weswegen die Höhenluft nicht nach Norden, sondern nach Nordosten strömt. Die Bodenluft fließt entsprechend aus dem Nordosten zurück nach Südwesten. Bei 35 Grad Breite ist die ablenkende Wirkung der Coriolisbeschleunigung so groß geworden, dass die gen Norden gerichtete Strömung vollständig in West-Ost-Richtung umgelenkt wird und sich als subtropischer Jetstream, kurz Subtropenjet genannt, einmal um den Planeten schlängelt. Der Subtropenjet weht wie eine Mauer aus Luft mit 130 bis 280 km/h um den Planeten und zwingt die sich an ihm ansammelnde Luft zum Absteigen.

In den Polargebieten entsteht eine ganz ähnliche, thermisch direkt getriebene Hadley-Zelle mit hohem Luftdruck und vorherrschenden Ostwinden als Rollenzirkulation zwischen den Polargebieten und den mittleren Breiten, in denen wir in Mitteleuropa leben. Aufgrund der tiefen Temperaturen in Arktis und Antarktis enthält die Luft jedoch nur sehr wenig Wasserdampf und die Atmosphäre ist erheblich stabiler geschichtet, was eine gewittrige Zone wie in den Tropen unmöglich macht. Die Troposphäre weist auch eine deutlich geringere Vertikalerstreckung auf. Die Erwärmung des stratosphärischen Ozons begrenzt die Troposphäre auf 6 bis 8 Kilometer Höhe. Diese Rollenzirkulation sorgt dafür, dass über den Polen die kalte Luft absinkt und im Bereich der mittleren Breiten aufsteigt. Dort verzahnt sich die polare Hadley-Zelle mit einer gänzlich anderen Luftzirkulation, die unsere mittleren Breiten dominiert und uns nur allzu bekannte Wettermuster erzeugt.

Die Rede ist natürlich von den Hoch- und Tiefdruckgebieten, die wir alle aus dem Wetterbericht kennen, und sie gehören zur sogenannten Ferrel-Zelle. Sie ist die atmosphärische Rollenzirkulation der mittleren Breiten und das Bindeglied zwischen den nördlich und südlich angrenzenden Hadley-Zellen. Die Ferrel-Zelle kommt zustande, weil die Rotation der Erde den Energie- und Wärmeaustausch zwischen dem Äquator und den Polargebieten effektiv unterbindet und in einen Westwind umlenkt. Die uns so vertrauten Hochs und Tiefs setzen die Ferrel-Zelle stückweise zusammen, und ihr Antrieb ist thermisch indirekt, da sie die Wärme nicht auf direktem Wege zwischen Süd und Nord austauschen, sondern über Wirbel in der Atmosphäre. Deswegen rotiert diese Zelle auch nicht um eine horizontale Achse, sondern um eine vertikale. Das mag verwirrend klingen, ist aber beim Blick auf das tägliche Satellitenbild und die Wetterkarte leicht zu sehen, denn jeder Wirbel, gleich ob Hoch oder Tief, besitzt eine vertikale Achse. Im Falle der Tiefdruckgebiete kann man diese Achse sogar sehen, denn sie ist das Auge des Sturms, um das sich alles dreht. Hochs rotieren auf der Nordhalbkugel im Uhrzeigersinn und Tiefs entgegen dem Uhrzeigersinn. Durch diesen Drehsinn schaufeln diese Wirbel die warme aufsteigende Luft nach Norden und die kalte absinkende Luft nach Süden und tauschen äußerst effektiv die Wärme zwischen den Subtropen und den Polargebieten aus.

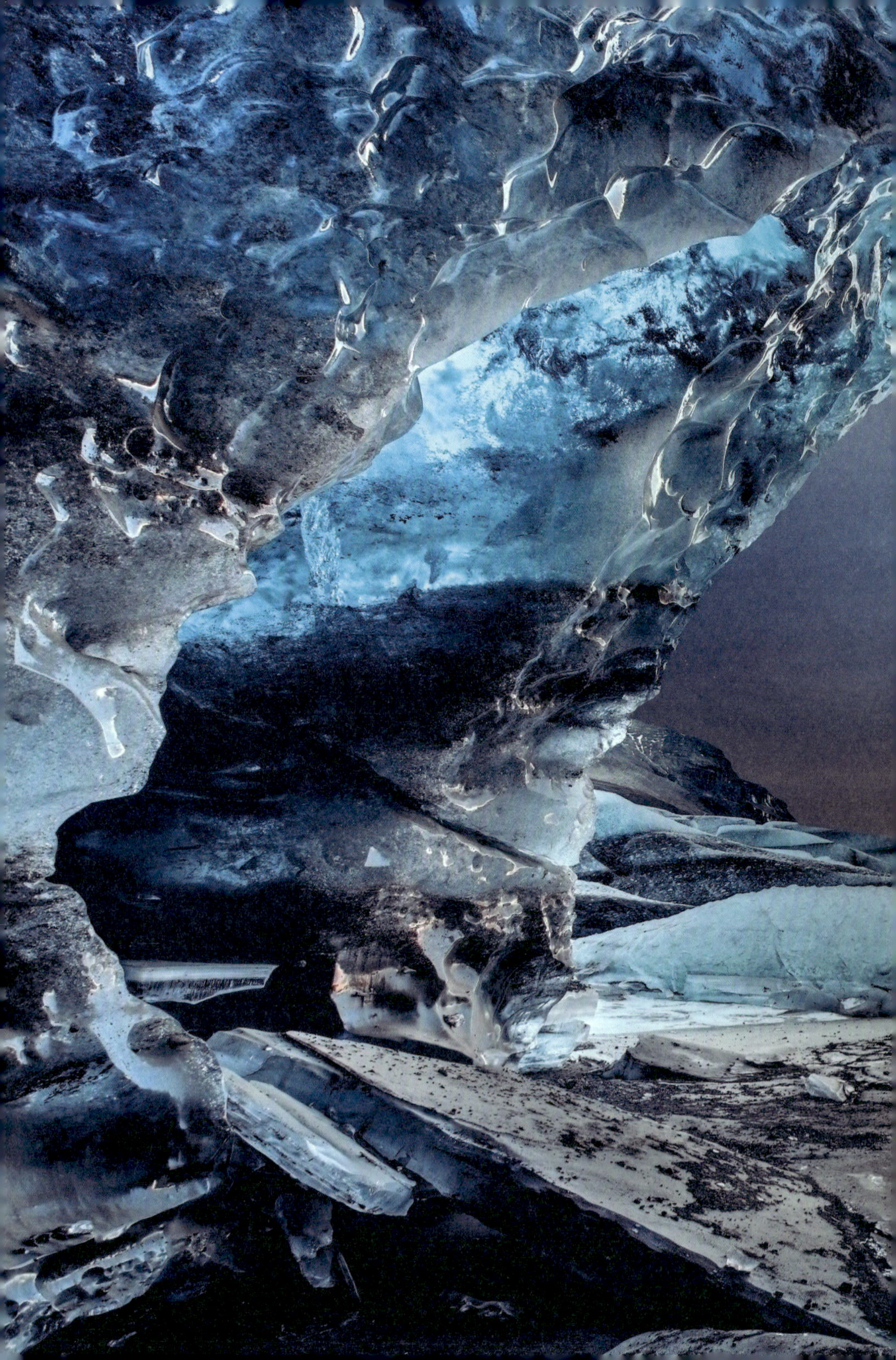

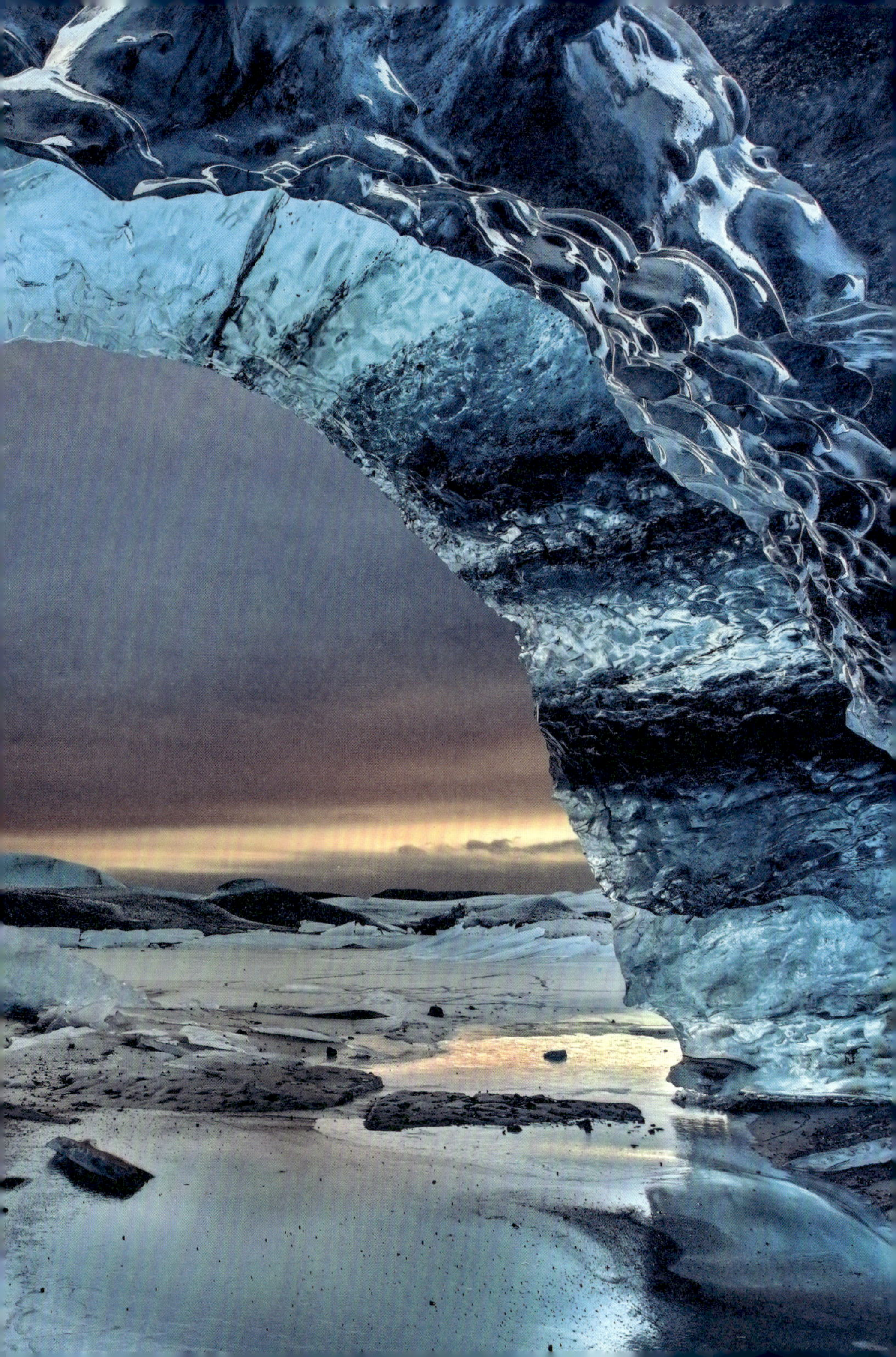

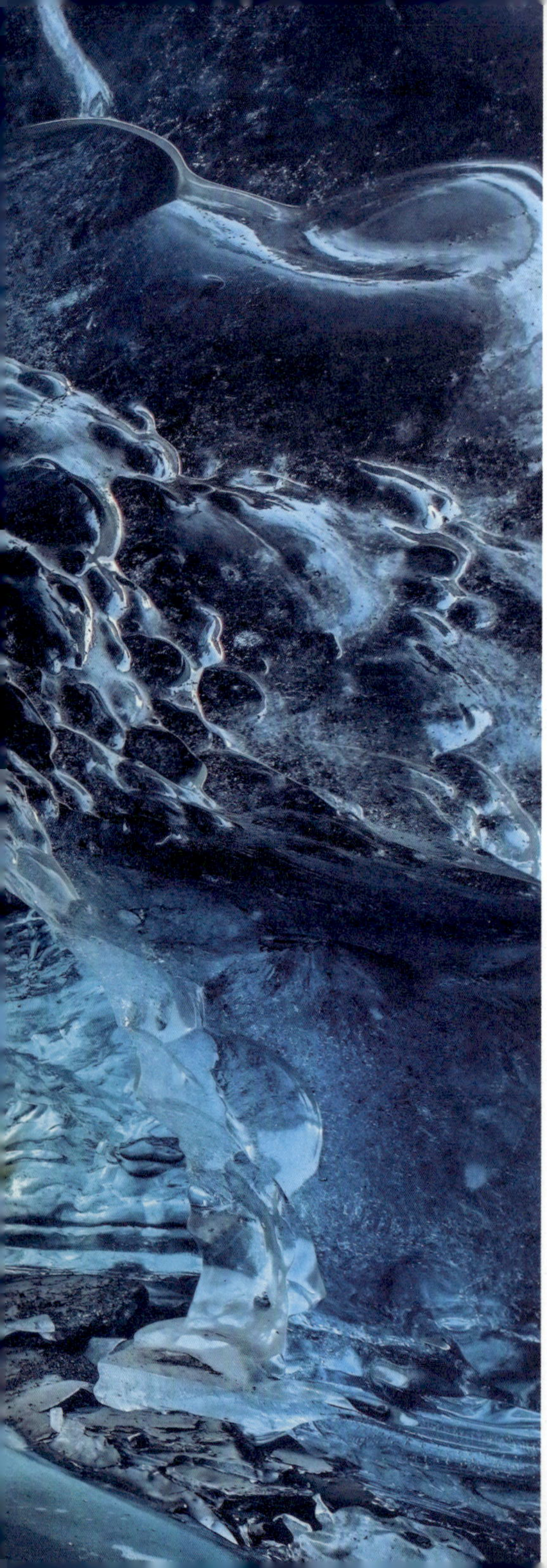

KAPITEL 11
OZEAN, ATMOSPHÄRE UND KLIMAWANDEL

》

Veränderung ist die einzige Konstante.

Heraklit

KAPITEL 11 | OZEAN, ATMOSPHÄRE UND KLIMAWANDEL

Die Kristallgrotte. Diese imposante Eishöhle im Svínafellsjökullgletscher auf Island ist beeindruckende 50 Meter lang, 10 Meter breit und 7 Meter hoch. Eine anhaltende winterliche Kälteperiode bot mir die seltene Gelegenheit, mich über den zugefrorenen Gletschersee in den Gletscher vorzuwagen. Unter solchen Bedingungen stabilisieren sich die ansonsten äußerst fragilen Eishöhlen, sodass ein kurzer Zugang riskiert werden kann. Das Betreten dieser Eishöhle eröffnete mir eine bezaubernde märchenhafte Welt, die von permanenten, beängstigenden Knack- und Knirschgeräuschen des sich bewegenden Gletschers begleitet wird. Auch im Winter fließt dieser Gletscher mit einem Meter pro Tag gen Tal. Die im 1000 Jahre alten Eis eingeschlossene Luft ist ein wahres Klimaarchiv und die schwarzen Aschelagen dokumentieren die zahlreichen Vulkanausbrüche während dieser Zeit.

Im vorigen Kapitel haben wir uns angesehen, wie das Wetter, das Klima und die Atmosphäre mit ihrem natürlichen Treibhauseffekt funktionieren. Jetzt nehmen wir stärker in den Blick, wie das Klimasystem mit dem Erdsystem wechselwirkt. Wir richten unseren Blick dafür in die Tiefen der Ozeane, gehen zurück in die Erdgeschichte, um zu verstehen, wie unsere Atmosphäre entstand, und sehen uns die Eiszeitzyklen der letzten Millionen Jahre an – nicht zuletzt, um die Komplexität von Klima- und Wetterereignissen besser zu verstehen. Der menschgemachte Klimawandel wirbelt so einiges durcheinander und liefert leider mehr Beispiele dafür, als uns lieb sein kann. Lassen Sie uns nun dort beginnen, wo das vorige Kapitel endete: bei den Hochs und Tiefs.

WIE HOCHS UND TIEFS UNSER WETTER MACHEN

Gesteuert werden die Hochs und Tiefs durch eine Höhenströmung, die dem Subtropenjet ganz ähnlich ist. Dieses Starkwindband ist der Jetstream, auch Strahlstrom genannt, und er weht in beiden Hemisphären als Westwind in etwa

10 Kilometer Höhe, der Höhe der dortigen Tropopause, mit Geschwindigkeiten von bis zu 600 km/h rund um den Globus. Das ist auch der Grund, weshalb ein Flug von Frankfurt nach New York länger dauert als der Flug zurück, denn das Flugzeug muss auf seinem Weg nach Westen gegen diese starke Strömung anfliegen, wodurch es deutlich langsamer wird. Heftige Turbulenzen auf solchen Flügen sind ebenfalls eine Folge davon, weil dann das Flugzeug in Bereiche stark unterschiedlicher Windgeschwindigkeiten dieser Strahlströmung gerät. Der Jetstream schlägt Wellen, die weit nach Norden und Süden ausgreifen können. Auf der Südhemisphäre ist der Jetstream dagegen eng begrenzt und zieht eine fast kreisförmige Bahn um den Globus. Da auch die Meeresströmung des Südlichen Ozeans ringförmig verläuft, ist die Antarktis wie ein Kühlschrank vom Rest der Welt isoliert. Dass der Jetstream auf der Nordhalbkugel so ausgeprägte Nord-Süd-Wellen schlägt, liegt an der unterschiedlichen Land-Meer-Verteilung der beiden Hemisphären, aber auch an den Gebirgen Himalaja und Rocky Mountains, die das Strömungsmuster mit ihren hohen Gipfeln stören und ablenken.

Da die Temperaturgegensätze im Winter am stärksten ausgeprägt sind, jagt meist ein Tiefdruckgebiet das andere und die Strömung ist zonal. Das bedeutet, dass sie im Mittel parallel zum Breitenkreis verläuft, der Jetstream also keine großen Schlenker nach Norden und Süden vollführt. Wenn er sich, wie es häufig im Sommer der Fall ist, aufgrund der geringen Temperaturunterschiede stark meridional auslenkt, greift die Kaltluft aus dem Norden tief nach Süden aus und umgekehrt die Warmluft weit nach Norden. Die Region, in der sich der Jetstream aufhalten kann, variiert zwischen 50 und 70 Grad nördlicher Breite, was eine Region zwischen Frankfurt und Nordnorwegen aufspannt. Deswegen werden die Flugrouten über den Atlantik täglich neu den Jetstreamverhältnissen angepasst.

Beult sich der Jetstream nach Norden aus, so dringt Warmluft nordwärts vor und erzeugt einen Rücken (»Wellenberg«). Umgekehrt entsteht ein Trog (»Wellental«), wenn der Jetstream sich nach Süden auswellt und kalte Luft gen Süden führt. Dieses Jetstreammuster erzeugt die sogenannte Rossby-Welle, die sich in 10 Kilometer Höhe mit etwa 15 km/h langsam von West nach Ost über den Globus bewegt. In ihr weht der Wind aber mit 500 km/h! Die Anzahl der Rücken und Tröge einmal um den Globus herum ist entscheidend dafür, wie sich die Rossby-Welle bewegt. Bis zu einer Anzahl von etwa fünf Rücken und Trögen driftet sie beständig ostwärts, ab fünf blockiert diese Strömung zunehmend, wodurch die Drift zum Erliegen kommt und das Wetter, das gerade unter der Welle herrscht, für lange Zeit an einem Ort verweilt. Dieses Blocking genannte Wettermuster stellt uns zunehmend vor Probleme, denn es beschert uns immer häufiger gleichbleibend gutes oder gleichbleibend schlechtes Wetter und sorgt an der Luftmassengrenze für Unwetterpotenzial mit Extremen wie Starkregen oder Dürren.

Der Jetstream generiert die bodennahen Hochs und Tiefs, die unser Wetter so nachhaltig bestimmen. Wenn die Luft aus einem Rücken in den Trog strömt, so bewegt sie sich auf einer Bahn im Uhrzeigersinn, was antizyklonal genannt wird. Sobald die Luft die südlichste Auslenkung des Trogs erreicht hat, muss sie wieder nach Norden umbiegen, um aus dem Trog heraus in Richtung des nächsten Rückens zu strömen. Am Umkehrpunkt des Trogs wechselt die Strömung daher ihren Drehsinn auf eine, die entgegen dem Uhrzeigersinn verläuft, was zyklonal genannt wird. Was dort passiert, verrät bereits der Name, denn Tiefdruckgebiete sind Zyklonen, Hochdruckgebiete dagegen Antizyklonen.

Da die Luft in der Rossby-Welle generell von West nach Ost strömt, kommt sie beim Einströmen in den Trog im südlichsten Teil in Platznot, denn dort vollzieht sie eine rasante Kurve, um anschließend wieder aus dem Trog herauszufließen. Dort, wo sich der Drehsinn der Luft umkehrt, erhöht sich zugleich die Windgeschwindigkeit und die Strömungsrichtung. Die Luft strömt dort großflächig zusammen, wodurch der Luftdruck ansteigt, denn es befinden sich mehr Luftmoleküle über diesem Ort als anderswo. Dieser Luftberg kann aber wegen des Sperrdeckels der Tropopause nicht nach oben entweichen. Infolgedessen ist ihr einziger Ausweg der nach unten, in Richtung des Erdbodens. Wir wissen nun schon, was mit zum Boden absteigender Luft passiert: Sie erwärmt sich und die Wolken in ihr lösen sich auf. Dabei nimmt die Luft ihren antizyklonalen Drehsinn mit, und unter dem westlich gelegenen Rücken entsteht ein Hochdruckgebiet mit viel Sonnenschein. Der hohe Bodendruck entsteht, weil das Zusammenströmen der Luft in der Höhe schneller abläuft, als der Wind am Boden aus dem Hoch herausströmen kann.

Sobald die Luft im Jetstream den Drehsinn am Umkehrpunkt des Trogs auf zyklonal wechselt und in Richtung Norden den Trog verlässt, dreht sich das Spiel um. Die Luftmasse bekommt jetzt mehr Platz, als sie benötigt, weswegen die Windgeschwindigkeit abnimmt und sozusagen ein Lufttal entsteht. Folgerichtig sinkt der Luftdruck, und durch das Luftdefizit in der Höhe wird die bodennahe Luft in die Höhe gesogen und steigt auf. Was passiert, wenn Luft aufsteigt, wissen wir ebenfalls: Sie kühlt sich ab und der Wasserdampf kondensiert zu Wolken. Bei weiterem Aufstieg beginnt es zu regnen. Es entsteht ein Tiefdruckgebiet am Boden unter der Ostseite des Trogs in der Höhe, und der zyklonale Drehsinn der Höhenluft teilt sich dem Tief mit. Der tiefe Luftdruck in den Tiefdruckgebieten entsteht wiederum, weil das Ausströmen in der Höhe schneller abläuft, als Luft am Boden nachströmen kann.

Wenn Bodenluft ins Tief gesogen wird, bezeichnet man das als Bodenkonvergenz – und das ist der Prozess, der alles antreibt. Die Konvergenz am Boden entspricht einer Divergenz in der Höhe, während es bei Hochdruckgebieten gerade umgekehrt ist. Im Auge des Sturms winterlicher Tiefs kann so wenig Luft überlagert sein, dass der Luftdruck enorm abfällt und ein Orkan entsteht. Die Tropopause kann sich dabei so weit absenken, dass sie sich regelrecht in das Tief einfaltet und ein Knick in der Atmosphäre entsteht.

Obwohl Tiefdruckgebiete im Fachjargon Zyklone heißen, darf man sie nicht mit den gleichnamigen Wirbelstürmen verwechseln. Letztere sind tropische Stürme, die in ihrer Struktur symmetrisch sind. Tiefdruckgebiete dagegen sind hochgradig asymmetrisch und besitzen scharfe Luftmassengrenzen, die Fronten, an denen sich bei Durchzug das Wetter markant ändert.

Die Energie, die ein Tief antreibt, entstammt vier Quellen. Neben dem Hauptantrieb der Sonne sind dies die Schwerkraft, die die dichte, kalte Luft unter die leichte, warme Luft absinken lässt. Damit zwingt sie die warme Luft zum Aufsteigen. Das führt zur Wolkenbildung, wodurch die in der Luft vorhandene latente, verborgene Energie frei wird. Dadurch erwärmt sich die Luft zusätzlich, steigt weiter auf und es beginnt zu regnen. Zuletzt bezieht das Tief Energie aus dem steuernden Jetstream selbst. Es kommt zu einer Rotation, die – auf der

Nordhalbkugel – im Westen des Tiefs Kaltluft weit nach Süden strömen lässt. Diese kalte Luft schiebt sich unter die warme und bildet eine Kaltfront aus. Im Osten des Tiefs gelangt dagegen warme Luft weit nach Norden und gleitet auf die kalte auf, wodurch eine Warmfront entsteht.

Wenn man wissen möchte, wo das nächste Tiefdruckgebiet entsteht, muss man quasi nur auf der Wetterkarte nachsehen, wo sich die Ostseiten der Tröge befinden. Aber die Natur macht es uns nicht ganz so einfach und der Teufel steckt wie immer im Detail. Die Bildung eines Tiefs und die Strömungsverhältnisse im Jetstream beeinflussen sich gegenseitig, was ebenso zu einer Verstärkung wie zu einer Abschwächung des Tiefdruckgebietes führen kann. Die Wettervorhersage ist und bleibt eine komplexe Aufgabe, denn winzige Störungen können große Wirkung haben und die Beobachtungen und Messungen können nie alle notwendigen Details für perfekte Vorhersagen liefern.

Bauern wussten das Wetter meist richtig zu deuten, indem sie beispielsweise die Regel »Morgenrot, schlecht Wetter droht« aufstellten. Sie beschreibt passend, was vor einem Warmfrontdurchgang passiert. Tiefdruckgebiete ziehen bei uns so gut wie immer aus westlichen Richtungen auf, weswegen die aufgehende Sonne im Osten ihre Wolken von unten beleuchten kann. Selbst nach verschlafenem Sonnenaufgang kann man den Aufzug einer Warmfront an den langen Kondensstreifen der Flugzeuge ausmachen, denn sie künden von der feuchten Luft in der Höhe, die zur Wolkenbildung neigt. Zu diesem Zeitpunkt ist der Regen noch viele Stunden entfernt, denn die Warmfront ist 500 bis 1000 Kilometer entfernt. Aufziehende Warmfronten verdrängen oft Schönwetterlagen. Die hohen Schleierwolken des Zirrus verdichten sich langsam und machen einem konturlosen hohen, grauen Himmel Platz, durch den die Sonne als fahle Scheibe noch lange zu sehen ist. Nachfolgend senkt sich die Wolkenbasis langsam bis ins tiefe Stockwerk der Atmosphäre herab, die Wolke hat ein bleigraues Aussehen angenommen und reicht jetzt von wenigen Hundert Metern über dem Erdboden bis zur Höhe der Tropopause in rund 10 Kilometer Höhe. Nun lässt der Regen nicht mehr lange auf sich warten, und wenn er einsetzt, ist es der klassische Landregen, der sanft und durchnässend über längere Zeit vom Himmel fällt. Wenn er endlich aufhört, folgt ein mittelhoher, grau strukturierter Himmel über mehrere Stunden hinweg, ohne viel Regen. Das ist der Warmsektor zwischen der Warmfront und der nachfolgenden Kaltfront.

Die Kaltfront ist sehr leicht zu erkennen, denn das Wolkenbild ändert sich schlagartig von grauen zu weißen Wolkentürmen, aus denen es kurz und kräftig schauert. Oft handelt es sich dabei um den Cumulus congestus, die Blumenkohlwolke, oder auch den Cumulonimbus, die Gewitterwolke mit dem Amboss. In der Kaltfront greift die kalte Luft aktiv unter die warme, wodurch sich die Atmosphäre instabil schichtet und starke Konvektion auslöst. Das macht sich in Schauern bemerkbar, zwischen denen der blaue Himmel zum Vorschein kommt. Nach Durchgang der Kaltfront folgt der Kaltluftsektor auf der Westseite des Tiefs. Manchmal formieren sich die Wolken zu Straßen, und diese Luft kommt direkt aus dem Norden zu uns. Auf Satellitenbildern erkennt man sie leicht an den weiß getupften Wolkenstraßen über dem dunklen Ozean, die bis zu den Kanarischen Inseln reichen können.

Das ist das Idealbild des Durchzugs eines Tiefdruckgebiets. Allerdings hängt der Ablauf stark davon ab, wo man sich relativ zum Tief befindet, und das macht unser Wetter so vielfältig. Der beschriebene Fall ist nämlich der, dass man das Tief sozusagen frontal abbekommt. Wenn das Tief aber nördlich oder südlich von einem aufzieht, ergibt sich ein ganz anderer Wetterablauf. Bekommt man den nördlichen Teil des Tiefs ab, gerät man schnell in den Bereich der Okklusion, der sehr anhaltendes, eintönig grau-nasses Wetter hervorruft. Ist man dagegen tief im Süden des Tiefs, kann es beispielsweise sein, dass man nur abgeschwemmte Wolkenfelder zu sehen bekommt und der Himmel nach einer Vielzahl von interessanten Wolkenformationen wieder blau wird, und zwar ganz ohne Regen. Kommt man dagegen in den Bereich von schleifenden Fronten, so zieht die Warm- oder Kaltfront in ihrer ganzen Länge über einen hinweg, was zu lang anhaltendem Regenwetter führt.

Mit den Fronten ändern sich aber nicht nur die Temperatur und das Wetter, sondern auch der Druck und die Windrichtung. Der geübte Beobachter kann allein an der Veränderung der Windrichtung und des Drucks erkennen, welches

Wetter ihn erwartet. Da der Wind zyklonal, also bei uns gegen den Uhrzeigersinn durch das Tief weht, hat man es bei Südwestwinden mit einer aufziehenden Warmfront zu tun, während die kalte Luft hinter einer Kaltfront nördliche bis nordwestliche Winde bringt. Herrscht in Norddeutschland starker Ostwind, befindet man sich am nördlichen Kopf der Zyklone, während typischerweise über den Alpen Westwind weht. Die Windgeschwindigkeit hängt dabei vom Kerndruck des Tiefs im Vergleich zu seiner Umgebung ab. Je größer die Druckdifferenzen werden, desto höher werden die Windgeschwindigkeiten. Mit den Hochdruckgebieten verhält es sich ganz ähnlich. Aufgrund ihrer antizyklonalen Rotation im Uhrzeigersinn verrät der Bodenwind, wo der Kern des Hochs liegt. Bei beständigem Schönwetter und Ostwind in Deutschland liegt das Hoch über Skandinavien, bei Südwind über Russland, bei Nordwind über Großbritannien und bei Westwind im Mittelmeerraum. Allerdings bekommen wir es in Deutschland im letzteren Fall eher mit Tiefdruckgebieten vom Atlantik zu tun, da das Hoch zu weit südlich liegt. Befindet man sich im Zentrum des Hochs, kann es über lange Zeit wolkenlos und windstill sein. Dann weht der Wind spiralförmig aus dem Hoch heraus und liefert damit auch den benachbarten Tiefdruckgebieten die notwendige Luft, die in ihnen in die Höhe aufsteigt. Es ergibt sich ein komplexes dreidimensionales Strömungsmuster zwischen dem Jetstream in der Höhe und den Hochs und Tiefs am Boden.

Aus intensiven Tiefdruckgebieten können während ihrer kurzen Lebensdauer von etwa einer Woche erhebliche Regenmengen fallen. Sie würden ausreichen, um Deutschland mit bis zu einem Meter Wasser zu bedecken. Die Niederschlagsintensitäten über dem Golfstrom des Atlantischen Ozeans und dem Kuroshiostrom im Pazifischen Ozean vor der Küste Japans können im Winter leicht Werte aufweisen, die sonst nur den Tropen vorbehalten sind. Wenn man aber bedenkt, dass etwa 80 Prozent des aus den Ozeanen verdunsteten Wassers auch wieder als Regen in sie hineinfallen, wird klar, weswegen die Tiefdruckgebiete Deutschland zumeist nicht überfluten. Was allerdings passiert, wenn sich ein Tiefdruckgebiet über Deutschland festsetzt und sich an Ort und Stelle abregnet, hat uns die Flutkatastrophe vom Juli 2021 gezeigt.

Jetstream

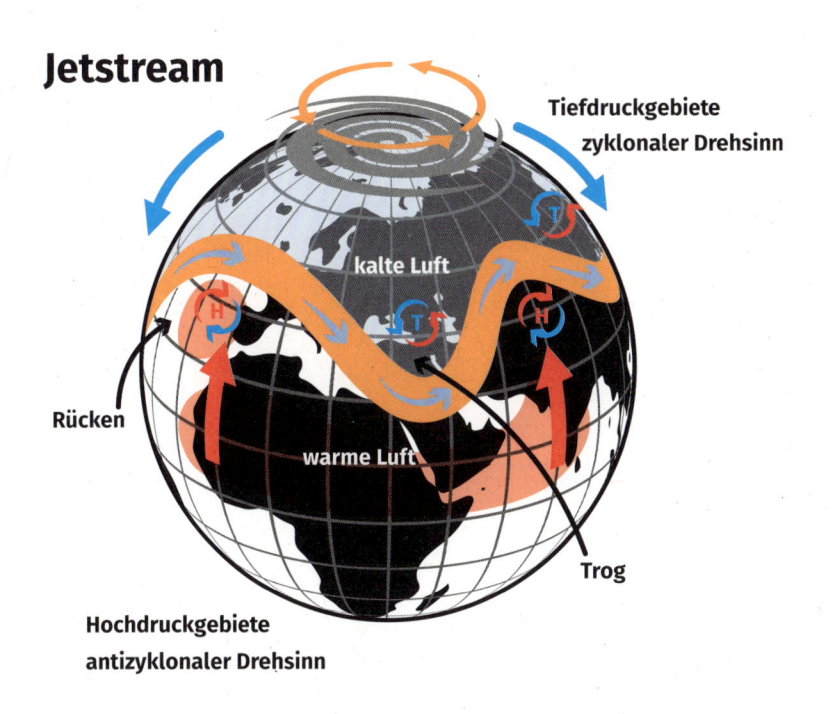

Abb. 10 Der Jetstream (dickes oranges Band) weht in etwa 10 Kilometer Höhe mehr oder weniger stark mäandrierend von West nach Ost über den Planeten. Seine nördlichen Ausbeulungen bilden Rücken, in denen sich am Boden die Hochdruckgebiete aufhalten. In ihnen stößt die Warmluft (rot) aus dem Süden weit nach Norden vor. Seine südlichen Ausbuchtungen werden Tröge genannt und in ihnen bilden sich am Boden die Tiefdruckgebiete. Mit ihnen gelangt die kalte Luft (blau) aus dem Norden weit nach Süden. Angeregt durch den Drehsinn der Luft im Jetstream rotieren die Hochdruckgebiete antizyklonal, also im Urzeigersinn, während die Tiefdruckgebiete zyklonal drehen, also entgegen dem Uhrzeigersinn.

DIE ZIRKULATION DER OZEANE

Die Temperaturunterschiede zwischen den Tropen und den Polargebieten verursachen die atmosphärischen Winde, die wiederum die Ozeanströmungen antreiben. In der Atmosphäre bilden Gebirge und Hochplateaus Hindernisse für die Strömung, aber sie können um- und überströmt werden. In den Meeren sind die oberflächennahen Strömungen dagegen an ihre ozeanischen Becken gebunden. Die Kontinuität sämtlicher Bewegungen erzwingt Ausgleichsströmungen, ganz gleich ob beim Gestein im Erdinneren, den Erdplatten, der Luft oder dem Wasser in den Ozeanen – wir haben schon öfter festgestellt, dass der Ausgleich ein wesentliches Prinzip darstellt. Wenn der Wind das Wasser an der Oberfläche über längere Zeit in eine Richtung bewegt, muss das durch nachströmendes Wasser ausgeglichen werden. So entsteht auch im Ozean eine dreidimensionale Rollenzirkulation, die die Ströme des Oberflächenwassers mit den Strömungen des Tiefenwassers entlang der Ozeanböden koppelt. Dort sind sie an die komplexe Topografie der mittelozeanischen Rücken gebunden und können diese nur entlangströmen, aber nicht überqueren. Die vertikale Kopplung geschieht im Ozean – im Gegensatz zur Atmosphäre – nur an bestimmten Orten auf dem Planeten, denen daher eine besonders klimasensitive Rolle zukommt. Diese Regionen liegen in der Grönlandsee, der Labradorsee sowie vor der Küste der Antarktis. Sie treiben das globale ozeanische Förderband der thermohalinen Zirkulation an. Thermohalin bedeutet, dass diese Meeresströmungen ihren Antrieb zugleich in Temperatur- und Salzgehaltsunterschieden haben. Der Wasseraustausch der thermohalinen Zirkulation verbindet schleifenartig alle ozeanischen Becken und benötigt etwa 1000 Jahre für eine komplette Durchwälzbewegung. An dieser Stelle kommt der im Zusammenhang mit dem Klimawandel oft genannte Golfstrom ins Spiel, der eine solche Schlüsselrolle für den Antrieb dieser Zirkulation des Klimasystems besetzt.

Der Golfstrom hat seinen Ursprung im Golf von Mexiko und der Karibik, wo das bis zu 30 °C warme Oberflächenwasser zirkuliert und schließlich an der Ostküste Floridas nordwärts strömt. Auf ein enges Band von 50 bis 150 Kilometer

Breite begrenzt, transportiert der Golfstrom das warme Wasser entlang der amerikanischen Ostküste weiter nordwärts, wobei sehr viel Wasser in die Atmosphäre verdunstet und der Salzgehalt zunimmt. Vor der Küste New Yorks verändert der Golfstrom seine Richtung und fließt auf den offenen Atlantischen Ozean hinaus, vorbei an Neufundland und dem Ausstrom der Labradorsee. Auf seinem Weg mäandriert der Golfstrom, ganz so wie Flüsse es an Land tun, und zerfällt in unzählige große und kleine Wasserwirbel. Der Grund dafür ist, dass sein bis zu 26 °C warmes Wasser auf das aus dem Norden strömende 4 °C kalte Ozeanwasser der Labradorsee trifft. Im Ausstrom der Labradorsee zwischen Neufundland und Grönland kommen daher die größten Wassertemperaturunterschiede weltweit vor, die auf einer horizontalen Distanz von gerade einmal 300 Kilometern bis zu 22 °C betragen können. Es ist kein Zufall, dass diese Region des Atlantischen Ozeans im Bereich Neufundlands wildes Wetter erzeugt. In dieser Wetterküche entstehen die meisten Tiefdruckgebiete, die ein paar Tage später unser Wetter in Mitteleuropa bestimmen.

Mit einer Geschwindigkeit von 4 bis 9 km/h fließt der Golfstrom mit seiner Vielzahl an Wirbeln Richtung Europa und beschert uns eine Warmwasserheizung, die das warme Klima Europas maßgeblich prägt. Europa ist dadurch 5 bis 10 °C wärmer als das Breitenkreismittel. Daher wären ohne den Golfstrom die Nord- und die Ostsee monatelang zugefroren, ganz ähnlich wie die kanadische Hudson Bay, deren südliche Ausläufer bis an den 51. Breitengrad heranreichen; auf dieser Höhe liegen in Deutschland Düsseldorf, Kassel und Leipzig. Vor Europa angekommen, biegt der Golfstrom als Nordatlantischer Strom der Küste Skandinaviens folgend nach Norden um und erreicht als Nordnorwegenstrom die arktischen Gewässer der Grönlandsee bei Spitzbergen auf 78 Grad Nord.

Weil das Wasser auf seinem Weg ständig Wärme an die Atmosphäre abgibt, sinkt seine Temperatur in der Arktis schließlich unter −1,8 °C ab. Dieser Wert ist deshalb so wichtig, weil Meerwasser mit seinem Salzgehalt von 3,5 Prozent oder 35 Promille bei dieser Temperatur gefriert und sich eine Meereisdecke ausbildet. Im Gegensatz dazu erreicht Süßwasser bei 4 °C seine größte Dichte und sinkt dann in die Tiefe ab. Das Salz der Ozeane setzt diese Absinktemperatur auf −1,3 °C herab. Beim Gefrieren des Meereises wird das Salz aus dem Eis ausgeschieden und sammelt sich in einer kalten und hypersalinen, das heißt extrem salzhaltigen Lake unter dem Eis an. Kalt und salzig ist gleichbedeutend mit dicht und schwer und folglich sinkt das extrem salzige Wasser unter dem Eis besonders effektiv in die Tiefe ab. Man kann sich den Prozess, der vor der Küste Spitzbergens und Grönlands abläuft, wie einen riesigen Wasserfall im Ozean vorstellen, der das Oberflächenwasser bis auf den Meeresgrund in 3000 Meter Wassertiefe absinken lässt. Dieser Effekt wirkt wie eine Pumpe, die enorme Wassermengen an der Oberfläche des Ozeans ansaugt und in der Tiefe südwärts davontransportiert. Wohin das Wasser in der Tiefe strömt, bestimmt die Unterwassertopografie und damit die Verteilung der vulkanischen Gebirge am Meeresgrund. In Kaskaden strömt das etwa 2 °C kalte Wasser am Meeresgrund des grönländischen Ostrands nach Süden und stürzt wie ein Wasserfall über die enge untermeerische Schwelle zwischen Grönland und Island in die Tiefsee des Atlantiks.

Von dort aus durchströmt das Tiefenwasser die gesamte Länge des Atlantischen Ozeans und verbindet sich am südlichen Ende der Welt mit dem Tiefenwasser des antarktischen Zirkumpolarstroms. In einer Schleife kommt das Tiefenwasser im Indischen Ozean zurück an die Oberfläche, wo es sich mit dem Oberflächenwasser einer weiteren Tiefenwasserschleife im Pazifischen Ozean vereint. Dieser Oberflächenstrom fließt um das Kap der Guten Hoffnung zurück in den Atlantik, strömt dort nordwärts entlang der Westküste Afrikas, quert den Atlantik und kehrt schließlich wieder in die Karibik zurück, wo sich der 1000-jährige Zyklus dieser Wasserreise schließt und erneut im Golfstrom beginnt.

Aufgrund des menschgemachten Klimawandels besteht nun die Sorge, dass durch die vermehrten Süßwassereinträge beim Abschmelzen des Meereises, das aus Süßwasser besteht, und des Inlandeises sowie durch die vermehrten Süßwassereinträge aus Flüssen und intensiveren Niederschlägen der oberflächennahe Salzgehalt des Atlantischen Ozeans in der Grönlandsee so weit abnimmt, dass sich die Tiefenwasserproduktion deutlich verlangsamt oder sogar stoppt. Damit würde sich das globale Förderband der thermohalinen

Zirkulation abschwächen oder im Extremfall ganz zum Erliegen kommen. Die Folgen wären dramatisch, denn die Tiefsee würde nicht mehr ausreichend mit Sauerstoff versorgt und die Temperaturen in Europa könnten um 5 bis 10 °C absinken. Eine Verlangsamung dieser Zirkulation von 15 Prozent wird bereits beobachtet, weswegen der nördliche Ast des Golfstroms zu Recht als Achillesferse im Klimasystem bezeichnet wird.

WANDELBARE ATMOSPHÄRE

Unsere Atmosphäre, die wir für so selbstverständlich halten, ist dem gleichen tiefgreifenden Wandel ausgesetzt wie die Erde selbst. Sie unterliegt ebenfalls dem dynamischen Gleichgewicht der Erde und ist daher eine Momentaufnahme einer langen Entwicklungsgeschichte, in der sie sich mehrfach grundlegend verändert hat. Nach zwei umwälzenden Ereignissen in den Jugendtagen der Erde veränderte sich die Atmosphäre am stärksten, als das Leben begann, Sauerstoff zu produzieren, denn ursprünglich gab es in der Luft keine nennenswerten Mengen davon. Welche Entwicklung hat unsere Atmosphäre hinter sich, und woher stammen die Gase, aus denen sie besteht? Um diese Fragen zu beantworten, reisen wir noch einmal an den Anfang aller irdischen Tage zurück.

Die erste, primäre Atmosphäre der Erde entstand, noch während sich die Erde zu ihrer Kugelgestalt zusammenballte. Wir wären in ihr erstickt, vergiftet und gekocht worden. In der Phase, in der sich das Sonnensystem formte, waren die solaren Gase Wasserstoff und Helium omnipräsent und daher auch fester Bestandteil der primären Atmosphäre. Zu ihnen gesellten sich alle flüchtigen Gase, die bei der Zusammenballung der glutflüssigen Erde freigesetzt wurden, allen voran das Treibhausgas Kohlendioxid (CO_2) und der hochgiftige Schwefelwasserstoff (H_2S).

Als die Sonne schließlich zu leuchten begann, wurden Wasserstoff und Helium durch die hochenergetische Teilchenstrahlung des Sonnenwinds aus dem inneren Sonnensystem verblasen. So verarmte auch die irdische Atmosphäre an diesen leichten Gasen. Heute finden sie sich vorwiegend in den Gasriesen Jupiter und Saturn. Die schweren Gase CO_2 und H_2S verblieben dagegen in der Erdatmosphäre. Der Treibhauseffekt war so gewaltig, dass er sogar half, den Magmaozean zu heizen. In kühleren Regionen der Erde bildete sich die primäre Kruste aus weißem Anorthosit. Die primäre Atmosphäre wurde endgültig vernichtet, als Theia, der marsgroße Protoplanet, einschlug und sich mit der Erde zu einem Planeten vermischte, wodurch auch der Mond entstand. Für mindestens 1000 Jahre umgab ein etwa 2600 °C heißer Gesteinsdampf die zerstörte Erde.

Innerhalb von 50 bis 100 Millionen Jahren bildete sich eine neue, sekundäre Atmosphäre aus, die diesmal zunehmend separiert erst aus dem Magmaozean des Erdmantels und dann aus der sich neu bildenden Erdkruste aus Basalt ausgaste. Seit der Erstarrung des Magmaozeans sind Vulkane die Hauptquellen der atmosphärischen Gase. Diese Atmosphäre bestand zu etwa 80 Prozent aus Wasserdampf, gefolgt von 10 Prozent Kohlendioxid und 7 Prozent Schwefelwasserstoff sowie Anteilen von Methan (CH_4), Kohlenmonoxid (CO), Stickstoff (N_2) und Ammoniak (NH_3).

Diese Mengen an Wasserdampf, Kohlendioxid und Methan erzeugten einen gigantischen Treibhauseffekt. Solange die Lufttemperaturen über 100 °C lagen, konnte Wasser nicht in flüssiger Form existieren, sondern verblieb als Wasserdampf in der Atmosphäre und heizte den Treibhauseffekt an. Wegen dieser hohen Temperaturen war der Wasserdampf-Kohlendioxid-Steuermechanismus, der flüssiges Wasser benötigt, voneinander entkoppelt. Als die Temperaturen sanken, wandelte sich mehr und mehr atmosphärischer Wasserdampf in flüssiges Wasser um. Es war die Zeit, in der die ersten Wolken entstanden und die ersten Regentropfen vom Himmel fielen. Eine wahrhaftige Sintflut setzte nun ein, in der buchstäblich die ersten Ozeane vom Himmel regneten und damit die Hydrosphäre der Erde ausbildeten. Da Regenwasser eine leichte Kohlensäure ist, gelangten mit diesem Regen Unmengen des atmosphärischen Kohlendioxids in die Ozeane und wurden dort zu kalkigem Sediment. Mit der Existenz flüssigen Wassers und der Bildung der Ozeane kam es zur Kopplung, und seitdem steuert das CO_2 die Menge des Wasserdampfes in der Atmosphäre. Deshalb ist der Wasserdampf ein CO_2-Folger, wie wir schon im vorhergehenden Kapitel gesehen haben. Je mehr Wasser in die Ozeane regnete, desto stärker nahm der Treibhauseffekt ab, da gleichzeitig CO_2 entzogen wurde. Mit dem Regen wurde auch der Schwefelwasserstoff aus der Atmosphäre ausgewaschen. Infolge dieser Sintflut pendelten sich die Temperaturen auf der Erde wie in der Sauna zwischen 55 und 85 °C ein.

Das schwül-heiße Klima bewirkte enorme Verdunstungs- und Niederschlagsraten und ließ den Wasserkreislauf buchstäblich Achterbahn fahren. Die Erde wurde zu einem reinen Aquaplaneten, denn es gab noch keine Kontinente, die aus dem Wasser hätten herausragen können. Der Planet bestand aus einem globalen Urozean mit einem Boden aus vulkanischem Basalt. Erst als die Plattentektonik einsetzte und die TTG-Granite entstanden, bildeten sich die ersten Kerne der Urkontinente, die aber noch so flach waren, dass sie erst nach und nach aus dem Wasser herausschauen konnten. Mit der Zeit verarmte die Atmosphäre rasch an Wasserdampf und bestand nun vorwiegend als dritte Atmosphäre der Erde aus Kohlendioxid, Kohlenmonoxid, Stickstoff, Methan und dem Wasserdampf, der aus der Verdunstung aus den Ozeanen über den Wasserkreislauf immer wieder in die Atmosphäre gelangte. All diese Gase sind immer noch Bestandteil der heutigen Atmosphäre, nur dass sich ihre Anteile stark verändert haben.

Wenn man den Satz »Und es ward Licht« der biblischen Schöpfungsgeschichte einem Zeitpunkt in der Erdgeschichte zuordnen möchte, dann war es diese Zeit vor etwa 4400 Millionen Jahren, in der die Atmosphäre durchsichtig wurde und in der nachts auch die ersten Sterne am Firmament sichtbar wurden.

In der Frühzeit der Erde besaß die Sonne noch nicht ihre heutige Leuchtkraft. Sie schien 25 bis 30 Prozent schwächer als heute und erwärmte dementsprechend die Erde weit weniger. Dieses Phänomen wird das Paradox der jungen, schwachen Sonne genannt. Es hat seine Ursache darin, dass die Sonne gerade erst begonnen hatte, Wasserstoff zu Helium zu fusionieren, weswegen ihr Kern weniger dicht war. Da Dichte und Temperatur eng miteinander gekoppelt sind, erzeugt eine dichtere Sonne mehr Hitze und dadurch eine höhere

Leuchtkraft. Ein Paradox ist das deshalb, weil das Defizit an Wärmestrahlung die Erde schnell hätte einfrieren lassen müssen. Dadurch wären weder flüssige Ozeane noch die frühe Initialzündung des Lebens möglich gewesen. Allerdings lässt sich das Paradox leicht auflösen, denn es waren bereits damals die beiden wesentliche Klimakontrollparameter am Werk: der enorm hohe Treibhauseffekt und eine extrem geringe Albedo, das Rückstreuvermögen für Sonnenstrahlung ins All. Ozeane sind die dunkelsten natürlichen Oberflächen, weswegen sie so effektive Wärmespeicher sind. Aufgrund der globalen Bedeckung der Erde mit dunklen Ozeanen konnte fast die gesamte Sonnenenergie der Erwärmung der Erde zugutekommen. Heute ist die Erde nur zu zwei Dritteln mit Ozeanen bedeckt und die hellen Kontinente, Wolken in unterschiedlichen Höhen und die weißen Flächen der Arktis und Antarktis reflektieren so viel Sonnenstrahlung zurück ins All, dass die Albedo bei 30 Prozent liegt.

Bis ins Archaikum war Sauerstoff ein Spurengas, das in der Atmosphäre nur in unbedeutenden Mengen vorkam; er war rein anorganischen Ursprungs und entstand durch Aufspaltung von Wasserdampf unter der harten UV-Strahlung der Sonne. Für eine Atmung war dieser geringe Urey-Pegel des Sauerstoffgehalts nicht ausreichend, was aber kein Problem darstellte, da es keine Lebewesen gab, die etwas hätten atmen können. In Abwesenheit einer Ozonschicht spaltete die hohe UV-Belastung auch Methan (CH_4) und Ammoniak (NH_3) auf. Deren leicht flüchtige Wasserstoffanteile entwichen ins All und zurück blieben der reaktionsfreudige Kohlenstoff und der reaktionsträge Stickstoff (N_2). Letzterer hat sich bis zum heutigen Tag zum dominierenden Gas der Atmosphäre angesammelt.

Die vierte und bislang letzte umwälzende Modifikation der irdischen Atmosphäre wurde durch das Leben selbst ausgelöst, denn der gesamte freie Sauerstoff, den wir atmen, ist rein biogen erzeugt. Der Begriff des freien Sauerstoffs ist hierbei wichtig, denn normalerweise verbleiben keine nennenswerten Mengen an Sauerstoff in einer Atmosphäre, da es sich um ein hochreaktives Gas handelt, das begeistert chemische Verbindungen eingeht. Diese Reaktionen entfernen es mit hoher Geschwindigkeit wieder aus der Atmosphäre und deponieren es als feste Oxide, als Rost, an der Oberfläche. Nahezu sämtlicher freie Sauerstoff ist durch Fotosynthese entstanden, und um bedeutende Mengen an Sauerstoff in der Atmosphäre zu halten, muss ihr gleichzeitig Kohlenstoff entzogen werden. Das liegt daran, dass unsere Atmung und der durch Mikroorganismen bewerkstelligte organische Zerfall die Umkehrreaktion der Fotosynthese ist. Sie entzieht der Atmosphäre den gebildeten Sauerstoff wieder. Ohne weitere Fotosynthese würden die Prozesse der Atmung und des organischen Zerfalls die Biomasse der Erde innerhalb von nur 20 Jahren in CO_2 und H_2O zerlegen. Das würde den derzeitigen Sauerstoffgehalt der Atmosphäre aber nur unwesentlich absenken. Erst nach 4 Millionen Jahren, was geologisch gesehen schnell ist, hätten Verwitterungsprozesse und vulkanische Gase den restlichen freien Sauerstoff der Atmosphäre vollständig aufgebraucht. Lediglich die unentwegte Neuproduktion durch das Fotosynthese treibende Leben hält den Sauerstoffgehalt der Atmosphäre auf dem derzeitigen Niveau. Eine positive Sauerstoffbilanz in der Atmosphäre entsteht also nur, wenn der bei der Fotosynthese gebundene Kohlenstoff dem System entzogen wird und eben nicht bei der Zersetzung organischer Materie unter Verbrauch von Sauerstoff wieder als CO_2 in die Atmosphäre gerät. Die Sedimentation organischer Materie unter Sauerstoffabschluss ist in Mooren und Sümpfen gegeben, vor allem aber im Schlamm der Tiefseeböden. Der Sauerstoff, den wir heute atmen, wird im Wesentlichen vom Phytoplankton in den Ozeanen produziert und nicht, wie häufig angenommen, von den Regenwäldern dieser Welt. Das abgestorbene Phytoplankton sinkt auf den Meeresboden ab, wo es unter Sauerstoffabschluss sedimentiert und dem Kreislauf entzogen wird. Es sind die winzigen Einzeller, die in unaussprechlicher Anzahl im Oberflächenwasser der Ozeane leben, die uns den lebenswichtigen Sauerstoff zum Atmen liefern. Dass der Sauerstoffgehalt keine problematisch hohen Werte annimmt, reguliert der Planet über Waldbrände, da ein steigender Sauerstoffgehalt die Wahrscheinlichkeit für Feuer erhöht. Ein zu hoher Sauerstoffgehalt wäre für das Leben obendrein problematisch, weil er dann wegen seiner Reaktionsfreudigkeit giftig ist.

Da lebenswichtige Bausteine des Lebens, allen voran Fette, Kohlenhydrate und Proteine, allesamt an Sauerstoff untersättigt sind, oxidieren sie ohne Schutz vor dem Sauerstoff. Das frühe bakterielle Leben hatte noch keine Schutzmechanismen entwickelt, weswegen eine Urzeugung nur in einer sauerstofffreien Atmosphäre stattgefunden haben kann. Dennoch waren es die ersten Fotosynthese betreibenden Bakterien, die den ersten freien Sauerstoff als Stoffwechselprodukt, quasi als Abfall, zunächst in die Ozeane und später auch in die Atmosphäre abgaben. Allerdings dauerte es weitere 3500 Millionen Jahre, bis der Sauerstoffgehalt der Atmosphäre seinen heutigen Pegel erreichte. Dass der Sauerstoffgehalt der Atmosphäre trotz der explosionsartigen Vermehrung der überaus erfolgreichen Fotosynthese betreibenden Cyanobakterien – die es bis heute in Hülle und Fülle gibt und denen wir bereits begegnet sind – nicht schneller erfolgte, hatte zwei Gründe. Erstens lebten die frühen Cyanobakterien ausschließlich im Ozean, weshalb sie ihren produzierten Sauerstoff in die Meere abgaben. Zweitens wurde dieser hochreaktive freie Sauerstoff sofort dazu verwendet, im Meerwasser gelöstes Eisen und Schwefel zu oxidieren, woraufhin es zum Meeresboden absank und dort die massigen Lagen der Bändereisenerze bildete, die wir in Kapitel 8 betrachtet haben.

Erst dann konnte der erste freie Sauerstoff aus den Ozeanen ausgasen und in die Atmosphäre gelangen. Vor 2000 Millionen Jahren erreichte er den wichtigen Berkner-Marshall-Pegel, dessen Wert bei einem Prozent des heutigen Werts lag. Dieser Sauerstoffgehalt setzte eine Kettenreaktion in Gang, die für das weitere Leben auf der Erde entscheidend war. In der hohen Atmosphäre begann sich das erste Ozon zu bilden, wodurch die gefährliche UV-Strahlung der Sonne den Erdboden immer weniger erreichte. Das führte zu einer explosionsartigen Vermehrung des Lebens durch neu entstehende Lebensräume in den Oberflächenschichten der sonnendurchfluteten Meere, die bislang durch die UV-Belastung tödliche Regionen waren. Die Vermehrung des Lebens ließ den Sauerstoffgehalt weiter ansteigen, was wiederum die Ozonschicht anwachsen ließ. Vor etwa 1000 Millionen Jahren erreichte der Sauerstoffgehalt der Atmosphäre 10 Prozent des heutigen Werts, wodurch sich die Ozonschicht in der Stratosphäre vollends ausbilden konnte. Damit gab die Ozonschicht, deren Bildung vom Leben selbst initiiert wurde, den Weg frei für die allmähliche Besiedelung des Landes. Als der Sauerstoffgehalt 15 Prozent des heutigen Werts erreichte, waren theoretisch erstmals Feuer möglich, allerdings gab es zu dieser Zeit noch keine Pflanzen, die hätten brennen können.

Seit der Entstehung des Lebens vor etwa 4000 Millionen Jahren sind die Bakterien die uneingeschränkten Herrscher über den Planeten. Erst als vor etwa 500 Millionen Jahren die ersten krabbelnden Tiere am Meeresboden entstanden, mussten sie ihre beherrschende Stellung mit ihnen teilen. Im Silur, weitere 100 Millionen Jahre später, gelang dann den Pflanzen die Besiedelung des Festlands und ihnen folgten später die ersten Tiere nach. Im Karbon, vor etwa 325 Millionen Jahren, überstieg der Sauerstoffgehalt sogar den heutigen Wert, was das Riesenwachstum dieser Zeit erklärt. Ausgedehnte Schachtelhalmwälder wuchsen in sumpfigen Landschaften, die von riesigen Insekten durchstreift und durchflogen wurden. Es sind diese urzeitlichen Landschaften, die uns die Kohlevorkommen hinterlassen haben. Viele der fossilen Bäume zeigen auffällige Brandspuren, was darauf schließen lässt, dass der hohe Sauerstoffgehalt tatsächlich mehr Brände als heute verursachte. Die Wälder gaben große Mengen an Sauerstoff in die Atmosphäre ab und entnahmen ihr gleichzeitig erhebliche Mengen an Kohlenstoff, die bei der Sedimentation in den Sümpfen unter Luftabschluss nicht verrotteten, sondern langfristig dem Kohlenstoffkreislauf entzogen wurden. Dadurch führte das Sauerstoffmaximum zu einem Kohlendioxidminimum in der Atmosphäre. Vor etwa 230 Millionen Jahren sank der Sauerstoffgehalt wieder, während der Kohlendioxidgehalt anstieg, denn zu dieser Zeit begann langsam der Zerfall des Superkontinents Pangäa, wodurch unzählige Vulkane entlang der Risszonen Kohlendioxid in die Atmosphäre injizierten. In den neu entstehenden Küstenlandschaften lief der Wasserkreislauf verstärkt an, was die Gesteinsverwitterung beschleunigte und der Atmosphäre das Kohlendioxid wieder entzog. Der Wasserkreislauf belebte aber auch die Vegetation, die nun wiederum mehr Sauerstoff produzierte. Hinzu kam der tektonische Mechanismus, der das Ozeanvolumen steuerte, denn die jungen mittelozeanischen Rücken verdrängten enorme Wassermassen, wodurch der Meeresspiegel erheblich anstieg. Im umgekehrten Fall der Phasen tektonischer

Ruhe, wie wir sie derzeit erleben, ist der Meeresspiegel verhältnismäßig niedrig, was ozeanische Sedimente, die auf dem Schelf der Kontinente zu Zeiten des hohen Meeresspiegels abgelagert wurden, der Luft zugänglich macht. Dadurch können sie oxidieren, was den Sauerstoffgehalt der Atmosphäre sinken lässt. Diese natürlichen Regelkreise aus Gestein, Wasser und dem Leben bestimmen, wie die Atmosphäre zusammengesetzt ist. Heute hat sich der atmosphärische Sauerstoffgehalt auf 20,95 Prozent eingependelt, aber es ist ein dynamischer Wert, der sich weiterhin verändern wird, wenn sich das Gleichgewicht erneut verändert. Unsere menschliche Aktivität hat den Sauerstoffgehalt absinken lassen – für uns allerdings unmerklich. Dafür ist der CO_2-Gehalt durch die Verbrennung fossiler Kohlenstoffe deutlich merkbar angestiegen.

Die Veränderung des Klimas verläuft aber nicht immer graduell und voraussehbar. Veränderungen stehen immer in Wechselbeziehung mit den Bestandteilen des Erdsystems. Diese reagieren auf die Änderung mit ganz eigener Geschwindigkeit und eigenem Ausmaß. Werden ein oder mehrere der Bestandteile mit der Zeit zu stark aus dem Gleichgewicht gebracht, kann das System abrupt in einen neuen Gleichgewichtszustand kippen, und das geschieht häufig unwiderruflich. Diese Kippschalter im Erdsystem werden in der Wissenschaft »tipping points« genannt. Tippingpoints hatten in der Erdgeschichte schon des Öfteren drastische Auswirkungen auf die Lebewesen. Der Asteroid, der den Dinosauriern den Garaus machte, war ein solcher Tippingpoint. Nach den Dinosauriern war der neue Gleichgewichtszustand der Aufstieg der Säugetiere. Allerdings kann auch eine zu starke Veränderung des Golfstroms das System über einen solchen Tippingpoint schieben.

Neu im System Erde ist die Klimaveränderung durch die Menschheit. Man kann sie eine erdinterne Veränderung nennen, weil wir schließlich Bestandteil der Biosphäre sind. Man kann sie aber auch durchaus eine externe Veränderung nennen, da wir uns nicht mehr in Symbiose mit unserem Planeten befinden. In der Praxis herauszufinden, was passiert, wenn die Menschheit das Klimasystem und damit seine Ökosysteme über einen Tippingpoint im Erdsystem schiebt, ist ein gefährliches Experiment mit unbekanntem Ausgang.

ICE AGE

Eiszeiten sind äußerst seltene Ereignisse in der Erdgeschichte. Es gab bislang zehn große Phasen, die nur etwa 5 bis 10 Prozent der Erdgeschichte umspannen. Das sind die modernen Eiszeitzyklen, in denen wir uns seit den letzten 15 Millionen Jahren befinden, die vier Eiszeiten im Paläoproterozoikum vor 2250 bis 3000 Millionen Jahren sowie die beiden Gondwanavereisungen. Sie alle unterscheiden sich gravierend von den drei Schneeball-Erde-Vereisungen, denn ihre Ausdehnungen waren immer regional begrenzt und betrafen nur die Teile der Kontinente, die durch die Plattentektonik in polare Regionen drifteten. Heute sind das die Antarktis und Grönland, aber auch die nördlichen Landmassen von Nordamerika, Sibirien und Skandinavien.

Im Paläozoikum vereiste der Südkontinent Gondwana mehrmals im Zeitraum vor 450 und 400 sowie vor 350 und 250 Millionen Jahren. Die stärksten Vereisungen fanden im späten Ordovizium vor 440 Millionen Jahren sowie im ausgehenden Karbon und beginnenden Perm vor etwa 300 Millionen Jahren statt. Mit dem Beginn des Mesozoikums, dem Zeitalter der Dinosaurier, das die Trias, den Jura und die Kreide umfasst, wurde das Klima deutlich wärmer. Erst im mittleren Tertiär, vor etwa 30 bis 40 Millionen Jahren, setzte ein deutlicher Abkühlungstrend ein. Der initiale Auslöser war wiederum die Plattentektonik, denn es öffnete sich die Drake-Passage, bei der sich die Antarktis von Südamerika abtrennte. Im selben Zeitraum trennte sich die Antarktis auch von Australien. Beide Ereignisse veränderten die Meeresströmungen auf der Südhalbkugel nachhaltig bis zum heutigen Tag. Fortan lagen dem Südlichen Ozean keine Kontinente mehr im Weg, und es konnte sich ein zirkumpolarer Meeresstrom ausbilden, dessen kaltes Wasser die Antarktis am Südpol vom Rest der Welt isolierte. Mit der thermischen Isolation und der Lage der Antarktis über dem Südpol ging deren Vereisung einher. Da die plattentektonischen Bewegungen mit etwa 3 Zentimetern pro Jahr selbst im Zeitmaßstab des Planeten langsam ablaufen, benötigte die vollständige Öffnung des Südlichen Ozeans sehr viel Zeit, sodass die Vereisung der Antarktis erst vor 15 bis 12 Millionen Jahren einsetzte. In der Folge nahm der

CO_2-Gehalt der Atmosphäre um 40 Prozent ab, die Temperaturen der Ozeane fielen um etwa 5 °C und der Meeresspiegel sank durch die vereisende Antarktis um 30 Meter. Das hatte Folgen für den ganzen Planeten.

Interessanterweise passierte nämlich vor etwa 3 Millionen Jahren etwas ganz Ähnliches auf der Nordhalbkugel, nur dass sich dort eine Landverbindung schloss, anstatt aufzubrechen. Mit der Herausbildung des Panama-Isthmus, der schmalen Landverbindung zwischen Nord- und Südamerika, wurde die verbindende Meeresströmung zwischen dem Pazifik und dem Atlantik gekappt. Das hatte ebenfalls weitreichende Folgen, denn die sich neu einstellenden Strömungsverhältnisse schufen den Golfstrom, dessen Weg wir eben gefolgt sind. Das warme Wasser, das er transportiert, erlaubt eine hohe Verdunstungsrate in die kühle Atmosphäre. Die Folge davon ist eine hohe Niederschlagsrate, die in der polaren Region als Schnee fällt. Mit diesen neuen Strömungsverhältnissen, dem weiter sinkenden CO_2-Gehalt der Atmosphäre und dem sinkenden Meeresspiegel wuchs die Schneedecke in Skandinavien und Grönland rasch an, woraufhin sich erste Gletscher bildeten, die sich untereinander zu einem Eisstromnetz verbanden und schließlich den Kontinent unter sich begruben. In zyklischen Rhythmen entstanden auf diese Weise vor etwa 2,7 Millionen Jahren die Eiszeiten des Pleistozäns. Ihre vier großen Phasen, die Glaziale, dauerten jeweils zwischen 100 000 und 200 000 Jahre und die Zwischenwarmzeiten, die Interglaziale, jeweils 200 000 bis 400 000 Jahre. Heute befinden wir uns in einer solchen Zwischenwarmzeit einer Eiszeit, wobei wir das Klima der Erde durch unseren CO_2-Ausstoß aus dem Eiszeitrhythmus herauskatapultieren.

Der Auslösemechanismus für die modernen Eiszeiten hat neben der Plattentektonik, den sich verändernden Meeresströmungen und der Kopplung zwischen dem Wasser- und dem Kohlenstoffkreislauf weitere gewichtige Antriebe. Sie sind im Weltraum zu suchen und werden nach ihrem Entdecker Milanković-Zyklen genannt. Es sind die Erdbahnparameter beim Umlauf um die Sonne, die Eiszeiten begünstigen, wenn die Bedingungen auf der Erde dafür gegeben sind. Das zeigt wieder einmal, wie komplex das System Erde ist. Ausgelöst wird der kosmische Einfluss auf die irdischen Eiszeiten durch die Gravitationsfelder der

Sonne sowie der Planeten Jupiter und Saturn. Bei den Milanković-Zyklen sind es allen voran die Abstandsabweichungen vom kreisförmigen Umlauf der Erde um die Sonne. Ob diese Bahn eher ein Kreis oder eine leichte Ellipse ist, bestimmt die sogenannte Exzentrizität, die einem etwa 100 000 Jahre dauernden Zyklus folgt. Dieser Bewegung ist die Neigung der Erdachse gegenüber der Erdbahn überlagert. Die Ekliptik liegt derzeit bei 23,4 Grad und schwankt in einem 41 000-Jahre-Zyklus zwischen 21,5 und 24,5 Grad; diese Schwankung wird Nutation genannt. Dass diese Werte nicht stärker schwanken, liegt an der stabilisierenden Wirkung des Mondes. Ohne ihn wäre das Klima der Erde chaotisch und das Leben hätte es schwer, dauerhaft Fuß zu fassen. Schließlich kommt noch die Präzessionsbewegung hinzu, die einem 26 000-Jahre-Zyklus folgt. Sie führt dazu, dass die Erde eine zusätzliche Taumelbewegung um ihre Drehachse vollführt, die die Intensität der Jahreszeiten steuert. Der Grund für das Taumeln liegt in der Form der Erde, die bei Weitem keine perfekte Kugel ist, sondern viel eher ein Geoid. Durch die Rotation um die eigene Achse weist die Erde am Äquator einen Wulst auf, während die Polarregionen abgeplattet sind. Das führt zu einem Unterschied im Durchmesser der Erde zwischen der Pol-zu-Pol-Achse und der Äquatorialachse von 42 Kilometern. Zudem ist das Schwerefeld im Inneren der Erde durch die dreidimensionale plattentektonische Struktur sehr ungleich verteilt. Überlagern sich die drei Milanković-Zyklen der Exzentrizität, Präzession und Nutation zu einem Minimum der Sonneneinstrahlung, sind die Bedingungen für eine Eiszeit gegeben, wenn die irdischen Voraussetzungen dies ebenfalls ermöglichen. Die Nordhalbkugel befindet sich dann im Sommer am sonnenfernsten Punkt der Erdbahn, dem Aphel. Mit der Neigung der Erdachse an ihrem kleinsten Wert führt das zu einem Defizit an Wärmeeinstrahlung auf der Nordhalbkugel und begünstigt eine Eiszeit. Nehmen die astronomischen Parameter das jeweils andere Extrem an, so liegt die Nordhalbkugel im Sommer am sonnennächsten Punkt, dem Perihel, und folglich sind die Voraussetzungen für eine Warmzeit gegeben. Derzeit befindet sich die Erde jedoch im Winter der Nordhalbkugel in Sonnennähe, weswegen wir uns in einer Zwischenwarmzeit eines Eiszeitzyklus befinden.

Darüber hinaus gibt es noch geringe Schwankungen in der Leuchtkraft der Sonne mit Perioden von 11, 22 und 80 Jahren. Deren geringerer Einfluss auf das Klima könnte jedoch ausgereicht haben, um die Kleine Eiszeit zwischen 1350 und 1850 verursacht zu haben, die den Gletscherhöchststand in den Alpen verursachte.

In der Antarktis hat sich aufgrund der Isolation des Kontinents am Südpol mit der ringförmigen Meeresströmung des Südlichen Ozeans ein faszinierendes Klimaarchiv aus Eis gebildet, aus dem sich viel detailliertes Wissen über die Eiszeiten ableiten lässt. Unter dem 3 bis 4 Kilometer dicken Eisschild befinden sich mehr als 370 subglaziale Seen. Der größte von ihnen ist der Wostoksee mit 250 Kilometer Länge und 50 Kilometer Breite. Dieses riesige Süßwasserreservoir liegt 3700 bis 4100 Meter tief unter dem Eis, und der See selbst ist bis zu 1200 Meter tief. Trotz seiner Wassertemperatur von −3 °C ist der See nicht gefroren. Zum einen verhindert das der enorme Auflastdruck des Eises, zum anderen liefert die Geothermie des vulkanischen Untergrundes der Antarktis Wärme. Das beweist auch der seit 1972 permanent aktive Vulkan Mount Erebus im Südpolarmeer, denn er besitzt auf seinem Gipfel einen ständig aktiven Lavasee. Nordöstlich dieses Vulkans liegt der Wostoksee in der Nähe des antarktischen Zentrums und damit in der Nähe der kontinentalen Eisscheide. Diese Eisscheide funktioniert ganz so wie die Wasserscheiden der Gebirge, indem sie bestimmt, in welches Eisstromsystem eine gefallene oder verwehte Schneeflocke eingelagert wird, und damit, welchem Ozean sie, eingeschlossen in den Inlandgletschern, einmal zugeführt wird.

Das Eis am Dach des Wostoksees ist bis zu 420 000 Jahre alt und damit ein wertvolles Klimaarchiv, denn das Eis verjüngt sich Jahresschicht für Jahresschicht bis zur Oberfläche, wo der frisch gefallene Schnee liegt, der sich noch nicht zu Eis umgeformt hat. Das Eis oberhalb des Sees ist voller Spuren von Leben, vor allem von Bakterien und Pilzen. In der Nähe des Sees wurde der über 3 Kilometer lange Dome-C-Eisbohrkern gewonnen, dessen Klimaarchiv sogar 800 000 Jahre umfasst und in dem acht vollständige Eis- und Warmzeitzyklen gespeichert sind.

Mithilfe der vielen Jahresschichten des Eises lässt sich das Klima dieses Zeitraumes rekonstruieren. Dafür werden die im Eis eingeschlossenen Luftbläschen und das Eis selbst analysiert. Daraus kann die Zusammensetzung der Gase der Atmosphäre zur Zeit ihrer Bildung bestimmt werden. In ihnen eingeschlossen ist auch der buchstäblich eingefrorene Kohlendioxid- und Sauerstoffgehalt der Atmosphäre. Aber auch das zu Eis erstarrte Wasser liefert wichtige Informationen, da in jedem H_2O-Molekül ein Sauerstoffatom steckt. Zusätzlich befinden sich atmosphärische Aerosole im Eis, deren Anteile bestimmt werden können. Dadurch können auch große vulkanische Eruptionen präzise datiert und untersucht werden, denn die globale Verteilung der Aschepartikel in der hohen Atmosphäre trägt sie auch bis in die Eisschilde. Besonders gut kann man die Lagen der Vulkanasche im tiefblauen Eis der Gletschergrotten Islands bewundern (Abb. S. 306–308).

Das Prinzip, wie aus dem Eis des Bohrkerns die Temperatur rekonstruiert wird, basiert auf den verschiedenen Isotopen des Sauerstoffs. Isotope sind, wie wir im ersten Kapitel gesehen haben, die Varianten eines Elements mit verschieden vielen Neutronen im Atomkern. Damit sind sie verschieden schwer, und das hat gravierende Folgen beim Wasserkreislauf. Genutzt werden die beiden Sauerstoffisotope O_{16} und O_{18}, also Sauerstoffatome mit 16 beziehungsweise 18 Kernbausteinen. O_{16} besitzt 8 Protonen und 8 Neutronen, während O_{18} 8 Protonen und 10 Neutronen aufweist. Damit ist offensichtlich, dass O_{18} schwerer ist als O_{16}. Stattliche 99,8 Prozent der Sauerstoffatome gehören zu O_{16}, während O_{18} ein echter Exot ist und nur zu 0,2 Prozent in der Natur vorkommt. Doch diese winzige Menge an O_{18} genügt, um das Verhältnis der beiden Isotope detailliert zu untersuchen, indem man ihre Mengenverhältnisse im Eis durcheinander teilt. Der Trick ist, dass schweres Wasser, also H_2O mit einem Sauerstoffatom aus O_{18}, weniger bereitwillig aus dem Ozean in die Atmosphäre verdunstet als sein leichteres Isotop O_{16}. Sinkt die Lufttemperatur infolge einer Eiszeit ab, verstärkt sich dieser Effekt nochmals, da weniger Energie für die Verdunstung von Meereswasser zur Verfügung steht und insgesamt auch weniger Wasser verdunstet. Während der Eiszeiten reichert sich daher schweres Wasser im Ozean an, wohingegen leichtes Wasser bevorzugt über den Eisschilden vom Himmel schneit. Das Verhältnis der Isotope bietet Aufschluss über die Temperatur bei der Bildung des Eises. In den Ozeansedimenten kann man diese Methode gegenprüfen, denn während die

Meeressedimente in den Eiszeiten an O_{16} verarmen, reichert es sich in den Eisschilden an. Gletscher- und Meeressedimentarchive zeichnen ein konsistentes Bild von den Eiszeitzyklen. Spannenderweise fiel der CO_2-Gehalt während der Kaltphasen nie unter 0,017 Prozent und erreichte in den Warmzeiten nie mehr als 0,028 Prozent. Die Rekonstruktionen zeigen, dass es in den Kaltzeiten im Vergleich zur vorindustriellen Zeit bis zu 8 °C kälter war, der Niederschlag aufgrund der niedrigen Temperaturen um 50 Prozent reduziert war und der Meeresspiegel um bis zu 120 Meter tiefer lag als heute. In den Warmzeiten war es bis zu 3 °C wärmer als heute, bezogen ebenfalls auf das vorindustrielle Zeitalter.

Diese Temperaturschwankungen ereigneten sich über sehr lange Zeiträume von bis zu 100 000 Jahren hinweg und wurden neben den CO_2-Veränderungen der Atmosphäre vor allem durch die sich ändernden Meeresströmungen und die Milanković-Zyklen verursacht. Durch die enormen an Land zwischengespeicherten Eismengen lagen große Areale der kontinentalen Schelfe frei. Die heutige Meerenge zwischen Sibirien und Alaska, die Beringstraße, war eine Landbrücke, über die Tiere und Menschen hinwegwandern konnten. In der heutigen Nordsee weideten Mammuts, während die Ostsee von den Eisströmen Skandinaviens bedeckt war, die bis nach Hamburg und Berlin reichten. Welche Prozesse den CO_2-Gehalt der Atmosphäre innerhalb dieser engen Schranken hielt, ist Gegenstand aktueller Forschung. Möglicherweise sind auch hier die Ozeane die großen Regulatoren im System, denn kälteres Wasser bindet mehr CO_2, womit der Ozean in Kaltzeiten eine atmosphärische Senke für das Gas ist. Zudem ist die marine Bioproduktivität in kaltem Wasser deutlich erhöht und das Zooplankton speichert jede Menge CO_2 in seinen Kalkschalen. Auch heute ist die größte marine Biodiversität in den kalten Gewässern der sommerlichen Polargebiete anzutreffen. Die großen Meeresbewohner folgen diesem durch das Jahr hindurch variierenden Nahrungsangebot, weswegen Wale sozusagen die Zugvögel der Meere sind. Die Eisbohrkerne spiegeln die Milanković-Zyklen der Erdbahnparameter wider, aber es gibt auch Abweichungen davon. Das liegt daran, dass die irdischen Kontrollparameter Plattentektonik, Meeresströmungen, Wasserkreislauf, Kohlenstoffkreislauf und Bioaktivität in enger Wechselwirkung an den Kalt- und Warmzeiten mitwirken.

Das wertvolle Klimaarchiv der Eisbohrkerne erlaubt es ebenfalls, die vergangenen natürlichen Klimaschwankungen der Kalt- und Warmzeiten der letzten Eiszeitzyklen in Bezug zu den menschlichen Aktivitäten zu setzen. Das gilt insbesondere für die Zusammensetzung der Atmosphäre und damit auch für deren wichtigsten Kontrollparameter, ihren CO_2-Gehalt. Auf diese Weise haben wir ein klares und deutliches Bild davon gewonnen, in welcher Rekordzeit und in welch erschreckendem Umfang wir den menschgemachten Klimawandel angestoßen haben.

UND DANN KAM DER MENSCH

Zum Klimawandel habe ich weitere 100 Buchseiten verfasst und mich dann dazu entschlossen, sie hier nur in aller Kürze zusammenzufassen. Ansonsten käme ich zu sehr von meiner Zielsetzung ab, einen liebevollen Blick auf unseren Planeten zu werfen. Statt mit einer düsteren Endzeitstimmung zu schließen, möchte ich dafür werben, dass wir uns dem Wohl unserer Umwelt zuwenden. Wir alle wissen, wie es um unsere Erde und ihre Ökosysteme steht.

Wir sind im Anthropozän angekommen. Es ist das Zeitalter, in dem der Mensch begann, sich die gesamte Erde untertan zu machen. Mit unserem Aufstieg begann der Abstieg der Natur. Spätestens seit der industriellen Revolution im 19. Jahrhundert verändert die Technosphäre unserer Erfindungen den Planeten grundlegend, und das mit erschreckender Geschwindigkeit. Es ist das Zeitalter radikaler Ausbeutung und rücksichtsloser Zerstörung der Erde und ihrer Lebensräume. Der Mensch hat die Symbiose mit dem Planeten verlassen und ist von dem Irrglauben befallen, sich über die Natur erheben zu können. Die Ausbeutung der Rohstoffvorkommen, die Zerstörung der Ökosysteme, die abnehmende Biodiversität und der von uns angestoßene Klimawandel mitsamt seinen Extremereignissen sind untrennbar miteinander verwoben.

Ich habe durch das Buch hinweg aufgezeigt, wie unsere Erde funktioniert, wie komplex ihre Bestandteile in Raum und Zeit ineinander verzahnt sind und wie fragil sie voneinander abhängen. Mit diesem Wissen wird überdeutlich, dass der Weg, den wir als Menschheit eingeschlagen haben, in eine Sackgasse führt. Seit der industriellen Revolution um 1850 sind gerade einmal 170 Jahre vergangen. Für den Planeten ist das kürzer als ein Wimpernschlag, weswegen unser Handeln für die Erde, ihre Biotope und Ökosysteme so abrupt geschieht. Eine Anpassung der belebten Welt ist bei so rasanten Veränderungen schlicht nicht mehr möglich. Ein Vergleich ist zutiefst erschreckend: Für das Ökosystem Erde passierte der kosmische Einschlag, der vor 65 Millionen Jahren die Dinosaurier dahinraffte, ganz ähnlich abrupt wie der von uns angestoßene Klimawandel. Wir alle wissen, was in der Folge mit den Dinosauriern und ihren Ökosystemen geschah: Sie verschwanden für immer und wurden durch vollkommen neue Ökosysteme ersetzt. Für die Dinosaurier war es kosmisches Pech. Wir dagegen handeln in vollem Bewusstsein gegen unseren eigenen Planeten. Wir befinden uns bereits inmitten einer solchen grundlegenden Veränderung. Jeden Tag sterben geschätzt etwa 150 Tier- und Pflanzenarten aus – alle 10 Minuten eine. Wir ahnen noch nicht einmal, wie schlimm das ist. Die Aussterberate liegt derzeit tausend- bis zehntausendmal über der natürlichen Rate. Gleichzeitig machen wir es uns in unseren Städten aus Beton und Technik gemütlich, als ginge uns all das nichts an. Es ist hauptsächlich die Geschwindigkeit, mit der wir den Klimawandel und den Eingriff in das Erdsystem vorgenommen haben, die es so gefährlich macht. Dabei wissen wir längst, wie hochgradig wir von intakten Ökosystemen abhängig sind, und es geht dabei schon lange nicht mehr nur um Bienen, Regenwälder und Korallenriffe. Evolution und Aussterben sind seit jeher eng miteinander verwoben, allerdings macht es einen Unterschied, ob es auf natürlichem Wege oder durch den Egoismus einer einzelnen Spezies, uns Menschen, ausgelöst wird.

Der menschgemachte Klimawandel lässt keine einfachen »Wenn wir A machen, passiert B«-Kausalitäten erkennen. So funktioniert die Erde einfach nicht. Aus diesem Grund gibt es auch keine einfachen Antworten auf komplexe Fragen. Genau deswegen fällt es uns auch so schwer zu erkennen, was wir da eigentlich anrichten. Ein trauriges Beispiel dafür ist die Flutkatastrophe vom Juli 2021. Sie kostete in Deutschland 184 Menschen das Leben und verursachte Schäden in Höhe von mehr als 33 Milliarden Euro. Sie ist aber auch ein mahnendes Beispiel, denn der Klimawandel ist ein gefährlicher Wetterverstärker. Schauen wir uns einmal diese Kausalität an. Mehr Kohlendioxid (A) bedeutet globale Erwärmung (B), daraus folgt schmelzendes arktisches Meereis (C), was die Temperaturunterschiede zwischen dem Äquator und der Arktis abschwächt (D). Dadurch verlagern sich die Tiefdruckgebiete nordwärts (E) und das antreibende Wellenmuster des Jetstreams greift immer stärker nach Norden und Süden aus (F). Es häufen sich sogar die Lagen, in denen die Strömung blockiert und stehen bleibt (G). Dadurch bekommen wir öfter lang anhaltend gleichbleibendes Wetter, und Dürren wechseln mit Starkregenereignissen ab (H). Wenn sich im blockierenden Jetstream ein eingelagertes Tief nicht mehr bewegt und sich an Ort und Stelle abregnet, kommt es zur Flutkatastrophe (I). Die Antwort der Natur auf »Wir machen A« ist im genannten Beispiel also nicht B, sondern I. Natürlich haben wir mit der Antwort I nicht gerechnet, und schon gar nicht damit, dass es uns vor unserer eigenen Haustür die Häuser davonspült und unsere Mitmenschen das Leben kostet. Auch das Ozonloch gehört zu diesen Beispielen. Zunächst hätte sich bei der Verwendung der vermeintlich harmlosen FCKW niemand vorstellen können, dass die Atmosphäre darauf über der Antarktis und der Arktis mit der Zerstörung der lebenswichtigen Ozonschicht reagiert.

Die letzten vier Dekaden waren zunehmend die wärmsten, und 2021 war das elfte Jahr in Folge, das zu warm ausfiel. Das Jahr 2022 begann in Deutschland schon mit erneuten Temperaturrekorden von bis zu 17 °C und im Februar fiel das Dreifache der üblichen Regenmenge vom Himmel. Nach drei direkt aufeinanderfolgenden Stürmen kam eine lang anhaltende Trockenperiode, die sich über den gesamten Sommer hinweg ausdehnte. Zusätzlich zu zahlreichen Waldbränden im eigenen Land, traf es die Alpen hart. Unterdurchschnittliche Schneemengen im Winter und wiederholte Ablagerungen von Saharastaub kombinierten sich mit einer anhaltenden Hitzewelle seit Mai. Der Schnee schmolz bereits im Mai weg und legte den dunklen Saharastaub auf den Gletscheroberflächen frei. Dessen Erwärmung in der Sonne schmolz das Gletschereis im Rekordtempo. Bei blauem Himmel führten die Bäche Hochwasser und Stauseen liefen über. Gleichzeitig führten die großen Flüsse nördlich und südlich der Alpen Rekordniedrigwasser, da der flächige Regen ausblieb. Die 0-°C-Linie der Lufttemperatur stieg auf Rekordwerte von 5200 Meter Höhe an, und es taute auf den allerhöchsten Bergspitzen, was die Steinschlaggefahr enorm erhöhte. Die durch Naturkatastrophen bedingten Schadenssummen beliefen sich im Jahr 2021 weltweit auf 280 Milliarden Dollar. Dieser Wert lag um 70 Milliarden Dollar über dem Wert des Vorjahres – eine Steigerung von über 30 Prozent. Dies verdeutlicht die Dringlichkeit, endlich vorzubeugen, um künftige Verluste zu minimieren. Wenn wir pausenlos nur mit dem Reagieren und Reparieren beschäftigt sind, bleibt irgendwann weder Zeit noch Geld übrig, um vorbeugend zu agieren.

Seit Mitte des 19. Jahrhunderts ist der CO_2-Gehalt der Atmosphäre um 47 Prozent gestiegen. Wir haben damit den CO_2-Gehalt innerhalb von nur gut 170 Jahren stärker angehoben, als es das Erdsystem innerhalb der letzten 2 Millionen Jahre auf natürlichem Wege vermochte. 170 Jahre stehen 2 000 000 Jahren gegenüber. Das Problem ist nicht allein die Menge des von uns freigesetzten Kohlendioxids, sondern vor allem die Geschwindigkeit, mit der wir es freisetzen.

Das große Problem am Kohlendioxid ist, dass jedes von uns emittierte CO_2-Molekül statistisch für mindestens 100 Jahre in der Atmosphäre verbleibt und dort als Treibhausgas seine Wirkung entfaltet. Erst dann ist es auf natürlichem Wege dem Kreislauf wieder weitgehend entzogen. Diese enorme Verweildauer des Kohlendioxids entspricht ungefähr fünf Generationen. Im Klartext bedeutet das: Selbst wenn wir ab sofort kein zusätzliches CO_2 mehr freisetzen würden – was utopisch ist –, würden unsere Nachfahren erst im Jahr 2122 erheblich davon profitieren. Das bedeutet aber auch, dass jedes CO_2-Molekül, das wir heute freisetzen, zu all dem CO_2 der letzten 100 Jahre in der Luft dazukommt. Das Tempo der Freisetzung und die Langlebigkeit des Kohlendioxids in der Atmosphäre summieren sich zu dem großen Problem, vor dem wir stehen. Wenn wir uns bemühen, ab dem Jahr 2030 oder 2045 klimaneutral zu agieren, muss uns klar sein, dass wir die bis dahin akkumulierte Belastung der Atmosphäre bis ins Jahr 2130 oder 2145 zu verantworten haben.

Derzeit addieren wir zum natürlichen Treibhauseffekt eine von uns erzeugte mittlere Erwärmung des Planeten um +1,1 °C. Während sich die oberen 700 Meter der Ozeane um +0,9 °C erwärmt haben, liegt bei den Landflächen der Wert mit +1,6 °C deutlich höher. Die Alpenregion erwärmt sich sogar noch etwas stärker und die Arktis kommt auf drei- bis viermal so hohe Werte im Vergleich zum Rest der Welt. Deswegen hat das arktische Meereisminimum im Herbst bereits um 40 Prozent abgenommen, und schon 2040 könnte die Arktis im Sommer erstmals eisfrei sein. Die ansteigenden Temperaturen bewirken einen Anstieg des Meeresspiegels, da wärmeres Wasser sich ausdehnt, weltweit die Gletscher schmelzen und sogar das Inlandeis der Polargebiete bereits betroffen ist. Hinzu kommt ein vermehrter Landabfluss im hohen Norden durch die tauenden Permafrostböden. Der Gletscherschwund ist zum globalen Fieberthermometer der Erde geworden. Noch im Jahr 1991 konnte ich meine Hände ehrfurchtsvoll über das tiefblaue Eis zahlreicher Alpengletscher gleiten lassen – heute sind sie allesamt verschwunden. Es bricht mir das Herz, dies innerhalb meiner eigenen Lebensspanne erleben zu müssen.

Der Ausstieg aus der Nutzung fossiler Energieträger und die Erschließung und nachhaltige Nutzung regenerativer Energiequellen ist mindestens genauso wichtig wie die Erkenntnis, dass jeder und jede Einzelne von uns Entscheidungsträger in diesem Prozess ist. Wir schaffen die Klimawende nur, wenn alle Erdenbürger überzeugt davon sind, dabei mitzumachen. Weder Gesetze noch Verbote, weder Anreize noch Steuern werden das Problem allein lösen können. Wir alle müssen unser eigenes kleines Puzzlestück zur Lösung des Problems beisteuern. Wir müssen lernen, dass Klimaschutz Spaß bringt und es Freude macht, etwas Gutes für unseren Planeten zu tun. Dabei ist es vollkommen gleich, wie groß dieser Beitrag ausfällt. Denn jede tägliche Tat, ob klein oder groß, summiert sich bei uns Milliarden von Menschen zu Größerem, als Politiker und Industrie es je leisten könnten. Dadurch wächst der Druck auf unsere Repräsentanten enorm, und das erhöht die Wahrscheinlichkeit, dass die notwendigen Beschlüsse gefasst und auch umgesetzt werden.

Wir müssen nur aus eigenem Antrieb und innerer Erkenntnis heraus wollen.

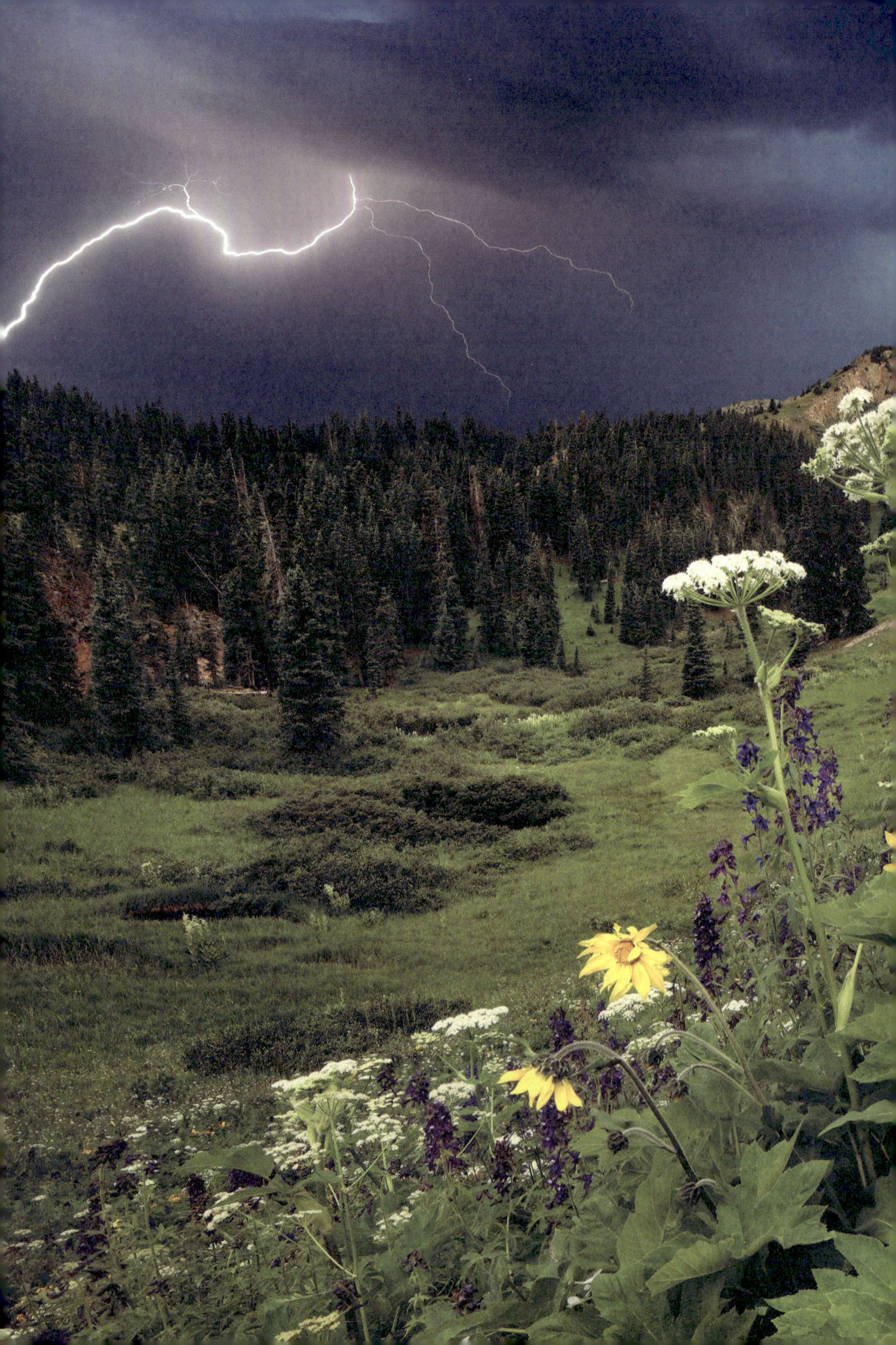

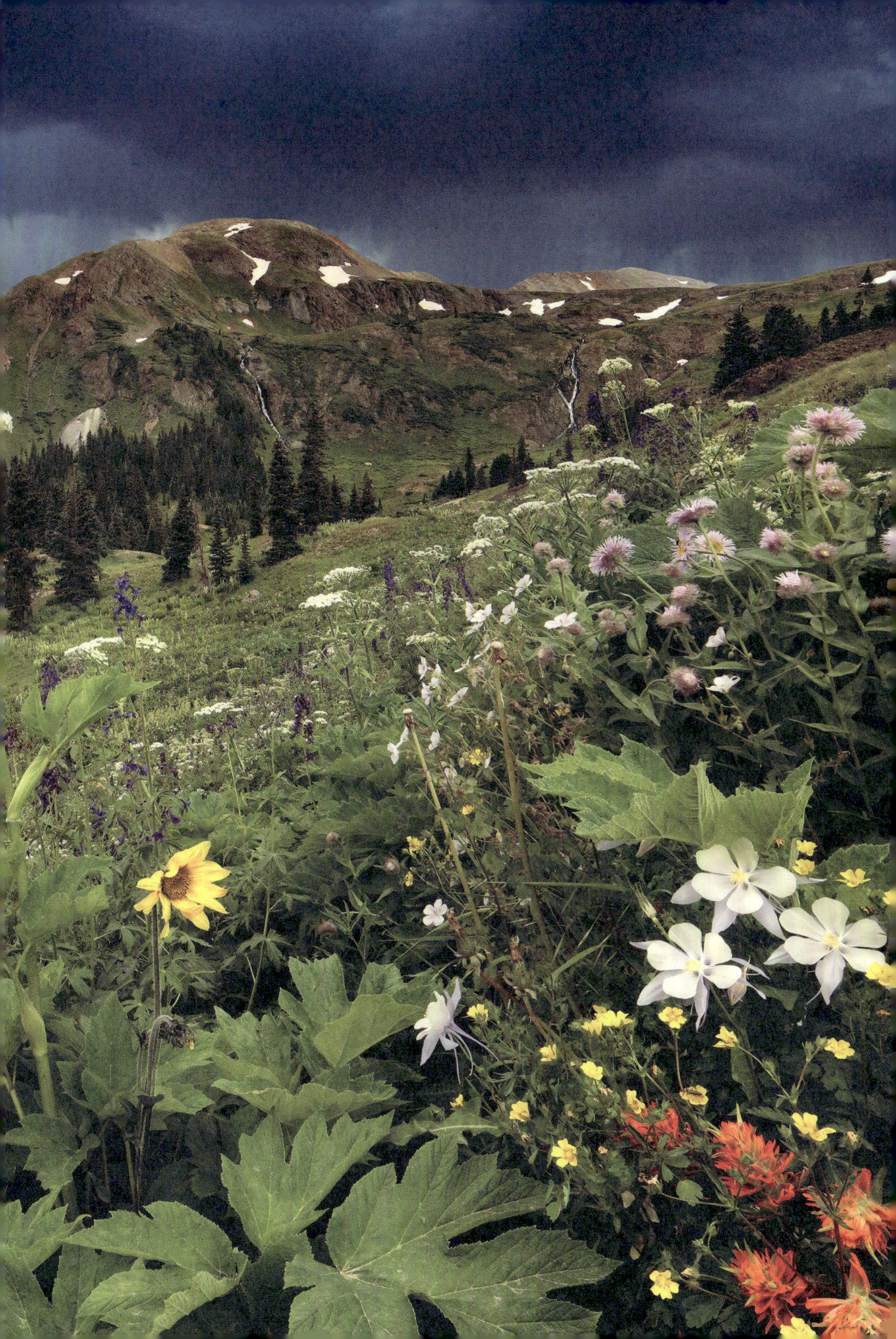

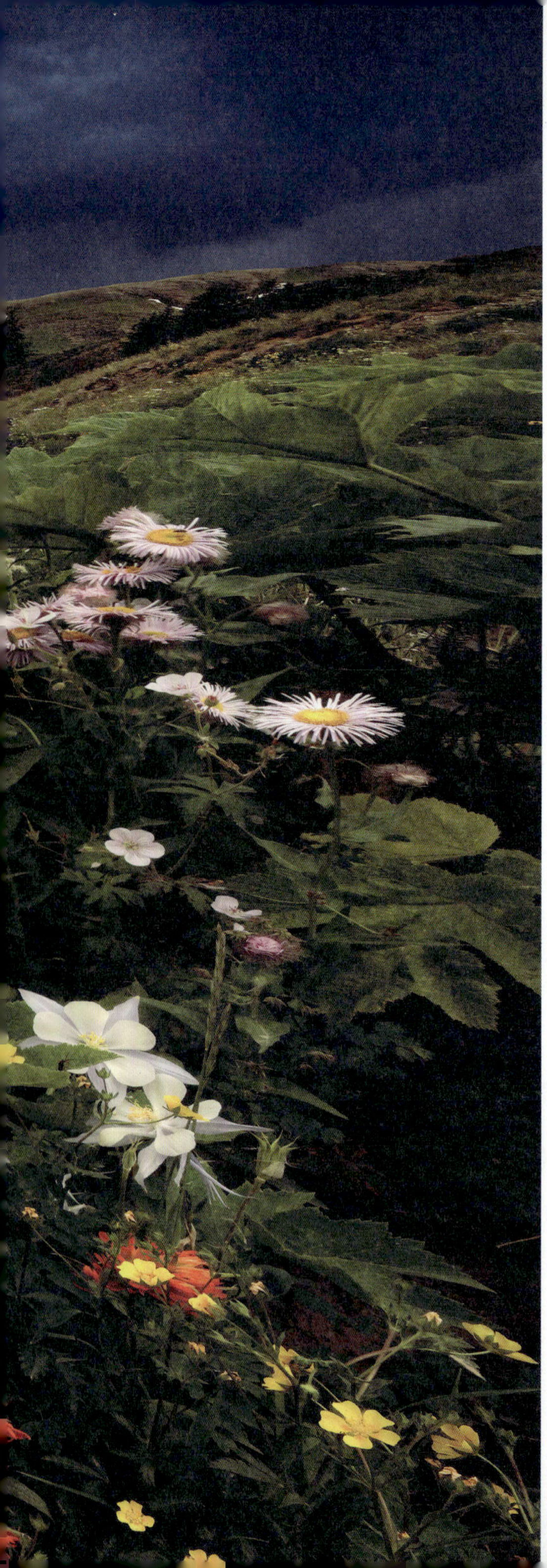

EPILOG
WESHALB WIR DIE ERDE LIEBEN SOLLTEN

»

Die gefährlichste aller Weltanschauungen ist die der Leute, welche die Welt nie angeschaut haben.
Alexander von Humboldt

Probleme kann man niemals mit derselben Denkweise lösen, durch die sie entstanden sind.
Albert Einstein

Ich habe gelernt, dass man nie zu klein dafür ist, einen Unterschied zu machen.
Greta Thunberg

Dinge erscheinen unmöglich. Bis man sie tut.
Nelson Mandela

EPILOG | WESHALB WIR DIE ERDE LIEBEN SOLLTEN

Vom Glück überrannt. Ein sommerliches Monsungewitter taucht die üppige Farbenpracht der Wildblumen in den Rocky Mountains bei Silverton in Colorado in ein magisches Licht. Während der sonnig-warmen Wachstumsperiode von Juni bis August wachsen hier der rote Indian Paintbrush (Castilleja linariifolia), das gelbe Fingerkraut (Drymocallis fissa), die weiß-lila Akelei (Aquilegia caerulea), die lilafarbene Aster (Aster alpinus), der weiße Storchenschnabel (Geranium richardsonii), der blaue Rittersporn (Delphinium barbeyi) sowie die weithin sichtbaren Sonnenblumen (Helianthella quinquenervis) und der beeindruckend große weiß blühende Wiesenbärenklau (Heracleum sphondylium).

Lesen Sie bitte noch einmal die vorangestellten vier Zitate dieser bemerkenswerten Persönlichkeiten aufmerksam nacheinander durch. Viel besser kann man die Problematik um den menschgemachten Klimawandel und den Weg hin zu einer erfolgreichen Exitstrategie aus der drohenden Katastrophe nicht zusammenfassen.

Wir sind in der Lage mitzuhelfen, die größte Herausforderung der Menschheit zu bewältigen. Der Mensch ist Teil des Erdsystems – und somit sind wir vertraut mit Veränderungen sowie damit, uns an sie anzupassen. Wenn wir uns auf diese Fähigkeit besinnen, wir alle fortan unser Handeln täglich hinterfragen und unsere Verhaltensweisen aus der Perspektive des Planeten und seiner Pflanzen und Tiere betrachten, können wir viel erreichen. Wenn wir uns als Menschheit im Spiegel der Natur betrachten, sehen wir, dass die Natur vollkommen und die Erde ein wahres Wunderwerk ist. Es ist unsere Aufgabe, dies zu ehren und die Artenvielfalt zu schützen. Der Climate-Change-Exit ist möglich! Der gemeinsame Aufbruch in eine nachhaltige und enkeltaugliche Zukunft in Symbiose mit unserer Erde ist herausfordernd, aber erlernbar.

Das aktuelle Bild vom Zustand der Erde ist bestürzend und lässt mich emotional werden. Es ist wahrhaftig fünf vor zwölf, aber nicht Minuten, sondern Sekunden. Wir haben schon lange kein Erkenntnisdefizit mehr, wie es um unseren Planeten steht. Stattdessen haben wir ein immenses Handlungsdefizit, unserem zerstörerischen Treiben entschlossen entgegenzuwirken. Unsere gemeinsame

Chance liegt darin, jetzt umzudenken, die einmalige Schönheit unseres Planeten wiederzuentdecken und wertzuschätzen. Ein wichtiger Schlüssel hierfür ist die Empathie für die Erde als Gesamtorganismus.

Wer wie Sie, verehrte Leser:innen, Interesse dafür entwickelt, wie unser Planet funktioniert, wie die vielen beteiligten Systeme fein orchestriert zusammenwirken, wird zwangsläufig umdenken wollen. Dies sollten wir aus Lust am Leben tun und nicht nur aus der Not zur Handlung. Der Planet braucht uns nicht und hat, wie wir gesehen haben, bereits größeres Unheil als uns überstanden. Wir dagegen sind hochgradig abhängig von unserer Erde. Sie ist unsere Lebensgrundlage und wir besitzen kein Back-up von ihr. Es würde mich freuen, wenn ich Sie begeistern konnte, diese Saatkörner der Liebe für unsere Erde weiter zu verbreiten. Reichen Sie sie vor allem an diejenigen weiter, die sie nicht haben wollen!

Vergessen Sie nicht, wir alle sind im wahrsten Sinne des Wortes Sternenstaub. Die Atome, aus denen wir bestehen, waren zuvor Sterne, Sandkörner, Bakterien und Dinosaurier. Wir sind nicht losgelöst vom Erdsystem. Wir sind das Erdsystem. Wir sind Erde. Empathie für unsere Erde zu empfinden, ist der Schlüssel für einen nachhaltigen Umgang mit ihr und für ein Leben in Symbiose mit den Ökosystemen.

Die Erde hat uns, seit wir vor etwa 4 Millionen Jahren als Gattung Homo entstanden, geduldig ernährt, getragen und ertragen und uns ein Zuhause gegeben. Mit all unserem Wissen, das wir über unseren Heimatplaneten zusammengetragen haben, ist es jetzt an der Zeit, ihr und all ihren Bewohnern mit Respekt und Ehrerbietung zu begegnen. Mein Handeln, Ihr Handeln, unser aller Handeln trägt die Verantwortung für die kommenden Generationen in sich.

Bleiben Sie aufmerksam dafür, wie einmalig unser Wunderwerk Erde ist. Wenn wir unsere Haltung und Einstellung gegenüber der Erde ändern, können wir ein neues Werteverständnis schaffen, in dem Reichtum und Intelligenz synonym sind mit weniger besitzen, nachhaltig nutzen und weniger verbrauchen. Wir sind nie zu klein dafür, damit zu beginnen. Für uns. Für die Tiere. Für die Pflanzen. Für die Erde.

Lieben Sie Ihren Planeten!

#WunderwerkErde

Weiterführende Literatur

Die folgend genannten Fachbücher behandeln nicht nur umfassend das Erdsystem, sondern enthalten im Anhang Hunderte von weiterführenden Fachartikeln.

Chown, M., 1999: *Die Suche nach dem Ursprung der Atome. Wie und von wem das Universum entziffert wurde*, dtv premium, ISBN 3-423-24323-0

Condie, K. C. 2016: *Earth as an Evolving Planetary System*, Elsevier, Academic Press, ISBN: 978-0-12-803689-1

Frisch, W., Meschede, M., 2007: *Plattentektonik, Kontinentverschiebung und Gebirgsbildung*, Primus Verlag, ISBN 978-3-89678-590-9

IPCC, 2021: Summary for Policymakers. In: *Climate Change 2021: The Physical Science Basis*. Contribution of Working Group I to the Sixth Assessment Report of the Intergovernmental Panel on Climate Change [V. Masson-Delmotte, P. Zhai, A. Pirani, S. L. Connors, C. Péan, S. Berger, N. Caud, Y. Chen, L. Goldfarb, M. I. Gomis, M. Huang, K. Leitzell, E. Lonnoy, J. B. R. Matthews, T. K. Maycock, T. Waterfield, O. Yelekçi, R. Yu, B. Zhou (Hg.)], Cambridge University Press (im Erscheinen)

IPCC, 2021, pp. 3–32, doi:10.1017/9781009157896.001: *Climate Change 2021: The Physical Science Basis*. Contribution of Working Group I to the Sixth Assessment Report of the Intergovernmental Panel on Climate Change [V. Masson-Delmotte, P. Zhai, A. Pirani, S.L. Connors, C. Péan, S. Berger, N. Caud, Y. Chen, L. Goldfarb, M. I. Gomis, M. Huang, K. Leitzell, E. Lonnoy, J. B. R. Matthews, T. K. Maycock, T. Waterfield, O. Yelekçi, R. Yu, B. Zhou (Hg.)], Cambridge University Press (im Erscheinen)

Rollinson, H., 2008: *Early Earth Systems. A Geochemical Approach*, Blackwell Publishing, ISBN 978-1-4051-2255-9

Weitere Bücher

Baldridge, W. S., 2004: *Geology of the American Southwest. A Journey through Two Billion Years of Plate-Tectonic History*, Cambridge University Press, ISBN 0-521-01665-5

Camejo, S. A., 2007: *Skurrile Quantenwelt*, Springer, ISBN 978-3-596-17489-8

Campell, H., Hutching, G., 2007: *In Search of Ancient New Zealand*, Penguin Books, ISBN 9780143206170

Chown, M., 2013: *What a Wonderful World*, Faber and Faber, ISBN 978-0-571-27839-8

Coates, G., 2002: *The Rise and Fall of the Southern Alps*, Canterbury University Press, ISBN 0-908812-93-0

De Duve, C., 1995: *Aus Staub geboren. Leben als kosmische Zwangsläufigkeit*, Springer Verlag, ISBN 3-86025-352-2

Graßl, H., Klingholz, R., 1990: *Wir Klimamacher. Auswege aus dem globalen Treibhaus*, S. Fischer Verlag, ISBN 3-10-028605-7

Graßl, H., 1999: *Wetterwende, Vision: Globaler Klimaschutz*, Campus EXPO 2000, ISBN 3-593-36035-7

Graßl, H., 2007: *Klimawandel. Was stimmt? Die wichtigsten Antworten*, Herder Verlag, ISBN 978-3-451-05899-8

Green, B., 2002: *Das elegante Universum*, BvT Verlag, ISBN 3-8333-0221-6

Gudmundsson, A. T., 2007: *Lebende Erde. Facetten der Geologie Islands*, Mal Og Menning, ISBN 978-9979-3-2778-3

Jastrow, R., Rampino, M., 2008: *Origins of Life in the Universe*, Cambridge University Press, ISBN 978-0-521-53283-9

Johnson, D., 2009: *The Geology of Australia*, Cambridge University Press, ISBN 978-0-521-76415

Kraus, H., 2001: *Die Atmosphäre der Erde. Eine Einführung in die Meteorologie*, Springer, ISBN 3-540-41844-X

Lane, P., 2013: *Geology of Western Australia's National Parks. Geology for Everyone*, National Library of Australia, ISBN 978-0-646-48217-0

Lillie, R. J., 2005: *Parks and Plates, The Geology of our National Parks, Monuments and Seashores*, W.W. Norton & Company, ISBN 0-393-92407-6

Lovelock, J., 1991: *Das Gaia-Prinzip: die Biographie unseres Planeten*. Artemis & Winkler, ISBN 3-7608-1050-0

Maresch, W., Schertl, H.-P., Medenbach, O., 2014: *Gesteine, Systematik, Bestimmung, Entstehung*, Schweizerbart, ISBN 978-3-510-65285-3

Marthaler, M., 2005: *Das Matterhorn aus Afrika. Die Entstehung der Alpen in der Erdgeschichte*, Ott Verlag, ISBN 3-7225-0008-7

Pfiffner, O. A., 2009: *Geologie der Alpen*, Haupt UTB Verlag, ISBN 978-3-8252-8416-9

Rothe, P., 2010: *Gesteine, Entstehung, Zerstörung, Umbildung*, Primus Verlag, ISBN 978-3-89678-688-3

Schmincke, H. U., 1998: *Volcanism*, Springer, ISBN 3-540-43650-2

Steiner, W. 1993: *Europa in der Urzeit. Die erdgeschichtliche Entwicklung unseres Kontinents von der Urzeit bis heute*, Mosaik Verlag, ISBN 3-576-10276-0

Stow, D., 2012: *Vanished Ocean*, Oxford University Press, ISBN 978-019-921429-7

Thornton, J., 1985: *New Zealand Geology. An Introduction to Rocks, Minerals and Fossils*, Reed Books, ISBN 0-7900-0405-4

Walter, R., 2014: *Erdgeschichte. Die Geschichte der Kontinente, der Ozeane und des Lebens*, Schweizerbart, ISBN 978-3-510-65281-5

Wefer, G., 2010: *Dynamische Erde – Zukunftsaufgaben der Geowissenschaften*. Strategieschrift, Geokommission der DFG, MARUM, ISBN 978-3-00-029808-0

Wefer, G., Schmieder, F., 2015: *Expedition Erde, Wissenswertes und Spannendes aus den Geowissenschaften*, MARUM Bibliothek, ISBN 978-3-00-049045-3

Williams, H., 2002: *The Restless Northwest*, Washington University Press, ISBN 0-87422-250-8

Williams, J., 1997: *The Weather Book. An Easy-to-Understand Guide to the USA's Weather*, USA Today, Random House, ISBN 0-679-77665-6

Ausgewählte Fachartikel

Allwood, Abigail & Walter, Malcolm & Kamber, Balz & Marshall, Craig & Burch, I., 2006: Stromatolite reef from the Early Archaean era of Australia. Nature. 441. 714-8, doi: 10.1038/nature04764

Archer, D., Brovkin, V, 2008: The millennial atmospheric lifetime of anthropogenic CO_2. Climatic Change, 90

Bell. E.A., Boehnke, P., Harrrison, T.M., Mao, W.L., 2015: Potentially biogenic carbon preserved in a 4.1 billion-year-old zircon. PNAS 112 (47) 14518-14521, doi: 10.1073/pnas.1517557112

Ben-Ami, Y., I. Koren, Y. Rudich, P. Artaxo, S. T. Martin, M. O. Andreae, 2010: Transport of Saharan dust from the Bodele Depression to the Amazon Basin: a case study. Atmos. Chem. Phys. Discuss., 10, 4345–4372, 2010. www.atmos-chem-phys-discuss.net/10/4345/2010/

Burke, K., 2011: Plate Tectonics, the Wilson Cycle, and Mantle Plumes: Geodynamics from the Top. Annu. Rev. Earth Planet. Sci. 39, 1–29

Campbell, I. H., Taylor S. R., 1983: No water, no granites – No oceans, no continents. GRL Vol 10, No 11, https://doi.org/10.1029/GL010i011p01061

Cohen, B. A., et al., 2000: Support for the Lunar Cataclysm Hypothesis from Lunar Meteorite Impact Melt Agnes. Science 290, p 1754–1756

Damer, B., 2016: A Field Trip to the Archean in Search of Darwin's Warm Little Pond. Life 6, 21.

Djokic, T. et al., 2017: Earliest Signs of Life on Land Preserved in ca. 3.5 Ga Hot Spring Deposits. Nature Communications 8, 15263

Dodd, M., Papineau, D., Grenne, T. et al., 2017: Evidence for early life in Earth's oldest hydrothermal vent precipitates. *Nature* 543, 60–64, https://doi.org/10.1038/nature21377

Duesterhoeft, E., Quinteros, J., Oberhänsli, R., Bousquet, Capitani, C., 2014: Relative impact of mantle densification and eclogitization of slabs on subduction dynamics: A numerical thermodynamic/thermokinematic investigation of metamorphic density evolution. Tectonophysics. 637, doi: 10.1016/j.tecto.2014.09.009

Fischer, E.M., Sippel, S., Knutti, R., 2021: Increasing probability of record-shattering climate extremes. Nature Climate Change, 11

Francis, J. A. et al., 2017: Amplified Arctic Warming and Mid-Latitude Weather: New Prespectives on Emerging Connections. WIREs Climate Change, 8, e474

Francis, J. A., 2018: Arktis: Auf dünnem Eis. Spektrum der Wissenschaft, Oktober 2018, 52–57

Hirose, K., 2010: Deep Mantle Properties. Science, Vol. 237, 151/152

Hodges, K. V., 2004: Quartenary deformation, river steepening, and heavy precipitation at the front of the higher Himalayan ranges. Earth and Planetary Science Letters, 220, 379

Hodges, K. V., 2007: Wie das Klima Berge versetzt. Spektrum der Wissenschaft, Februar 2007, 52–59

Jewitt, D., Young, E. D., 2015: Als die Meere vom Himmel fielen, Spektrum der Wissenschaft, September 2015, 50–58

Klepp, C., Michel, S., Protat, A. et al., 2018: OceanRAIN, a new in-situ shipboard global ocean surface-reference dataset of all water cycle components. Sci Data 5, 180122, https://doi.org/10.1038/sdata.2018.122

Klepp, C., Kucera, P. A., Burdanowitz, J., Protat, A., 2020: OceanRAIN – The Global Ocean Surface-Reference Dataset for Characterization, Validation and Evaluation of the Water Cycle. In: Levizzani, V., Kidd, C., Kirschbaum, D., Kummerow, C., Nakamura, K., Turk, F. (eds): Satellite Precipitation Measurement. Advances in Global Change Research, vol 69. Springer, Cham. https://doi.org/10.1007/978-3-030-35798-6_10

Knauth, L. P., 2005: Temperature and salinity history of the Precambrian ocean: implications for the course of microbial evolution, Palaeoecology 219, 53–69

Kucera, P. A., Klepp, C., 2022: Chapter 11 – Evaluation of high-resolution satellite precipitation over the global oceans, Editor(s): Silas Michaelides, Precipitation Science, Elsevier, 305–332, ISBN 9780128229736, https://doi.org/10.1016/B978-0-12-822973-6.00008-1.

Lingenhöhl, D., 2014: Der Jetstream schlägt Wellen. Spektrum der Wissenschaft, April 2014, 76–81

Lovett, R., 2010: African dust keeps Amazon blooming. *Nature*, https://doi.org/10.1038/news.2010.396

Mann, A., 2018: Astrogeologie. Streit um die Frühe Erde, Spektrum der Wissenschaft, August 2018, 58–62

Mann, M. E. et al., 2018: Projected changes in persistent extreme summer weather events: The role of quasi-resonant amplification. Science Advances 4

Mann, M. E., 2019: Klimawandel, gefährlicher Wetterverstärker. Spektrum der Wissenschaft, Juli 2019, 54–61

Marvel, K., et al., 2015: External Influences on Modeled and Observed Cloud Trends. Journal of Climate, 28, p 4820–4840

Marvel, K., 2018: Das Wolkenparadox, Spektrum der Wissenschaft, Mai 2018, 51–55

Max Planck Forschung 2.2018: Ursprung des Lebens, ISSN 1616-4172

Paul, F., Rastner, P., Azzoni, R. S., Diolaiuti, G., Fugazza, D., Le Bris, R., Nemec, J., Rabatel, A., Ramusovic, M., Schwaizer, G., and Smiraglia, C., 2020: Glacier shrinkage in the Alps continues unabated as revealed by a new glacier inventory from Sentinel-2. Earth Systems Science Data, 12(3), 1805-1821, doi:/10.5194/essd-12-1805-2020

Praetorius, S. K., 2018: Zirkulation im Nordatlantik schwächelt. Spektrum der Wissenschaft, August 2018, 32–34

Prothero, D. R., 2018: Zirkone – Zeugen der frühen Erdgeschichte. Spektrum der Wissenschaft, September 2018, 56-60

Rädecker, N., Pogoreutz, C., Gegner, H. M., Cárdenas, A., , Roth, F., Bougoure, J., Guagliardo, P., Wild, Mathieu Pernice, P., Raina, J. B., Meibom, A., Voolstra, C. R., 2021: Heat stress destabilizes symbiotic nutrient cycling in corals. Proceedings of the National Academy of Sciences Feb 2021, 118 (5) e2022653118; doi: 10.1073/pnas.2022653118

Rahmstorf, S., et al., 2015: Exceptional Twentieth-century Slowdown in Atlantic Ocean Overturning Circulation. Nature Climate Change, 5, p 475–480

Rosing, M. T., Bird, D. K., Sleep, N. H., Glassley, W., Albarede, F., 2006: The rise of continents—An essay on the geologic consequences of photosynthesis. Palaeogeography, Palaeoclimatology, Palaeoecology 232, 99–113, doi:10.1016/j.palaeo.2006.01.007

Settele, J., 2021: Der Schutz biologischer Vielfalt – Ein Manifest. Spektrum der Wissenschaft, Oktober 2021, 30–35

Tanimoto T., Lay, T., 2000: Mantle dynamics and seismic tomography. Proc Natl Acad Sci U S A, Nov 7;97(23):12409-10. doi: 10.1073/pnas.210382197. PMID: 11035784; PMCID: PMC34063.

Tashiro, T., Ishida, A., Hori, M. et al., 2017: Early trace of life from 3.95 Ga sedimentary rocks in Labrador, Canada. Nature 549, 516–518, https://doi.org/10.1038/nature24019

Taylor, S. R., McLennan, S. M., 1995: The Geochemical Evolution of the Continental Crust. Rev. Geophys., 33, 2, p241

Taylor, S. R., McLennan, S. M., 2003: Ursprung und Entwicklung der kontinentalen Kruste. Spektrum der Wissenschaft, Dossier 6/03: Die unruhige Erde.

Valley, J. W., 2002: A cool early earth. Geology, Vol 30, 351

Valley, J. W., 2006: Urderde, Sauna oder Gluthölle? Spektrum der Wissenschaft, Mai 2006, 70–81

Von Blanckenburg, F., Bouchez, J., 2014: River fluxes to the sea from the oceans's Be-10/Be-9 ration. Earth and Planetary Science Letters, 387

Von Blanckenburg, F., 2020: Der Thermostat der Erde. Spektrum der Wissenschaft, März 2020, 48–57

Wilde, S. A., et al., 2001: Evidence from Detrietal Zircons for the Existence of Continental Crust and Oceans on the Earth 4.4 Gyr ago. Nature 409, 175–178

Websites

www.ipcc.ch	Intergovernmental Panel on Climate Change
www.darksitefinder.com	Karten zur nächtlichen Lichtverschmutzung der Erde
www.scotese.com	Plattentektonische Rekonstruktionen der Erde
www.gletscherarchiv.de	Vorher-nachher-Fotografien zum Gletscherschwund
www.christianklepp.com	Website des Autors, Geoscience Meets Art

DANKSAGUNG

Mein Dank gebührt meinen Eltern, Brigitte und Jürgen, ohne die ich nicht geworden wäre, was ich bin. Sie sind mir Fels in der Brandung, haben immer unbeirrt an mich geglaubt und pflanzten erfolgreich das Saatkorn der Liebe zur Erde in mein Herz. Dafür bin ich euch ewig dankbar. Ein inniges Danke an mein Goldstück Tala Mohajeri für dein liebevolles Dasein, tiefe Gespräche, Perspektivwechsel, Motivation, Inspiration und Erdung.

Ich möchte an dieser Stelle folgenden Personen für ihre berufliche Begleitung und maßgebliche Prägung meines Werdegangs danken: David Hingston, Prof. Dr. Martin Dunst, Dr. Frank Paul, Prof. Dr. Sven Nielsen, Dr. Stephan Bakan, Prof. Dr. Gero Hillmer, Prof. Dr. Hartmut Graßl, Tanja Thiele, Andrea Dahl, Prof. Dr. Martin Claußen, Dr. Jörg Burdanowitz, Dr. Paul Kucera und Örvar Þorgeirsson.

Herzlicher Dank gebührt Peter Käfferlein, Olaf Köhne und Achim Pauly für ihre unermüdliche Unterstützung und Rat. Ich danke dem Edel Verlag, vor allem Svetlana Romantschuk, Constanze Gölz, Melanie Köhne, Lisa Ebelt und Stefan Weikert, sowie dem Lektor Matthias Michel für die konstruktive und inspirierende Zusammenarbeit und Holger Metz für das aufmerksame Korrektorat. Vielen Dank an Morten Wagner von Frische Grafik für den starken Feinschliff und Nina Maria Küchler von schaefermueller publishing für das wunderschöne Layout des Buches. Danke an Peter Redlinger für die videografische Unterstützung und an Dirk Ritter von Seasurfer für die epischen Videosounds.

Für das fachspezifische Korrekturlesen dieses Buches danke ich ganz herzlich Dr. Stephan Bakan (Astrophysik, Quantenphysik, Meteorologie, Klimatologie), Prof. Dr. Hartmut Graßl (Meteorologie, Klimatologie), Prof. Dr. Gero Hillmer (Geologie), Mariana Großmann (Geologie), Dr. Frank Paul (Glaziologie) und Dr. Ines Chyla (Chemie).

Ein besonderer Dank an zwei treue Weggefährten: Dr. Frank Paul für das Vertreiben des blauen Himmels vor der Kamera und Prof. Dr. Sven Nielsen für das gemeinsame Rumlutschen auf Saurierzähnen in der Kreidegrube.

Dr. Christian Klepp studierte Meteorologie und Geologie an der Universität Hamburg und promovierte im Fachbereich Geowissenschaften. Er arbeitete als Dozent und 25 Jahre aktiv in der internationalen Klimaforschung. Während unzähliger Forschungsreisen in die abgelegensten Winkel des Planeten konnte er einen tiefen Einblick in die Landschaften und ihre Entstehung gewinnen. Seit nunmehr 30 Jahren fotografiert Christian Klepp zudem die unberührten Landschaften der Erde. Seine Abenteuerlust und tiefe Liebe für den Planeten führte 2019 zur Verschmelzung seines Berufs mit der Landschaftsfotografie. Weitere Naturfotografien unter: www.christianklepp.com

Edel Books
Ein Verlag der Edel Verlagsgruppe

© 2022 Edel Verlagsgruppe GmbH
Neumühlen 17, 22763 Hamburg
www.edelbooks.com

Projektkoordination: Svetlana Romantschuk
Lektorat: Matthias Michel
Fotografien: Dr. Christian Klepp
Autorenfoto: Tala Mohajeri
Agentur Dr. Christian Klepp: Käfferlein & Köhne GmbH & Co. KG
Umschlaggestaltung: Felix Schlüter, Typeholics
Buchdesign: schaefermueller publishing GmbH, by Nina Maria Küchler
Satz: Datagrafix GSP GmbH, Berlin | www.datagrafix.com
Grafiken: Frische Grafik nach einer Vorlage von Frisch und Meschede
Lithografie: Frische Grafik, Hamburg
Druck und Bindung: optimal media GmbH, Glienholzweg 7
17207 Röbel/Müritz

Dieses Produkt wurde aus Materialien hergestellt, die aus vorbildlich bewirtschafteten, FSC®-zertifizierten Wäldern und anderen kontrollierten Quellen stammen.

Alle Rechte vorbehalten. All rights reserved. Das Werk darf – auch teilweise – nur mit Genehmigung des Verlages wiedergegeben werden.

Printed in Germany

ISBN 978-3-8419-0815-5